公司对外担保

裁判规则解读与评析

马永林　蔡正建 / 编著

GONGSI DUIWAI DANBAO

CAIPAN GUIZE JIEDU YU PINGXI

法律出版社
LAW PRESS · CHINA
北京

图书在版编目(CIP)数据

公司对外担保裁判规则解读与评析 / 马永林，蔡正建编著. -- 北京 : 法律出版社，2024
ISBN 978-7-5197-8907-7

Ⅰ. ①公… Ⅱ. ①马… ②蔡… Ⅲ. ①公司－担保法－研究－中国 Ⅳ. ①D922.291.914

中国国家版本馆 CIP 数据核字(2024)第 051085 号

公司对外担保裁判规则解读与评析
GONGSI DUIWAI DANBAO CAIPAN GUIZE JIEDU YU PINGXI

马永林 蔡正建 编著

责任编辑 陶玉霞
装帧设计 鲍龙卉

出版发行 法律出版社
编辑统筹 法规出版分社
责任校对 王晓萍
责任印制 耿润瑜
经 销 新华书店

开本 710 毫米×1000 毫米 1/16
印张 24.5 字数 390 千
版本 2024 年 5 月第 1 版
印次 2024 年 5 月第 1 次印刷
印刷 涿州市星河印刷有限公司

地址：北京市丰台区莲花池西里 7 号(100073)
网址：www.lawpress.com.cn
投稿邮箱：info@lawpress.com.cn
举报盗版邮箱：jbwq@lawpress.com.cn

销售电话：010-83938349
客服电话：010-83938350
咨询电话：010-63939796

书号：ISBN 978-7-5197-8907-7
定价：75.00 元

凡购买本社图书，如有印装错误，我社负责退换。电话：010-83938349

序　言

综观世界经济,可得出结论:公司兴则国兴,公司不兴则国不兴!

提到美国,我们知道微软、苹果、通用……

提到德国,我们知道大众、西门子……

提到日本,我们知道丰田、本田、松下……

提到韩国,我们知道三星、现代……

公司对外担保仅是《公司法》和公司经营中的一个拼图,管中窥豹可见一斑,通过这个点的学习、研究就可知晓一个地域的公司法立法水平、司法水平及公司的经营状况。

一、公司治理中的权力限制

我国传统文化推崇在一个组织中要有一位统领全局的领导,群龙无首则被视为一盘散沙。这种意识不自觉地带入企业的经营管理中,认为企业中要有一位英明的领导带领广大职工进行生产经营,这位领导能够“代表”企业,“领导就是公司,公司就是领导”,二者是一体的。“一体说”的成立,需要一个基本的外在支撑,即法定代表人与公司的利益具有一致性,法定代表人能够竭尽忠诚地为公司服务,以维护公司利益为其唯一动机。一旦这种支撑不存在,即法定代表人与公司利益出现某种程度的背离,法定代表人的自利行为动机,就可能诱发道德风险,利用自己代表公司的权力及董事、经理的权力,牟取自己的私利,掠夺公司的财产和商业机会。实践中一些公司的法定代表人、实际控制人等为一己私利擅自以公司名义对外提供担保,给公司造成了重大损失。

二、经营不善的公司往往频现对外担保

公司的经营模式可以分为狩猎式经营与农耕式经营。

狩猎式经营,就像出去打猎一样,枪法好的,打得多;枪法差的,打不到或打得少,具有不确定性。猎物会越打越少,打不到或者难以打到就换一个地方。对应的商业世界就是练好枪法,设计好商业模式赚钱。打一枪换一个地方,有客户就做,没有客户就换一个地方再做。

农耕式经营,是指把种子埋在土壤,用心呵护,用心梳理,精耕细作,静等收获。春天种下,秋天收获,冬天屯粮。土地是他们唯一的来源,所以要呵护土地,在向土地索要成果的同时还要肥沃土地。对应商业世界,土地就是客户,企业要依靠客户,提高产品质量服务好客户,客户是企业利润的主要来源。

我们在研究中发现,陷入诉讼纠纷旋涡又不能偿还债务的公司一般有一个特征:为他人的债务提供担保。个别公司在前景悲观的情形下大肆为他人提供担保以套取利益,而不是卧薪尝胆以改变困境。公司对外担保既是公司经营中的顽疾,也是裁判中的顽疾,这种状态会持续到立法或者司法解释将超越权限的行为人作为直接的对外责任主体为止。公司对外担保涉及债务人、债权人(相对人)、公司、股东、公司债权人利益衡量诸多方面,是一个价值判断的问题。同样,有关公司对外担保的立法、司法解释、裁判也是一个价值判断的问题——在利益冲突中进行取舍。法律供给者、裁判者在做选择题的时候,建议多考虑埃隆·马斯克、史蒂夫·乔布斯、比尔·盖茨等经营企业的理念,多考虑农耕式经营模式,尽可能做出正确的选择。

三、本书写作历程及特色

本书作者马永林是我2006年带的硕士生,毕业后一直工作在地方法院一线,洞悉司法实践的难点、痛点和亮点,数十年如一日学习法律,喜爱研究。本书从2020年国庆节之前动笔,作者全身心写了3年多。每天早晨4:00起床,晚上10:30睡觉,平均每天至少花8个小时写作本书。书中的每个字都几经推敲,每个观点都反复求证,以求得文章简洁、观点正确。

本书的特色是理论研究与案例分析并行、借鉴参考境外相关规定和做法,以期探索有关公司对外担保的应然性规定,使读者能够全面、系统、准确地理解和把握。

是以为序。

邹　渊
2024年4月

目　录

导　论

一、公司对外担保的含义

公司为自己的债务提供担保,是生产经营所需的自益行为。比如,某公司因经营需要,用自己的楼房抵押向银行贷款 500 万元。银行将 500 万元贷款发放给公司后,公司现金增加了 500 万元。可见,在为自己担保中,公司真金白银地从外部获得了资产(500 万元),对公司的经营发展是有利的,即便债权人拍卖抵押物以实现债权,总体来说公司的资产并未减少,没有降低公司的竞争力,也没有增加公司的经营风险。所以,对公司为自己担保法律自无特殊干涉必要。

公司为他人债务提供的担保称作“为他人担保”,也称“对外担保”。这里的“他人”是指“提供担保的公司”以外的人,既包括公司内部的股东、董事、监事、高级管理人员、实际控制人,甚至子公司等,也包括公司外部的其他民事主体。

公司作为市场经济主体,具有为他人债务提供保证、抵押、质押等担保的权利能力。公司为他人债务提供担保,债务人不履行债务时公司就会承担相应的责任,就会对公司、股东、公司债权人的利益产生重大影响。另外,公司作为民事主体具有特殊的构造,其从事民商事活动时需要借助自然人的行为来完成,而实践中公司法定代表人、控制股东、董事等超越权限擅自以公司名义对外提供担保而损害公司利益的行为甚是泛滥。为规范公司对外担保,法律有必要专门设置相应规定予以特殊干涉。

二、公司对外担保的研究价值

（一）理论价值

1. 有关公司对外担保的规范不断变化

哈佛大学医学院的开学典礼上，院长伯韦尔曾经讲过一句话："我们现在教你们的知识，一半是错的，一半是对的。但更大的问题是我们不知道错的是哪一半。"这件事发生在1944年，时至今日，将今天的医学知识与当时的教科书对照，人们知道这句话并非玩笑。那么，今天的医学知识或者教科书就全部正确了吗？显然不可能。这就是医学，不断地纠正过去，又不断地被未来纠正。医学的标的是人体本身，人体是不变的，变的只是我们对人体的认知。

医学如此，法学亦如此，法律关于公司对外担保的规定尤其如此：不断地纠正过去，又不断地被未来纠正。本书的宗旨是阐释现有法律有关公司对外担保的规定，并予以评析和探讨应然性规定，以期为当下法律实务提供指引，为以后的立法、司法解释提供参考。

2. 有关公司对外担保的规范争议不断

不断变化是因为争议不断，对当前规范的争议又会引起新的变化。

（1）关于《公司法》第15条[①]规范性质的争议。《九民会议纪要》[②]和后来的《民法典担保制度解释》[③]明确了《公司法》第15条的规范性质，确认《公司法》第15条是有关代表权限制的规定，即"权限性规定"，从而结束了对该条规范性质的争论。《九民会议纪要》之前对该条的规范性质存在"管理性强制性规定"、"效力性强制性规定"以及"权限性规定"等不同观点。"权限性规定"的观点认为，法定代表人尽管一般来说可以代表公司对外从事行为，但根据《公司法》第15条的规定，外担保行为不是法定代表人所能单独决定的事项，而必须

---

① 指2023年12月29日修订通过的《公司法》第15条，本条是有关公司对外担保的规定，基本沿用了2018年《公司法》第16条的内容。为明晰起见，本书尽量引用2023年《公司法》第15条，避免引用2018年《公司法》第16条。

② 指2019年11月8日最高人民法院公布的《全国法院民商事审判工作会议纪要》，本书简称为《九民会议纪要》。

③ 指2020年12月31日最高人民法院公布的《最高人民法院关于适用〈中华人民共和国民法典〉有关担保制度的解释》，本书简称为《民法典担保制度解释》。

以适格的公司股东会[①]或者董事会的决议作为授权的基础和来源。法定代表人未经授权擅自为他人提供担保的，构成越权代表，人民法院应当根据《民法典》第504条关于法定代表人越权代表的规定认定合同的效力。但有些资深学者认为，立法机关、司法解释机关应将《公司法》第15条定性为“效力性强制性规范”，直接用以评价担保合同的效力。

（2）关于能否授权董事会对关联担保事项进行表决的争议。公司为股东或者实际控制人提供担保的，公司章程可否规定由董事会决议？股东会可否授权董事会作出决议？对此，观点众说纷纭。本书通过例证的方式给出明确的结论。

（3）关于公司承担赔偿责任的争议。《民法典担保制度解释》第7条规定，公司的法定代表人违反《公司法》关于公司对外担保决议程序的规定，超越权限代表公司与相对人订立担保合同，相对人非善意的，担保合同对公司不发生效力，相对人请求公司承担赔偿责任的，参照适用该解释第17条的有关规定。如此规定，法定代表人滥用权力却由公司承担赔偿责任，公司承担责任相应地就会损害无辜的中、小股东的利益，这与《公司法》第15条的立法宗旨相悖——《公司法》第15条就是为了防止法定代表人随意代表公司为他人提供担保给公司造成损失，损害中小股东利益。

（4）有关《民法典担保制度解释》第8条第1款第3项的争议。A公司中，甲持股70%，乙持股20%，丙持股10%并兼任法定代表人。甲欠B公司1亿元，期限届至无力偿还。B公司自己起草了一份担保书，内容为A公司为甲的债务向B公司提供担保。B公司找到乙，希望乙在协议上签字。乙签字同意。但股东甲、丙均不同意A公司提供担保。问题：股东乙在担保书上签字同意，对A公司是否具有约束力？按照《民法典担保制度解释》第8条第1款第3项[②]的规定，该担保行为似乎对A公司具有约束力。但是根据《民法典》第61条，乙无权代表公司订立合同，显然又不具有约束力，股东乙虽然符合“持有公司三分之二

---

① 2023年12月29日修订通过的《公司法》将股份有限公司的“股东大会”修改为“股东会”，本书尽量不再使用“股东大会”一语。

② 《民法典担保制度解释》第8条第1款第3项规定，担保合同系由单独或者共同持有公司2/3以上对担保事项有表决权的股东签字同意，公司以其未依照《公司法》关于公司对外担保的规定作出决议为由主张不承担担保责任的，人民法院不予支持。

以上对担保事项有表决权的股东”这一条件（关联股东甲回避表决），但其不是法定代表人，也未经A公司授权，按照无权代理规则该担保合同对A公司不发生效力。

如果“持有公司三分之二以上对担保事项有表决权的股东”并非公司的管理人员，就是纯粹的投资者，其在公司不知情的情况下在担保合同上签字，如果认定担保合同对公司发生效力，相对人请求公司承担担保责任时公司是不是感觉晴天霹雳？故，“担保合同系由单独或者共同持有公司三分之二以上对担保事项有表决权的股东签字同意”无须公司决议是否有个前提，即与相对人订立担保合同的人应是有权代表公司的法定代表人或者经授权的代理人？

3. 国内公司对外担保引发的问题具有个性特点

在世界范围内现行公司法一般都确认公司对外担保的权利能力，同时也对公司对外担保行为予以相应规制。基于公司股权较为分散的特点，域外的公司治理呈现出“强管理者、弱所有者”的特征，治理的重心在于解决“所有者—管理者”的代理成本问题，而非类似我国控制股东操控公司损害公司和中小股东利益的冲突。在我国，公司股权结构中往往存在一个大股东，该大股东亲自经营管理公司，所有者与管理者高度重合，在许多非上市公司中甚至完全重合。域外公司治理中，二者的重合度小，甚至完全分离。这就导致公司治理的主要矛盾不同：我国公司治理中的主要矛盾是大股东与小股东之间的矛盾。

董事会、经理层在行使公司经营管理职责时，是以公司和全体股东整体的利益最大化而不是某个股东的利益最大化为目的行事的，他们不得不考虑股东间整体利益的平衡，以及公司债权人、员工、环境保护、社区等因素对公司长期利益的影响。股东直接参与公司管理时很容易演变成控制股东操纵公司的管理，容易产生控制股东将自身利益凌驾于公司其他利益相关者和公司自身利益之上的行为，甚至损害公司利益以达到满足自身利益的目的。

董事、高级管理人员作为对公司负有忠实义务的专业管理者，其激励和约束机制都是健全的，在董事、高级管理人员损害公司利益的情形下，公司法提供了直接的救济依据。公司法只对股东课以出资义务，在控制股东滥用控制权方面虽提供了否认法人人格等救济途径，但这些救济途径缺少明确的标准，相应证据难以收集。大股东直接参与公司管理时，大股东或其委派的人既是董事长又兼任法定代表人，这类法定代表人超越权限以公司名义对外提供担保时，我国法律采取的是通过代表制度评价担保行为的效力和效果，而域外一般采用通过代理制度予以评价。另外，在法定代表人超越权限以公司名义对外担保时，代表制度下公司须承担相应的赔偿责任，代理制度下被代理的公司却没有任何责任。

公司对外担保引发的问题，实质是公司治理上的问题，是大股东（往往兼任法定代表人）滥用权力损害公司利益、中小股东利益；非股东身份的董事、经理很难有机会和权力超越权限以公司名义对外担保。因此，在域外，公司对外担保并非影响公司运营的重要问题，有关公司对外担保的研究动因并不强烈，关于公司对外担保问题的研究并不像我们国家这样突出。[①] 鉴于股权结构的不同和法律供给的不同，国内公司对外担保引发的问题具有个性特点，相关规则的完善、问题的解决还需国内专家学者的努力。

（二）现实价值

1. 手中无粮，心里发慌

几年前，朋友的腹部长了一个疙瘩，他到当地的县城医院进行治疗。医生要他做了许多检查，望、闻、问、切各种手段详细备至，最终诊断为囊肿。治疗几个月后，疙瘩不但没有变小反而更大了，于是他到上海的大医院进行检查。上海的医生用手摸了摸那个疙瘩后，果断地说：淋巴癌，立即手术。朋友经过手术切除了肿瘤，经过化疗，现恢复健康。

法官审理公司担保纠纷案件犹如医生诊病，业务精湛的法官在庭审中一语中的，三言两语就把事实查清了，不会无的放矢、东问一句西问一句，忙活半天案情仍稀里糊涂，不知该如何裁判。

面对公司为他人担保的案件，裁判者、律师、公司法务人员等不知如何切入，原因多是缺乏系统化的知识储备。本书的主题就是阐释公司为他人提供担保所涉及的系统化的专业知识体系，以期读者能够对该专题有一个系统、深度的认识，从而从容应对公司担保实务。

2. 作用重大，问题严重

作为增信措施，公司对外担保是融通资金的重要手段，能够增强市场活力，促进经济发展。“一定情形下，向他人提供担保是公司维系持续经营发展的必

---

① 参见陈树森：《公司对外担保　实践 · 规则 · 理念》，法律出版社2023年版，第14页。

要举措。从表面上看,对外担保并非直接为了公司自身的债务,但往往是为了保证公司获得远期或间接的各种商业利益,如维持好长期的合作信任关系、产业上下游关系等,特别是集团公司内部各子公司之间的担保,更是出于集团整体发展需要的考量。”①现实中,公司为他人的债务提供担保的现象非常普遍,但随之而来的是违规担保问题的涌现,许多公司为他人提供担保并非出于公司自己的真实意思,而是法定代表人擅自以公司名义为之,使公司遭受重大损失。特别是在多家公司互保和连环担保的情况中,往往是一家公司出现财务危机多家公司随之陷入危机,产生“多米诺骨牌效应”,带来系统性金融风险。公司治理水平不高、法律法规不健全,将导致公司对外担保存在一系列诸如担保金额过大、担保频率过高、效益越差担保金额越大频率越高的问题,这一系列问题直接影了社会经济秩序的稳定。“通过分析 2016 年度的披露报告可以发现,已经披露的 1043 家上市公司中,具有对外担保的公司达到了 794 家,占比达 79.13%,担保余额累计达到 2759.46 亿元,其中有 237 家上市公司存在违规担保问题,违规担保金额总计为 301.23 亿元。”②“据不完全统计,2019 年度有超过 20 家上市公司因违规担保而退市或陷入退市风险,无数中小投资者损失惨重。2019 年 4 月 10 日,*ST 刚泰(600687)发布公告称,在部分借款纠纷案件中存在公司违规担保的嫌疑。经自查,相关担保均与公司控股股东上海刚泰矿业有限公司及其实际控制人徐某相关,且均未经公司有决策权限的决策机构批准。公司涉及违规担保 42 亿元,未偿还本息合计 34 亿元。”③

如何让公司对外担保成为社会和经济的福利,如何防范法定代表人擅自以公司名义对外提供担保,如何平衡公司、中小股东、公司债权人与相对人、控股股东之间的利益等问题,不仅关乎公司健康运营发展、治理现代化,还关乎法治化营商环境的建设、金融安全与社会稳定。

三、公司对外担保的研究现状

《九民会议纪要》之前,有关“法定代表人未经公司股东会或者董事会决议

---

① 参见陈树森:《公司对外担保　实践·规则·理念》,法律出版社 2023 年版,第 4 页。

② 参见望山风:《上市公司对外担保信息披露问题研究》,2023 年 10 月 22 日 9:18 上传于豆丁网 docin.com。

③ 参见陈树森:《公司对外担保　实践·规则·理念》,法律出版社 2023 年版,第 6 页。

授权以公司名义对外担保”的研究，一般集中在担保合同的效力、担保合同无效或者对公司不发生效力后公司的赔偿责任、相对人善意的判断等方面。[①]

现有论文、著作中鲜有涉及下列问题，即使涉及也是一笔带过，仅给出观点，没有论证，甚至许多结论有待继续研究。例如，在签署担保合同时公司章程是否属于相对人的审查义务范围？关联股东参与表决对担保合同效力的影响如何？法定代表人以公司名义加入债务的，在认定“公司赔偿责任”时是否可以参照适用公司对外担保的有关规则处理？法定代表人擅自以公司名义为法定代表人自己的债务提供担保的，在认定公司的责任时是否考虑债务人的特殊性？“担保合同系由单独或者合计持有公司三分之二以上对担保事项有表决权的股东签字同意”作为决议豁免事项是否合理、需要什么前提条件？……本书对这些细节问题予以探索，抛砖引玉，希望引起学界、实务界对这些细节的重视，也期望得到批评指正。

四、公司对外担保的研究方法

本书形成于审判实践，在笔者办理的民间借贷纠纷、建设工程纠纷等案件中，许多案件涉及公司对外担保。虽然对《公司法》中有关公司对外担保的条款能够倒背如流，但审理这类案件还是感觉力不从心。作为《公司法》的学习爱好者，笔者便将公司对外担保作为专题进行研学。笔者的研究方法主要是规则分析方法和实证研究方法。

所谓规则分析方法，就是对《公司法》中有关公司对外担保的条款及其司法解释进行文义、历史、功能以及体系等诸多方面的解释分析，探究这些条款的立法本意，以期正确解读、准确适用。[②] 为此，笔者查阅、研读了许多论文、著作，不

① 比较典型的论文有，施天涛：《〈公司法〉第16条的规范目的：如何解读、如何适用？》，载《现代法学》2019年第3期；刘俊海：《公司法定代表人越权签署的担保合同效力规则的反思与重构》，载《中国法学》2020年第5期；高圣平：《再论公司法定代表人越权担保的法律效力》，载《现代法学》2021年第6期。有关公司对外担保的典型著作有，高圣平教授所著《担保法前沿问题与判解研究》四卷本，涉及公司担保、独立保证、农村金融担保、混合共同担保、非典型担保等方面；《民法典担保制度解释》施行后，高圣平教授所著《担保法前沿问题与判解研究》（第五卷）及最高人民法院民事审判第二庭所著《最高人民法院民法典担保制度司法解释理解与适用》，对《民法典担保制度解释》的各条规范予以详细精解，其中的第7～12条是有关公司对外担保的规范。《民法典》生效后有关公司对外担保专著有，陈树森所著《公司对外担保　实践·规则·理念》。另外，公司法类书籍中一般都有公司对外担保的相关内容。

② 参见陈树森：《公司对外担保　实践·规则·理念》，法律出版社2023年版，第15页。

断请教良师益友。

所谓实证研究方法,就是分析、研究全国法院系统对公司对外担保案件的审理思路、裁判理念和尺度。最高人民法院的裁判是最终观点,笔者多引用最高人民法院的生效裁判进行例证,并分析、评价案件的审理思路、裁判理念,以便深化对法律规范的理解。

笔者在写作过程遇到一些问题,这些问题或者是全新的,无人研究过,或者已经有学者给出自己的观点,但不能肯定正确与否。笔者在求证的过程中,起初也难以给出精准的结论,左右摇摆之际采用举例的方式予以论证,把问题假设成案例,用法律进行正反推演,结论顿时明明白白。一个例子胜过千言万语,所以举例论证也是本书的特色。

此外,本书的著作方式为"编著",将刘俊海(中国人民大学教授)、高圣平(中国人民大学教授)、陈树森(上海市静安区人民法院副院长、三级高级法官)、江必新(最高人民法院原副院长、审判委员会委员)等专家学者的研究成果中的部分内容直接"拿来"。之所以直接"拿来",一是因为专家学者的相应论述精彩绝伦,笔者要把当前有关公司对外担保最好的知识呈献给读者;二是因为专家学者已有精彩论述,笔者直接"拿来"既能传播专家学者的知识,也能把节省下的时间和精力致力于他人未涉及的方面或者未深入研究的方面。在此,对本书"引用内容"的所有作者致以诚挚感谢! 本人闻过则喜,恳请批评指正!

第一章　公司对外担保概论

第一节　公司对外担保的立法沿革

一、1993年《公司法》的规定

1993年12月，第八届全国人大常委会第五次会议通过《公司法》，自1994年7月1日起施行，新中国第一部《公司法》诞生。该法第60条第3款规定："董事、经理不得以公司资产为本公司的股东或者其他个人债务提供担保。"在第214条第3款中规定了违规提供担保的法律后果，内容为："董事、经理违反本法规定，以公司资产为本公司的股东或者其他个人债务提供担保的，责令取消担保，并依法承担赔偿责任，将违法提供担保取得的收入归公司所有。情节严重的，由公司给予处分。"

1993年《公司法》采用从董事、经理的义务及责任角度规制公司对外担保的立法模式，首次从法律层面就公司对外担保问题作出了明确规定。主要内容为：一是明确禁止董事、经理以公司资产对外提供担保。二是董事、经理违反规定以公司资产对外担保的，后果是：(1)责令取消担保，公司不承担担保责任；(2)董事、经理依法承担赔偿责任，公司不承担赔偿责任；(3)将违法提供担保取得的收入归公司所有；(4)情节严重的，由公司给予处分。从内容可知，1993年《公司法》没有明确禁止公司对外担保，根据"法不禁止即自由"的私法理念，公司享有对外担保的权利能力。

立法时刚刚实行市场经济，所以措辞行政化色彩较浓，也未明确规定"公司为他人提供担保,依照公司章程的规定,由董事会或者股东会决议”,但此次立法将违反规定的董事、经理作为直接责任人,此规定能够有效防止董事、经理(法定代表人由此二类人中产生)擅自以公司名义对外提供担保,司法实践中如果能够严格依照法律规定予以裁判并延续下去就不会有后来铺天盖地般对外担保的滥用和无休无止的争论。所以笔者认为,1993 年《公司法》有关公司对外担保的规定具有先见之明,值得肯定。

1995 年 10 月施行的《担保法》(已失效)第 1 条规定:“为促进资金融通和商品流通,保障债权的实现,发展社会主义市场经济,制定本法。”不同时期的立法承担的使命和追求的宗旨不同,《担保法》将“保障债权的实现”作为立法宗旨。2000 年 12 月施行的《担保法司法解释》[①]第 4 条规定:“董事、经理违反《中华人民共和国公司法》第六十条的规定,以公司资产为本公司的股东或者其他个人债务提供担保的,担保合同无效。除债权人知道或者应当知道的外,债务人、担保人应当对债权人的损失承担连带赔偿责任。”可见,后来的《担保法》及司法解释将 1993 年《公司法》中关于董事、经理对债权人的损失承担赔偿责任的规定改为担保人公司原则上应当对债权人的损失承担连带赔偿责任,例外情况下才不承担责任,这种观点一直沿用至今。改变的原因是《担保法司法解释》出台时,我国正处于清理频发的“三角债”时期,司法解释更多地体现了对债权人的保护,加重担保人的责任。[②] 如果针对越权担保案件,裁判机关依照《担保法司法解释》第 4 条进行裁判,被越权提供担保的公司一般也不会承担任何责任,因为根据《担保法司法解释》第 4 条,若债权人明知或应知法定代表人越权担保,被越权代表公司就不对债权人损失担责,债权人对公司对外担保制度置若罔闻,显有过错。[③] 但实践中,裁判机关认为公司法定代表人、董事等超越权限以公司名义对外签订的担保合同无效,公司对法定代表人、董事等的无效行为应当承担过错责任。更大的问题是裁判机关不按照《担保法司法解释》第 4 条的规定进行裁判,而是按照《担保法司法解释》第 7 条的规定进行裁判。《担

① 全称为《最高人民法院关于适用〈中华人民共和国担保法〉若干问题的解释》,已于 2021 年 1 月 1 日废止。

② 参见陈树森:《公司对外担保　实践·规则·理念》,法律出版社 2023 年版,第 294 页。

③ 参见刘俊海:《公司法定代表人越权签署的担保合同效力规则的反思与重构》,载《中国法学》2020 年第 5 期。

保法司法解释》第7条规定："主合同有效而担保合同无效,债权人无过错的,担保人与债务人对主合同债权人的经济损失,承担连带赔偿责任;债权人、担保人有过错的,担保人承担民事责任的部分,不应超过债务人不能清偿部分的二分之一。"特别是2005年《公司法》施行后,裁判机关不适用《担保法司法解释》第4条进行裁判的理由似乎更充足了:《担保法司法解释》第4条指向的是1993年《公司法》第60条,而2005年《公司法》删除了该条内容。

适用1993年《公司法》第60条第3款裁判案件,反响较大的莫过于最高人民法院(2000)经终字第186号"中福实业公司担保案"。

【基本案情】

1996年12月,中福公司与中国工商银行福州市闽都支行(以下简称闽都支行)的前身中国工商银行福州市分行第二营业部(以下简称营业部)签订了两份《人民币短期借款合同》,约定借款金额4210万元。营业部按约发放贷款。贷款到期后,中福公司未能偿还。1998年7月28日,营业部与中福公司签订了一份《还款协议书》,约定:贷款由中福公司分期归还,福建九州集团股份有限公司(以下简称九州公司)与福建省中福实业股份有限公司(以下简称中福实业公司)作为连带责任保证人提供担保。

中福实业公司属于上市企业,中福公司是中福实业公司的控股股东。中福实业公司在提供担保时有董事会同意提供担保的决议文件,但中福实业公司的公司章程第80条规定,董事"除经公司章程规定或者股东大会在知情的情况下批准,不得以公司资产为本公司的股东或者其他个人债务提供担保"。营业部在与中福公司商谈担保事项时,曾收到中福公司提交的包含有中福实业公司公司章程等文件。因中福公司、九州公司和中福实业公司的董事长均为赵某一人,所以《还款协议书》上代表债务人和两家保证人签字的均是赵某,《还款协议书》上盖有保证人的单位公章。

1999年12月,闽都支行向法院起诉,请求判令中福公司偿还所欠贷款本金和利息,中福实业公司和九州公司承担连带责任。中福实业公司则辩称,公司的保证行为违反1993年《公司法》第60条第3款及第214条第3款的规定,应属无效。

对于中福实业公司的答辩,一审法院认为,因本案的保证系经董事会研究的公司行为,而1993年《公司法》第60、214条的规范对象主要是公司内部董事、经理的行为,故无上述规范的适用余地。各方当事人自愿签订《还款协议书》及《保证合同书》,不违反法律,应确认有效。故判决中福公司偿还闽都支行贷款本金及利息,中福实业公司、九州公司对中福公司的还款义务承担连带责任。中福实业公司不服,提起上诉。

【法院判决】

终审判决中最高人民法院认为,第一,1993 年《公司法》第 60 条第 3 款对公司董事、经理以本公司财产为股东提供担保作了禁止性规定,中福实业公司的公司章程亦规定,公司董事非经公司章程或股东大会批准,不得以本公司资产为公司股东提供担保,因此,中福实业公司以赵某为首的 5 名董事通过形成董事会决议的形式,代表中福实业公司为大股东中福公司提供连带责任保证的行为,因同时违反法律的强制性规定和中福实业公司章程的授权限制而无效,保证合同亦随之无效。中福实业公司对董事的无效行为应当承担过错责任。关于 1993 年《公司法》第 60 条第 3 款是否适用问题,最高人民法院认为,法律既已明文禁止董事以公司财产为股东提供担保,则董事在以公司财产为股东提供担保问题上无决定权。在法律对董事会无相应授权规定,公司章程或股东大会对董事会亦无授权时,董事会也必然因法律对各个董事的禁止性规定,而无权作出以公司财产对股东提供担保的决定。因此,1993 年《公司法》第 60 条第 3 款的禁止性规定既针对公司董事,也针对公司董事会。这符合我国公司法规范公司关联交易、限制大股东操纵公司并防止损害中小股东利益的立法宗旨。对于法律的禁止性规定,任何人均不得以不知法律有规定或宣称对法律有不同理解而免于适用。第二,中福实业公司系上市公司,其公司章程公开,闽都支行也收到过中福公司提供的中福实业公司章程,故闽都支行对中福实业公司章程中关于限制董事为股东担保的规定应当知情。因此,对于保证合同无效,闽都支行也有过错。

最高人民法院于 2001 年 11 月 17 日依照 1993 年《公司法》第 60 条第 3 款、《担保法》第 5 条第 2 款和《担保法司法解释》第 4 条的规定,改判保证合同无效,中福实业公司向债权人承担债务人中福公司不能清偿债务部分 1/2 的赔偿责任。

【评析】

由于 1993 年《公司法》中没有规定公司为公司股东或者实际控制人提供担

保的，应当经股东会决议，所以本案裁判说理煞费周折，否则直接引用法律条文进行裁判即可。

1993 年《公司法》第 60 条第 3 款的立法意图是限制公司董事、经理的权力，保护公司财产和股东利益。法律一经公布，任何人都应遵守，故第 60 条第 3 款不仅约束公司董事、经理，也约束外部债权人，债权人应当知道第 60 条第 3 款的内容，即公司董事、经理以公司资产为本公司股东提供担保是法律禁止的，因此《担保法司法解释》第 4 条规定，董事、经理违反 1993 年《公司法》第 60 条的规定，以公司资产为本公司的股东或者其他个人债务提供担保的，担保合同无效。1993 年《公司法》没有禁止公司对外担保，只是明确规定公司为其股东或者其他个人债务提供担保不属于董事、经理的职权范围，最高人民法院认为董事没有权力做的事董事会也没有权力做，故公司为其股东提供担保应由股东（大）会决议同意。债权人在接受公司提供的担保时，应当要求提供担保的公司出具股东（大）会同意提供担保的决议，以确保担保行为的合法性。

裁判认为单个董事无权以公司财产为股东提供担保，从而得出“董事会也必然因法律对各个董事的禁止性规定而无权作出以公司财产为股东提供担保的决定”的结论。简单来说，裁判认为：董事没有权力做的事，董事会也没有权力做。

依照法律规定单个董事无权力表决的事，董事的集合——董事会又怎能作出有效的决议呢？这种推理模式是否符合“当然解释”呢？

《唐律疏义·名例》中规定：“诸断罪无正条，其应出罪者，则举重以明轻，其应入罪者，则举轻以明重。”这是我国古代法中的当然解释规则。当然解释，是指待裁决的事实法律未明文规定，但出于法律规定的目的考虑，如果待裁决的事实较之于法律所规定的情况，更有适用的理由，就可以直接适用该法律规定。① 其逻辑推论是：依照法律规定，对构成要件 T1 应赋予法律效果 R，现有一事实 T2，法规未明确加以规定，T1 与 T2 相类似，但相较于 T1，法定规则的法律理由更适宜 T2，则法律效果 R 更应赋予构成要件 T2。例如，关于合同的解除，对于已经生效的合同，在因不可抗力导致合同目的无法实现时，当事人都可以依法解除合同，那么，对于附生效条件的合同，在条件未成就时，合同尚未生效，

① 参见梁慧星：《民法解释学》，中国政法大学出版社 1995 年版，第 225 页。

如果出现了不可抗力，导致合同目的无法实现，那么按照举重以明轻的解释规则，当事人也应当有权依法解除合同。[①] 当然解释包括“举重以明轻”和“举轻以明重”。

“举重以明轻”对自由行为的论证有效，其理由为：程度较重者尚且是自由的，何况程度较轻者？[②] 举重以明轻，指根据法律规定的目的考虑，如果其事实较之于法律所规定的情况更轻，就可以直接适用该法律规定。其逻辑推论是：在符合 T1 法律要件时，有 R 法律效果发生，在有类似之较轻的 T2 法律要件之情况，使其有 R 效果发生，才属于合理。例如，《民法典》第 320 条规定：“主物转让的，从物随主物转让，但当事人另有约定的除外。”按照“举重以明轻”的解释规则，主物抵押的，从物当然随同抵押。[③]

“举轻以明重”适用于禁止性规范场合，其理由为：程度较轻者尚且被禁止，何况程度较重者？[④] 举轻以明重，指根据法律规定的目的考虑，如果其事实较之于法律所规定的情况更重，那么按照立法的意思，既然较轻的行为都适用该规则，那么较重的行为就更有理由适用该法律规定。[⑤] 其逻辑推论是：假设某一法规针对某一构成要件事实 T1，规定了法律效果 R。现有一事实 T2，法规未明确加以规范。但相较之事实 T1，依该法规之目的，T2 事实更为重要，则适用于 T1 之法规的法律效果 R 当然更适用于该事实 T2。例如，公园里的花树标牌上写着“禁止采摘”，那么某人折枝或者连根带底把树刨出来是否可行？轻的行为——采摘——都被禁止，那么重的行为——折枝、刨根——更应被禁止则是不言而喻的。

本案显然指向禁止性规范场合，如果有当然解释的运用余地，它理应表现为“举轻以明重”的思维。然而，根据我国《公司法》的规定，董事会为公司业务的执行机关，除非公司章程另有规定，董事无权单独决定公司的任何经营事项（注：不设董事会的公司设一名董事，行使董事会的职权）。机构的权限，由公司

① 参见王利明：《法学方法论——以民法适用为视角》（第 2 版），中国人民大学出版社 2021 年版，第 380 页。

② 参见高圣平：《民法解释方法在“中福实业公司担保案”中的运用》，载《法学家》2004 年第 4 期。

③ 参见王利明：《法学方法论——以民法适用为视角》（第 2 版），中国人民大学出版社 2021 年版，第 382 页。本段系直接引用。

④ 参见高圣平：《民法解释方法在“中福实业公司担保案”中的运用》，载《法学家》2004 年第 4 期。

⑤ 参见杨仁寿：《法学方法论》，三民书局 1986 年版，第 146 页。

的机构本身享有，并非归属于机构成员个人，享有执行事务权限和代表权的，是作为机构的董事会或事务执行人，而并不是被任命为董事会成员或业务执行人的机构成员。这意味着，董事会作为对外代表公司的机关，是以其整体形象出现的，非单个董事的简单叠加。相应地，除董事长[①]（或在董事长不能履行职权时的副董事长）、不设董事会的执行董事外，董事一般必须通过董事会集体行使《公司法》和公司章程规定的职权。例如，依照《公司法》第 67 条的规定，是董事会而非单个董事享有“决定公司内部管理机构的设置”。可见，就规范理由而言，在董事与董事会执行公司事务、对外代表公司的问题上，前者被法律禁止的程度较之后者为重。然而，该案援引的 1993 年《公司法》第 60 条第 3 款所禁止的恰恰是董事之行为，举轻以明重因而对此无能为力。[②] 故本案的裁判说理存有瑕疵，单个董事无权力表决的事，董事的集合董事会是能够作出有效决议的，1993 年《公司法》第 60 条并未禁止董事会决议以公司资产对外提供非关联担保。

在当时的情况下，我国公司权力分配采用的是“股东会中心主义”，股东会被称为公司的“权力机构”，是公司其他机构的权力来源，董事会是股东会决议的执行机构。我国股东会中心主义的鲜明特色在于，所有权与控制权合一的股东会拥有法定的公司经营管理的最终决策权以及公司治理的剩余控制权。[③]“股东会拥有公司治理的剩余控制权”，意味着董事会、监事会等仅享有法律、公司章程授予的权力及股东会特别授予的权力，公司其他没有授出的权力均归股东会。在这个背景下，本案的裁判说理可以为：中福实业公司公司章程第 80 条规定董事除经公司章程规定或者股东大会批准，不得以公司资产为本公司的股东或者其他个人债务提供担保，说明针对公司对外担保董事会没有决定权，须经股东（大）会批准。法定代表人持董事会决议签署担保合同的行为属于越权代表。闽都支行对中福实业公司章程中关于对外担保的决定机构未尽合理审查义务，具有过错，不是善意相对人。如此也能得出相同的判决内容。

---

① 董事长可以独立行使权力的情形有：主持股东会会议，召集和主持董事会会议。《公司法》第 72 条规定：“董事会会议由董事长召集和主持；董事长不能履行职务或者不履行职务的，由副董事长召集和主持；副董事长不能履行职务或者不履行职务的，由过半数的董事共同推举一名董事召集和主持。”

② 参见高圣平：《民法解释方法在“中福实业公司担保案”中的运用》，载《法学家》2004 年第 4 期。

③ 参见刘凯湘、刘晶：《我国股东会中心主义的历史成因——以国有企业改制为线索》，载《法学论坛》2021 年第 6 期。

二、2005 年《公司法》的规定

2004 年修正的《公司法》在公司对外担保方面没有变化。

2005 年修订的《公司法》对公司对外担保制度进行了明确化和细致化。

第一,明确规定了公司具有对外担保的权利能力——2005 年《公司法》第 16 条第 1 款规定:"公司向其他企业投资或者为他人提供担保,依照公司章程的规定,由董事会或者股东会、股东大会决议……"

第二,明确规定了公司章程对公司担保事项的规划功能:由公司章程确定公司对外提供非关联担保的决议机关是股东(大)会还是董事会,担保的总额及单项担保的数额不得超过公司章程规定的限额——2005 年《公司法》第 16 条第 1 款规定:"公司向其他企业投资或者为他人提供担保,依照公司章程的规定,由董事会或者股东会、股东大会决议;公司章程对投资或者担保的总额及单项投资或者担保的数额有限额规定的,不得超过规定的限额。"

第三,明确规定了公司对外担保不是法定代表人所能单独决定的事项,其中:(1)非关联担保的,依照公司章程的规定由董事会或者股东会、股东大会决议——2005 年《公司法》第 16 条第 1 款;(2)公司为股东或者实际控制人提供担保的,须经股东会或者股东大会决议——2005 年《公司法》第 16 条第 2 款规定:"公司为公司股东或者实际控制人提供担保的,必须经股东会或者股东大会决议。"

第四,明确规定了关联股东不得参加关联担保事项的表决,该项表决由出席会议的其他股东所持表决权的过半数通过——2005 年《公司法》第 16 条第 3 款规定:"前款规定的股东或者受前款规定的实际控制人支配的股东,不得参加前款规定事项的表决。该项表决由出席会议的其他股东所持表决权的过半数通过。"

第五,明确规定了上市公司担保金额超过公司资产总额 30%的应由股东大会决议——2005 年《公司法》第 122 条规定:"上市公司在一年内购买、出售重大资产或者担保金额超过公司资产总额百分之三十的,应当由股东大会作出决议,并经出席会议的股东所持表决权的三分之二以上通过。"通过严格规范上市公司对外提供担保金额、决议形成过程,以保护证券市场中、小投资者。

第六,明确规定了上市公司重要事项的股东大会决议权——2005 年《公司法》第 105 条规定:“本法和公司章程规定公司转让、受让重大资产或者对外提供担保等事项必须经股东大会作出决议的,董事会应当及时召集股东大会会议,由股东大会就上述事项进行表决。”

第七,明确禁止董事、高级管理人员未经股东会、股东大会或者董事会同意以公司财产为他人提供担保——2005 年《公司法》第 149 条规定:“董事、高级管理人员不得有下列行为:……(三)违反公司章程的规定,未经股东会、股东大会或者董事会同意,将公司资金借贷给他人或者以公司财产为他人提供担保……董事、高级管理人员违反前款规定所得的收入应当归公司所有。”通过该条可以反向推出董事、高级管理人员可以按照公司章程的规定,经股东会、股东大会或者董事会同意,以公司财产为他人提供担保。该条规定同 1993 年《公司法》第 60 条第 3 款。

上述条文共同构成了公司对外担保的法律规范体系。2005 年《公司法》历经 2013 年、2018 年两次修正,上述条款内容并未发生变化。

三、2023 年《公司法》增加规定

2023 年 12 月 29 日,十四届全国人大常委会七次会议审议通过修订后的《公司法》,本次修订保留了 2005 年《公司法》第 16 条、第 122 条的内容,只是条文序号有所变化,同时将 2005 年《公司法》第 105 条、第 149 条中有关公司对外担保的内容予以删除,因为这两条的内容已经被其他条文吸收,为了简洁不必单独成文。2023 年《公司法》修订中,在公司对外担保方面增加了“禁止财务资助”的相关规定。

2023 年《公司法》在第 6 章“股份有限公司的股份发行和转让”中的第 163 条新增规定:“公司不得为他人取得本公司或者其母公司的股份提供赠与、借款、担保以及其他财务资助,公司实施员工持股计划的除外。为公司利益,经股东会决议,或者董事会按照公司章程或者股东会的授权作出决议,公司可以为他人取得本公司或者其母公司的股份提供财务资助,但财务资助的累计总额不得超过已发行股本总额的百分之十。董事会作出决议应当经全体董事的三分之二以上通过。违反前两款规定,给公司造成损失的,负有责任的董事、监事、高级管理人员应当承担赔偿责任。”本条规定了禁止财务资助规则,是新增内容。2023 年《公司法》修订之前对财务资助的规制主要体现在证监会出台的规

章和证券交易所制定的各类规则中。

(一)财务资助的含义

公司参与担保、借贷等资助性质的交易一般为公司法允许,但如果公司意在资助相对方取得本公司股份,则被专门称作“财务资助行为”,并予以专门规制。

关于财务资助,同世界上绝大多数国家的公司法一样,我国采用了“原则禁止、例外允许”的规制模式。第163条第1款前半句规定“公司不得为他人取得本公司或者其母公司的股份提供赠与、借款、担保以及其他财务资助”,原则上禁止公司实施财务资助行为。该条文勾勒出禁止性财务资助的构成要件与基本样态:(1)资助主体——公司自身,或者是母公司的子公司。将子公司纳入资助者的范畴,主要是考虑到在某些情况下,公司可能向其子公司进行资产输送,再由子公司对第三方意图取得公司股份的行为进行各种形式的帮助,从而实现间接的财务资助。(2)资助对象——取得本公司股份的他人。“取得”的文义射程既包括购买公司已发行股份也包括认购新股。(3)行为类型——财务资助不仅指提供赠与、借款、担保、发行债务证券等积极方式,也包括公司承担债务、免除他人债务等消极方面的财务资助。在具体的判定上,可以参考比较法上的实质判断标准:提供财务资助不得使公司净资产减少,或者净资产减少部分源自可分配利润,以保护公司债权人的利益。(4)行为目的——为他人取得本公司或者其母公司的股份提供财务资助。

(二)财务资助行为被规制的原因

1. 财务资助被用于不当收购

禁止财务资助规则诞生于1926年的英国。辛迪加利用银行过桥贷款,收购足以获得公司控制权的股份后更换董事会,由新董事会决议将公司资产借给辛迪加,以偿还过桥贷款。这种收购实质上是公司以自己的资产购买自己的股份,虽不违反英国当时法律的规定,但违反了公司回购股份应先确保债权人债权安全的理念,并造成资产返还给股东的效果。为了防范此种不当收购行为,英国格林立法委员会1926年发布的报告中首次出现了禁止财务资助规则。委员会建议,禁止公司直接或间接为他人购买自己的股份提供借款、保证或其他形式的财务资助,除非是借贷公司的正常经营业务或公司员工持股计划及类似事项。此后,1929 年《英国公司法》第 45 条将禁止财务资助规则以成文法的形式确定下来。第二次世界大战后,禁止财务资助规则被重新整理为 1948 年《英国公司法》第 54 条:禁止公司直接或间接为第三方购买本公司或母公司股份提供任何财务资助,但借贷公司的正常经营业务与公司员工持股计划除外。经历近百年的发展,这一规则不仅在内容上更加丰富,而且还被写入了许多国家和地区的公司法中。

另外,商业战争中,A 公司可能并不想在收购后好好经营 B 公司,而是收购成功后立即要 B 公司“死掉”,从而达到排除竞争对手、独占市场份额等目的。所以 A 公司就利用财务资助方法用 B 公司的财产收取 B 公司的股份,B 公司“死掉”后 A 公司也没损失什么或者损失很小。

2. 财务资助被用于循环增资

股份有限公司为取得本公司股权的股东提供财务资助,实践中可能会被用来虚假扩张股本。例如,戊认缴 A 公司 1 亿元的股份,到期不履行出资义务,A 公司承担担保责任替戊履行了出资义务,A 公司的注册资本增加了 1 亿元。如此循环几次,A 公司的注册资本就会迅速扩张,但公司财产并未增加。公司为股东的出资义务提供担保,目标公司并未收到新注入的资本,甚至还要以自己的资本购买自身的股权,最终并未使公司的资产增加,这与公司法基本的公司资本维持原则有悖,严重冲击了资本信用,使债权人的利益受到威胁。

3. 财务资助成为变相抽逃出资的通道

股份有限公司为取得本公司股权的股东提供担保,实践中可能会成为变相抽逃出资的通道。公司成立后,股东的出资成为公司的财产,是公司从事生产经营活动的物质基础,也是公司对外承担债务责任的保障。股东抽逃出资,直接侵害了公司的财产权益,也降低了公司的偿债能力,因而间接性地损害了公司债权人的利益。为此,《公司法》第 53 条、第 107 条都规定,公司成立后,股东不得抽逃出资。关于不得抽逃出资的规定为效力性强制性规定,根据《民法典》第 153 条第 1 款的规定,违反上述规定的行为无效。股份有限公司为取得本公司股权的股东提供担保,可能使得公司资产经过受资助方这一“通道”最终落入股东手中,实质上达到股东抽逃出资的效果。

(2017)最高法民申 3671 号案中,郭某、郑某、潘某共同成立山西邦奥公司。

2015年12月14日,山西邦奥公司、三方股东签订了《公司股权转让及项目投资返还协议》,约定郑某、潘某分别向郭某出让在公司所持的全部股权,邦奥公司对郭某在该协议中应负义务承担连带责任。最高人民法院认为,如果公司为股东之间的股权转让提供担保,就会出现受让股权的股东不能支付股权转让款时,由公司先向转让股权的股东支付转让款,导致公司利益及公司其他债权人的利益受损,形成股东以股权转让的方式变相抽回出资的情形,有违《公司法》关于不得抽逃出资的规定。本案中,按照案涉《公司股权转让及项目投资返还协议》的约定,由邦奥公司对郭某的付款义务承担连带责任,则意味着在郭某不能支付转让款的情况下,邦奥公司应向郑某、潘某进行支付,从而导致郑某、潘某以股权转让方式从公司抽回出资。

(三)例外允许的规范内容

1.《公司法》第163条第1款后半句将员工持股计划作为具体例外

一般认为员工持股计划使公司员工持有公司股权,有助于实现公司内部股权社会化、经济民主和增强公司竞争力。员工可能因为薪酬收入较低,难以购买公司股份,为了避免员工对外举债以行权,故允许公司对员工提供财务资助。域外公司法为了防止员工持股计划对债权人利益造成不当损害,其通常附有公司净资产要求和财源限制,如2006年《英国公司法》第682条要求,为员工持股计划提供财务资助时公司净资产不得减少,或净资产减少部分应源自可分配利润。

2.《公司法》第163条第2款规定了"为公司利益"的一般例外

公司利益的例外,还须同时符合两个条件:一是须经股东会或者董事会决议,二是财务资助的累计总额不得超过已发行股本总额的10%。如果由董事会对符合公司利益的财务资助行为进行决议,也需要两个条件:一是公司章程或者股东会的授权,二是为提醒经营者审慎决策,将董事会决议的通过比例提升至全体董事的2/3以上。第2款采取了事前的批准和资本比例控制二者联合使用的一般例外,是考虑到股东会与董事会决议的程序以及财务资助的累计总额不得超过已发行股本总额的10%的比例标准为事前的预防措施,更具有直观性和实践的可操作性,反映了立法者的以事前防控为核心、谨慎限缩财务资助行为的立场。

(四)违反禁止财务资助规则的法律后果

1. 关于违反禁止财务资助行为的效力问题

对此,《公司法》未有规定。域外法提供了不同的效力认定规则。2001 年《澳大利亚公司法》第 260D 条规定,公司的违法财务资助行为并不影响相关合同或交易的效力。英国判例中形成的规则与之相反,如果公司的财务资助行为是违法的,该行为所涉及的保证、担保等交易以及公司因此所负担的任何义务都是不可强制执行的。

《公司法》第 163 条属于禁止性规定,属于效力性强制性规定,违法提供财务资助的,依照《民法典》第 153 条第 1 款应认定为无效。

2. 相关人员的责任

《公司法》第 163 条第 3 款规定,违反禁止财务资助规则"给公司造成损失的,负有责任的董事、监事、高级管理人员应当承担赔偿责任"。

四、《民法典担保制度解释》中有关公司对外担保的规定

2019 年 9 月 11 日经最高人民法院审判委员会讨论通过的《九民会议纪要》第 17~23 条是关于公司对外担保的规定。纪要对公司法中公司对外担保的规范予以了细化、明确和补充,对统一裁判标准增加司法公信力具有重大意义,也是有关公司对外担保规范化的里程碑。《九民会议纪要》不是司法解释,不能作为裁判依据进行援引,在裁判文书"本院认为"部分具体分析法律适用理由时,可以根据纪要的相关规定进行说理。《民法典》施行后,2020 年 12 月 25 日最高人民法院审判委员会通过了《民法典担保制度解释》,在公司对外担保方面总体上与《九民会议纪要》保持了一致,部分作了修改。其中一个细节变化是"担保债权人"的称谓变为"相对人",举例说明,甲公司向 A 银行借款,在这一金融借款合同关系中,甲公司为债务人,A 银行为债权人。乙公司为甲公司的该笔借款提供担保,乙公司与 A 银行订立担保合同,在这一担保合同法律关系中,乙公司为担保人,A 银行为"相对人"。在担保合同法律关系中,之所以不称 A 银行为"债权人",是因为"债权人"这种表述本身就带有对涉案债权债务关系,尤其是当事人的地位进行预先定性的问题。A 银行是否为"债权人"、乙公司是否承担担保责任最终有待于裁判的确定。"相对人"较为中性,没有对当事人的身份

预先设定,更具有科学性和合理性。[①] 自《民法典担保制度解释》起在公司对外担保关系中开始使用“相对人”表述,不再使用“债权人”表述。

《民法典担保制度解释》第7~12条是关于公司为他人提供担保的规定,包括公司的法定代表人超越权限为他人提供担保的效力(第7条)、决议豁免事项(第8条),上市公司(第9条)、一人公司(第10条)、分支机构(第11条)等为他人提供担保的个性化规范。

有关公司对外担保的规范,见表1-1、1-2

表1-1 公司对外担保的一般规定

<table>
<tr><th colspan="2">公司对外担保的规范
《公司法》</th><th>总体裁判规则
《民法典担保制度解释》</th></tr>
<tr><td>非关联担保</td><td>第15条第1款 公司向其他企业投资或者为他人提供担保,按照公司章程的规定,由董事会或者股东会决议;公司章程对投资或者担保的总额及单项投资或者担保的数额有限额规定的,不得超过规定的限额。</td><td rowspan="2">第7条 公司的法定代表人违反公司法关于公司对外担保决议程序的规定,超越权限代表公司与相对人订立担保合同,人民法院应当依照民法典第六十一条和第五百零四条等规定处理:
(一)相对人善意的,担保合同对公司发生效力;相对人请求公司承担担保责任的,人民法院应予支持。
(二)相对人非善意的,担保合同对公司不发生效力;相对人请求公司承担赔偿责任的,参照适用本解释第十七条的有关规定。
法定代表人超越权限提供担保造成公司损失,公司请求法定代表人承担赔偿责任的,人民法院应予支持。
第一款所称善意,是指相对人在订立担保合同时不知道且不应当知道法定代表人超越权限。相对人有证据证明已对公司决议进行了合理审查,人民法院应当认定其构成善意,但是公司有证据证明相对人知道或者应当知道决议系伪造、变造的除外。
第17条 主合同有效而第三人提供的担保合同无效,人民法院应当区分不同情形确定担保人的赔偿责任:
(一)债权人与担保人均有过错的,担保人承担的赔偿责任不应超过债务人不能清偿部分的二分之一;</td></tr>
<tr><td>关联担保</td><td>第15条第2款 公司为公司股东或者实际控制人提供担保的,应当经股东会决议。
第15条第3款 前款规定的股东或者受前款规定的实际控制人支配的股东,不得参加前款规定事项的表决。该项表决由出席会议的其他股东所持表决权的过半数通过。
第15条第1款 ……公司章程对投资或者担保的总额及单项投资或者担保的数额有限额规定的,不得超过规定的限额。</td></tr>
</table>

① 参见陈树森:《公司对外担保 实践·规则·理念》,法律出版社2023年版,第260页。

续表

公司对外担保的规范 《公司法》		总体裁判规则 《民法典担保制度解释》
		(二)担保人有过错而债权人无过错的,担保人对债务人不能清偿的部分承担赔偿责任; (三)债权人有过错而担保人无过错的,担保人不承担赔偿责任。 主合同无效导致第三人提供的担保合同无效,担保人无过错的,不承担赔偿责任;担保人有过错的,其承担的赔偿责任不应超过债务人不能清偿部分的三分之一。

表 1–2 《民法典担保制度解释》的特殊规定

条文主旨	条文内容
决议豁免事项	第 8 条　有下列情形之一,公司以其未依照公司法关于公司对外担保的规定作出决议为由主张不承担担保责任的,人民法院不予支持: (一)金融机构开立保函或者担保公司提供担保; (二)公司为其全资子公司开展经营活动提供担保; (三)担保合同系由单独或者共同持有公司三分之二以上对担保事项有表决权的股东签字同意。 上市公司对外提供担保,不适用前款第二项、第三项的规定。
上市公司对外担保	第 9 条　相对人根据上市公司公开披露的关于担保事项已经董事会或者股东大会决议通过的信息,与上市公司订立担保合同,相对人主张担保合同对上市公司发生效力,并由上市公司承担担保责任的,人民法院应予支持。 相对人未根据上市公司公开披露的关于担保事项已经董事会或者股东大会决议通过的信息,与上市公司订立担保合同,上市公司主张担保合同对其不发生效力,且不承担担保责任或者赔偿责任的,人民法院应予支持。 相对人与上市公司已公开披露的控股子公司订立的担保合同,或者相对人与股票在国务院批准的其他全国性证券交易场所交易的公司订立的担保合同,适用前两款规定。
一人公司对外担保	第 10 条　一人有限责任公司为其股东提供担保,公司以违反公司法关于公司对外担保决议程序的规定为由主张不承担担保责任的,人民法院不予支持。公司因承担担保责任导致无法清偿其他债务,提供担保时的股东不能证明公司财产独立于自己的财产,其他债权人请求该股东承担连带责任的,人民法院应予支持。

续表

分支机构对外担保	第 11 条　公司的分支机构未经公司股东(大)会或者董事会决议以自己的名义对外提供担保,相对人请求公司或者其分支机构承担担保责任的,人民法院不予支持,但是相对人不知道且不应当知道分支机构对外提供担保未经公司决议程序的除外。 金融机构的分支机构在其营业执照记载的经营范围内开立保函,或者经有权从事担保业务的上级机构授权开立保函,金融机构或者其分支机构以违反公司法关于公司对外担保决议程序的规定为由主张不承担担保责任的,人民法院不予支持。金融机构的分支机构未经金融机构授权提供保函之外的担保,金融机构或者其分支机构主张不承担担保责任的,人民法院应予支持,但是相对人不知道且不应当知道分支机构对外提供担保未经金融机构授权的除外。 担保公司的分支机构未经担保公司授权对外提供担保,担保公司或者其分支机构主张不承担担保责任的,人民法院应予支持,但是相对人不知道且不应当知道分支机构对外提供担保未经担保公司授权的除外。 公司的分支机构对外提供担保,相对人非善意,请求公司承担赔偿责任的,参照本解释第十七条的有关规定处理。
以公司名义加入债务	第 12 条　法定代表人依照民法典第五百五十二条的规定以公司名义加入债务的,人民法院在认定该行为的效力时,可以参照本解释关于公司为他人提供担保的有关规则处理。

其中,《民法典担保制度解释》第 7 条主要规定:第一,公司的法定代表人违反《公司法》第 15 条规定,未经股东会或董事会决议对外担保,构成越权代表;第二,越权代表情况下签订的担保合同,对公司是否发生效力,取决于相对人是否善意。相对人善意的,担保合同对公司发生效力,公司承担担保责任;相对人非善意的,担保合同对公司不发生效力,公司不承担担保责任,但是,公司不承担担保责任并不意味着不承担任何民事责任,它还需要承担一定的缔约过失损害赔偿责任。第三,这里所说的善意,是指相对人不知道且不应当知道法定代表人越权签订合同。在具体判断时,就是看相对人在签订担保合同时,对公司决议是否进行了合理审查,审查了,一般可以认定构成善意;反之,则不构成善意。[①]

① 参见刘贵祥:《就民法典担保制度司法解释回答记者提问》,载微信公众号“最高人民法院”2020 年 12 月 30 日。

五、其他规定

《担保法》及其司法解释在《民法典》生效后已经失效，不再适用。

中国证监会等部门制定的部门规章，最高人民法院的其他会议纪要和地方法院制定的适用办法、办案指导等，关于公司对外担保的相关内容与《公司法》《民法典担保制度解释》一致，如果该规范性文件仍有效的可以继续适用，已经被废止的或者与《公司法》《民法典担保制度解释》不一致的则不得适用。对这些规范性文件在此不再赘述，待后文需要时再介绍。

六、上述规范之间的内部逻辑关系

《公司法》第 15 条属于《公司法》总则的规定，意在统领规范所有种类的公司为他人提供担保。同时上市公司有特殊之处的在分则中作了特别规定。

《民法典》未就"担保法"单独成编，担保法及其司法解释的规定分散到《民法典》分编及其司法解释中。《民法典担保制度解释》第 7～12 条是关于公司为他人提供担保所作的补充性解释，使公司法的相关规定具有可操作性，能够指引法务实践、作为裁判依据。

第二节　公司对外担保的立法理念

一、公司对外担保的立法理念应立足于现实

从世界各国或地区的相关规定与做法来看，允许公司对外担保是普遍的法律现象，所以，公司对外提供担保也是普遍的经济现象。世界各国或地区的公司法在允许公司对外提供担保的同时，也予以规范和限制。这种规范和限制的过程大都通过将公司违规提供担保转换为公司代表人、董事、经理越权的问题，进而通过代表或者代理等制度加以解决。在这一点上，我国台湾地区"公司法"阐述得更加明确，其第 16 条直接点明了公司违规提供担保往往是"公司负责人"违反法律或公司章程规定的行为结果。这种将公司违规提供担保的规范转换为对公司代表人或者负责人等的行为矫正，一方面符合承认公司具备担保能力的基本趋势，另一方面也契合了公司作为民事主体的特殊构造，即公司在从

事民商事活动时需要借助自然人的行为完成,而公司越权提供担保的具体实施者往往是公司代表人或者负责人。

我国公司对外担保问题表现得较为突出,与我国公司股权结构以及内部治理模式存在密切关联。在英、美、法等国家,股权结构相对分散,在治理模式上股东与公司管理层之间关系较远,控股股东滥用控制权的现象较为少见。相比较而言,我国公司的股权结构高度集中,公司控制权往往掌握在控股股东手中,“一股独大”高度集中的股权结构特征明显。研究表明,我国上市公司的股权集中度很高,大约 15%的上市公司具有一个持股超过 66%的大股东,42%的公司具有一个持股超过 50%的大股东,74%的公司具有一个持股超过 30%的大股东。① 公司董事会大多受到控股股东的控制,难以在与控股股东有关的关联交易中形成独立判断。据报道,在 2017 年曝光的亿阳信通违规担保案中,公司控股股东为达到上市公司不经决议为其提供关联担保的目的,连续撤换多名不敢签字的董事长,最后迫使继任董事长以上市公司名义为其违规关联担保 44.82 亿元,最终导致公司受到证券监管部门的行政处罚,被实施退市风险警示。② 因此我国公司治理的首要问题是控股股东与中小股东的利益冲突,然后才是因经营者与所有者分离而产生的“代理成本”问题。这一现象与欧美国家公司治理注重规范董事、经理行为,防范代理行为人自利交易的取向有较大差别。③

股权高度集中的股权结构、控股股东能够控制公司的管理层、存在滥用控制权现象是我国公司治理面临的客观实际。公司法各项制度的设计,包括公司对外担保规范的设计,在借鉴域外经验的同时更应立足于本土的实际情况,尤其要立足于现实问题。理念是行动的先导,有了适合我国国情的理念才能有合适的法律制度、才能有恰当的裁判、法律制度才能被不折不扣地遵守。现就我国针对公司对外担保的立法理念进行探讨,以期供立法、司法解释、司法裁判参考。

---

① 参见黄辉:《现代公司法比较研究——国际经验及对中国的启示》(第 2 版),清华大学出版社 2020 年版,第 154 页。

② 参见最高人民法院民事审判第二庭编著:《〈全国法院民商事审判工作会议纪要〉理解与适用》,人民法院出版社 2019 年版,第 179 页。

③ 参见陈树森:《公司对外担保 实践 · 规则 · 理念》,法律出版社 2023 年版,第 113~116 页。

二、关于我国公司对外担保立法理念的探讨

(一)原则上禁止公司对外担保

1. 公司对外担保属于超出经营范围的行为

一般而言,银行业、保险业、担保业等金融类之外的公司,其经营范围不包括为他人提供担保,为他人提供担保是超出经营范围的行为。

(1)行政法上的规制。2022 年 3 月 1 日起失效的《企业法人登记管理条例》第 29 条规定:“企业法人有下列情形之一的,登记主管机关可以根据情况分别给予警告、罚款、没收非法所得、停业整顿、扣缴、吊销《企业法人营业执照》的处罚:……(二)擅自改变主要登记事项或者超出核准登记的经营范围从事经营活动的……”取而代之的是 2022 年 3 月 1 日起施行的《市场主体登记管理条例》,其没有明确规定对超出经营范围给予行政处罚,表明市场主体超经营范围从事非许可类经营活动的,市场监管部门不予处罚。但条例也责令市场主体对超出经营范围的行为进行改正或者变更经营范围,否则会受到行政处罚。非金融类公司在生产经营中不以担保为业,偶尔为他人提供担保算不上“经营活动”,为他人担保行为虽不属于公司经营范围,也不会受到行政处罚。如果非金融类公司以担保为业,必须取得从事金融类业务的行政许可,否则是严重的违法行为,会受到金融主管部门的严厉处罚,甚至构成刑事犯罪。

(2)民商法上的规制。《公司法》第 46 条、第 95 条规定公司经营范围是公司章程应当载明的事项,超出经营范围就是违反公司章程,超出经营范围会引起下列责任:《公司法》第 26 条规定决议内容违反公司章程的可以请求人民法院撤销;《公司法》第 188 条规定:“董事、监事、高级管理人员执行公司职务违反法律、行政法规或者公司章程的规定,给公司造成损失的,应当承担赔偿责任。”

可见,行政法对公司超出经营范围的行为采取禁止的态度,民商法也对公司超出经营范围的行为设置了责任条款。法律对待超出经营范围的态度也是对待公司对外担保的态度。

2. 公司对外担保增加了公司的经营风险

公司为他人提供担保并未获得相应对价,当债务人不能履行到期债务或者发生当事人约定的情形时,作为担保人的公司须承担担保责任或者赔偿责任。

公司承担责任后向债务人追偿时,大多数情况下债务人早已丧失偿还能力,会发生追偿不能的后果。公司承担担保责任后,公司的资产减少。从会计学的角度看,资产-负债=所有者权益,所以公司资产减少了必然导致股东权益的减少。可见,在公司为他人担保中,公司的资产并未增加,一旦承担担保责任,既损害了公司利益,降低了公司竞争力,增加了公司经营风险,为公司的可持续发展埋下隐患,也损害了中小股东利益和公司债权人利益。

3. 公司对外担保易被滥用

实践中,公司的控股股东、实际控制人或者法定代表人未经公司股东会、董事会决议而擅自以公司名义为他人提供担保,让公司承担无妄之灾、掏空公司的现象屡见不鲜。

4. 公司对外担保在企业融资中并非不可或缺

从企业融资的渠道来看,企业融资分为债务性融资和权益性融资。前者包括银行贷款、发行债券和应付票据、应付账款等。债务性融资构成负债,企业要按期偿还约定的本息。权益性融资主要指股票融资,是指向其他投资者出售公司的所有权,即用所有者的权益交换资金,投资者以红利形式分得企业利润。股票具有永久性,无到期日,不需归还,没有还本付息的压力等特点。不同融资方式的风险各不相同,一般而言,债务融资方式必须定期还本付息,因此,可能产生不能偿付的风险,融资风险较大。股权融资方式不存在还本付息的风险,因而融资风险小。企业若采用债务融资方式,由于财务杠杆的作用,当企业利润下降时,每股收益下降得更快,从而给企业带来财务风险,甚至可能导致企业破产的风险。美国几大投资银行的相继破产,就是与滥用财务杠杆、无视融资方式的风险控制有关。市场经济成熟的国家、地区中权益性融资活跃,债务性融资利用比例较小。债务性融资中才有担保的发生,企业为减少融资风险尽量不要进行债务性融资,所以担保在企业融资中不是不可或缺的,即使采用债务性融资也可以用自己的财产担保,不是非得用他人财产担保。

5. 类比监护职责的履行规则,也应该禁止公司机关以公司财产对外担保

法人与自然人一样,法人所具有的民事权利能力及民事主体资格也是法律所赋予的。法人虽是民事主体,但其在参与经济活动时客观上必须由自然人代为进行,这些代法人实施行为的人或者人的集合称为法人的机关,比如股东会、董事会、监事会、法定代表人等。传统民法的制度安排,大多以自然人之间的关

系为规范模型。在各类团体成为民法的规范对象之后，从既往规范自然人的法律规范中寻找相类似的规范予以适用是各国民法的通常路径。以法人制度为例，法人和法人机关的关系，就是类比自然人之间监护、代理关系、将法人视为无民事行为能力人的结果。法人机关的成员有自己的利益追求，存在与法人利益相背的一面，从自然属性来看法人机关成员与法人是不同的民事主体，所以法人作为组织体可视为“被监护人”，法人机关成员如法定代表人、董事等可视为“监护人”。在监护职责的履行上，《民法典》贯彻“最有利于被监护人”和“尊重被监护人真实意愿”的监护理念。“最有利于被监护人”原则体现在财产监管上，《民法典》第 35 条第 1 款第 2 句规定“监护人除为维护被监护人利益外，不得处分被监护人的财产”的内容。从监护人角度看，该内容是对监护人法定代理权的法定限制。监护人如果不是为了被监护人的利益而以被监护人的名义处分其财产，则超越了法定代理权限，应当认为构成无权代理，该处分财产的行为对被监护人不发生法律效力，而应当由监护人自己承担相应的法律责任。[①]公司对外担保本身就蕴含巨大风险，也是超出经营范围的事项，股东会、董事会召开会议对公司为他人债务提供担保作出决议，很难说股东会、董事会（相当于监护人）是为维护公司（相当于被监护人）的利益，更不用说法定代表人、其他人员未经股东会、董事会决议擅自以公司名义对外提供担保了。

综上，立法上应禁止公司为他人提供担保。如《法国商事公司法》第 106 条就股份公司担保规定，除公司经营金融事业外，禁止公司为董事、总经理、法人董事的常任代理人及他们的亲属向第三人承担的义务提供物的担保和保证。即使允许公司对外担保的域外公司法，也作了很多限制，如英国公司立法引入强制性披露要求予以干预。

（二）融资现状需要公司对外担保

1. 担保制度在经济社会发展中发挥着重要作用

市场经济本质上属于信用经济，在担保与经济的关系上，“国际层面越来越

① 参见最高人民法院民法典贯彻实施工作领导小组主编：《中华人民共和国民法典总则编理解与适用》，人民法院出版社 2020 年版，第 213 页。

多的共识是，在整体上，担保之债会带来社会和经济的福利”。① 首先，担保作为典型的增信措施，是融通资金的重要手段，具有促进资金高效率运转的功能。“环顾国际经济情势，担保物权制度越健全周密，运用最多之国家，无疑是经济最繁荣、贸易最发达之国度。准此，一国各类担保如雨后春笋，四处窜起，似为令人忧心之乱象，但其实亦为该国经济繁荣、国力旺盛之可喜征象。”②尤其当前，我国经济快速发展对资金产生了大量需求，担保作为经济活动中获取急需资金、促进交易秩序稳定及控制风险的一种手段，越来越被各类市场主体使用。其次，担保有助于充分发挥物的交换价值。担保的重要制度功能在于物尽其用、货畅其流。担保越发达，物的交换价值就越能被充分发挥出来。③ 也正是基于担保制度对经济社会发展的重要性，担保的形态也在不断发展完善。《民法典》第 388 条不再将担保合同仅局限于“抵押合同、质押合同”，而拓展到融资租赁、保理、所有权保留等“其他具有担保功能的合同”。④

2. 融资现状难以禁止公司对外担保

从投、融资的角度来看，我国商业银行主要采行担保贷款，此背景下一概禁止公司为他人提供担保，是不可取的，也难以落实。实践中，作为重要的市场经济主体，公司为他人提供担保的行为非常活跃，比如 2017 年全国法院受理的公司担保一审案件为 39.7 万件，起诉标的达 22.1 万亿元。我国 2005 年修订《公司法》时，专门增设了《公司法》第 16 条的规定，在立法层面上肯定了公司的对外担保能力。⑤

（三）严格规制公司的对外担保行为

如前所述，不同于公司为自身债务提供担保，公司为他人债务提供担保会增加公司的经营风险。公司之间互为担保，只要一笔债务不能清偿或者一家公

---

① ［英］艾利斯·费伦：《担保债权的经济优势及担保利益之确定——以英国普通法为视角》，罗培新译，载《江淮论坛》2012 年第 2 期。

② 谢在全：《担保物权制度的成长与蜕变》，载《法学家》2019 年第 1 期。

③ 参见王利明：《担保物权制度的现代化与我国〈民法典〉的高点》，载《上海政法学院学报（法治论丛）》2021 年第 1 期。

④ 陈树森：《公司对外担保　实践·规则·理念》，法律出版社 2023 年版，第 2~3 页。

⑤ 参见最高人民法院民事审判第二庭：《〈全国法院民商事审判工作会议纪要〉理解与适用》，人民法院出版社 2019 年版，第 178 页。

司无力偿还债务,往往会出现多家公司经营困难甚至破产清算的“多米诺骨牌”现象,带来系统性金融风险。实践中,相当多的情形是公司为他人提供担保并非公司的真实意思表示,而是法定代表人、控制股东、实际控制人违反《公司法》关于公司对外担保决议程序的规定,擅自以公司名义为之。我国公司企业在过往的活动中极度忽视股东利益,任由法定代表人或者控制股东通过担保谋求一己私利而损害公司利益的行为泛滥,使得公司治理结构丧失制衡功能,特别是上市公司问题更加严重。[①] 在日益严重的公司“滥保”现象之下,不仅公司、中小股东及一般债权人的利益受到极大损害,不受限制的公司担保更是在福建、深圳等地形成了危及整个金融体系和区域金融安全的“担保圈”。[②] 为根治公司的“滥保”行为,有必要在《公司法》中建立前置化的制度性措施以确保公司为他人提供担保是公司的真实意思表示。于是,《公司法》规定:(1)公司虽有对外提供担保的权利能力,但应当由董事会或者股东会决议授权,以防止公司法定代表人或者其他人员擅自以公司名义签订对外担保协议;(2)公司章程对担保总额及单项担保的数额有限额规定的,不得超过规定的限额;(3)公司为股东或者实际控制人提供担保的应当经股东会决议,且关联股东不得参加表决。可见,《公司法》第 15 条的立法目的就在于,通过严格规制公司担保意思的形成,确保对外担保是出于公司的真实意思,以维护公司及其股东的利益。[③]

综上,我国公司法关于公司为他人提供担保的立法理念应当为“原则禁止、例外允许、严格规制”。[④]

第三节　公司为自己担保不适用对外担保的规定

《公司法》第 15 条的立法目的,是保障资本充实,防止公司控股股东、实际控制人操控公司或法定代表人肆意对外提供巨额担保掏空公司资产,间接损害中小股东和公司债权人的利益。为达目的,《公司法》第 15 条对法定代表人的

---

① 参见甘培忠:《公司法第十六条的法义情景解析》,载《法制日报》2008 年 2 月 17 日。

② 参见夏志琼:《担保链:危及区域金融安全》,载《经营与管理》2014 年第 2 期。

③ 参见高圣平:《担保法前沿问题与判解研究(第五卷)——最高人民法院新担保制度司法解释条文释评》,人民法院出版社 2021 年版,第 63 页。

④ 刘俊海:《公司法定代表人越权签署的担保合同效力规则的反思与重构》,载《中国法学》2020 年第 5 期。

代表权及关联股东的表决权予以限制，其中规定对外担保行为不是法定代表人所能单独决定的事项，必须以公司股东会、董事会等公司机关的决议作为授权的基础和来源。《公司法》第15条适用的范围是公司向其他企业投资或者为他人提供担保，这里的"他人"指除公司本身之外的其他主体。公司为自身债务提供担保并未损害公司利益，不属于"为他人提供担保"的范畴，故不适用《公司法》第15条需要股东会、董事会的决议授权。

例如，某纺织公司为生产经营需要向银行借款900万元，某担保公司为其提供连带责任保证。担保公司又与纺织公司签订反担保抵押合同，约定纺织公司将其名下不动产作价900万元进行抵押，向担保公司提供担保。纺织公司的法定代表人在合同中签字，并加盖公司印章（未有股东会、董事会决议等文件）。随后双方办理了抵押登记。借款到期后，因纺织公司无力还款，担保公司向银行代偿了全部借款本息后，提起本案诉讼向纺织公司追偿。

庭审中，纺织公司抗辩称，根据《公司法》规定，公司为他人提供担保应出具董事会或股东会决议，本案中，纺织公司的法定代表人签订抵押合同时未有公司机关决议，故抵押合同对纺织公司不发生效力。

法院审理后认为，为防止法定代表人随意代表公司为他人提供担保给公司造成损失，损害中小股东的利益，《公司法》作出明确规定，公司向其他企业投资或者为他人提供担保，依照公司章程的规定，由董事会或股东会决议。本案中，纺织公司向担保公司提供反担保系因自身借款需要，并未损害公司利益，不属于《公司法》第15条的调整范围，故判决确认抵押合同有效。

第二章　公司对外担保意思的形成

第一节　公司对外担保意思的形成机关

一、对外担保须经股东会或者董事会决议的理由

根据《公司法》第 15 条规定，公司对外担保须由董事会或者股东会决议。《九民会议纪要》第 17 条给出了如此规定的理由，其第 17 条规定："为防止法定代表人随意代表公司为他人提供担保给公司造成损失，损害中小股东利益，《公司法》第 16 条[①]对法定代表人的代表权进行了限制。根据该条规定，担保行为不是法定代表人所能单独决定的事项，而必须以公司股东（大）会、董事会等公司机关的决议作为授权的基础和来源……"

二、公司对外担保的种类及其决议机关

《公司法》第 265 条第 4 项规定："关联关系，是指公司控股股东、实际控制人、董事、监事、高级管理人员与其直接或者间接控制的企业之间的关系，以及可能导致公司利益转移的其他关系。但是，国家控股的企业之间不仅因为同受国家控股而具有关联关系。"实践中能够操纵公司得到公司担保的股东毫无例外地全是控股股东、实际控制人，故"关联关系"的对象范围，涵盖了《公司法》第 15 条第 2 款的"公司股东或者实际控制人"，在此种体系结构中，公司对外担保采取"关联担保"与"非关联担保"的分类。关联担保，是指公司为公司股东

① 指 2018 年《公司法》第 16 条，2023 年修订的《公司法》将其调整为第 15 条。

或者实际控制人提供担保。公司为公司股东或者实际控制人之外的主体提供担保,则为非关联担保。见表 2-1。

表 2-1　公司对外担保的类型

分类	关联担保	非关联担保
定义	公司为股东或者实际控制人提供担保	公司为股东或者实际控制人以外的人提供担保

(一)非关联担保的决议机关

1. 非关联担保由董事会或者股东会决议授权

《公司法》第 15 条第 1 款规定,公司向其他企业投资或者为他人提供担保,依照公司章程的规定,由董事会或者股东会决议。该款通过法律来宣示:(1)公司为股东、实际控制人以外的人提供担保的决议权在公司董事会或者股东会,而非法定代表人或者其他人;(2)究竟是由董事会决议授权还是由股东会决议授权,由公司章程规定。如此,就公司为他人提供担保事项,有了适格的公司决议,法定代表人或者代理人才能根据公司决议的授权为他人的债务与相对人订立担保合同;没有公司机关决议授权的,行为人构成越权代表或者无权代理。

2. 公司章程"沉默"时非关联担保决议机关的确定

《上市公司监管指引第 8 号——上市公司资金往来、对外担保的监管要求》(以下简称《上市公司监管指引第 8 号》)第 8 条规定:"上市公司的《公司章程》应当明确股东大会、董事会审批对外担保的权限及违反审批权限、审议程序的责任追究制度。"据此,上市公司章程必须规定对外担保的决议机构,禁止公司章程"沉默"。但非上市公司的章程对公司为他人担保的决议机构未予规定的情形是可能存在的,该如何处理呢?

公司章程没有规定非关联担保由哪个机关决议的,有观点认为应由股东会决议,理由是股东会是公司的最高权力机关,董事会是其执行机关,股东会与董事会之间可参照委托关系,本人未交出去的权力还应由本人行使。

也有观点认为,应由董事会决议,因为董事会召开会议相对股东会较容易,符合交易效率的需要。

还有观点认为,公司章程没有规定非关联担保由哪个机关决议的,董事会或者股东会皆可，二者中任一机关所作的决议都能代表公司意志，并不因为公司章程缺乏规定而导致其决议丧失合法性依据。公司章程没有约定非关联担保由哪个机关进行决议的，无论是董事会决议还是股东会决议的合法性依据均直接来自公司法关于治理结构的直接安排，其法源高于公司章程，公司有权决议机关的实际行动弥补了公司章程的沉默。[①]《九民会议纪要》也持此观点，其第 18 条规定，针对非关联担保，“无论章程是否对决议机关作出规定，……只要债权人能够证明其在订立担保合同时对董事会决议或者股东(大)会决议进行了审查，同意决议的人数及签字人员符合公司章程的规定，就应当认定其构成善意”。

《公司法》第 67 条第 2 款规定：“董事会行使下列职权：(一)召集股东会会议，并向股东会报告工作；(二)执行股东会的决议；(三)决定公司的经营计划和投资方案；(四)制订公司的利润分配方案和弥补亏损方案；(五)制订公司增加或者减少注册资本以及发行公司债券的方案；(六)制订公司合并、分立、解散或者变更公司形式的方案；(七)决定公司内部管理机构的设置；(八)决定聘任或者解聘公司经理及其报酬事项，并根据经理的提名决定聘任或者解聘公司副经理、财务负责人及其报酬事项；(九)制定公司的基本管理制度；(十)公司章程规定或者股东会授予的其他职权。”据此，董事会的职权来源有三部分，一是公司法的规定；二是公司章程的规定；三是股东会授予的职权。依照《公司法》第 15 条第 1 款的规定，公司章程只能在股东会、董事会二者中选择一个作为非关联担保的决议机构。故，在公司法、公司章程、股东会都未将非关联担保事项的决议权授予董事会的情况下，非关联担保事项的决议权只能由股东会行使。《公司法》第 15 条的规制逻辑在于，担保行为是无偿行为，公司无法从担保行为中盈利，为他人债务提供担保也就非属常规的经营行为，其决策权原则上由股东会行使，如公司章程规定由董事会决定公司担保事项，本质上亦属股东会对董事会的特别授权。若公司章程未就公司担保事项作出明确的权限划分，即表明股东会并未授权董事会就此作出决策，此时应按照股权主权思想，将该事项

---

① 参见施天涛：《〈公司法〉第 16 条的规范目的：如何解读、如何适用?》，载《现代法学》2019 年第 3 期。

解释为股东会的职权范围内的事项。①

3. 未设置董事会情况下非关联担保决议机构的确定

假如公司章程规定公司对外提供非关联担保的须出具董事会决议，规模较小未设董事会的有限责任公司，如何处理？

《公司法》规定规模较小或者股东人数较少的公司，可以不设董事会，设一名董事，行使该法规定的董事会的职权。该董事可以兼任公司经理。据此，公司未设董事会的，董事同意担保的决议就视为董事会的决议。

但是，2018 年《公司法》没有明确规定执行董事行使董事会的职权。在 2023 年《公司法》施行之前，有必要按照 2018 年《公司法》的规定探讨该问题。

2018 年《公司法》第 50 条规定："股东人数较少或者规模较小的有限责任公司，可以设一名执行董事，不设董事会。执行董事可以兼任公司经理。执行董事的职权由公司章程规定。"可见，不设董事会的有限责任公司中，执行董事的职权由公司章程规定，如果公司章程规定执行董事的职权相当于董事会的，执行董事当然有权决定是否提供非关联担保。如果章程对此并无规定，或者规定执行董事并无相当于董事会职权的，相对人就需要注意了：因为《公司法》规定相对人负有审查公司章程的义务，相对人就有义务审查执行董事有无订立对外担保合同的权限，如果疏忽没有审查，其是"应当知道而未知"，在法律上不构成善意。章程中未规定执行董事行使董事会职权的，应由股东会对担保事项作出决议，理由是当前我国《公司法》有关公司权力的分配采用的是"股东会中心主义"，法律、公司章程、股东会未授予执行董事或者董事会的权力，仍保留在股东会手中。

另外，在非关联担保中，执行董事本身就是法定代表人，担保合同上仅有法定代表人的签字，而无作为执行董事身份的签字，此时，能否认定其行使了相当于董事会的职权？《〈全国法院民商事审判工作会议纪要〉理解与适用》书中的观点认为：如果法定代表人在缔约的同时表明执行董事身份，此时不需要另行签字；如果未亮明身份的，原则上需要另行签字。但笔者不同意此观点，既是法定代表人又是执行董事，其在担保合同上签字，应能同时表明既是以法定代表

① 参见高圣平：《论相对人审查义务视角下的公司担保决议——基于〈民法典〉实施之后的裁判分歧的展开和分析》，载《法制与社会发展（双月刊）》2022 年第 6 期（总第 168 期）。

人身份签字,也是以执行董事身份签字,理由是此时应采用实质标准,不能过于形式主义。

(二)关联担保由股东会决议授权

1. 关联担保由股东会决议的法律规定

《公司法》第 15 条中,第 2 款是第 1 款的特殊规定。第 2 款规定:“公司为公司股东或者实际控制人提供担保的,应当经股东会决议。”法律没有禁止公司为本公司股东或者实际控制人提供担保,但是公司为本公司股东或者实际控制人提供担保的须由股东会作出决议。相对于董事会会议,股东会会议的召开程序要复杂、严格、规范,这从客观上制约了公司为股东或者实际控制人提供担保;同时,由股东讨论是否为公司股东或者实际控制人提供担保也符合风险利益一致原则,避免董事慷他人之慨;再者,毕竟董事是由股东委派的,由董事决定是否为股东提供担保难免会让董事在公司利益与个人利益之间左右为难。故《公司法》第 15 条第 2 款严格规范了关联担保的批准程序。上市公司提供担保的,还须依法进行信息披露。

公司为他人提供担保的决议机构列表如表 2-2 所示:

表 2-2　公司为他人提供担保的决议机构

分类	关联担保	非关联担保
定义	公司为股东或者实际控制人提供担保	公司为股东或者实际控制人以外的人提供担保
决议机构	担保事项由股东会决议	依照公司章程的规定,担保事项由董事会或者股东会决议

2. 股东会、公司章程能否授权董事会对关联担保进行表决?

公司为股东或者实际控制人提供担保的,股东会可否授权董事会对该关联担保事项进行决议?公司章程可否规定关联担保由董事会决议?对此,观点众说纷纭,本书通过举例给出观点。

甲、乙分别持有 A 公司 70%、30%的股权,公司章程规定:“公司为公司股东提供担保的,必须经股东会决议,被担保的股东不得参加担保事项的表决。”公司董事会有 3 名董事,其中,甲委派 2 名,乙委派 1 名。现甲向银行贷款,想要 A

公司提供担保,找乙商量,乙反对。甲思虑后做出如下策略。

(1)股东会授权董事会进行决议。

鉴于甲能控制 A 公司董事会,又是控制股东,为规避公司章程有关担保决议程序的规定,通过股东会决议将所有担保事项(包括关联担保)授权给董事会决议。此时,股东会的授权行为效力如何?

法律评析:在股东会对“授权事项”进行表决时即使乙反对,也是无能为力的;在董事会对“担保事项”进行表决时即使乙反对,也是无能为力的。按照《公司法》的规定或者 A 公司章程的规定,对担保事项表决时甲应回避,由乙表决,乙的反对能阻却 A 公司对外担保。《公司法》第 21 条第 1 款规定,公司股东应当遵守法律、行政法规和公司章程,依法行使股东权利,不得滥用股东权利损害公司或者其他股东的利益。可见,该策略是大股东滥用股东权利剥夺小股东的表决权,因违反法律而无效,所以应当被禁止。公司为股东或者实际控制人提供担保的,股东会不得授权董事会对该关联担保事项进行决议。

(2)通过公司章程授权董事会进行决议。

鉴于甲是控制股东,于是通过股东会会议将公司章程的上述内容修改为:“公司为公司股东供担保的,必须经董事会决议。”甲通过修改公司章程授权董事会对关联担保进行决议的效力如何?

法律评析:在股东会对“修改公司章程事项”进行表决时即使乙反对,也是无能为力的;在董事会对“担保事项”进行表决时即使乙反对,也是无能为力的。按照《公司法》的规定或者公司章程的规定,乙的反对均能阻却 A 公司对外担保。可见,该策略也是大股东滥用股东权利剥夺小股东的表决权,因违反法律而无效,所以应当被禁止。

《公司法》第 15 条第 2 款是强制性规定,不容违反,针对对关联担保事项,既不得通过公司章程授权董事会进行决议,也不得通过股东会授权董事会进行决议,否则控制股东可以据此规避关于关联股东表决权回避的规定,损害其他股东的利益。总之,在法理上,公司法关于股东会和董事会职权的规定属于强制性规范与否,固然存在一定的争论,但在法政策上,考虑到我国绝大多数公司股权比较集中,公司章程往往只体现多数股东的意志和利益,且多数股东往往又身兼董事身份或者控制了董事会,如果认同公司可以通过章程、股东会决议的方式修改股东会和董事会的法定职权,则会对少数股东的保护不利。比如,将《公司法》第 15 条第 3 款规定的股东会对关联担保事项作出决议的权力转移给董事会行使，则控股股东可以轻松规避关于关联股东表决权回避的规定，置少数股东利益于不利境地。因此，我国公司法不应当允许公司章程、股东会决议改变股东会和董事会的法定职权。①

需要说明的是，首先，全体股东一致同意将“某一次”的关联担保事项授权给董事会决议的，应该是被允许的，因为依照委托代理制度，法律允许董事会行使股东会授予的权力，全体股东一致同意表明该委托未违背中、小股东的意愿。其次，公司初始章程的概括授权应该被禁止。公司初始章程由全体股东一致同意才得以表决通过，但笔者认为，关联担保应该一事一议，不应该在公司的初始章程中概括规定由董事会决议，因为事物是不断变化的，当初的同意会一直束缚小股东，小股东将来想反悔都没有机会，小股东的权利被剥夺，这样规定也不符合经济自由原则，所以初始章程也不被允许规定关联担保由董事会表决。如果初始章程规定了关联担保由董事会决议，也因内容违反了法律的强制性规定而无效。

第二节 关联股东不得参加担保事项的表决

《公司法》第 15 条第 2 款、第 3 款规定：“公司为公司股东或者实际控制人提供担保的，应当经股东会决议。前款规定的股东或者受前款规定的实际控制人支配的股东，不得参加前款规定事项的表决。该项表决由出席会议的其他股东所持表决权的过半数通过。”据此，在对关联担保事项进行表决时，关联股东不得参加表决。这样规定主要是为了维护股东会决议的公正性，避免表决事项所涉及的股东（特别是控股股东）滥用资本多数决原则，以公司决议的方式谋求与公司利益不符的股东、实际控制人自己的利益，损害公司和其他股东的利益。②

在公司股东会对关联担保事项进行表决时，关联股东参加了表决并形成决议，在相对人请求公司承担担保责任时，公司抗辩称关联股东参加表决违反法律规定从而拒绝承担担保责任。公司的抗辩能获得支持吗？见下面的案例。③

---

① 参见李建伟：《公司法学》（第 5 版），中国人民大学出版社 2022 年版，第 311 页。

② 参见宋燕妮、赵旭东主编：《中华人民共和国公司法释义》，法律出版社 2019 年版，第 27 页。

③ 参见最高人民法院（2021）最高法民申 4116 号民事裁定书。

2015 年 8 月 19 日，徐某佳向高某峰出具借条，内容载明：徐某佳欠高某峰借款本金 600 万元、利息 580 万元。2015 年 8 月 20 日，易逊公司召开股东会作出决议同意为徐某佳的上述借款提供担保，以公司的办公楼作为抵押，股东会决议上只有股东张某的签字，其持股 65%，而另一股东康某敏未签字。2015 年 8 月 20 日易逊公司的股东是张某和康某敏，张某为徐某佳的股权代持人。

借款期限届满后，徐某佳未还款，高某峰诉至法院，请求徐某佳偿还借款，易逊公司承担担保责任。

诉讼中易逊公司抗辩称，公司为实际控制人徐某佳提供担保，徐某佳支配的股东张某参与表决，违反了《公司法》的规定，担保合同应为无效。

问题：易逊公司为其实际控制人徐某佳提供担保，关联股东张某参加股东会表决对决议的效力有何影响？对担保合同的效力有何影响？

一、应按照团体法的思维看关联股东参加表决

有观点认为，此时应排除关联股东的表决权，在排除关联股东的表决权后，担保事项的表决由出席会议的其他股东所持表决权的过半数通过即可。但笔者对此观点持有异议，因为法律明确规定“关联股东不得参加关联担保事项的表决”，该规定为强制性规定，违反了此规定整个决议行为原则上应被认定为无效。同时，涉公司纠纷问题应按照团体法的思维看待，不能就事论事，应把具体行为放在系统中考察其合理性、合法性。所谓“人在人情在”“见面三分情”，当事人在场与不在场的结果截然不同，不能仅是去除关联股东的表决权这么简单。一个股东参加会议，绝不仅是其所持股份承载的表决权在起作用，其还带着脑袋、嘴巴、脸面参加会议，其思想、言语劝说、权势、影响力等因素都在起作用，而且某些时候很可能这些因素起着至关重要的作用。所以，此时不仅仅是去除关联股东的表决权而由其他股东所持表决权的过半数通过这么简单。

二、针对关联股东参加关联担保事项表决的不同救济方式

（一）相关主体可请求撤销股东会决议

《最高人民法院关于适用〈中华人民共和国公司法〉若干问题的规定（四）》（以下简称《公司法解释（四）》）（征求意见稿）第 7 条第 1 款规定：“《公司法》

第二十二条第二款所称的‘召集程序’和‘表决方式’，包括股东会或者股东大会、董事会会议的通知、股权登记、提案和议程的确定、主持、投票、计票、表决结果的宣布、决议的形成、会议记录及签署等事项。”该条款虽未纳入正式通过的《公司法解释(四)》，但很全面地概括了公司机关会议的“召集程序”和“表决方式”的内容。召集程序要求法定公司机关按照法定或者章程要求提前通知参会股东，目的在于保障股东提前获悉会议议题等详细信息，以便参会时为“议”和“决”进行必要准备；股权登记，目的是确定参加股东会议的股东、计算表决权的数量。表决程序主要包括就有关议题进行投票、计票、宣布表决结果、会议记录及签署等，该程序完成后，公司决议即告成立。依法成立的公司决议，如无法律规定的无效情形，则推定为有效。对于程序违法或者内容违反公司章程的，这种情形一般不涉及公司外部不特定主体的利益，只是影响公司内部的股东利益，因此，只要股东没有异议，法律一般认可其效力。

在公司股东会对关联担保事项进行表决时，关联股东参加表决的，形成的公司决议是可撤销的，因为不应参加表决的人参加了，其本应该回避而未回避，此会议召集程序、表决方式违反法律，符合《公司法》第 26 条第 1 款规定：股东会、董事会的会议召集程序、表决方式违反法律、行政法规或者公司章程，或者决议内容违反公司章程的，股东可以自决议作出之日起 60 日内，请求人民法院撤销。

(二)相关主体可请求确认决议无效

1. 认定该类决议无效的请求权基础不是《公司法》第 25 条。

《公司法》第 25 条规定：“公司股东会、董事会的决议内容违反法律、行政法规的无效。”有观点认为，公司违反《公司法》第 15 条第 3 款规定进行表决的，股东可以根据《公司法》第 25 条的规定，向人民法院提起决议无效之诉。[①] 但笔者认为，单纯从文义上来讲，关联股东参加关联担保事项表决的应该属于程序上的瑕疵，不属于决议内容上的瑕疵，因此也就不能根据《公司法》第 25 条来认定决议为无效。

---

① 参见安建主编：《中华人民共和国公司法释义》，法律出版社 2005 年版，第 37 页。

2. 可依《民法典》第 153 条第 1 款确认该类决议无效

《民法典》第 134 条规定:“民事法律行为可以基于双方或者多方的意思表示一致成立,也可以基于单方的意思表示成立。法人、非法人组织依照法律或者章程规定的议事方式和表决程序作出决议的,该决议行为成立。”此条属于《民法典》第六章“民事法律行为”的内容,故公司决议属于民事法律行为,因此决议的效力可由《民法典》中的“民事法律行为的效力规范”进行评价。《公司法》第 25 条的理论基础应是《民法典》第 153 条。《民法典》第 153 条第 1 款规定:“违反法律、行政法规的强制性规定的民事法律行为无效。但是,该强制性规定不导致该民事法律行为无效的除外。”关联股东参加关联担保事项的表决则是违反了《公司法》第 15 条第 3 款,那么决议的效力如何呢?这就需要考察《公司法》第 15 条的规范性质。根据《九民会议纪要》的精神,《公司法》第 15 条既非效力性强制性规范,也非管理性强制性规范,而是有关代表权限制的规定,《公司法》第 15 条不属于《民法典》第 153 条第 1 款规定的“效力性强制性规定”,也即违反《公司法》第 15 条不能直接得出民事法律行为(越权代表行为)无效,或者说《公司法》第 15 条的作用不是用以评价代表行为效力的——越权代表行为的效力由《民法典》第 504 条评判,评判合同的效力是否约束公司;越权代表行为的效力状态由《民法典》中民事法律行为的效力规范评判,评判合同是有效、无效、可撤销还是效力待定等。但须注意的是,《民法典》第 504 条评价的仅指“代表行为”,不包括“关联股东参加关联担保事项表决的行为”。从整体上来说《公司法》第 15 条是权限性规定,但其第 3 款属于强制性规定——整体的性质说的是共性,部分的性质可以不同于整体。根据《民法典》第 153 条第 1 款违反法律强制性规定的民事法律行为原则上无效,故《公司法》第 15 条第 3 款规定的“前款规定的股东或者受前款规定的实际控制人支配的股东,不得参加前款规定事项的表决”属于《民法典》第 153 条第 1 款第 1 句规定的效力性强制性规定。

从反面来论证,“关联股东不得参加关联担保事项的表决”不属于效力性强制性规定的话,就会得出该类决议行为不具有效力瑕疵,如此就架空了《公司法》第 15 条第 3 款的规定,也会导致相关主体无法对公司决议提起无效、不成立或者撤销之诉。一个明确违反《公司法》的决议却不容置疑,是不符合法理的。所以,《公司法》第 15 条第 3 款的规定应属效力性强制性规定,可以用以评价民事法律行为(决议)的效力状态。

故,关联股东参加关联担保事项表决的则是违反了《公司法》第 15 条第 3 款的规定,根据《民法典》第 153 条第 1 款该类决议应被确认为无效。

(三)相关主体可请求确认股东会决议不成立

如前所述,在公司股东会对关联担保事项进行表决时,关联股东参加表决的,因违反了《公司法》第 15 条第 3 款的规定,根据《民法典》第 153 条,表决行为被确认为无效。《公司法》第 27 条规定,会议未对决议事项进行表决的,当事人主张决议不成立的,人民法院应当予以支持。表决行为无效在效果上等同于"会议未对决议事项进行表决",所以,表决行为无效,其结果即"决议"应为不成立。

决议成立是评判决议有效、无效、可撤销的前提,也即先有公司决议的成立才能进一步探究决议的效力状态。判断公司决议是否成立,应当从形式上予以判断,如出现《公司法》第 27 条规定的情形之一,则决议不成立,即决议不成立是事实判断问题,属于有无的范畴,只需查明公司是否依法召开会议并作出决议即可。就瑕疵程度而言,决议不成立的瑕疵更严重,以至于无法承认决议的存在;而决议可撤销的瑕疵相对较轻,不会影响决议的存在,只会在效力上受影响。关联股东参加关联担保事项表决的,应根据瑕疵的程度,判断是决议不成立还是决议可撤销。例如,股东会已经要求关联股东回避表决,其拒不回避仍参加表决,此时股东会表决程序存在重大瑕疵以至于该表决行为无效,相当于"会议未对决议事项进行表决",违法程序作出的决议视为不存在。再比如,表决时仅有关联股东投赞成票,决议通过的比例不够而致决议不成立。

小结:在公司股东会对关联担保事项进行表决时,关联股东参加表决的,相关主体可从三个方面救济:一是主张决议行为违反法律的强制性规定而为无效;二是主张表决行为无效,无效的表决产生的决议自然不成立;三是主张决议召集程序、表决方式违反法律,决议可撤销。决议无效、不成立、被撤销的,自始没有法律约束力。

三、该类决议效力认定结果的意义

通过上述分析可知,在公司股东会对关联担保事项进行表决时,关联股东参加表决的,形成的决议或者无效,或者不成立,或者被撤销的,决议自始不发生效力。《公司法》第28条规定:“公司股东会、董事会决议被人民法院宣告无效、撤销或者确认不成立的,公司应当向公司登记机关申请撤销根据该决议已办理的登记。股东会、董事会决议被人民法院宣告无效、撤销或者确认不成立的,公司根据该决议与善意相对人形成的民事法律关系不受影响。”相对人接受公司担保的,公司同意担保的决议是其须审查的义务范围。相对人虽审查了关联担保事项已经股东会决议,但股东会决议未排除关联股东表决(股东会决议上有股东签字),既表明法定代表人越权担保,也表明相对人未尽到合理的审查义务,非属善意,所以担保合同对公司不发生效力。

公司向其他企业投资或者为他人提供担保不同于公司的其他对外行为。具体区别如下。

公司在对外投资或者对外担保中,须经股东会或者董事会决议的授权,法定代表人或者代理人持授权的决议与相对人订立投资合同或者担保合同,而且订立合同的过程中相对人对公司决议须尽到合理的审查义务。如果决议存在尽到合理的审查义务就能发现的瑕疵,既表明法定代表人越权担保,也表明相对人未尽到合理审查义务,非属善意,所以担保合同对公司不发生效力。

公司的其他对外行为,不需要公司决议的授权(法律另有规定的除外),即便公司内部要求某些事项需要股东会或者董事会决议的授权相对人也无须审查公司决议。股东会、董事会决议被人民法院宣告无效、撤销或者确认不成立的,公司根据该决议与善意相对人形成的民事法律关系不受影响。

四、例题解说

(一)法院裁判

长春中院一审认为,因易逊公司为徐某佳借款提供抵押担保的股东会决议上只有徐某佳的代持人张某签字,而其他股东均未签字,不能得出徐某佳提供抵押担保是易逊公司的真实意思表示,担保无效。

高某峰不服,提起上诉。吉林高院二审认为,徐某佳向高某峰出具借条时提供了易逊公司的股东会决议,该股东会决议上只有徐某佳的代持人张某的签字,不能产生易逊公司提供担保的效力,高某峰明知张某超越权限订立担保合同,该担保合同无效。

高某峰不服,提起再审。最高人民法院再审认为,易逊公司为其实际控制人徐某佳与高某峰的借款提供担保,股东会决议上仅有徐某佳的代持人易逊公司法定代表人张某的签字,该担保行为违反《公司法》的规定。根据二审案卷所附高某峰上诉状、二审庭审笔录的记载及法院询问查明,高某峰在案涉借款发生及易逊公司提供担保时明知徐某佳为易逊公司的实际控制人。但高某峰未尽到应尽的注意义务,未对易逊公司提供的股东会决议是否符合《公司法》的规定进行审查,其不属于善意相对人。原审判决认定案涉担保无效并酌情判决易逊公司承担赔偿责任,并无不当。

(二)裁判思路分析

《公司法》第 27 条规定:"有下列情形之一的,公司股东会、董事会的决议不成立:(一)未召开股东会、董事会会议作出决议;(二)股东会、董事会会议未对决议事项进行表决;(三)出席会议的人数或者所持表决权数未达到本法或者公司章程规定的人数或者所持表决权数;(四)同意决议事项的人数或者所持表决权数未达到本法或者公司章程规定的人数或者所持表决权数。"

例题中,易逊公司只有两个股东张某和康某敏,且张某是债务人徐某佳的股权代持人,股东会决议上仅有关联股东张某的签字,没有康某敏的签字。此种情况符合《公司法》第 27 条中的第 4 项,因为张某应当回避表决从而使表决权未达到通过比例,故至少应属于决议不成立的情形。所以,最高人民法院首先否认担保决议,至于是否认担保决议的存在(即决议不成立)还是撤销决议,最高人民法院没明确说明,但可以肯定的是否认决议的存在——可撤销的民事法律行为需要撤销权人主动行使撤销权而撤销,不会自动撤销,在撤销之前民事法律行为处于有效的状态;其次,在没有公司机关决议的授权,构成越权代表的情况下,再考察相对人的善意与否,从而判断担保合同对公司是否发生效力。

本案中,提供担保的易逊公司的两个股东中,非关联股东康某敏未在股东会决议上签字,使案件裁判简单了些。假如康某敏在股东会决议上签字确认,本案该如何处理?按照前述的分析,相关主体可主张决议无效、撤销决议,符合决议不成立条件的也可以主张决议不成立。股东会、董事会决议被人民法院宣告无效、撤销或者确认不成立的,易逊公司根据该决议与相对人形成的民事法律关系是否受到影响？关联股东不得参与关联担保事项的表决，这是法律的规定，任何人都应当遵守。相对人只要尽到合理的审查义务就能够发现该瑕疵，如果相对人接受易逊公司的担保既表明法定代表人越权担保，也表明相对人未尽到合理的审查义务，非属善意，所以担保合同对易逊公司不发生效力。

相对人在签订担保合同时，如果涉及关联担保，需注意审查股东会决议中关联股东是否回避表决，该项表决是否由出席会议的其他股东所持表决权的过半数通过。

第三节 公司为取得本公司股权的股东提供担保的效力研究——兼论“禁止财务资助”规范的适用范围

一、公司为取得本公司股权的股东提供担保的含义

A公司的登记股东为甲、乙、丙等人，甲依法将持有A公司的股权转让给内部股东乙，或者转让给股东以外的人丁。A公司依法经股东会或者董事会决议，为上述股权受让方(乙或者丁)的股权转让款支付义务提供担保。

A公司依照法定程序决定增资扩股并由戊认购新股，A公司依法经股东会或者董事会决议，为戊的出资义务提供担保。

上述案例中，A公司为取得自己公司股权的乙、丁、戊之价款支付义务提供担保，本书称为“公司为取得本公司股权的股东提供担保”，其属于“公司为他人提供担保”的一种，更具体来说属于“公司为股东提供担保”的一种。“取得公司股权”包括从公司股东手中购买公司已发行股权和认购公司新发行股权，所以，公司为取得本公司股权的股东提供担保，既包括公司为受让人购买已发行股权的价款提供担保，也包括公司为股东的出资义务提供担保。

二、公司为取得本公司股权的股东提供担保的效力

近年来，在公司为取得本公司股权的股东提供担保的效力认定上，裁判标准不一，引发少量学者的关注，但观点仍是不一。本书在担保事项已经适格的股东会或者董事会决议授权的前提下，探讨该类担保行为的效力。

我国公司法将公司分为有限责任公司与股份有限公司两种类型。学者关于公司为取得本公司股权的股东提供担保的效力探讨，并未区分公司类型。证监会的部门规章对股份有限公司的这类担保行为是有规定的，直接根据部门规章认定其效力即可。当前的法律对有限责任公司的这类担保没有规定。所以笔者区分不同公司类型探讨该种担保行为的效力。

（一）股份有限公司为取得本公司股份的股东提供担保的效力

股份有限公司为取得本公司股份的股东提供担保是“财务资助”中的一种。所谓财务资助，是指公司及其子公司为他人取得本公司股份提供赠与、担保、借款、免除债务等资助的行为。“取得公司股份”包括受资助人从其他股东手中购买公司已发行股份和认购公司新发行股份。

《公司法》在第六章“股份有限公司的股份发行和转让”第163条中，规定了“禁止财务资助”规则，但没有规定违反该规定对外财务资助行为的法律效力，笔者认为条文中使用“不得”一语，明确宣示为禁止性规定，属于效力性强制性规定，违反则将依照《民法典》第153条第1款被确认为无效。

（二）有限责任公司为取得本公司股权的股东提供担保的效力

2006年《英国公司法》删除了针对私人公司的禁止财务资助规定，禁止财务资助仅适用于公众公司。我国的相应规定与英国法的共同点在于，财务资助制度主要适用于股份有限公司或上市公司，该制度通常不适用于有限责任公司。[①]《公司法》有关“禁止财务资助”的规定，在第6章“股份有限公司的股份发行和转让”中，适用于股份有限公司的股份转让。这是否意味着有限责任公司可以为取得本公司股权的股东提供担保？

观察生效裁判案例可知，公司为取得本公司股权的股东提供担保的效力，存在“有效说”与“无效说”两种观点。两种学说的分歧在于该担保是否属于抽逃出资，如果属于抽逃出资则该担保行为应被禁止，因违反法律的强制性规定而为无效民事法律行为；如果不属于抽逃出资，根据针对私主体“法不禁止即自由”的私法理念和鼓励交易的合同法原则，该种担保不应被禁止，没有其他效力

---

① 参见葛伟军：《英国公司法改革及其对我国的启示》，载《财经法学》2022年第2期。

瑕疵的话担保行为成立后即为有效。

1."有效说"

该种观点认为,"被担保方是取得本公司股权的股东"这个因素不影响担保行为的效力,法律不禁止该种担保。理由如下:首先,公司对外提供担保已经适格的股东会或者董事会决议,是当事人的真实意思表示。其次,公司为取得本公司股权的股东提供担保不属于抽逃出资。抽逃出资一般具有隐蔽性,如《最高人民法院关于适用〈中华人民共和国公司法〉若干问题的规定(三)》(以下简称《公司法解释(三)》)第12条规定的"(一)制作虚假财务会计报表虚增利润进行分配;(二)通过虚构债权债务关系将其出资转出;(三)利用关联交易将出资转出;(四)其他未经法定程序将出资抽回的行为"。有限责任公司为取得本公司股权的股东提供担保是经过适格的公司股东会或者董事会决议的,甚至是公开披露的,即使承担了担保责任在会计账簿上也是明确记载的,所以该类担保不属于抽逃出资。抽逃出资的概念充满弹性,其内涵与外延难以把握,认定抽逃出资如果过于宽泛,将会过度限制公司的行为自由。若认为这类担保属于抽逃出资,则在所有公司为股东提供担保并承担担保责任的情形下,只要担保金额达到与出资额相当的程度,都可以认定为抽逃出资,否定其担保效力。如此一来,根本不可能存在公司为股东提供担保的情形。① 另外,如果将这类担保认定为抽逃出资,公司就会被禁止从事这类担保行为,导致股东转让股权的意愿和安全性降低,从而对市场交易安全和交易效率造成危害。最后,有限责任公司为取得本公司股权的股东提供担保,因担保责任属于或然债务,未必对公司的资产状况产生影响。只有被担保人无法履行主债务时,公司才承担担保责任。即使公司履行了担保责任,也会获得对被担保方的追偿权,公司资产由"现金"转换为"债权",公司权益未必一定受损。

(2016)最高法民申2970号陈某官与胡某勇、广西万晨投资有限公司(以下简称万晨公司)等股权转让纠纷案中,万晨公司与其两股东约定,陈某官向胡某勇转让其所持万晨公司的股权,并由万晨公司对付款义务承担连带责任。福建省高级人民法院认为,"该情形并不构成抽逃出资,因为万晨公司承担保证责任

---

① 参见刘江伟:《股东之间股权转让公司担保效力研究——基于法律解释论的视角》,载《郑州航空工业管理学院学报(社会科学版)》2016年第6期。

属于或然债务,并不必然发生。即使万晨公司承担了保证责任,也有权向买受方追偿,并不会导致公司财产的必然减少”。最高人民法院再审认为,“《股权协议书》约定万晨公司承担连带责任,不存在损害其他股东利益的情形。万晨公司承担连带责任系经过公司股东会决议,是公司意思自治的体现,并不违反法律强制性规定。万晨公司是本案的当事人,在一审中对陈某官主张其承担连带责任并没有提出异议,二审判决认定当事人对此不持异议,且法院主动对公司的自治情况进行司法干预不妥,二审判决依据本案事实判决万晨公司承担连带责任并无不当,万晨公司认为不应承担连带责任的申请再审理由不能成立”。①

综上,股东通过公司财务资助退出公司,除非能够证明股东与受资助方之间恶意串通,否则很难认定为抽逃出资。②

2.“无效说”

该种观点主要认为,公司该种对外担保虽然已经股东会或者董事会决议,但不符合《公司法》第53条“公司成立后,股东不得抽逃出资”的规定,违背了资本维持原则,应为无效。“无效说”的主要理由如下。

(1)为本公司股权受让方担保不符合商主体维持理念。商主体维持理念是商法领域的重要理念之一,商法的各项制度都应当努力维持商事企业的存续和发展。我国的《公司法》《合伙企业法》《个人独资企业法》《企业破产法》都在很大程度上体现了避免作为商主体的企业破产与解散的精神,如《企业破产法》中的和解与整顿制度等。商主体维持原则的目的在于让能够良好发展的企业持续发展,并尽量维护社团法律关系的稳定。③ 按照商主体维持理念,公司法的第一任务是维持公司主体的存在,促进公司的发展,不鼓励股东退股,不鼓励公司减资,也不鼓励公司对外担保。公司为本公司股权受让方支付转让款的义务提供担保,就是鼓励股东退股,公司如果承担担保责任就相当于“把自己卖了还帮别人付钱”,这无疑是“自杀”行为。生活中用“被人卖了还帮人数钱”来形容一个人傻,公司的这种担保是“被人卖了还帮人付钱”,岂不是更“傻”。

(2)为本公司股权受让方担保不符合资本维持原则。如果公司为股东之间

---

① 对合同的效力,人民法院应当主动审查。不能因为万晨公司在一审、二审阶段没有主张法院就可以不审查。

② 参见皮正德:《禁止财务资助规则的公司法建构》,载《法学研究》2023年第1期。

③ 参见江必新:《商事审判与非商事民事审判之比较研究》,载《法律适用》2019年第15期。

的股权转让提供担保，就会出现受让股权的股东不能支付股权转让款时，由公司先向转让股权的股东支付转让款，导致公司利益及公司其他债权人的利益受损，形成股东以股权转让的方式变相抽回出资的情形，有违《公司法》关于不得抽逃出资的规定。

在(2016)鲁12民终286号案中，莱芜市中级人民法院认为，“东海公司对除股东以外的第三人亦负有债务，当第三人与公司股东的利益发生冲突时，应当优先保护第三人的利益，东海公司为其股东之间转让股权作担保，是以公司财产来保障股东个人财产得以实现，即意味着在刘某个人无法支付股权转让款的情况下，东海公司向连云公司支付股权转让款，进而导致连云公司以股权转让的方式收回投资，损害了公司利益及公司潜在债权人的利益，以公司财产偿还股东个人的债务实际上构成了抽逃出资。《公司法》规定股东必须向公司缴纳其认缴的注册资本金额，公司必须在公司登记机关将公司注册资本金及股东认缴情况公示，在未经公司注册资本变更及公示程序的情形下，股东不得以任何形式用公司资产清偿其债务，否则将构成实际上的返还投资。因此，股权转让协议中关于东海公司承担担保责任的部分内容，因不符合《公司法》的相关规定，应认定无效。”

(3)有限责任公司为股东的出资义务提供担保，同股份有限公司一样，容易被用来虚增注册资本。

(4)该类担保无法排除不正当关联交易的嫌疑。公司为股东提供担保属于关联交易。公司法未禁止关联交易，但禁止公司的控股股东、实际控制人、董事等利用关联关系损害公司利益。在公司对关联交易事项进行表决时，关联人往往控制公司或者对公司决策产生重大影响，从而促成交易。最为关键的是该关联交易对公司没有任何实质好处，公司为继受股东支付股权转让款之债务提供担保相当于鼓励转让股东退股的“自杀”行为，为股东的出资义务提供担保是“债权人为自己的债权提供担保”。该种关联交易使公司资本减少或者虚增，对公司债权人极为不利，在当前针对该行为法律供给严重不足的情况下还是予以禁止为好。

3. 本书采用的观点

2006年《英国公司法》删除了针对私人公司禁止财务资助的规定，不意味着我国也应如此，两个国家的国情不一样，公司法实践也不一样。针对有限责任公司为取得本公司股权的股东提供担保的效力，本书采用“无效说”的观点。

理由是《公司法》针对股份有限公司规定了"禁止财务资助规则",未上市的股份有限公司与有限责任公司并没有实质上的区别,同时鉴于我国当前公司治理水平不高、公司对外"滥保"现象严重的现实状况,"禁止财务资助"的规定应该也适用于有限责任公司,至少在有限责任公司为取得本公司股权的股东提供担保这方面应适用"禁止财务资助规则"进行限制。

担保合同无效不影响主合同的效力。用公司资产支付股权取得方个人债务的约定违反了《公司法》的相关规定,该条款应属无效,但该条款属双方对股权转让协议、入股协议履行方式的约定,合同履行方式的效力并不影响股权转让协议、入股协议的效力。

三、与"目标公司为对赌条款提供担保"的区别

在(2016)最高法民再128号中,瀚霖公司、强某延、曹某波三方共同签订了《增资协议书》,约定:(1)强某延向瀚霖公司增资3000万元,持有瀚霖公司0.86%的股权。(2)曹某波承诺争取目标公司于2013年6月30日前获准首次公开发行股票并在国内主板或创业板证券交易所上市,如果目标公司未能在2013年6月30日前完成目标,强某延有权要求曹某波以现金方式购回强某延所持的目标公司股权,瀚霖公司为曹某波的回购提供连带责任担保。瀚霖公司依法通过股东会决议同意本次增资扩股事项和担保事项。强某延按照《增资协议书》于2011年4月29日将3000万元转入瀚霖公司账户,瀚霖公司将强某延登记在其股东名单中。瀚霖公司届期未能如愿上市,强某延请求曹某波按约定的价格计算方式回购股权,瀚霖公司承担连带责任。

争议焦点:目标公司为投资人和股东的对赌条款提供担保的约定是否有效?

最高人民法院认为,案涉《补充协议书》所约定的担保条款合法有效,瀚霖公司应当依法承担担保责任,理由如下:其一,强某延已对瀚霖公司提供担保经过股东会决议尽到审慎注意和形式审查义务,因而案涉《补充协议书》所约定的担保条款对瀚霖公司已发生法律效力。其二,强某延投资全部用于公司经营发展,瀚霖公司全体股东因而受益,故应当承担担保责任。《公司法》第15条之立法目的,系防止公司大股东滥用控制地位,出于个人需要、为其个人债务而由公司提供担保,从而损害公司及公司中小股东权益。本案中,案涉担保条款虽系曹某波代表瀚霖公司与强某延签订,但是3000万元款项并未供曹某波个人投

资或消费使用,亦并非完全出于曹某波个人需要,而是全部投入瀚霖公司的资金账户,供瀚霖公司经营发展使用,有利于瀚霖公司提升持续盈利能力。这不仅符合公司新股东强某延的个人利益,也符合公司全体股东的利益,瀚霖公司本身是最终的受益者。即使确如瀚霖公司所述并未对担保事项进行股东会决议,但是该担保行为有利于瀚霖公司的自身经营发展需要,并未损害公司及公司中小股东权益,不违反《公司法》第 15 条之立法目的。因此,认定瀚霖公司承担担保责任,符合一般公平原则。

从上述案例可见,目标公司为股东和投资人的对赌条款提供担保,其效力是受法律保护的,因为目标公司的担保行为有利于公司的自身经营发展需要,投资方将投资款确实投到目标公司,供目标公司经营发展使用,也未损害公司及公司中小股东权益。公司为取得本公司股权的股东提供担保,目标公司并未收到新注入的资本,甚至还要以自己的资本收购自身的股权,最终并未导致公司资产的增加,这与《公司法》基本的公司资本维持原则有悖。这是法律以不同态度对待这两种行为的原因所在。

有观点认为,目标公司为股东和投资人的对赌条款提供担保涉嫌架空《九民会议纪要》有关对赌协议的规范目的。《九民会议纪要》第 5 条第 2 款中规定,"投资方请求目标公司回购股权的,人民法院应当依据《公司法》第 35 条关于'股东不得抽逃出资'或者第 142 条关于股份回购的强制性规定进行审查";《九民会议纪要》第 5 条第 3 款中规定,"投资方请求目标公司承担金钱补偿义务的,人民法院应当依据《公司法》第 35 条关于'股东不得抽逃出资'和第 166 条关于利润分配的强制性规定进行审查。"公司为股东履行"对赌协议"提供担保或者借款,实质上是变相以公司资产履行"对赌协议",绕过了《九民会议纪要》设置的减资或利润分配的程序性要求,与保护债权人的程序性规范的目的不符,在司法裁判的肯定下,这种典型的财务资助行为俨然成为目标公司履行对赌协议的合法外衣。① 所以,目标公司为股东和投资人的对赌条款提供担保的效力认定,存在继续探讨的余地。但是,笔者并不认同上述观点,因为目标公司与投资方对赌、目标公司为股东和投资方的对赌条款提供担保,这两者的决议情形是不一样的:在目标公司与投资方对赌的情形下,决议成员是股东会全

① 参见皮正德:《禁止财务资助规则的公司法建构》,载《法学研究》2023 年第 1 期。

体成员，包括大股东，此时大股东可以左右股东会表决能否通过；而在目标公司为股东和投资方的对赌条款提供担保的情形下，决议是由参与对赌的大股东之外的其他股东进行表决，参与对赌的大股东回避表决，担保决议能否通过由其他股东决定，照顾到了中小股东的利益。在目标公司为股东和投资方的对赌条款提供担保的情形下，公司毕竟真金白银地收到了投资款，加上参与对赌的大股东作为利益共同体和“深石原则”[①]的限制，目标公司的债权人的利益未必会因该担保而受损。

四、关于有限责任公司提供财务资助的规范建议

行为法鼓励交易，尽量促进民事法律行为有效。公司对外担保既涉及行为法问题，也涉及组织法问题，所以需要同时遵守行为法和组织法。因为我们讨论此问题的前提是该类担保已经适格股东会或者董事会决议，该担保是公司自愿的行为，所以公司利益这里就不必考虑了，只需考虑公司债权人利益的保护和中小股东利益的保护。

“保护债权人利益”的设计，是指相对人请求公司承担担保责任时人民法院需审查公司是否完成减资程序、是否符合利润分配条件。

“保护公司中小股东利益”的设计，是指转让股东收回股权转让款相当于抽回出资，对公司而言是针对退出股东的定向减资，在决议时必须取得全体股东的一致同意。

（一）建议一：参照“对赌协议”的司法政策予以规制

针对有限责任公司为取得本公司股权的股东提供担保，参照《九民会议纪要》中关于“对赌协议”的司法观点，可设计法律条文：“经全体股东一致同意，有限责任公司为取得本公司股权的股东提供担保，仅以担保违反‘股东不得抽回出资’规定为由主张担保无效的，人民法院不予支持，但相对人主张公司承担担保引起的责任的，人民法院应当审查是否符合公司法关于‘股东不得抽回出资’及‘股权回购’、利润分配的强制性规定，判决是否支持其诉讼请求。相对人

① 指控制公司滥用从属公司人格的，控制公司对从属公司不享有抵销权；从属公司破产清算时，控制公司的债权分配顺序次于从属公司的其他债权人。

请求公司承担担保引起的责任的，经审查，公司未完成减资程序、不符合利润分配条件的，人民法院应当驳回或者部分支持其诉讼请求。”即把合同的效力与合同的履行分开，从鼓励交易的角度设计，该类担保有效，在合同有效的前提下，合同的履行也不得违反法律、行政法规的强制性规定。

（二）建议二：直接认定此种财务资助行为无效

投资机构与融资公司之间的“对赌协议”太过专业，各方当事人都会聘请专业的法律团队予以辅助，因此有关“对赌协议”的规范不存在理解与遵守的问题。但是，公司为取得本公司股权的股东提供担保是“飞入寻常百姓家”的“堂前燕”，当事人在适用该种担保时相对来说门槛低，认为不聘请法律专家也能完成，所以针对该种担保的设计如果对普罗大众存在理解与遵守的问题，那就不是好的设计，所以笔者不认可参照“对赌协议”的规定进行设计，不如直接认定该类担保无效。

小结：公司为取得本公司股权的股东提供担保属于公司为股东提供担保的一种，包括公司为继受股东支付股权转让款之债务和为原始股东的出资义务提供担保。探讨该种担保行为的效力时因法律供给的不同应区分公司类型。股份有限公司为取得本公司股权的股东提供担保，因违反“禁止财务资助”的规定，应被认定为无效。有限责任公司为取得本公司股权的股东提供担保，不符合商主体维持理念、容易被用来虚增注册资本和抽逃出资，鉴于我国现状应被认定为无效。公司为取得本公司股权的股东提供担保不同于目标公司为股东和投资人的对赌条款提供担保，后者的效力受法律保护，也不应参照“对赌协议”的规定设计相应规范。

第四节　公司为实际控制人提供担保

一、实际控制人的认定

根据《公司法》第 265 条，实际控制人是指通过投资关系、协议或者其他安排，能够实际支配公司行为的人。2023 年《公司法》修订中删除了原《公司法》中实际控制人“不是公司股东”的规定，股东也可以成为实际控制人。实际控制人因能够实际支配公司行为，是公司法重点规范的主体之一。公司法在对外担保、关联交易、股东权利等方面对实际控制人进行了规制。

对上市公司的监管中，不弄清楚上市公司的实际控制人是谁，就难以辨别由实际控制人操纵的关联交易，也无法对关联交易是否公允及是否会对公司和其他股东利益造成影响作出正确的判断，从而可能使投资人蒙受不必要的损失。正因如此，实际控制人对上市公司的影响已引起监管部门的重视。2001 年年底至 2002 年年初，监管部门出台的《上市公司股东持股变动报告》《上市公司治理准则》等规范性文件都要求上市公司在其控股股东或实际控制人发生变化时，必须披露控股股东或实际控制人的详细资料。证监会修订的年报准则亦要求各上市公司严格披露其实际控制人，以便为社会公众提供更为充分的信息。根据证券交易所的要求，在信息披露时，上市公司的实际控制人最终要追溯到自然人、国有资产管理部门或其他最终控制人。关于上市公司的控制权归属，《上市公司收购管理办法》第 84 条规定："有下列情形之一的，为拥有上市公司控制权：(一)投资者为上市公司持股 50%以上的控股股东；(二)投资者可以实际支配上市公司股份表决权超过 30%；(三)投资者通过实际支配上市公司股份表决权能够决定公司董事会半数以上成员选任；(四)投资者依其可实际支配的上市公司股份表决权足以对公司股东大会的决议产生重大影响；(五)中国证监会认定的其他情形。"简而言之，实际控制人就是实际控制公司的自然人、法人或其他组织。举例如下。

(1)甲是 A 公司的控制股东，A 公司是 B 公司的控制股东，甲控制 A 公司，A 公司控制 B 公司，那么，甲能间接控制 B 公司，甲就是 B 公司的实际控制人。

(2)乙与丙签订股权代持协议，约定由乙向 C 公司实际出资并成为控制股东，但由丙作名义股东，投资收益归乙，丙参加公司股东会会议应按照乙的意思表决。通过股权代持协议，乙是 C 公司的实际控制人。

(3)丁是 D 公司的小股东，但公司章程中约定公司设 5 名董事，丁享有 3 名董事的提名权，且修改公司章程的此项内容须经丁同意。据此，丁能够控制董事会，丁是 D 公司的实际控制人。

(4)戊持有 51%的股权并享有 51%的表决权，或者全体股东协议或者公司章程约定，持股 10%的股东戊享有 51%的表决权。戊为公司的实际控制人。

(5)有限合伙企业控制 E 公司，能够控制有限合伙企业的普通合伙人就是

E 公司的实际控制人。

(6)多名小股东订立一致行动人协议,如果参与一致行动人协议的股权可以控制公司股东会会议的表决,则一致行动人协议中的小股东整体是公司的实际控制人。

二、同一实际控制人控制的公司之间的担保是否适用关联担保的规定

《公司法》第 15 条第 2、3 款规定:"公司为公司股东或者实际控制人提供担保的,应当经股东会决议。前款规定的股东或者受前款规定的实际控制人支配的股东,不得参加前款规定事项的表决。该项表决由出席会议的其他股东所持表决权的过半数通过。"公司为公司股东或者实际控制人提供的担保为关联担保,实践中有的裁判认为受同一实际控制人控制的公司之间的担保也是关联担保,例如,甲同时是 A 公司、B 公司的实际控制人,A 公司与 B 公司之间的担保也属于关联担保。受同一实际控制人控制的公司之间的担保是否适用《公司法》第 15 条第 2、3 款的规定?

在上海金融法院(2020)沪 74 民终 289 号上诉人湖南天润数字娱乐文化传媒股份有限公司与被上诉人恒旺管理咨询(深圳)有限公司等其他合同纠纷案中:恒旺公司与南华深科公司、天润公司、赖某锋于 2018 年 10 月 29 日签订《商业保理合同》,约定南华深科公司以应收账款债权转让方式向恒旺公司申请融资,恒旺公司为南华深科公司提供"有追索权循环额度隐蔽国内保理服务",天润公司与赖某锋同意为南华深科公司的还款义务提供无限连带保证担保。嗣后,二者分别向恒旺公司出具《担保函》。上述合同签订后,恒旺公司向南华深科公司发放保理融资款 5500 万元。后因南华深科公司未归还保理融资款,恒旺公司起诉请求南华深科公司归还本息 5655 万元并支付罚息及律师费用等损失,请求天润公司和赖某锋对前述债务承担连带清偿责任。

对此,天润公司辩称,其为一家 A 股上市公司,《公司法》规定,公司为公司股东或者实际控制人提供担保的,应当经股东会决议。赖某锋同为天润公司及南华深科公司的实际控制人,天润公司为实际控制人赖某锋控制的另一家公司提供担保,系属关联担保,未经股东会同意,该担保行为系法定代表人的越权行为。恒旺公司作为专业的金融机构,明知上述事实却不审查股东会决议,也未注意到上市公司未就该担保事宜进行公告,恒旺公司并非善意一方,因此担保无效。

恒旺公司称，天润公司的《担保函》由其法定代表人出面签订，公章真实。签约时天润公司曾向恒旺公司提供《董事会决议》，该决议载明公司董事一致同意相关担保事宜，天润公司的5名董事会成员签名确认。天润公司与南华深科公司之间不存在关联关系，不属于关联担保。恒旺公司在接受担保时审核了《董事会决议》，已尽到相应的注意义务，故本案担保合法有效。

上海市嘉定区人民法院认为，根据现有公示的工商信息，天润公司与南华深科公司并不存在关联关系。根据《公司法》及公司章程的规定，天润公司对外担保事项经出席董事会会议的2/3以上董事同意即可。恒旺公司以该决议证明其在订立《商业保理合同》时已尽到了审查义务，天润公司应承担担保责任的主张，应予支持。故判决天润公司、赖某锋对南华深科公司的付款义务承担连带保证责任。

宣判后，天润公司提出上诉。

二审另查明：《商业保理合同》第5章担保事宜第14条载明："……丙方（天润公司及赖某锋）系南华深科公司实际控制人。"天润公司2017年年度报告显示，天润公司的最终控制方是赖某锋。①

上海金融法院认为，根据上述查明的事实，赖某锋为天润公司及南华深科公司的实际控制人，故案涉担保是天润公司为其实际控制人赖某锋所控制的另一家公司提供担保。根据《公司法》的立法目的和精神，应认定本案担保亦属法律规定的公司为公司股东或实际控制人提供担保，须经股东会决议的关联担保之情形。天润公司法定代表人未经公司股东会决议授权，擅自签署《担保函》，属于公司法定代表人超越权限订立合同的行为。恒旺公司作为《商业保理合同》的签约当事人，明知上述控制关系，未对天润公司的内部有效决议进行审慎审查，不属于善意相对人，案涉《担保函》无效。恒旺公司审查不严对于案涉《担保函》无效存在过错，天润公司内部管理不规范，对于案涉《担保函》无效亦有重大过错。依照《最高人民法院关于适用〈中华人民共和国担保法〉若干问题的解释》第7条的规定，综合考虑双方当事人过错和全案情况，二审改判为：天润公司对南华深科公司的上述付款义务不能清偿部分的1/2承担赔偿责任。天润公司承担赔偿责任后，可以向南华深科公司追偿。

---

① 本段材料显示，天润公司、南华深科公司的实际控制人都是赖某锋。

但是,另一案件中却有相反的观点,认为受同一实际控制人控制的公司之间的担保不属于关联担保。在最高人民法院(2021)最高法民申5105号上海尤航新能源科技有限公司、浙江尤夫高新纤维股份有限公司等金融借款合同纠纷案中,上海金融法院一审、上海高院二审、最高人民法院再审皆认为,颜某刚系尤航公司、夏长公司的实际控制人,尤航公司为夏长公司提供担保不属于为实际控制人提供担保。同时上海高院二审还认为,将"实际控制人"扩张解释为包括实际控制人控制的其他关联人的主张已经超出了法律条文通常的文义范围。

该案一审是上海金融法院,前一案件的二审法院为上海金融法院,两案裁判时间间隔不到一年,观点却截然相反,足见有关公司对外担保相关细节事项的争议之大。笔者认为,根据《公司法》第15条的立法目的,担保人公司为其实际控制人控制的其他公司提供担保应认定为关联担保为宜,否则难以避免大股东或者实控人利用关联担保损害中小股东利益。作为相对人在审查是否为关联担保这方面,尽到合理审查义务即可,要求不能太高,因为公司的实际控制人是谁、提供担保的公司与被担保人是否受同一实际控制人控制,作为外部的相对人是难以知晓的。提供担保的公司主张与被担保人系受同一实际控制人控制因而应由股东会决议,由提供担保的公司证明相对人知道或者应当知道受同一实际控制人控制的事实,否则不应支持该主张。

另外,从定义来看,《公司法》第265条第4项规定:"关联关系,是指公司控股股东、实际控制人、董事、监事、高级管理人员与其直接或者间接控制的企业之间的关系,以及可能导致公司利益转移的其他关系。但是,国家控股的企业之间不仅因为同受国家控股而具有关联关系。"第265条中"但书"部分是说,企业之间因同受某一主体控股本来应该是具有关联关系的,但实践中出现这一情况:国家控股的A企业被外国法院裁判负有债务,此时国家控股的B企业在该外国有财产,该外国法院对B企业财产进行强制执行以履行A企业的债务,理由是同受中国国家控股。为了避免再出现这种情况,所以规定了"但书"部分,把同受国家控股的企业之间的关系排除在关联关系之外。言下之意,非国家控股的企业之间同受某一主体控股而具有关联关系。第265条中"可能导致公司利益转移的其他关系"实质上包括了实际控制人、董事、监事、高管本人及其关联人与公司的交易关系。可见,《公司法》第265条关于"关联关系"的界定,表面看起来存在不足:定义过于狭窄,没有纳入控股股东、实际控制人的关联人与公司之间的交易关系，但实质上看，“关联关系”包括控股股东、实际控制人、董事、监事、高管本人及其关联人与公司的交易关系。

所以说，企业之间因同受某一主体控股而具有关联关系，关联关系企业之间的担保属于关联担保，适用关联担保的法律规定。

第五节　公司对外担保不得突破公司章程规定的限额

《公司法》第 15 条第 1 款中规定了“公司章程对投资或者担保的总额及单项投资或者担保的数额有限额规定的，不得超过规定的限额”，这意味着公司为他人提供担保，还须遵守公司章程规定的限额。公司章程对担保总额及单项担保的数额有限额规定的，董事会或者股东会在作出担保决议时，不得超过规定的限额。那么，如果决议内容违反了公司章程规定的限额，会引起哪些法律后果呢？

一、股东可请求人民法院撤销该决议

《公司法》第 26 条第 1 款规定：“公司股东会、董事会会议的召集程序、表决方式违反法律、行政法规或者公司章程，或者决议内容违反公司章程的，股东自决议作出之日起六十日内，可以请求人民法院撤销。但是，股东会、董事会的会议召集程序或者表决方式仅有轻微瑕疵，对决议未产生实质影响的除外。”据此，决议会因内容违反公司章程而存在被撤销的可能。

二、投赞成票的与会成员的赔偿责任

根据《公司法》第 188 条规定，“董事、监事、高级管理人员执行职务违反法律、行政法规或者公司章程的规定，给公司造成损失的，应当承担赔偿责任”，董事表决时违反公司章程的规定给公司造成损失的应当承担赔偿责任。

股东参加股东会表决时违反公司章程也应同样对公司承担赔偿责任，因为公司章程对股东具有约束力，同时《公司法》第 21 条明确规定“公司股东应当遵守法律、行政法规和公司章程，依法行使股东权利”，违反公司章程进行表决的属于滥用股东权利，给公司造成损失的，股东负有赔偿责任。

股东会、董事会应当对所议事项的决定做成会议记录，出席会议的股东、董

事应当在会议记录上签名。股东会、董事会会议的决议违反法律、行政法规或者公司章程的规定,表决时投反对票并记录在案的与会成员不承担损害赔偿责任;投弃权票的股东不承担损害赔偿责任,投弃权票的董事在不违反信义义务的前提下不承担损害赔偿责任。同样投弃权票,为何结果不一样呢?这是因为股东与董事的职责不同,董事对公司负有忠实、勤勉义务,其是公司的职员,承担经营管理职责,当公司决议违反法律、行政法规、公司章程时,董事明知却装聋作哑,此时投弃权票则是违反信义义务,所以要承担赔偿责任。而单纯的股东身份,其不是公司的职员,也不承担经营管理职责,单纯的不作为不违反信义义务。比如,公司的保安发现小偷在盗窃公司的财产却装聋作哑,会被认定为失职,而公司的其他人员此种情况下装聋作哑不会被认定为失职。

三、影响外部民事法律关系的效力

担保决议违反公司章程的,如果公司章程中有关担保的条款属于相对人须审查的范围,则会影响相对人是否善意的判断,进而影响到担保合同的效力。《公司法》第 28 条第 2 款规定:“股东会、董事会决议被人民法院宣告无效、撤销或者确认不成立的,公司根据该决议与善意相对人形成的民事法律关系不受影响。”如果公司决议因违反公司章程的规定被撤销的,法律明确规定对外担保的数额应遵守公司章程,也是明确指引相对人应审查公司章程,相对人未尽到合理的审查义务表明相对人非善意。相对人非善意则担保合同的效力就会受到影响。

关于公司章程中有关担保的条款是否属于相对人的审查义务,笔者认为属于。因为法无赘言,法律明确规定对外担保不得超过公司章程规定的限额,该规定既约束公司内部,也明确指引公司以外的人,公司决议及担保合同的担保数额违反公司章程表明公司存在过错(没有遵守公司章程),同时也表明相对人非善意(未尽合理审查义务)。如此,意味着公司章程中有关担保总额及单项担保数额的规定,是相对人必须审查的事项。这样解释也符合《公司法》有关公司对外担保“严格限制”的理念。

担保决议、担保合同中的金额在公司章程限额以内的部分,自然无瑕疵。担保决议、担保合同中的金额超过公司章程限额的部分,属于越权担保。越权担保合同的效力是否归属于公司,须考察相对人是否构成善意。有关相对人善意的认定在后文详述。

第三章　公司对外担保意思的表示

第一节　公司对外担保意思的表示主体

公司作为民事主体实施民事法律行为的过程可以划分为两个阶段：一是公司内部意思形成阶段，通常表现为股东会决议、董事会决议、监事会决议等；二是公司对外作出意思表示的阶段，通常表现为公司对外签订合同。公司法关于公司治理架构的设置中，意思形成机关和意思表达机关是分离的，股东会、董事会等享有公司内部事务的决策权却不享有对外代表权，代表机关享有对外代表权却不享有内部事务的决策权。公司通过决议机制形成公司意志后，决议本身并不能自然地产生对外表示的效果，公司意思的表达需要借助公司代表机关来实现。[①] 在我国公司法中，关于公司内部权力的划分中，法定代表人一般是作为表达公司意志的代表机关而存在，《民法典》第 61 条第 1 款规定，依照法律或者法人章程的规定，代表法人从事民事活动的负责人，为法人的法定代表人。公司意思的形成机关与意思表达机关的分离，难免会产生意思与表示不一致的瑕疵，即"行为人客观上所表示的，与其内心所意欲的，并未相互合致"。[②] 这种分离性就使得相对人在订立担保合同时须审查法定代表人表达的担保意愿是否与公司的真实意思相一致。

我国现行法律体系中，法定代表人能够全面"表达"公司的意志（意思），但由于公司规模巨大、交易频繁，所有交易活动事无巨细皆由法定代表人代表实

---

① 参见陈树森：《公司对外担保　实践·规则·理念》，法律出版社 2023 年版，第 249 页。

② 王泽鉴：《民法总则》（增订版），中国政法大学出版社 2001 年版，第 352 页。

施是不现实的,基于现实法定代表人不是公司意志的唯一表达人,公司意志亦可通过代理制度予以表达,比如公司员工基于职务而享有职务范围内的代理权、公司授权代理人以公司名义实施某个民事法律行为,受托人实施的相关行为的法律后果归属于委托人公司。域外公司法一般通过代理制度解决董事、高级管理人员擅自以公司财产对外提供担保的问题,这对我国的相关立法、司法实践具有一定的参考意义。

综上,公司对外提供担保的意思可通过法定代表人或者代理人对外表示。

第二节　法定代表人的定义

一、法定代表人的概念

(一)法定代表人制度的立法目的

法人是具有民事权利能力和民事行为能力,依法独立享有民事权利和承担民事义务的组织。作为“组织体”,法人本身不像自然人那样具备自为行为的能力,在参与经济、社会活动中需要有血有肉的自然人代其作出意思表示和实施行为。同时,作为与法人交往的外部相对人也需要知道谁的行为能够代表法人,但相对人受信息不对称等因素的制约,往往不能了解到法人内部机构设置中谁能够代表法人及对相应交易行为如何安排的信息,况且由相对人耗费时间和精力去了解该等信息,也不符合经济社会降低成本和提高效率的要求。为此,立法机关运用“法定代表人制度”,通过法定登记机关对外公示的方式,设立了一个可以让相对人信赖的“法人的对外事务机构或代表人”,让相对人知晓谁的行为能够真正代表法人。法定代表人制度的建立解决了法人的意志如何通过自然人实施或者对外表示的问题。

(二)法定代表人的定义与性质

《民法典》第 61 条第 1 款规定:“依照法律或者法人章程的规定,代表法人从事民事活动的负责人,为法人的法定代表人。”“代表法人从事民事活动”表明法定代表人是法人的意思表示机关,不是意思形成机关,只是将法人意思表示于外。例如,公司为他人提供担保的,须经公司董事会或者股东会对该担保事项作出决议。公司决议同意担保后，法定代表人才有权代表公司与相对人订立担保合同。如果没有公司机关决议或者决议不同意为他人提供担保，法定代表人以公司名义与相对人订立担保合同的则构成越权代表。

二、法定代表人的产生、代表权来源

部分国家和地区的公司法规定代表人可以为多数，但是，我国实行单一法定代表人制，一般认为法人的正职负责人为其唯一法定代表人。

（一）法定代表人依照法律规定产生

根据《民法典》第 61 条，法定代表人可依照法律规定产生。如《全民所有制工业企业法》第 45 条规定“厂长是企业的法定代表人”，据此，全民所有制工业企业的厂长就是法定代表人。再如，《最高人民法院关于适用〈中华人民共和国民事诉讼法〉的解释》（以下简称《民事诉讼法解释》）第 50 条规定：“法人的法定代表人以依法登记的为准，但法律另有规定的除外。依法不需要办理登记的法人，以其正职负责人为法定代表人；没有正职负责人的，以其主持工作的副职负责人为法定代表人。法定代表人已经变更，但未完成登记，变更后的法定代表人要求代表法人参加诉讼的，人民法院可以准许。其他组织，以其主要负责人为代表人。”该规定是为了解决企事业单位或者机关团体成为民事诉讼的一方当事人时，由谁代表组织参加诉讼的问题。

（二）法定代表人按照法人章程的规定产生

根据《民法典》第 61 条，法定代表人也可以按照法人章程的规定产生。如《公司法》第 10 条第 1 款规定：“公司的法定代表人按照公司章程的规定，由代表公司执行公司事务的董事或者经理担任。”据此，公司的法定代表人由股东会通过公司章程在执行公司事务的董事、经理两类主体中确定。“执行公司事务的董事”是相对于“独立董事”而言的。

既然法定代表人产生于法律规定或者法人章程的约定，其代表权当然应当解释为来源于法律规定或者章程约定。法定代表人依照法律或者法人章程的约定，对外代表法人从事民事活动，法律后果由法人承担。

三、法定代表人的任职条件

“公司法定代表人依照公司章程的规定,由代表公司执行公司事务的董事或者经理担任”,表明法定代表人的任职条件必须符合董事或者经理的任职条件。《市场主体登记管理条例》第12条规定:“有下列情形之一的,不得担任公司、非公司企业法人的法定代表人:(一)无民事行为能力或者限制民事行为能力;(二)因贪污、贿赂、侵占财产、挪用财产或者破坏社会主义市场经济秩序被判处刑罚,执行期满未逾5年,或者因犯罪被剥夺政治权利,执行期满未逾5年;(三)担任破产清算的公司、非公司企业法人的法定代表人、董事或者厂长、经理,对破产负有个人责任的,自破产清算完结之日起未逾3年;(四)担任因违法被吊销营业执照、责令关闭的公司、非公司企业法人的法定代表人,并负有个人责任的,自被吊销营业执照之日起未逾3年;(五)个人所负数额较大的债务到期未清偿;(六)法律、行政法规规定的其他情形。”

第三节　法定代表人与法人的关系

关于法定代表人与法人的关系,民法理论上有“代表说”和“代理说”之分。

一、代表说

代表说基于法人“实在说”理论,认为法人既具有意思能力也具有行为能力,法人的能力通过其机关实现。法人的股东会、董事会、监事会等机关形成公司的意思,通过代表人机关将法人的意思表示于外部。法定代表人是法人的一个机关,法人和代表人是同一人格,“代表为法人之机关,犹如其手足,其所为的法律行为,即为法人的自身行为,当然由法人承受”①。因此,法人与法定代表人之间不是代理关系,是整体与部分的关系,部分代表整体对外行为,法定代表人以法人名义对外行为时,无须法人委托授权,法定代表人的行为就是法人本身的行为,其行为后果由法人承受。

---

① 王泽鉴:《民法总则》(增订版),中国政法大学出版社2001年版,第444页。

二、代理说

代理说基于法人"拟制说"或者法人"否认说"的理论，认为法人不过为法律赋予其人格的拟制体，离开法律法人本身并不存在，因此，法人本身不具有对外行为的能力。法人对外行为的实施是通过代理人实现法人的意思表示，代理人与法人之间主要依靠代理关系加以调整。①

代理说以代理关系界定法人与法定代表人之间的关系，主张法定代表人与法人是相互独立的民事主体，二者之间是代理关系，法人的对外行为由法定代表人在委托授权范围内实施，法定代表人对外代表法人的权力是基于法人的委托授权而产生。法定代表人在代表权限范围内以法人名义从事的民事活动，其法律后果由法人承受；超越代表权限范围的民事活动的法律后果则不由法人承受（构成表见代理的除外）。

三、代表说与代理说的异同

（一）行为效力归属方面相同

在代表人所实施的法律行为的效力归属方面，两种理论并无差别，均认为效力归属于法人，即由法人承受该行为的法律后果。"效力归属于法人"，是指法定代表人依照法律或者法人章程的规定，在权限范围内，以法人名义从事的民事活动，其法律后果由法人承受。

这里须注意："效力归属"说的是法定代表人代表行为的后果是否归属于法人、是否由法人承受、是否约束法人、对法人是否发生效力——这由《民法典》第504条评价：(1)如果效力归属于法人，再看代表行为的效力状态——是有效、无效、可撤销还是效力待定等，这由《民法典》中的"民事法律行为的效力规范"评价；(2)如果效力不归属于法人，对公司而言则无须再评价代表行为的效力状态。具体来说，法定代表人以法人名义从事的民事活动经《民法典》第504条评价后确定行为后果由法人承受的，再用《民法典》中"民事法律行为的效力规范"评价——民事活动如果被效力规范评价为有效则法人承受民事活动有效的

---

① 参见最高人民法院民法典贯彻实施工作领导小组主编：《中华人民共和国民法典总则编理解与适用》，人民法院出版社2020年版，第317页。

法律后果,被评价为无效则承受无效的法律后果……法定代表人以法人名义从事的民事活动经《民法典》第504条评价后确定行为后果不由法人承受的,没有必要再用《民法典》中“民事法律行为的效力规范”评价效力的状态。

(二)二者之间的差别

1. 职务侵权中法人承担的是自己责任还是替代责任?

代表说认为,代表人为法人的机关,代表人的行为就是法人自身的行为,代表人的过错就是法人自身的过错,因此法人对法定代表人在职权范围内实施的侵权行为承担的责任,法人是为自身的行为承担民事责任,而非替代责任。而代理说则认为,法人不能自己行为,是由董事、经理等以代理人的身份从事法律行为,在执行法人事务的过程中实施侵权行为时,应该按照代理关系的规则决定法人是否应当承担责任,即法人的董事、经理侵权的,法人承担的是替代责任,而非自己责任。我国台湾地区采用的是代理说,其“民法典”第28条规定:“法人对于其董事或其他有代表权之人因执行职务所加于他人之损害,与该行为人连带负赔偿之责任。”据此,代表人与法人是两个独立的民事主体,代表人职务侵权的由代表人负赔偿责任,法人承担用人单位的替代责任故与代表人连带负赔偿责任。

所谓法人的自己责任,是指法人对自己的行为承担侵权责任。法人承担自己责任的情形主要有两种:其一,法人自身的侵权行为,是指不以其成员的侵权为媒介而造成他人损害应该承担民事责任的行为,如法人对环境的污染或者其他公害行为等承担的责任;其二,法人的法定代表人执行职务过程中产生的侵权责任。所谓法人的替代责任,是指法人之工作人员并非法人之机关,二者是两个独立的民事主体,工作人员为代理人,法人为被代理人,工作人员完成工作任务过程的行为并非法人的行为,但法人对该行为造成的损害承担责任,是对他人行为负责的特殊侵权行为。[①]《民法典》第1191条规定了用人单位责任,这种责任属于替代责任,即由非行为人对行为人的侵权行为承担责任,第1款规定:“用人单位的工作人员因执行工作任务造成他人损害的,由用人单位承担侵

---

① 参见李永军主编:《中华人民共和国民法总则精释与适用》,中国民主法制出版社2017年版,第87页。

权责任。用人单位承担侵权责任后,可以向有故意或者重大过失的工作人员追偿。”

2. 越权代表中发生的侵权行为是否由法人承担?

按照代表说的观点,法定代表人即使超越代表权限执行职务亦是由法人承担民事责任,法人是为自己的侵权行为承担民事责任。而按照代理说的观点,法定代表人就其职权范围内的事项以法人名义实施的民事法律行为,对法人发生效力,但超越代表权限的则是无权代理,未经法人追认的对法人不发生效力。如此,超越权限的代表行为给相对人造成损失的,相对人无权请求法人承担责任,构成表见代理的除外。

3. 法人承担责任后能否向代表人追偿?

按照代表说,直接从理论上不能得出法人承担责任后得向其代表人追偿的结论,故法人承担责任后得向其代表人追偿的需要有法律规定或者有约定。例如,《民法典》第 62 条规定:“法定代表人因执行职务造成他人损害的,由法人承担民事责任。法人承担民事责任后,依照法律或者法人章程的规定,可以向有过错的法定代表人追偿。”《民法典担保制度解释》第 7 条第 2 款规定:“法定代表人超越权限提供担保造成公司损失,公司请求法定代表人承担赔偿责任的,人民法院应予支持。”而按照代理说,直接从代理制度中就能得出用人单位承担替代责任后可以向有故意或者重大过失的工作人员追偿的结论。

除了在法定代表人实施侵权行为方面,在占有方面,代表说和代理说也存在区别。对法人的占有,代表说认为法人是直接占有人,代表人为占有机关;代理说则认为法人为间接占有人,代表人为直接占有人。例如,公司给董事长(兼任法定代表人)配备专车,董事长坐在车上,占有汽车的是公司而不是董事长,这是代表说的观点;而代理说则认为董事长是汽车的直接占有人,公司是汽车的间接占有人。

通过对上述差别的分析可见:如果坚持代理说,则法人的一切行为都是由代理人为之,应参照代理规则处理法人与法定代表人的关系;如果坚持代表说,法人则是其行为的主体,以法人名义行为的代表人是法人的机关,其不同于代理人,因此有必要在代理制度之外承认区别于代理制度的代表制度。

四、我国法律采用的学说

《民法典》第61条第1款、第2款规定:“依照法律或者法人章程的规定,代表法人从事民事活动的负责人,为法人的法定代表人。法定代表人以法人名义从事的民事活动,其法律后果由法人承受。”依此规定,法定代表人的行为亦即法人自身的行为,所发生的权利、义务和责任均归属于法人。可见,在法定代表人与法人的关系上我国法律采用的是“代表说”。

(一)“代表说”产生的时代土壤

中华人民共和国成立初期,民商事立法中按照代表说构置法定代表人制度,是有时代背景基础的。

1. 集体对个人的吞噬,导致法定代表人丧失独立性

中华人民共和国成立初期,个人被认为是集体的组成部分,依附集体而存在,个人主体地位仅在很小的范围内得到确认,根本不可能与集体相提并论。在此背景下,法定代表人也只能是法人的组成部分,丝毫没有独立性可言。如果按照“代理说”的观点,代理人与本人是两个完全独立的民事主体,所以“代理说”不符合当时的国情。

2. 时代特征使法定代表人“一心为公”,没有“二心”

中华人民共和国成立初期,在以忠诚为核心的道德信念的长期熏陶下,法定代表人也很难产生利用其在集体中的地位谋取私利的动机。由于当时集体生活对个人生活的全面吞噬,社会处于高度组织化状态,个人独立生活被消解,个人利益和集体利益客观上呈现高度一致性。当时奉行“一心为公”,代理说必定会被批判为“二心”。

3. 法定代表人不具有责任财产

当时实行“先生产,后生活,高积累,低消费”的分配政策,个人的收入来源和数量均十分有限,个人所得除满足基本生活需要外,几乎没有剩余可言,也即不具有承担民事责任的实际能力。在“颗粒归公”的年代,不提倡或者禁止个人拥有私有财产,从而造成个人没有责任财产,没有能力履行债务。因此,即使采用“代理说”,并据此要求法定代表人对其行为给法人或者他人造成的损失承担民事责任,也只具有形式上的意义,难有补偿法人或他人损失之实,因此当时

“代表说”也是一个合理的选择。

4.“代表说”符合市场对交易效率与安全的需求

我国立法上采取“代表说”除具有时代因素外，当时的立法者还认为，“代表说”将法定代表人在职务范围内的行为笼而统之地作为法人行为，使得与法人交易的相对人在具体交易中不需要顾虑法定代表人与法人的关系，再去审查法定代表人的权限范围。另外，法定代表人行为的风险，当然地由财力雄厚的法人承担，有利于保障法定代表人的行为取信于社会公众，维护交易安全。“代表说”符合市场对交易效率与安全的需求，这是该说被我国民事立法采用的一个理由。

5. 传统基因的选择

自秦始皇废除“封建制”、实行“郡县制”以来，传统文化推崇一个组织中要有一位高高在上的领导，为政者“譬如北辰，居其所而众星共之”，群龙无首则被视为一盘散沙。受传统文化的影响，中华人民共和国成立初期的立法者认为企业中要有一位英明的领导带领广大职工生产经营，这位领导能够“代表”公司，“领导就是公司，公司就是领导”，二者是一体的，“代表说”自然是不二的选择，认知中压根就没有将法定代表人与公司分裂开来的“代理说”的存在余地。

（二）“代表说”的弊端及反思[①]

随着我国经济的蓬勃发展的丰富实践，采“代表说”的法定代表人制度的弊端日益凸显，突出表现在法定代表人超越权限以法人名义从事的民事活动，其法律后果也由法人承受。例如，《民法典担保制度解释》第 7 条第 1 款规定：“公司的法定代表人违反公司法关于公司对外担保决议程序的规定，超越权限代表公司与相对人订立担保合同……（一）相对人善意的，担保合同对公司发生效力；相对人请求公司承担担保责任的，人民法院应予支持。（二）相对人非善意的，担保合同对公司不发生效力；相对人请求公司承担赔偿责任的，参照适用本解释第十七条的有关规定。”据此，法定代表人超越权限代表公司与相对人订立担保合同，相对人善意的公司承担担保责任，相对人非善意的公司承担赔偿责任。可见，法定代表人超越权限的行为所引起的后果由法人承受，使法人的利

① 参见蔡立东、孙发：《重估“代表说”》，载《法制与社会发展》2000 年第 6 期。

益得不到有效维护。在(2017)最高法民终369号案中,中新房南方公司的法定代表人在没有公司机关决议的情况下以公司名义为他人提供担保,致使中新房南方公司为他人银行贷款本金5亿元及利息承担连带保证责任。实务中法定代表人超越权限以公司财产对外提供担保,掏空公司、损害其他股东利益的案例屡见不鲜。

虽然《民法典担保制度解释》第7条第2款规定"法定代表人超越权限提供担保造成公司损失,公司请求法定代表人承担赔偿责任的,人民法院应予支持",《民法典》第62条第2款规定"法人承担民事责任后,依照法律或者法人章程的规定,可以向有过错的法定代表人追偿",问题是法定代表人有能力赔偿吗?公司会主动请求其赔偿吗?另外,法定代表人滥用权力侵害公司利益是法定责任,对某些滥用权力的行为在没有法律明确规定赔偿责任的情况下追究法定代表人的赔偿责任是缺乏法律依据的。之所以这么说,是因为实践中有的公司的法定代表人并不是由董事长、执行董事或者经理担任的,其只纯粹担任法定代表人这个职务,《公司法》中没有专门直接针对法定代表人苛以受信义务,对其不能直接适用《公司法》中有关董事、监事、高级管理人员的受信义务进行追责,《民法典》第62条也仅是职务侵权中的赔偿责任。因此,"代表说"的弊端突出表现在法定代表人愈演愈烈的"僭主现象"得不到有效遏制和法人因此蒙受的损失得不到应有的赔偿。

"僭主现象"是自然界中的一种现象。某些寄生虫(僭越者)侵入动物(宿主)体内后,把持宿主的大脑,迫使宿主产生有利于僭越者的自损行为。如蟋蟀被马尾虫感染后会"奋不顾身"地跳入水塘,扑腾一番精疲力竭地死去。水塘成了蟋蟀葬身之处,却正是马尾虫的向往之所——马尾虫在水中产卵,卵随着动物饮水又进入动物体内,卵孵化成虫开始新的生命循环。

在实践中,一些法人在窃居其机关的法定代表人的操纵下,反常地作出与自己利益相悖的行为,而法定代表人却因此从中获取私利;而一些法人的财产、价值被其代表人窃取,吸榨最终走向破产。

"代表说"的成立,需要一个基本的外在支撑,即法定代表人与法人的利益具有一致性,法定代表人能够竭尽忠诚地为法人服务,以维护法人利益为其唯一动机。但问题是一旦这种支撑不存在了,即法定代表人与法人利益出现某种程度的背离,法定代表人的自利行为动机,就可能诱发道德风险,使其像侵入蟋蟀体内的马尾虫一样,利用自己代表法人的权力及董事、经理的权力,为自己谋取私利,而置法人利益于不顾,甚至不惜损公肥私,掠夺法人的财产和商业机会。市场经济是利益的分化和多元化的经济,加之现代企业多实行所有权与经营权相分离的管理体制,在国有企业中法定代表人的选任多采用聘任制,由不是企业所有者的职业经理人担任,在私营企业中即使由股东担任法定代表人也存在个人利益与公司整体利益的冲突,如此客观上使法定代表人与法人在利益上存在二元化的倾向,二者的利益在一定范围、一定程度上彼此独立,如果一旦条件适宜,按照“理性人”的假设,“僭主现象”作为市场经济和法人所有权与经营权分离管理体制的伴生物,其发生似乎不可避免。既然“僭主现象”难以避免,那么问题的关键则转换为如何消解其给法人带来的消极后果,降低其危害,并借此遏制这一现象的发生。

(三)以“代理说”构造法人与法定代表人之间的关系

1.“代理说”能够约束法定代表人

较之“代表说”,“代理说”由于受到民法中委任和代理制度的有力支撑,在运作上极具弹性,具有明显的合理性,为大陆法系国家立法所确认。如《德国民法典》第 26 条第 2 款规定:“董事会在诉讼上和诉讼外代表社团,其具有法定代理人的地位。”

“代理说”以代理制度构造法人与法定代表人之间的关系,暗含着这样一个基本的理论预设,法定代表人与法人是各自独立的主体,二者的利益和意志存在差异,从而为建构法人与法定代表人之间的民事法律关系预留了空间,回应了市场经济带来的利益分化趋势。事实上,正是因为采用了“代理说”,承认法定代表人之于法人的独立性,大陆法系国家才有可能把包括法定代表人在内的董事与公司的关系视为委任关系,英美法系国家也具有了将董事与公司之间的关系视为代理关系或者信托关系的余地,并据此建构董事对公司的义务,发展出以“善良管理义务”和“忠实义务”为核心的董事义务体系。[①] 基于此,无论法定代表人对内处理法人事务,还是对外代表法人为法律行为,因其故意或过失给他人、法人造成损失的,他人、法人均可直接请求其承担损害赔偿责任。这不

---

① 参见石少侠主编:《公司法》,法律出版社 1997 年版,第 206 页。

仅可以在一定程度上弥补法人的损失,还可以对法定代表人的行为构成有力的约束,缓和“僭主现象”的危害,乃至消除这种现象的发生。在这个意义上,“代理说”实有一箭双雕之功效,不可小觑。

2. “代理说”使公司任意解除董事职务符合法理

2019 年,世界银行全球营商环境评估机构考察我国营商环境时,问卷调查事项之一是“上市公司股东是否可以在董事任期届满前无理由解除其职位(或者将其任期限制为一年)”? 为回应该项调查,随即制定的《最高人民法院关于适用〈中华人民共和国公司法〉若干问题的规定(五)》(以下简称《公司法解释(五)》)第 3 条第 1 款规定:“董事任期届满前被股东会或者股东大会有效决议解除职务,其主张解除不发生法律效力的,人民法院不予支持。”该规定明确了董事解聘的无因性,也即只要公司解聘董事的决议有效,不需要考察解聘的具体原因。董事与公司之间是代理关系或委托关系,根据《民法典》第 933 条的规定,委托人或者受托人可以随时解除委托合同。委托法律关系是以当事人之间的信任为基础,具有主观性,因此委托合同的当事人具有任意解除权。正是基于这种委托法律关系,董事解聘的无因性在法律逻辑上才是通畅的。《上海证券交易所股票上市规则》(2023 年 8 月修订)第 4. 3. 2 条规定:“董事每届任期不得超过 3 年,任期届满可连选连任。董事由股东大会选举产生的,股东大会可以在董事任期届满前解除其职务。”公司与董事之间是代理关系或者委托关系,董事担任法定代表人的,公司与法定代表人之间也应该是代理关系或者委托关系。在董事担任法定代表人的情况下,公司可任意解除董事职务,基础任职的董事职务被解除的,法定代表人的职务自然解除。①

3. “代理说”与现代商事交易的效率、安全要求并不相悖

在法人的对外关系上,“代理说”将法定代表人与法人分别置于代理人与本人的地位,二者是代理与被代理的关系。按照代理的基本法理,作为代理人的法定代表人的行为后果并不必然地由作为本人的法人承担,只有当法定代表人的行为未超越权限时,或者虽超越权限但事后经法人追认时,其行为的法律后果才由法人承担;反之,其行为后果则由法定代表人自己承担。

---

① 《公司法》第 10 条第 2 款规定:“担任法定代表人的董事或者经理辞任的,视为同时辞去法定代表人。”

按照“代理说”，法定代表人以法人名义实施的行为是否能对法人产生约束力，其法律后果是否由法人承担，取决于法人的授权范围，第三人若要保证交易的安定性，必须首先审查法定代表人的权限，这势必影响交易的效率。若不审查法定代表人的权限，则有“交易因法定代表人无权代理而无效之虞”，这显然不利于保护善意第三人的利益，进而害及交易安全。由此观之，“代理说”确与现代商事交易的效率、安全要求有相悖之处。但“代理说”这些缺陷，已为民事立法有效弥补。首先，基于委任的法理，委任人可以概括地委托受任人处理一切事务。如我国《民法典》第 920 条规定：“委托人可以特别委托受托人处理一项或者数项事务，也可以概括委托受托人处理一切事务。”这就为法人概括地授予法定代表人代理权奠定了基础，法人借此可以通过一次性概括授权的途径，解决法定代表人权限过于零散，不利于交易效率的问题。这构成了法定代表人的代理权与其他代理人代理权的根本区别，也正是基于此，学说和立法上通常将法定代表人的代理权称为代表权。其次，采用“代理说”的国家和地区普遍强化了对善意第三人的保护。如我国《民法典》第 504 条规定法人或者其他组织的法定代表人、负责人超越权限订立的合同，除相对人知道或者应当知道其超越权限的以外，该代表行为有效，订立的合同对法人或者非法人组织发生效力。这就妥善地保护了善意第三人的利益，免去了其奔波劳顿，审查法定代表人权限之苦。

4. 在法人的本质上采用“法人实在说”并不排斥在法人与法定代表人的关系上采用“代理说”

当前我国理论界较为流行的观点认为“代表说”根源于法人实在说，而“代理说”只能在法人拟制说那里找到依托，进而认为因为法人实在说较法人拟制说具有理论优势，按照“血统论”的逻辑，“代表说”自然优于“代理说”。暂且不说这种推理的合理性和可靠性，更让人无法接受的是，这种观点是对两类不同问题的混淆。法人实在说与法人拟制说的理论指向是法人的本质，着眼于法人整体，解决的是法人何以具有人格和权利能力并具有民事主体资格的问题。况且更有学者指出，整个法律世界都是构造而来，而不是对现实的反映。无论现实世界中团体的性质如何，都无法回避法人概念的法律拟制性质，在法律层面，法人组织体说和有机体说都显得过于简单。“代表说”与“代理说”的理论指向则是法人的对外行为，着眼于法人与法定代表人的关系，解决的是法定代表人行为的效果归属问题，这是解决了法人本质之后，才予考虑的问题，二者处于不同层面、不存在彼此对应的关系。承认法人拟制说，并不一定要在法人与法定代表人的关系上排斥"代表说"、采用"代理说"。正如具有完全民事行为能力的自然人可以授权他人代理自己实施法律行为，建立在法人实在说基础上的具有行为能力的法人在对外实施法律行为时亦可以由他人代理。事实上法人实在说的故乡德国根本未采纳"代表说"，这使"代理说"更值得借鉴。

5. 在我国公司治理中大股东与中、小股东的利益冲突成为主要矛盾的情况下，不妨采用"代理说"构造法人与法定代表人关系

英国哲学家约翰·洛克（John Locke）主张："权力不能私有，财产不能公有，否则人类就进入灾难之门。"出资人将财产出资给公司后，公司取得该财产的权利，该财产权利为公司所有。但公司毕竟是无血无肉的组织，公司的财产其实相当于全体股东的"公有"财产，甚至是全民所有的财产，公司对其财产的看护难以达到像自然人对自己的财产那样严加看护的程度。未进管理层的中、小股东对公司财产的看护基本是无能为力的。法定代表人既有代表公司的权力，又兼有决策的权力（法定代表人具有董事或者经理的身份），当拥有的表决权、掌控的董事人数足以左右股东会、董事会的决议时，法定代表人在内部既可以操纵公司意思，在外部又能代表公司作出意思表示，整个公司，包括公司的全部财产都由法定代表人控制。一旦"竭尽忠诚为公司服务"的道德信念弱化，难以避免法定代表人利用权力牟取私利，将公司财产毫不痛惜地任意处置。而不在公司管理层任职的广大中小股东及公司外部的债权人，由于信息的不对称难以知晓法定代表人损害公司利益的行为。如此，公司及其他投资人的利益必将难以维护。公司财产处于"人人所有，又人人没有，仅个别人享有"的境地，法定代表人滥用权力侵吞公司财产、牟取私利形成"谁都应负责任，谁都不负责任"的局面，这就是"代表说"的潜在属性。

比较而言，"代理说"合理地平衡了法人、法定代表人、交易相对人三者之间的利益，不会使自卫能力较弱的法人利益有过大的牺牲，因为按照《民法典》第171条规定的无权代理规则，法定代表人超越权限从事代表行为的由行为人对外直接承担责任，给法人造成损失的行为人也要承担赔偿责任。在未来的民商事立法中可以考虑按照"代理说"构造法人与法定代表人的关系。

总之，法定代表人与法人之间的关系无论是采用"代表说"还是采用"代理

说”,只是人为的差异而已。事实表明,采用“代表说”的我国公司法,在公司治理上确实出现了法定代表人滥用权力的严重问题,且一直未得到切实解决;而采用“代理说”的公司法,公司治理中也的确出现过代表人滥用权力的问题,但只是零星的、偶尔的,通过法律课以责任就能矫正被破坏的二者之间的关系,所以没有成为被关注的问题。

第四节　代表人与代理人的区别

上一节内容是法定代表人与法人之间的关系,存在“代理说”与“代表说”之分。本节内容是法人意志的表示者:代表人与代理人。将公司意志表示于外,既可以经由法定代表人为之,亦可经由代理人为之。公司的代表人与代理人的区别如下。

一、以法人名义对外行为是否须经法人的专门授权

按照我国现行法律,法定代表人的性质为法人的机关,二者的关系类似于自然人与其喉舌、四肢的关系。法定代表人无须另行授权就可以一般性地代表法人从事民事活动。法定代表人执行法人业务时不具有独立人格,其代表法人所为的行为是法人自己的行为,自然应由法人承担其后果。①

例如,张某是A有限公司的经理并兼任法定代表人,公司的事务由其控制和管理。2022年12月,张某以“自己”的名义与上海某建筑公司签订钢材买卖合同,约定:A有限公司向上海某建筑公司出售1000吨钢材,价款为560万元,货到付款。A有限公司按约交付钢材后,上海某建筑公司拒不付款,A有限公司诉至法院请求支付货款。上海某建筑公司辩称,钢材买卖合同是张某以个人名义签订的,并未表明张某代表A有限公司,合同也未加盖A有限公司的印章,故A有限公司不具有原告资格。法院经审理认为,张某虽然以个人名义与被告签订钢材买卖合同,但根据合同的内容、履行交付货物的主体以及张某的法定代表人身份可以判断出,该合同真正的主体是A有限公司,因此A有限公司是适格原告。

---

① 参见梁慧星:《民法总论》,法律出版社1996年版,第130页。

在民事活动中，法人的代理人是接受法人的授权对外以法人名义行为的独立主体。法人的代理人与法人具有不同的人格，是两个主体，代理人的行为只有基于授权才对公司发生效力。民事委托代理一般是一事一授权，职务代理中，执行法人工作任务的人员基于职务授权而取得代理权。

从参加诉讼时需向法院出具的证明材料来看法定代表人与代理人的区别。

(一)法定代表人代表法人参加诉讼

法定代表人代表法人参加诉讼需要提供法定代表人身份证明。

法定代表人身份证明书

×××在我(单位名称)担任……职务，系我(单位名称)的法定代表人。特此证明。

附：法定代表人联系地址：

联系电话：

××××年××月××日

(公章)

(法人的法定代表人以依法登记的为准，但法律另有规定的除外。依法不需要办理登记的法人，以其正职负责人为法定代表人；没有正职负责人的，以其主持工作的副职负责人为法定代表人。法定代表人已经变更，但未完成登记，变更后的法定代表人要求代表法人参加诉讼的，人民法院可以准许。

在诉讼中，法人的法定代表人变更的，由新的法定代表人继续进行诉讼，并应向人民法院提交新的法定代表人身份证明书。原法定代表人进行的诉讼行为有效。)

(二)代理人代理法人参加诉讼

委托诉讼代理人参加诉讼的需要法人向其出具授权委托书(由法定代表人代表法人向受托人出具授权委托书)。

授权委托书

委托单位：×××，住所……。

法定代表人或主要负责人：×××，……(写明职务)，联系方式：……。

受委托人：×××，××律师事务所律师，联系方式：……。

受委托人：×××，……（写明受托人所在单位及职务），联系方式：……。

现委托×××、×××在……（写明当事人和案由）一案中，作为我单位参加诉讼的委托诉讼代理人。

委托诉讼代理人×××的代理事项和权限：

委托单位（公章和签名）

××××年××月××日

（当事人可以委托一至二人作为诉讼代理人。当事人有权委托诉讼代理人，提出回避申请，收集、提供证据，进行辩论，请求调解，提出上诉，申请执行。

下列人员可以被委托为诉讼代理人：（1）律师、基层法律服务工作者；（2）当事人的近亲属或者工作人员；（3）当事人所在社区、单位及有关社会团体推荐的公民。

与当事人有合法劳动人事关系的职工，可以以当事人工作人员的名义作为诉讼代理人。

根据《民事诉讼法》第 61 条第 2 款第 3 项的规定，有关社会团体推荐公民担任诉讼代理人的，应当符合下列条件：（1）社会团体属于依法登记设立或者依法免予登记设立的非营利性法人组织；（2）被代理人属于该社会团体的成员，或者当事人一方住所地位于该社会团体的活动地域；（3）代理事务属于该社会团体章程载明的业务范围；（4）被推荐的公民是该社会团体的负责人或者与该社会团体有合法劳动人事关系的工作人员。专利代理人经中华全国专利代理人协会推荐，可以在专利纠纷案件中担任诉讼代理人。

诉讼代理人除根据《民事诉讼法》第 62 条规定提交授权委托书外，还应当按照下列规定向人民法院提交相关材料：（1）律师应当提交律师执业证、律师事务所证明材料；（2）基层法律服务工作者应当提交法律服务工作者执业证、基层法律服务所出具的介绍信以及当事人一方位于本辖区内的证明材料；（3）当事人的近亲属应当提交身份证件和与委托人有近亲属关系的证明材料；（4）当事人的工作人员应当提交身份证件和与当事人有合法劳动人事关系的证明材料；（5）当事人所在社区、单位推荐的公民应当提交身份证件、推荐材料和当事人属于该社区、单位的证明材料；（6）有关社会团体推荐的公民应当提交身份证件和符合《民事诉讼法解释》第 87 条规定条件的证明材料。

授权委托书必须记明委托事项和权限。诉讼代理人代为承认、放弃、变更诉讼请求,进行和解,提起反诉或者上诉,必须有委托人的特别授权。)

上述《法定代表人身份证明书》《授权委托书》的样式及括号中的附注均来源于最高人民法院制定的《人民法院民事裁判文书制作规范》《民事诉讼文书样式》。

可见,法定代表人代表公司参加诉讼须提供《法定代表人身份证明书》,当然享有当事人的一切诉讼权利,无须特别列明权限。委托诉讼代理人参加诉讼,须提供《授权委托书》,委托诉讼代理人的权限须明确列举,未列举的视为没有得到授权,不可行使未被授予的权利。

二、超越权限的认定不同

法定代表人可以代表法人从事民事活动且法律后果由法人承受,当然这是有前提的,前提就是法定代表人须"依照法律或者法人章程的规定"代表法人从事民事活动,也即法定代表人须在代表权限范围内实施代表行为。法律规定法定代表人在某些事项上(如公司对外担保、向其他企业投资等)须先经公司股东会或者董事会决议授权后,方能代表公司对外担保、向其他企业投资等,如果法定代表人在缺少公司决议授权的情况下代表公司实施该类行为,如何处理?

法定代表人仅为意思表示机关,而非意思形成机关。法人意思形成后,法定代表人方能依照法人的意思对外表示。依据公司法的规定,公司对外担保或者向其他企业投资,须经公司股东会或者董事会决议授权后,法定代表人方能代表公司与相对人签订担保合同或者投资合同;如果未经公司决议授权,从应然上讲,法定代表人"无权代表"公司与相对人签订担保合同、投资合同,从法律适用上看此种"无权代表"情况应在无权代理制度的涵摄范围内,适用无权代理制度处理更为恰当。由于我国当前法律在法人与法定代表人关系上采用"代表说",认为法定代表人具有当然代表法人对外行为的权力,法定代表人的行为就是法人的行为,加之公司担保意思形成于公司内部,外部相对人难以知晓,所以我国法律将法定代表人超越权限以法人名义实施的行为称为"越权代表",介于有权代表与没有代表权的人实施的"无权代表"之间。越权代表行为的法律后果是否由法人承受,由《民法典》第 504 条调整。《民法典》第 504 条关于表见代表的规定仅有"越权代表"的形式,而无"无权代表"的形式。故,代表制度中的"越权代表"是指法定代表人虽然能够代表法人从事一般的民事活动,但像公司对外担保、向其他企业投资这类不在其权限范围之内的行为需要公司股东会或者董事会决议授权后才能代表，如果缺乏公司适格机关决议授权而擅自代表公司实施这类行为的即构成越权代表。越权代表与无代表权的人实施的“代表”是有明显区别的，无代表权的人实施的“代表”适用无权代理规则。

在无权代理的情况下，行为人根本就没有代理权，原则上其与所谓被代理人之间无任何关系。《民法典》第 171 条规定，无权代理包括行为人没有代理权、超越代理权或者代理权终止后仍然实施代理行为。《民法典》第 172 条有关表见代理的规定，除了越权代理外，还包括没有代理权以及代理权终止后两种无权代理情况下构成表见代理的规定。代理制度中的“越权代理”是指代理人虽然取得了被代理人的授权，但其实施的代理行为不在被授权的范围之内。其超越代理权限所实施的代理行为，属于无权代理。越权代理与无代理权的人实施的“代理”是相同的，同属于无权代理。

三、在认定越权行为的效果归属上倾向性不同

（一）越权代表行为的效果原则上归属于法人

法定代表人是公司的“法定代表机关”，其代表权是法律明确规定的。登记机关的登记公示，也使相对人产生了信赖基础，认为法定代表人对外以公司名义从事的行为，即便是越权行为，也是公司对外从事的行为，何况相对人难以知晓公司内部对代表权的限制。所以《民法典》第 504 条规定越权代表行为原则上有效，订立的合同对法人发生效力，除非相对人知道或者应当知道法定代表人超越权限。

（二）无权代理行为的效果原则上不归属于法人

在代理制度中，代理人独立实施民事法律行为，其法律效果却由被代理人承受，核心在于代理人享有代理权。唯有取得代理权，才能避免对被代理人事务的任意介入或干预。委托代理情况下，代理人的权限来自被代理人的授权，未经被代理人授权的，其行为与被代理人无关，自然不对被代理人发生效力，应由行为人自己承担责任。所以，在无权代理的情况下，法律倾向于认定行为人的行为对“被代理人”不发生效力，除非存在表见代理的情形。

四、无权代理与越权代表适用不同的裁判规则

域外公司法一般规定,公司的董事(非独立董事)均有权代表公司,同时也允许通过章程将公司代表权授予一名或者几名董事行使。但在我国,由于实行严格的法定代表制,只有法定代表人可以代表公司,而且只有代表公司执行公司事务的董事或者经理两类人中的一人可以担任法定代表人。法定代表人以外的其他人员,如公司股东、董事、监事、经理、实际控制人等以公司名义从事民事活动,必须取得公司的明确授权(包括一般委托授权和职务授权),其身份是公司的代理人而非法定代表人。在(2019)最高法民终 1535 号案中,存在分公司的负责人代表分公司为他人提供担保和公司的股东(非法定代表人)以公司财产为他人提供担保两种情形,行为人的身份不同导致担保行为的效果归属不同:法人分支机构未经法人授权签订的保证合同无效,法人分支机构应当根据过错承担相应的民事赔偿责任,其经营管理的财产不足以承担的,由法人承担;公司股东如未在公司中任职亦无公司授权,仅以公司股东身份签订合同,不足以成为相对人相信其在合同中签字盖章的行为系职务行为或有权代理的合理理由,故按照无权代理规则公司不对其股东的行为承担任何责任。案情如下。

2014 年 3 月 19 日,西宁汇升公司向青海宏信公司借款 2000 万元。2016 年 12 月 12 日,青海宏信公司与西宁汇升公司等签订《协议书》,经结算确认西宁汇升公司欠青海宏信公司本金及利息共计 3500 万元,并约定于 2017 年 11 月 25 日前还清,逾期按未付款项的 20%承担违约责任。崔某辉在连带保证人处签字并持海天建设集团有限公司青海分公司(以下简称海天集团公司青海分公司)、安多汇鑫公司印章在案涉《协议书》的连带保证人处盖章。协议签订时,崔某辉系西宁汇升公司的法定代表人,海天集团公司青海分公司负责人,安多汇鑫公司股东。经鉴定,案涉《协议书》中加盖的海天集团公司青海分公司的印章印文与备案印章印文不一致,加盖的安多汇鑫公司的印章印文与安多汇鑫公司样本的印章印文也不一致。

案涉《协议书》签订同日,海天集团公司青海分公司与青海宏信公司就工程款支付事宜还签订了另一份《协议书》,由崔某辉签字并加盖同一枚海天集团公司青海分公司印章;海天集团公司青海分公司在其他业务活动中亦多次使用该枚印章。

因西宁汇升公司未能按照约定返还借款,青海宏信公司起诉请求:西宁汇升公司返还借款本金及利息;崔某辉、海天集团公司青海分公司、海天建设集团有限公司(以下简称海天集团公司)、安多汇鑫公司承担连带还款责任。

青海省高级人民法院于2019年6月12日作出(2018)青民初26号民事判决:(1)西宁汇升公司于判决生效后30日内向青海宏信公司偿还借款本金33972000元及违约金6794400元;(2)崔某辉对上述第一项债务承担连带保证责任;(3)驳回青海宏信公司对海天集团公司青海分公司、海天集团公司、安多汇鑫公司的诉讼请求;(4)驳回青海宏信公司的其他诉讼请求。

青海宏信公司提出上诉。

最高人民法院认为,关于海天集团公司青海分公司、海天集团公司的责任承担问题。首先,关于青海宏信公司与海天集团公司青海分公司之间的担保合同是否成立的问题。因同一公司刻制多枚印章的情形在日常交易中大量存在,故不能仅以合同中加盖的印章印文与公司备案的印章印文不一致而否定公司行为的成立及其效力,而应当根据合同签订人盖章时是否有权代表或代理公司,或者交易相对人是否有合理理由相信其有权代表或代理公司进行相关民事行为来判断。本案中,案涉《协议书》由海天集团公司青海分公司负责人崔某辉签字并加盖海天集团公司青海分公司印章。虽然经鉴定《协议书》中海天集团公司青海分公司的印章印文与备案的印章印文不一致,但崔某辉作为海天集团公司青海分公司时任负责人,其持海天集团公司青海分公司印章以海天集团公司青海分公司名义签订《协议书》,足以令作为交易相对人的青海宏信公司相信其行为代表海天集团公司青海分公司,并基于对其身份的信任相信其加盖的海天集团公司青海分公司印章的真实性。因此,海天集团公司、海天集团公司青海分公司以《协议书》中海天集团公司青海分公司的印章印文与其备案的印章印文不一致为由认为海天集团公司青海分公司并未作出为案涉债务提供担保的意思表示的主张不能成立。根据《合同法》(已失效)第32条[①]的规定,青海宏信公司与海天集团公司青海分公司在案涉《协议书》上签章时,双方当事人之间的担保合同成立。其次,关于青海宏信公司与海天集团公司青海分公司之间

---

① 《合同法》第32条规定:"当事人采用合同书形式订立合同的,自双方当事人签字或者盖章时合同成立。"

担保合同的效力及责任承担问题。虽然青海宏信公司与海天集团公司青海分公司就案涉债务的担保达成一致意见,但海天集团公司青海分公司作为海天集团公司的分支机构,未取得海天集团公司同意其对外担保的书面授权,海天集团公司事后亦未对该担保行为进行追认,故青海宏信公司与海天集团公司青海分公司之间的担保合同无效。青海宏信公司未审查海天集团公司青海分公司是否得到海天集团公司的书面授权便为海天集团公司青海分公司提供担保,未尽合理的注意义务,海天集团公司青海分公司在明知未获得海天集团公司书面授权的情况下对外提供担保,双方对担保合同的无效均有过错。海天集团公司作为法人,在崔某辉持与海天集团公司青海分公司备案印章不一致的印章进行日常经营活动时未予制止,对于海天集团公司青海分公司及其时任负责人崔某辉的行为未能尽到一般善良管理人的审慎注意义务。根据《民法总则》(已失效)第 74 条第 2 款的规定,分支机构管理的财产不足以承担其以自己名义从事民事活动产生的民事责任时,应由法人承担。结合各方当事人的过错程度,酌定由海天集团公司青海分公司以其经营管理的财产对于青海宏信公司案涉债权不能清偿部分的 50%承担赔偿责任,海天集团公司青海分公司经营管理的财产不足以承担前述赔偿责任的,由海天集团公司承担。

关于安多汇鑫公司的责任承担问题。虽然经鉴定案涉《协议书》中安多汇鑫公司的印章印文与安多汇鑫公司提交的样本印章印文不一致,但如前所述,不能仅以合同中加盖的印章真实与否来判断公司行为的成立及其效力,而应当根据合同签订人是否有权代理公司进行相关民事行为来判断。案涉《协议书》签订时,崔某辉为安多汇鑫公司的股东,但并非安多汇鑫公司的法定代表人,亦无证据显示其在安多汇鑫公司任职或具有代理安多汇鑫公司对外进行相关民事行为的授权,仅因崔某辉系安多汇鑫公司股东,不足以成为青海宏信公司相信崔某辉在案涉《协议书》上签字盖章的行为系职务行为或有权代理的合理理由,故崔某辉的行为不构成表见代理,对安多汇鑫公司不具有约束力。因此,青海宏信公司与安多汇鑫公司之间并未形成有效的担保合同,其主张安多汇鑫公司承担连带保证责任的请求不能成立。

最高人民法院判决:(1)维持青海省高级人民法院(2018)青民初 26 号民事判决第一、二项;(2)撤销青海省高级人民法院(2018)青民初 26 号民事判决第三、四项;(3)海天集团公司青海分公司以其经营管理的财产对青海宏信公司就青海省高级人民法院(2018)青民初 26 号民事判决第一项确定的债权中不能获得清偿部分承担 50%的赔偿责任;海天集团公司青海分公司经营管理的财产不足以承担前述赔偿责任的,由海天集团公司承担;(4)驳回青海宏信公司的其他诉讼请求。

第五节　公司法定代表人基础任职与登记

《公司法》第 10 条第 1 款规定:“公司的法定代表人按照公司章程的规定,由代表公司执行公司事务的董事或者经理担任。”2023 年《公司法》修订扩大了法定代表人的人选范围,除了包括不设董事会中的执行董事外,还包括董事会中独立董事之外的董事——执行公司事务的一般董事也可兼任法定代表人。

《市场主体登记管理条例》第 8 条第 1 款规定:“市场主体的一般登记事项包括:……(六)法定代表人、执行事务合伙人或者负责人姓名。”第 24 条规定,市场主体变更登记事项,应当自作出变更决议、决定或者法定变更事项发生之日起 30 日内向登记机关申请变更登记。

据此,公司法定代表人应记载于公司章程,并在公司登记机关进行登记;法定代表人变更的,应及时修改公司章程和办理变更登记。

一、引述案例

【案例 1】甲是 A 有限责任公司的执行董事兼经理、法定代表人,因故被公司股东会免去一切职务。因欠付房租,公司的全部物品包括财务账册、各种证照、印章等被房屋出租人扣留。股东为了清算公司要求出租人返还上述物品。出租人认为物品属于公司所有,不能返还给股东,只能返还给在公司登记机关登记的法定代表人甲。此时,甲因不满公司股东会对其解任,也以法定代表人的身份阻止房屋出租人将物品返还给股东。

问题:法定代表人(甲)离职但公司未办理变更登记,即离职的法定代表人仍被登记为公司法定代表人,其是否仍具有法定代表人的权力?

【案例 2】2022 年 3 月 1 日 B 有限责任公司形成临时股东会决议:免去乙执行董事及法定代表人职务;公司成立董事会并选举董事会成员乙、丙等 5 名董事。

同日,公司形成董事会决议:选举丙为董事长,并由其担任公司法定代表人;授权由丙董事长保管公司的营业执照及公司公章。该决议有丙等4名董事签名,乙拒绝签字。

此后,因乙拒不交出公司印章、证照,丙以公司法定代表人身份代表公司向法院提起诉讼,请求乙返还公司印章、证照等公司财产。乙辩称,公司登记没有变更,乙仍系登记的法定代表人,丙不能作为公司的法定代表人提起本案诉讼。

问题:新当选的法定代表人(丙),在登记机关变更登记即将法定代表人由乙变更为丙之前,是否具有法定代表人的权力?

二、公司法定代表人登记的效力

(一)基础任职在公司内部的设权效力

基础任职在公司内部产生确认法定代表人身份的效力,公司的任职决议具有设权的效力。

根据《公司法》第10条的规定,法定代表人由代表公司执行公司事务的董事或者经理担任,"执行公司事务的董事或者经理"是法定代表人的基础任职条件。基础任职条件旨在保证作为意思表示机关的法定代表人与公司利益相一致,否则,不担任上述职务,其与公司利益可能发生分歧、对立或者无关,当然就失去了作为法定代表人的法定基础条件。所以,对公司内部而言,法定代表人产生的条件是:公司机关会议选举出执行公司事务的董事或者经理,且公司章程规定法定代表人由代表公司执行公司事务的董事或者经理中的一人担任;当然,公司机关会议可以直接选举出法定代表人。比如,案例2中的B有限责任公司董事会会议选举丙担任董事长并作出决议,同时B公司章程规定"董事长担任法定代表人"。此时在B公司内部,丙就是法定代表人。在公司内部,新法定代表人被确定之后,即便尚未被登记,新法定代表人在内部已经取代仍登记在册的原法定代表人,并在特定范围内取得有效的对外代表权,如代表公司参加诉讼的权利——《民事诉讼法解释》第50条第2款规定,法定代表人已经变更,但未完成登记,变更后的法定代表人要求代表法人参加诉讼的,人民法院可以准许。

(二)公司登记机关的登记对外产生对抗效力

市场主体登记具有公示效力。公示效力指相关事项登记后产生的"谁得以登记事项对抗另一方”的效力,可以分为公信效力与对抗效力。“公信效力”指经过公示的登记事项有被推定为真实、合法、有效,并为社会一般公众所信赖的效力,善意第三人得以登记事项对抗登记义务人。“对抗效力”指经过公示的登记事项,可以推定为一般社会公众所知,登记义务人得以登记事项对抗第三人。公信效力和对抗效力是相关事项经市场主体登记而产生的两个方面的公示效果,是一对相对的效力。公信效力旨在维护交易安全、保护善意第三人;对抗效力旨在保护登记义务人的权利,使其不为登记事实所累。二者共同起着平衡法律风险在登记义务人与第三人之间分配的功能。①

根据《市场主体登记管理条例》第 8 条的规定,法定代表人的姓名属于登记事项,案例 2 中 B 公司应到公司登记机关办理变更登记,将丙登记为法定代表人。登记产生公信效力。法定代表人在公司登记机关进行登记的意义在于向外部第三人公示公司的法定代表人是谁。国家机关的登记公示,必然相应产生公信力,也即外部第三人可以基于该登记而信赖被登记的人有权代表公司。这种信赖可以有效持续至该法定代表人之登记被变更时止,即便该法定代表人被免去董事长、执行董事或者经理职务后至法定代表人变更登记完成之日前这一段时期,外部第三人仍可以基于该登记而信赖被登记的人有权代表公司,当然外部第三人明知“被登记的法定代表人”已经不再是法定代表人的除外。《公司法》第 34 条规定:“公司登记事项发生变更的,应当依法办理变更登记。公司登记事项未经登记或者未经变更登记,不得对抗善意相对人。”可见,法定代表人(变更)登记产生对抗效力。案例 1 中,出租人有权利将 A 公司的财物返还给甲,拒绝向股东返还,因为法定代表人才能代表公司。A 公司虽然免去了甲的法定代表人职务,但未到登记机关办理变更登记,不能对抗对此不知情的出租人。

综上,完整意义上的法定代表人,既需要满足基础任职条件,又需要在公司登记机关进行公示登记。具体而言,对内须满足基础任职条件,即担任执行公司事务的董事或者经理职务,且公司章程规定法定代表人由两类人员中的某一人担任;对外需要在公司登记机关登记,登记产生对抗效力。

---

① 参见国家市场监督管理局等编著:《中华人民共和国市场主体登记管理条例解读》,中国工商出版社 2022 年版,第 18 页。

三、已经离职但未变更登记的原法定代表人的法律地位

《公司法》第 10 条第 2 款规定："担任法定代表人的董事或者经理辞任的，视为同时辞去法定代表人。"无论是被罢免、解聘还是自行离职，法定代表人之董事或经理职务终止时，随即丧失了担任法定代表人的基础条件，尽管在登记上其还是法定代表人，但基础条件丧失，其就内生性地无权代表公司，须主动停止继续以法定代表人身份对外行事。换言之，其本人应主动避免对外以法定代表人身份行事，且应主动向第三人表明其不再有权代表公司，这是诚实信用原则与信义义务的要求。否则，对外其构成虚假陈述，对内构成无权代理（代表），均应承担相应的法律责任。案例 1 中，甲已经被免去执行董事、经理、法定代表人之职，其仍然故意以公司法定代表人身份向出租人作意思表示是违反诚实信用原则的不法行为，对因此造成的后果应承担责任。

基础任职条件尽管丧失，但基于公示产生的公信效力，第三人仍得信赖登记信息而认为登记之人有权代表公司。案例 1 中，出租人以物品属于公司所有，其有权信赖登记信息为由将公司物品返还给登记在册的法定代表人甲，即使因返还给甲造成公司损失，善意的出租人也因无过错而无责任。

在这种情况下，若原法定代表人没有尽到停止代表的义务，法律出于对第三人（对公示信息的）信赖利益的保护，离职法定代表人与第三人签订的合同通常仍能直接约束公司，此种约束机制的基础在于表见代理（代表），而非有权代表行为；相应地，在第三人知道、应当知道该法定代表人已被解除职务或辞职时，其与该法定代表人签订的合同自然对法人无约束力；如因此导致公司损失的，行为人承担损害赔偿责任，因为其基础职务停止后，其负有停止、避免对外以法定代表人身份行事的义务。违反这一义务的，要承担违约责任。

四、新当选的法定代表人在变更登记前的权力

基于公司治理的复杂性，有时候登记的法定代表人被免职后，或者据以任命其为法定代表人的公司决议被撤销或宣告无效后，又新选任法定代表人，在辞旧迎新之际、变更登记之前，就会出现登记在册的"原法定代表人"与新当选的法定代表人相冲突的情形，此时究竟谁能代表公司的意志呢？

登记公示产生对抗效力。登记对抗效力的理论基础为商事外观主义。登

记事项一经登记公示,就形成了一个商事外观,对外具有公信力。登记事项与实际情况不一致时,第三人往往难以知悉真实情况,为了保护善意第三人对公示信息的信赖,维护交易安全,公司不能以未登记的事实对抗善意第三人。所以,在公司内部,公司与股东之间、股东与股东之间等,因法定代表人任免发生的内部纷争,当以有效的公司决议为准;如涉及公司以外的第三人因代表权产生争议,应以登记公示为准。故,对内而言,能代表公司意志的是公司内部决议确认的法定代表人,而非登记的原法定代表人。例如,《公司法》第 35 条第 3 款规定:“公司变更法定代表人的,变更登记申请书由变更后的法定代表人签署。”变更申请书明确由变更后的法定代表人签署,一方面能够避免原法定代表人不配合签署申请书而导致无法完成法定代表人变更登记的情况,另一方面也意味着变更法定代表人的决议一经作出即产生内部效力,原法定代表人在公司内部即丧失代表权。再如,《民事诉讼法解释》第 50 条规定,法定代表人已经变更,但未完成登记,变更后的法定代表人要求代表法人参加诉讼的,人民法院可以准许。

在案例 2 中,人民法院认为,“法定代表人变更属于公司内部人事关系的变化,应遵从内部自治原则,只要公司内部形成了有效的变更决议,就应在内部产生法律效力,新选任的法定代表人可代表公司的意志。虽然公司作为商事主体要受到商事登记的规制,但对法定代表人变更事项的登记目的是向社会公示代表权的基本状态,属于宣示性登记而非设权性登记,因此股东会决议变更法定代表人的,即使登记未变更,不影响公司内部变更新法定代表人意志的确定。本案中,乙与公司之间就法定代表人任免问题发生的内部争议,当以公司有效决议为准。公司决议罢免乙执行董事、法定代表人的股东会决议和选举丙为董事长、法定代表人的董事会决议合法有效。故丙有权以法定代表人的身份以公司名义,提起本案诉讼。进而,丙有权代表公司要求乙返还印章、证照等公司财产”。

原法定代表人进行的诉讼行为是否有效?《民事诉讼法解释》第 51 条规定:“在诉讼中,法人的法定代表人变更的,由新的法定代表人继续进行诉讼,并应向人民法院提交新的法定代表人身份证明书。原法定代表人进行的诉讼行为有效。前款规定,适用于其他组织参加的诉讼。”

第六节　法定代表人身份的涤除与变更

一、司法权可否变更或涤除公司法定代表人登记事项[①]

【案情】

某网络公司为有限责任公司(自然人独资),法定代表人为赵某(执行董事、经理),股东为赵某。2020 年 12 月 19 日,经公司股东决定任命葛某某为公司新任执行董事并为法定代表人,同时办理了公司变更登记。葛某某担任法定代表人期间,未参与公司经营管理,亦未与公司签订劳动合同,公司未向其发放工资。

葛某某的丈夫病重到上海治病,因公司未按照判决书履行支付工人工资的义务被滕州市人民法院强制执行,葛某某作为法定代表人被限制高消费,致使被禁止乘坐高铁。2021 年 5 月以来,葛某某与赵某多次联系,提出不再担任法定代表人职务,赵某未予同意。葛某某也曾多次到公司登记机关办理变更事宜,皆因未征得公司股东同意而遭到拒绝。为解除限制高消费措施,葛某某以个人名义代公司交纳执行款 15090 元。

葛某某遂诉至法院,请求:(1)某网络公司、赵某涤除原告葛某某法定代表人登记事项,将法定代表人由葛某某变更登记为赵某;(2)某网络公司、赵某支付原告葛某某向滕州市人民法院交纳的执行款 15090 元。

【裁判】

滕州法院一审判决:(1)被告某网络公司、赵某在公司登记机关为原告葛某某办理法定代表人变更登记;(2)被告某网络公司返还原告葛某某向滕州市人民法院交纳的执行款 15090 元;(3)被告赵某对上述第二项承担连带清偿责任。被告上诉后,二审维持原判。该案进入执行程序后,被告主动履行了法定代表人变更登记事项。

---

① 参见颜伟、金蕾:《司法权可否变更或涤除公司法定代表人登记事项?》,载微信公众号"烟台高新区法院"2022 年 8 月 8 日。

【法官说法】

(一)变更法定代表人登记属于公司内部治理事项,是否属于法院受案范围?是否需要穷尽公司的内部救济途径?

从实质上看,法定代表人与公司之间的法律关系应当定性为委托合同关系。受托人有权随时解除委托合同,辞去代理或代表职务。本案中,作为受托人的葛某某有权解除委托合同,辞去法定代表人职务。

法定代表人的选任由股东会或董事会决议,具有公司内部治理属性。[①] 葛某某自 2021 年 5 月就提出不再担任法定代表人,其间曾与股东赵某多次协商变更,亦多次至登记机关办理变更,均未成功,表明葛某某已穷尽公司的内部救济途径。若人民法院不予受理,则葛某某因此所承受的法律风险将持续存在,而无任何救济途径。

《公司法》第 35 条规定:"公司申请变更登记,应当向公司登记机关提交公司法定代表人签署的变更登记申请书、依法作出的变更决议或者决定等文件。公司变更登记事项涉及修改公司章程的,应当提交修改后的公司章程。公司变更法定代表人的,变更登记申请书由变更后的法定代表人签署。"此条虽非 2018 年《公司法》的内容,却是实践中的做法,变更登记申请书由变更后的法定代表人签署,因网络公司未向登记机关提交新的法定代表人——"法定代表人"属于市场主体的登记事项,故登记机关不予办理变更手续是有理由的。

(二)在未确定新任法定代表人的情况下,法院是否可以直接判决变更?

从公司治理视角看,法定代表人的选任属于公司内部治理事项,涉及公司对原法定代表人的免职和新任法定代表人的任职。从行政登记视角看,法定代表人变更涉及两个步骤:一是原法定代表人登记事项的涤除;二是新任法定代表人的登记。公司内部任免程序与行政登记程序既相互关联,又相互区分。本案既要顾及法定代表人作为公司负责人对公司运营的影响,又要顾及担任法定代表人的自然人作为独立民事主体的权利保障,为此须平衡二者之间的关系,

---

① 2022 年 3 月 1 日废止的《企业法人法定代表人登记管理规定》第 7 条规定:"有限责任公司或者股份有限公司更换法定代表人需要由股东会、股东大会或者董事会召开会议作出决议,而原法定代表人不能或者不履行职责,致使股东会、股东大会或者董事会不能依照法定程序召开的,可以由半数以上的董事推选一名董事或者由出资最多或者持有最大股份表决权的股东或其委派的代表召集和主持会议,依法作出决议。"

明确司法介入的边界。

如果法院单纯地判决涤除法定代表人登记事项,新的法定代表人不能及时选任,这种判决将导致公司法定代表人空缺的情况发生;如果判决变更法定代表人,因法定代表人选任属于公司内部治理事项,除非公司已形成内部决议,否则判决无法明确变更后的具体对象,涉及审执衔接问题,可能导致判决无法执行。变更抑或涤除登记,须考虑司法介入的界限与公司自治的范畴。公司治理应以公司自治为主,只有公司自治失灵时,司法权才可介入公司事务,成为公司自治的有益补充。由于本案属于法院受理范围,对原告予以救济既需要涤除又需要登记新的法定代表人,因此法院可以在判决涤除登记的同时责令公司登记新的法定代表人。至于变更后的法定代表人由谁担任,属于公司的内部治理事项,应当由某网络公司决定,葛某某无权干涉。

二、法定代表人身份涤除的原因

(一)法定代表人的任职风险

法定代表人是企业的主要负责人与签字人,在公司经营中具有独特的地位和权力,该职位是公司权力争夺的必争之地。另外,根据权责一致原则,伴随权利、权力而来的是责任和风险。法定代表人会因公司的违法、犯罪行为而受牵连,也可能因自己不当履职而承担赔偿责任。法定代表人的任职风险使得公司的核心人物不愿担任法定代表人,退居幕后实际掌控公司。法定代表人的任职风险如下。

1. 法定代表人的刑事责任风险

《刑法》第 31 条规定“单位犯罪的,对单位判处罚金,并对其直接负责的主管人员和其他直接责任人员判处刑罚”。法人单位实施犯罪的决定是单位的法定代表人独立做出的,或者是法定代表人主持决定的,该法定代表人就是单位犯罪行为的“直接负责的主管人员”。常见的涉及企业法定代表人的犯罪包括:妨害清算罪、逃税罪、虚开增值税专用发票罪、生产销售伪劣产品罪等。

2. 法定代表人的行政责任风险

已失效的《民法通则》第 49 条规定:“企业法人有下列情形之一的,除法人承担责任外,对法定代表人可以给予行政处分、罚款,构成犯罪的,依法追究刑事责任:(一)超出登记机关核准登记的经营范围从事非法经营的;(二)向登记机关、税务机关隐瞒真实情况、弄虚作假的;(三)抽逃资金、隐匿财产逃避债务的;(四)解散、被撤销、被宣告破产后,擅自处理财产的;(五)变更、终止时不及时申请办理登记和公告,使利害关系人遭受重大损失的;(六)从事法律禁止的其他活动,损害国家利益或者社会公共利益的。"《民法通则》现已经失效,但第49条的内容在现行相关法律中仍在适用。

3. 法定代表人的再任职风险

企业因经营不善或者违法,其法定代表人担任其他企业高级管理人的资格可能会受到限制。例如,《市场主体登记管理条例》第12条规定:"有下列情形之一的,不得担任公司、非公司企业法人的法定代表人:……(三)担任破产清算的公司、非公司企业法人的法定代表人、董事或者厂长、经理,对破产负有个人责任的,自破产清算完结之日起未逾3年;(四)担任因违法被吊销营业执照、责令关闭的公司、非公司企业法人的法定代表人,并负有个人责任的,自被吊销营业执照之日起未逾3年。"

4. 法定代表人的牵连风险

公司作为被执行人拒不履行法律文书确定的义务,其法定代表人存在被司法拘留、限制高消费等风险。

《民事诉讼法》第114条规定:"诉讼参与人或者其他人有下列行为之一的,人民法院可以根据情节轻重予以罚款、拘留;构成犯罪的,依法追究刑事责任:(一)伪造、毁灭重要证据,妨碍人民法院审理案件的;(二)以暴力、威胁、贿买方法阻止证人作证或者指使、贿买、胁迫他人作伪证的;(三)隐藏、转移、变卖、毁损已被查封、扣押的财产,或者已被清点并责令其保管的财产,转移已被冻结的财产的;(四)对司法工作人员、诉讼参加人、证人、翻译人员、鉴定人、勘验人、协助执行的人,进行侮辱、诽谤、诬陷、殴打或者打击报复的;(五)以暴力、威胁或者其他方法阻碍司法工作人员执行职务的;(六)拒不履行人民法院已经发生法律效力的判决、裁定的。人民法院对有前款规定的行为之一的单位,可以对其主要负责人或者直接责任人员予以罚款、拘留;构成犯罪的,依法追究刑事责任。"

《民事诉讼法》第252条规定:"被执行人未按执行通知履行法律文书确定的义务,应当报告当前以及收到执行通知之日前一年的财产情况。被执行人拒绝报告或者虚假报告的,人民法院可以根据情节轻重对被执行人或者其法定代理人、有关单位的主要负责人或者直接责任人员予以罚款、拘留。”

《民事诉讼法》第266条规定:“被执行人不履行法律文书确定的义务的,人民法院可以对其采取或者通知有关单位协助采取限制出境,在征信系统记录、通过媒体公布不履行义务信息以及法律规定的其他措施。”限制出境的对象是被申请执行人,被执行人为单位的,可以对其法定代表人、主要负责人或者影响债务履行的直接责任人员限制出境。

《最高人民法院关于限制被执行人高消费的若干规定》第3条规定:“被执行人为自然人的,被采取限制消费措施后,不得有以下高消费及非生活和工作必需的消费行为:(一)乘坐交通工具时,选择飞机、列车软卧、轮船二等以上舱位;(二)在星级以上宾馆、酒店、夜总会、高尔夫球场等场所进行高消费;(三)购买不动产或者新建、扩建、高档装修房屋;(四)租赁高档写字楼、宾馆、公寓等场所办公;(五)购买非经营必需车辆;(六)旅游、度假;(七)子女就读高收费私立学校;(八)支付高额保费购买保险理财产品;(九)乘坐G字头动车组列车全部座位、其他动车组列车一等以上座位等其他非生活和工作必需的消费行为。被执行人为单位的,被采取限制消费措施后,被执行人及其法定代表人、主要负责人、影响债务履行的直接责任人员、实际控制人不得实施前款规定的行为。因私消费以个人财产实施前款规定行为的,可以向执行法院提出申请。执行法院审查属实的,应予准许。”

笔者在做执行法官时,遇到“老赖”公司,会主动到公司登记机关办理“禁止法定代表人变更”手续,以防公司法定代表人“金蝉脱壳”,将“司机、保安、门卫、耄耋老人等”变更为法定代表人,给法定代表人施加压力从而督促公司履行义务。当事人在申请保全时,对可能“赖账”的公司可以申请行为保全,禁止这类公司变更法定代表人。

5. 法定代表人的民事责任风险

法定代表人因故意或者过失给公司造成损失的,需承担赔偿责任。例如,《民法典担保制度解释》第7条第2款规定:“法定代表人超越权限提供担保造成公司损失,公司请求法定代表人承担赔偿责任的,人民法院应予支持。”《民法典》第62条规定:“法定代表人因执行职务造成他人损害的,由法人承担民事责任。法人承担民事责任后,依照法律或者法人章程的规定,可以向有过错的法定代表人追偿。”

另外，法定代表人滥用职权所获得的收入归入公司，如《公司法》第 186 条规定，公司董事、监事、高级管理人员违反忠实义务所得的收入应当归公司所有。

鉴于法定代表人的任职风险，有一句玩笑话：“法定代表人就是公司出事后一定要法办的人。”所以，有些公司中，举足轻重的人物自己并不担任法定代表人，而是让司机、门卫、保安、办公室主任等人担任法定代表人。

(二)法定代表人忙于外务活动

实践中一些公司的法定代表人需代表公司出席很多活动，无暇顾及公司的经营活动。公司可选任某一董事担任法定代表人，以便出席各种活动，使公司的核心人物专心经营公司。

(三)被冒名登记为法定代表人的涤除登记

实践中存在被冒名登记为法定代表人的情形，当事人在不知情的情况下被登记为法定代表人专门承担风险。例如，某公司在招聘时，要求应聘人员提交身份证原件等资料，应聘人员提交身份证等资料后等候面试。公司拿到身份证后立即到公司登记机关将应聘者登记为公司法定代表人。然后又以应聘者不符合录用条件为由不予录用。后来该应聘者发现其买不了飞机票，原因是其担任法定代表人的公司因拒不履行法律文书确定的义务而被限制高消费。遂东窗事发。

(四)解职法定代表人的涤除登记

法定代表人已经离职或者辞任，不再担任法定代表人职务，但仍被登记为公司法定代表人。

上述几种情况中，有的法定代表人只是公司实际控制人的“傀儡”“背锅侠”，并无实权。假如公司控制人让自己的司机担任公司董事并担任法定代表人。司机想给自己发 10 万元的年终奖，这需要开董事会作出决议。该提案在董事会会议上表决，司机董事只有一个表决权，在其他多数董事反对的情况下该决议就通不过，司机想给自己谋福利的想法就实现不了，公司还是被牢牢地掌握在控制人手中。

三、法定代表人身份的涤除

（一）通过侵权诉讼涤除

被冒名登记为法定代表人的，属于侵权行为，被冒名人通过法律途径即可涤除。《民法典》第1014条规定："任何组织或者个人不得以干涉、盗用、假冒等方式侵害他人的姓名权或者名称权。"《民法典》第995条规定："人格权受到侵害的，受害人有权依照本法和其他法律的规定请求行为人承担民事责任。受害人的停止侵害、排除妨碍、消除危险、消除影响、恢复名誉、赔礼道歉请求权，不适用诉讼时效的规定。"

根据2022年3月1日起施行的《市场主体登记管理条例实施细则》第16条规定，登记机关通过实名认证系统，采用人脸识别等方式进行对公司股东、董事、监事及高级管理人员、法定代表人等进行实名验证。因特殊原因，当事人无法通过实名认证系统核验身份信息的，可以提交经依法公证的自然人身份证明文件，或者由本人持身份证件到现场办理。而在《市场主体登记管理条例》施行之前，各地登记部门的审查标准宽严不一，对公司股东、董事、监事及高级管理人员、法定代表人等进行登记时，被登记人不是必须到场接受审查，一般只需公司办事人员持被登记人员的身份证原件（甚至复印件）即可办理登记、备案。如此，冒名登记现象就难以避免。《市场主体登记管理条例》实施后不到半年的时间内仍出现了冒名登记现象，只是冒名登记的"技术含量"加大了、难度加强了，行为人的欺骗手段骗过了公司登记机关的工作人员，甚至也骗过了被冒名人。所以，冒名登记现象并未因《市场主体登记管理条例》的实施而绝迹。对于冒名登记，被冒名登记人可以向登记机关提出撤销市场主体登记的申请。《市场主体登记管理条例》第40条规定："提交虚假材料或者采取其他欺诈手段隐瞒重要事实取得市场主体登记的，受虚假市场主体登记影响的自然人、法人和其他组织可以向登记机关提出撤销市场主体登记的申请。登记机关受理申请后，应当及时开展调查。经调查认定存在虚假市场主体登记情形的，登记机关应当撤销市场主体登记。相关市场主体和人员无法联系或者拒不配合的，登记机关可以将相关市场主体的登记时间、登记事项等通过国家企业信用信息公示系统向社会公示，公示期为45日。相关市场主体及其利害关系人在公示期内没有提出异议的,登记机关可以撤销市场主体登记。因虚假市场主体登记被撤销的市场主体,其直接责任人自市场主体登记被撤销之日起3年内不得再次申请市场主体登记。登记机关应当通过国家企业信用信息公示系统予以公示。"

(二)辞任法定代表人职务

如果拥有实权的法定代表人由于健康等原因不愿继续担任法定代表人的,可辞去法定代表人职务。根据《公司法解释(五)》第3条,[①]公司与董事之间是委托关系,根据《民法典》第933条的规定,委托人或者受托人可以随时解除委托合同,故可以随时辞去董事、法定代表人职务。《公司法》第70条第3款规定:"董事辞任的,应当以书面形式通知公司,公司收到通知之日辞任生效,但存在前款规定情形的,董事应当继续履行职务。"第10条第2款规定,担任法定代表人的董事或者经理辞任的,视为同时辞去法定代表人。

依照《公司法》《市场主体登记管理条例》等规定,法定代表人是登记事项之一,公司变更法定代表人的,应在变更决议、决定作出后及时申请变更登记。变更法定代表人是公司自治行为,公司不办理变更手续的,已离职的原法定代表人可提起诉讼,毕竟姓名权被侵犯,有权要求公司予以涤除。

例如,2022年8月25日北京市大兴区人民法院召开公司治理法律风险典型案件新闻通报会,其中一个案例的内容为:甲曾经就职于B公司,担任B公司的法定代表人,甲在职期间根据B公司安排,担任分公司的负责人并办理了工商登记,但甲并未参与分公司的实际经营管理,分公司亦没有安排甲从事负责人职责的事宜。甲与分公司也不存在劳动关系,也未从分公司处领取任何工资或者劳务报酬。

因工商登记负责人系公司公示登记必备事项,分公司长期将甲登记为负责人,甲经常需要应对市场监督管理部门、税务部门等的调查询问,这已实质对甲个人的工作、生活、信誉产生严重影响。通过公司内部各种救济途径,均无法变更法定代表人登记,故甲诉至法院,要求:分公司涤除原告甲作为其负责人登记

---

① 《公司法解释(五)》第3条规定:"董事任期届满前被股东会或者股东大会有效决议解除职务,其主张解除不发生法律效力的,人民法院不予支持。董事职务被解除后,因补偿与公司发生纠纷提起诉讼的,人民法院应当依据法律、行政法规、公司章程的规定或者合同的约定,综合考虑解除的原因、剩余任期、董事薪酬等因素,确定是否补偿以及补偿的合理数额。"

事项。

法院认为,甲虽然登记为分公司负责人,但甲自始未在分公司担任职务,相反,甲实际在B公司任职,在无证据证明甲在B公司任职期间实质参与过分公司经营管理且甲已从B公司离职的情况下,让甲继续担任分公司名义上的负责人,显然背离了公司法中关于设定法定代表人(负责人)制度的本意,且甲通过公司内部途径均无法实现变更法定代表人的诉求。

同时,民事主体从事民事活动,应当遵循公平原则,合理确定各自的权利义务。甲并非B公司、分公司股东,无证据证实甲与分公司之间存在劳动关系或劳务关系,亦无证据证明甲从分公司获取报酬,而现甲作为分公司的负责人,却要依法承担其作为负责人的相应责任,显然有失公允。对于公司来说,其负责人与公司之间的实质关联性就在于负责人要参与公司的经营管理,而一个不参与公司经营管理的人,因其根本不具备对外代表法人的基本能力和条件,不可能也不应成为公司的法定代表人或者负责人,因此在公司人事选任制度上应当严格按照公司法及公司章程的规定,不应随意选任无关人员成为公司负责人。

综上,依照《中华人民共和国公司法》规定,对甲要求涤除其负责人的诉讼请求予以支持。

四、变更法定代表人引起的公司章程修改问题

《企业法人法定代表人登记管理规定》(已废止)第7条规定:"有限责任公司或者股份有限公司更换法定代表人需要由股东会、股东大会或者董事会召开会议作出决议,而原法定代表人不能或者不履行职责,致使股东会、股东大会或者董事会不能依照法定程序召开的,可以由半数以上的董事推选一名董事或者由出资最多或者持有最大股份表决权的股东或其委派的代表召集和主持会议,依法作出决议。"据此,公司变更法定代表人的由股东会或者董事会决议。

法定代表人是公司章程应当载明的事项,同时修改公司章程是股东会的法定职权且须经代表2/3以上表决权的股东通过,问题:公司变更法定代表人引起的公司章程修改,是否需要代表2/3以上表决权的股东通过?

在(2014)新民再终字第1号案中,祥平公司的股权结构为:实业公司持股51%,张某升持股39%,H公司持股10%。

祥平公司的公司章程第14条规定："股东会修改公司章程，对公司增加或减少注册资本、分立、合并、解散或者变更公司形式作出决议，须经代表三分之二表决权的股东通过。其他事项，须经代表二分之一以上表决权的股东通过。"章程第18条规定：张某升担任执行董事、总经理，为公司法定代表人。

2010年3月25日，祥平公司形成股东会决议：免去张某升公司总经理、法定代表人职务；任命林某洲担任总经理、法定代表人。实业公司同意该决议，张某升、H公司反对该决议，同意比例为51%。

H公司、张某升向法院起诉称，张某升系公司章程记载的法定代表人，股东会决议解除其职务系修改章程，应经代表2/3表决权的股东同意方可通过；但实际赞成比例仅有51%，因此请求撤销股东会决议。[①]

本案一审、二审法院均认为，案涉股东会决议经代表1/2以上表决权的股东通过即可生效，因此驳回了原告的诉讼请求。H公司、张某升不服二审判决，向新疆高院申请再审。

再审期间，该案经数位公司法专家研究论证，结论为：公司章程记载的事项包括描述性事项和效力性事项；祥平公司作出免除张某升法定代表人职务的事项属于描述性事项，不属于《公司法》规定的"修改公司章程"，不须经代表2/3以上表决权的股东通过。对此，笔者甚是赞同。举例来说，根据《公司法》第46条，股东的姓名或者名称是公司章程应当载明的事项，在股权继承、转让等情形下，继受人取得股权后，公司应当直接变更公司章程将继受人登记于公司章程，不须经代表2/3以上表决权的股东通过。否则，继受人可根据《公司法》第46条、《公司法解释（三）》第23条[②]主张权利。《公司法》第87条规定："依照本法转让股权后，公司应当及时注销原股东的出资证明书，向新股东签发出资证明书，并相应修改公司章程和股东名册中有关股东及其出资额的记载。对公司章程的该项修改不需再由股东会表决。"有法律人士建议，公司章程规定"法定代表人由代表公司执行公司事务的董事、经理之一担任"即可，不必将法定代表人

---

① 根据2020年12月23日修正的《公司法解释（四）》第5条规定，会议的表决结果未达到公司法或者公司章程规定的通过比例的，当事人主张决议不成立的，人民法院应当予以支持。原告亦可提起决议不成立之诉。本案中，原告认为决议内容违反公司章程，故提起决议撤销之诉。

② 《公司法解释（三）》第23条规定："当事人依法履行出资义务或者依法继受取得股权后，公司未根据公司法第三十一条、第三十二条的规定签发出资证明书、记载于股东名册并办理公司登记机关登记，当事人请求公司履行上述义务的，人民法院应予支持。"

的姓名写进公司章程,以免法定代表人变更后再修改公司章程,该建议可取。

新疆高院再审认为,根据再审中诉辩双方的意见,双方争议的主要是有限责任公司法定代表人变更是否须经代表 2/3 以上表决权的股东通过的法律适用问题。祥平公司的公司章程第 14 条的规定与公司法的规定一致。我国公司法虽然规定股东会会议作出修改公司章程、增加或者减少注册资本的决议,以及公司合并、分立、解散或者变更公司形式的决议,必须经代表 2/3 以上表决权的股东通过。但对法定代表人变更事项的决议,并无明确规定,祥平公司的章程对此也未作出特别约定。从立法本意来说,只有对公司经营造成特别重大影响的事项才需要经代表 2/3 以上表决权的股东通过。公司法定代表人一项虽属公司章程中载明的事项,但对法定代表人名称的变更在章程中体现的仅是一种记载方面的修改,形式多于实质,且变更法定代表人时是否需修改章程是工商管理机关基于行政管理目的决定的,而公司内部治理中由谁担任法定代表人应由股东会决定,只要不违背法律法规的禁止性规定就应认定有效。此外,从公司治理的效率原则出发,倘若对公司章程制订时记载的诸多事项的修改、变更均须代表 2/3 以上表决权的股东通过,则反而是大股东权利被小股东限制,若无特别约定,是有悖资本多数决原则的。若更换法定代表人必须经代表 2/3 以上表决权的股东通过,那么张某升、H 公司只要不同意就永远无法更换法定代表人,这既不公平合理,也容易造成公司僵局。因此,公司股东会按照股东出资比例行使表决权所形成的决议,理应得到尊重。公司更换法定代表人,只要股东会的召集程序、表决方式不违反法律和公司章程的规定,即可多数决。张某升、H 公司申请再审认为祥平公司法定代表人的变更须经代表 2/3 以上表决权的股东签署通过的理由不能成立。

总结:公司变更法定代表人由股东会或者董事会作出决议,变更法定代表人的决议作出后在公司内部即产生效力,为此公司须相应修改公司章程,对公司章程的该项修改不须再由股东会表决。

第七节　法定代表人的职权

一、法定代表人的权力范围

法定代表人是公司的机关之一,其代表公司为意思表示的权力与公司自身的权力范围是否一样大，有没有范围上的限制？应该说，是有限制的，机关的权力范围要小于公司的权力范围，至少公司法明文规定属于股东会的职权法定代表人是不能行使的。法定代表人在股东会的权力范围内代表公司对外作出意思表示就必须得到股东会的决议授权。没有股东会的决议授权，即使法定代表人对外作出意思表示，也不能约束公司，即交易相对人不得以此向公司主张权利（在法律有明文规定某事项系股东会的职权的情况下，相对人被推定为知道法律的规定。即使他主观上不知道法定代表人在此事项上无代表权，客观上也应推定其知道，因而就不是善意的）。[①] 比如，未经股东会决议授权，法定代表人用公司财产为公司股东或者实际控制人提供担保。显然，法定代表人没有这样的权力，相对人应当知道《公司法》第 15 条的规定，故不是善意，不得向公司主张担保责任。

既然法定代表人的权力是有范围限制的，那么其权力范围有多大？因为只有知道了法定代表人的权限范围，才能在其代表公司签订的某个合同遭到质疑时确定其有没有越权。我国《公司法》没有任何条文规定法定代表人的具体职权。法律之所以不规定法定代表人的具体职权，是因为法定代表人是由董事长、执行公司事务的董事或者经理担任的，而法律已经规定或者授权公司章程约定了董事会、董事长、执行公司事务的董事和经理的职权。也就是说，在立法者的眼里，法定代表人无非是代表公司签署文件而已，并没有任何实权。董事长担任法定代表人的，法定代表人的权力来自董事长的职务；经理担任法定代表人的，法定代表人的权力来自经理的职务；执行公司事务的董事担任法定担保人的亦是如此。但是实际情况完全不是这样，法定代表人有权对外代表公司签订合同，对内管理公司的生产经营活动。当了法定代表人的经理和不当法定代表人的经理实际权限范围是大不相同的；董事长亦是如此。[②]

（一）经理担任法定代表人

《公司法》第 74 条规定："有限责任公司可以设经理，由董事会决定聘任或者解聘。经理对董事会负责，根据公司章程的规定或者董事会的授权行使职

---

① 参见朱锦清：《公司法学》（修订版），清华大学出版社 2019 年版，第 250 页。

② 参见朱锦清：《公司法学》（修订版），清华大学出版社 2019 年版，第 250~251 页。

权。经理列席董事会会议。”据此,经理的权限由公司章程规定或者董事会授权。法定代表人顾名思义首先拥有对外代表公司的权力,特别是代表公司对外签订合同的权力。因此,法定代表人的权限范围是经理权加上对外代表公司签署各种文件(特别是合同)的权力。①

2023 年修订的《公司法》之所以没有像 2018 年《公司法》第 49 条那样对经理的权限进行明确列举,是因为经理权限属于公司自治的范畴,立法不应过多干预;另外就是《公司法》已经实施多年,实践中对经理的职权已有经验,不像《公司法》实施初期那样需要在法条中明确列举以使人们对经理的职权有初步认识,指导公司如何设置经理的职权、经理如何行使职权。

2018 年《公司法》第 49 条对经理的权限作了明确列举,主要是为了在市场经济的初级阶段方便人们参照、给人指引。该条内容虽未被新法保留,但仍有参考价值。2018 年《公司法》第 49 条规定经理的权限都是对内的管理权力,有:“(一)主持公司的生产经营管理工作,组织实施董事会决议;(二)组织实施公司年度经营计划和投资方案;(三)拟订公司内部管理机构设置方案;(四)拟订公司的基本管理制度;(五)制定公司的具体规章;(六)提请聘任或者解聘公司副经理、财务负责人;(七)决定聘任或者解聘除应由董事会决定聘任或者解聘以外的负责管理人员;(八)董事会授予的其他职权。公司章程对经理职权另有规定的,从其规定。经理列席董事会会议。”

(二)董事长担任法定代表人

公司法对董事长职权的设置仅限于召集和主持董事会并在会上像其他董事一样投票表决,并没有其他实质性的权力,当了法定代表人之后再加上代表公司对外签署文件的权力。需要注意的是,根据《公司法》第 67 条的规定,董事会决定聘任或者解聘公司经理及其报酬事项,并根据经理的提名决定聘任或者解聘公司副经理、财务负责人及其报酬事项。如果董事长能够控制董事会,其担任法定代表人的权限范围会涵盖经理的权限,再加上对外代表公司签署各种文件(特别是合同)的权力,就是董事长担任法定代表人的权限。

---

① 参见朱锦清:《公司法学》(修订版),清华大学出版社 2019 年版,第 251 页。

（三）执行公司事务的董事担任法定代表人

1. 不设董事会的有限责任公司的执行董事担任法定代表人

《公司法》第 75 条规定："规模较小或者股东人数较少的有限责任公司，可以不设董事会，设一名董事，行使本法规定的董事会的职权。该董事可以兼任公司经理。"可见，在不设董事会的有限责任公司中，董事或者经理担任法定代表人的，法定代表人的权限是《公司法》规定董事会的职权加上对外代表公司签署各种文件（特别是合同）的权力。

2. 董事会中的执行董事担任法定代表人

董事会是股份有限公司必设机构，是有限责任公司的常设机构。2023 年修订的《公司法》扩大了法定代表人的人选范围，董事会中的董事长之外的执行董事也可担任法定代表人，增强了公司自治性和灵活性。执行董事，也称内部董事，是指由公司股东会选举产生的具有实际权力管理公司事务的董事，是公司内部治理的主要力量，对内管理公司事务，对外可代表公司进行经济活动。执行董事是全职负责管理公司的人。非执行董事（英国的称谓），又称外部董事（美国的称谓）、独立董事，指从外部引入的有丰富经验的专家，他们使公司的决策更加客观。独立董事最早出现在美国，1940 年美国颁布的《投资公司法》中明确规定，投资公司的董事会中，至少要有 40%的成员独立于投资公司、投资顾问和承销商。投资公司设立独立董事的目的，主要是克服投资公司董事为控股股东及管理层所控制从而背离全体股东和公司整体利益的弊端。独立董事的独立性一般体现在三个方面：（1）与公司不存在任何雇佣关系；（2）与公司不存在任何交易关系；（3）与公司高层职员不存在亲属关系。2021 年《公司法（修订草案）》第 140 条①规定："上市公司设独立董事。独立董事不得在上市公司担任除董事以外的其他职务，且不得与上市公司存在任何可能影响其独立客观判断的关系。"

董事会中的执行董事担任法定代表人，其权力范围有多大？这要看执行董事的权力范围有多大。根据《公司法》的规定，董事会是公司的执行机构，除非

① 2023 年 12 月 29 日修订通过的《公司法》第 136 条将其修改为："上市公司设独立董事，具体管理办法由国务院证券监督管理机构规定。"两个条文的内容实质上是一致的。

公司章程另有规定,董事无权单独决定公司的任何经营事项。董事会作为公司的执行机构是以其整体形象出现的,非单个董事的简单叠加,董事必须通过董事会集体行使《公司法》和公司章程规定的职权。《公司法》更多关注的是董事的职责、忠实和勤勉义务,只规定了董事参加董事会的权力及"董事长、副董事长不能履行职务或者不履行职务的,由半数以上董事共同推举一名董事主持股东会"的权力。可见,董事会中的执行董事担任法定代表人的,法定代表人的权限就是参加董事会加上对外代表公司签署各种文件(特别是合同)的权力。

总之,在无法律特别规定的情况下,法定代表人在其权限范围内行事不需要公司的特别授权,超越了这个范围就需要有董事会甚至股东会的特别授权,如根据《公司法》第15条,公司对外提供担保不是法定代表人所能单独决定的事项,而必须以公司股东会、董事会等公司机关的决议作为授权的基础和来源。

二、法定代表人权力的限制

在2017年《民法总则》施行之前,受"首长负责制"的公法思维模式影响,在审判工作中对法定代表人的代表权限通常不作考虑,都是按照是否以法人名义、公章是否真实等形式标准审查代表人的行为是否为职务行为。如此,团体法上对代表权所施加的限制被忽视,《民法典》等法律要求裁判机构改变"代表人的签字就是法人的行为""公章管理不严是法人内部的事情,不影响法人在外部关系中行为的效力"等形式主义的审判思维,必须将代表权限的审查置于法人分权治理结构的法律框架之下,必须根据法律和章程的规定加以审查、确定。

(一)法定限制

传统民法的制度安排,大多以自然人之间的关系为规范模型。在各类团体成为民法的规范对象之后,从既往规范自然人的法律规范中寻找相类似的规范以资适用是各国民法的通常路径。以法人制度为例,法人和代表人的关系,就是类比自然人之间监护、代理关系、将法人视为无民事行为能力人的结果。但随着团体法的发展,构建法人团体内部分权制衡的治理结构,明确团体内部的职责权限划分,已经成为现代团体立法的重要内容。为构建分权制衡、权责明确的法人治理结构,团体法一般将法人事务的决定权力和执行权力在组织内部进行划分,并对法定代表人的权限进行限制。这种法定限制可以分为两个方面。

一是法人机构之间的权力划分。主要体现在权力机构和执行机构之间的权限分配。一般而言,执行机构的职权是执行法人的目的事务,即对内实施管理、对外实施行为。董事会是公司的执行机构,行使公司法、公司章程规定及股东会授予的职权。但有些法人事务,法律规定其决定权不在执行机构,而是属于权力机构的决定事项。如《公司法》第59条、第112条规定了股东会的职权:公司增加或者减少注册资本、发行公司债券、修改公司章程等,应当由股东会决议;又如《公司法》第15条的规定,涉及公司为其股东或者实际控制人提供担保的,应当由股东会决议。

二是法人代表人与其他机构之间的权力划分。代表人一般由法人执行机构的负责人担任,一些事项虽然属于执行机构的职权范围,但法律规定或者章程约定这些事项不是法定代表人所能单独实施的。如《公司法》第15条规定,公司向其他企业投资或者为他人提供担保,须由董事会或者股东会决议;如《公司法》第182条规定,董事、监事、高级管理人员与本公司订立合同或者进行交易,须按照公司章程的规定经董事会或者股东会决议通过。这些法律规定的限制事项,未经有权机构决定,代表人依法不享有代表公司的权限,不得对外实施相关行为。

(二)意定限制

所谓代表权的意定限制,是指法人章程、董事会决议、股东会决议对代表权所作的限制。[①] 法人章程、董事会决议、股东会决议体现了股东、董事的意志,是合意的产物,故其对代表权的限制为"意定限制"。

(1)法人章程可以对法定代表人的权限进行限制。章程对代表权的限制,主要表现为经营范围的限制。经营范围是指从事经营活动的主体被市场监管部门所确认从事经营的行业、商品类别及服务项目。经营范围是商事登记的重要内容,是国家对商事经营活动进行管理的重要手段,任何从事经营活动的经营者都应当对各自经营范围予以登记。关于经营范围的性质,理论界存在不同的认识。

---

① 参见周伦军:《公司对外提供担保的合同效力判断规则》,载《法律适用》2014年第8期。

①权利能力限制说。该说认为,经营范围是对经营主体权利能力的限制。经营主体超出经营范围实施的法律行为无效。

②行为能力限制说。该说认为,经营范围是对经营主体行为能力的限制。经营主体超出经营范围所订立的合同属于效力待定合同。此点类比限制民事行为能力人:限制民事行为能力人订立的与其年龄、智力、精神健康状况不相适应的合同,属于效力待定合同。

③代表权限制说。该说认为,经营范围是对经营主体代表机关对外代表权的限制。超出经营范围所订立的合同属于效力待定合同。

④内部责任说。该说认为,经营范围只是确定公司内部责任的依据,并不影响经营主体对外行为的效力,因此,经营主体超出经营范围所订立的合同应属有效。例如A建筑企业向他人出借款项,超出经营范围并不影响该民间借贷行为的效力。但如果其从事经常性放贷业务,被人民法院认定为"职业放贷人",则依据《银行业监督管理法》第19条的规定:"未经国务院银行业监督管理机构批准,任何单位或者个人不得设立银行业金融机构或者从事银行业金融机构的业务活动。"A建筑企业从事经常性放贷业务的行为扰乱了金融秩序,损害了社会公共利益,应从效力上作出否定性评价,其借款合同应被认定为无效。

企业法人应当在核准登记的经营范围内从事经营,这也决定了法定代表人的权限范围不得超出公司的经营范围。此外,公司可通过章程对代表人的权力进行限制。例如公司章程可约定,法定代表人对外签订合同的标的不高于500万元,超过500万元的要经董事会决议。"内部责任说"也是追究越权的法定代表人赔偿责任的理论依据之一。

(2)法人还可以通过股东会决议、董事会决议等方式对法定代表人的权限进行限制,规定一些特别重要的事项须由集体决议后方可由法定代表人以法人名义对外行为。

三、对法定代表人权力不同限制下善意相对人的认定

依照《民法典》第504条,法定代表人、负责人超越权限订立的合同对法人、非法人组织发生效力,是以交易相对人善意为前提的。相对人善意,是指订立合同时相对人不知道且不应当知道法定代表人、负责人超越权限。那么如何认定交易的相对人是否属于善意呢?谁负担举证责任呢?这就涉及区分代表权

的不同限制问题。

（一）在代表权意定限制下推定相对人为善意

《民法典》第61条第3款规定："法人章程或者法人权力机构对法定代表人代表权的限制，不得对抗善意相对人。"法人章程或者法人权力机构对法定代表人代表权的限制，来源于组织体内部，其效力具有相对性，仅具有内部效力，外部的相对人难以知晓，法律不强人所难，容许相对人"在订立合同时不知道且不应当知道法定代表人超越权限"，所以规定相对人在与代表人订立合同时不负有进一步调查该组织对代表人的代表权限制的义务。如法人无证据能够证明相对人知道或应当知道越权代表情形的存在，就应当推定相对人为善意。

（二）在代表权法定限制下相对人负有证明善意的责任

与意定限制不同的是，法律一经公布，推定所有人都应当知晓并遵守，"当法律有强制性规定时，任何人均不得以不知道法律有规定或宣称对法律有不同理解而免于适用法律"，因此，存在对代表权法定限制的情形下，相对人不能以不知道该法定限制为由主张其属于善意，进而构成表见代表。例如，法定代表人违反《公司法》第15条的规定，未经董事会或者股东会决议擅自对外提供担保的，构成越权代表，如果相对人未按照《公司法》第15条规定的注意义务审查决议就意味着非善意，不存在根据表见代表规则让公司承担担保责任的问题。

在对代表权法定限制的情况下，相对人主张自己为善意的应负证明责任，理由就是"法律一经公布，所有人都应当知晓并遵守"。比如，《民法典担保制度解释》第7条第3款规定，公司的法定代表人违反公司法关于对外担保决议程序的规定，超越权限代表公司与相对人订立担保合同，相对人有证据证明已对公司决议进行了合理审查，人民法院应当认定其构成善意。

第八节 法定代表人越权订立合同的效力归属

法人和非法人组织具有缔约能力，但受其自然属性的限制，其缔约能力的行使必须假借自然人的代表或者代理。原则上，公司法定代表人具有当然代表公司对外签订合同的权力，而法定代表人、负责人具有两重身份，一是作为自然人的民事主体,也是追求自身利益最大化的理性经济人;二是作为组织内部的机构,对公司负有忠实、勤勉义务。两种身份之间存在利益冲突的一面,由此便引发了法定代表人、负责人超越权限订立合同的效力归属问题。

一、法定代表人在代表权限范围内订立合同的效力归属

根据“代表说”的理论逻辑,法定代表人是法人的机关,其在职权范围内以法人的名义实施的行为就是法人自己实施的行为,行为后果当然由法人承受。由此,《民法典》第 61 条第 2 款规定:“法定代表人以法人名义从事的民事活动,其法律后果由法人承受。”

《民法典》第 61 条的适用具有内在逻辑,首先,根据《民法典》第 61 条第 1 款的规定,法定代表人的代表权来自法律或者法人章程的规定。基于此,法定代表人只能在法律或者法人章程规定的权限范围内行使代表权。其次,《民法典》第 61 条第 2 款规定,法定代表人以法人名义从事的民事活动,其法律后果由法人承受。该款的适用以第 1 款为前提,即法定代表人只有在法律或者法人章程规定的职权范围内以法人名义从事的民事活动,其法律后果才由法人承受。法定代表人超越法律或者法人章程规定的职权范围行使代表权,构成越权代表。

二、法定代表人超越权限订立合同的效力归属

(一)越权代表订立合同的效力确认路径

《民法典》第 61 条第 3 款是关于对法定代表人权力的意定限制,其规定:“法人章程或者法人权力机构对法定代表人代表权的限制,不得对抗善意相对人。”本款仅规定意定限制的对抗效力,而关于法定代表人超越意定权限范围订立的合同的效力问题,本条未予涉及,属于不完全条款,需要援引其他条款来确定。

《公司法》第 15 条是有关公司为他人提供担保的规定,其是关于对法定代表人权力的法定限制。关于法定代表人超越法定权限订立合同(比如担保合同)的效力问题,《公司法》并未明确规定,同样需要援引其他条款来确定。

综上,法定代表人超越代表权限以法人名义从事的民事活动,其法律效力

如何确定？此问题涉及交易秩序与个体利益保护之间的平衡。一方面，如果不加区分，一概承认越权代表订立的合同对组织体发生效力，那么代表权就极易被法定代表人滥用，成为损害组织体和组织成员利益的工具；另一方面，如果一概认定法定代表人超越权限订立的合同对组织体不发生效力，那么将会对交易安全和信赖利益的保护带来极大的威胁，不利于交易秩序的维护。如何在微观个体利益保护与宏观经济秩序之间寻找一个平衡点，就成为越权代表行为效力归属规则构建的关键所在。[①]

为此，《民法典》第504条规定："法人的法定代表人或者非法人组织的负责人超越权限订立的合同，除相对人知道或者应当知道其超越权限外，该代表行为有效，订立的合同对法人或者非法人组织发生效力。"该条规定的"超越权限"，除了包括"法人章程或者法人权力机构"对法定代表人代表权的意定限制外，还包括法律（如《公司法》第15条）对法定代表人代表权的法定限制。根据《民法典》第504条，判断越权代表所订立的合同对法人是否具有效力，主要的标准是订立合同时相对人是否知道或者应当知道法定代表人超越权限。即除非相对人知道或者应当知道法定代表人、负责人超越权限，否则，法定代表人、负责人超越权限订立的合同对法人、非法人组织发生效力。可见我国《民法典》确立了越权代表行为"原则有效"的效力归属规则。原则有效的归属规则在实现了对交易安全进行优先性保护的同时，也通过"例外规定"兼顾了对微观主体（指法人、非法人组织）利益的保护。

综上，法定代表人代表公司对外订立合同的效力归属认定，第一步，依据《民法典》第61条第3款（对代表权的意定限制）、《公司法》第15条等（对代表权的法定限制）认定法定代表人是否超越权限。没有超越权限则代表行为的法律后果由公司承受；超越权限则构成越权代表，进入下一个步骤。第二步，在越权代表情况下有必要认定相对人是否构成善意。在代表权意定限制下相对人的善意是推定的，非善意的举证责任由法人负担；而在代表权法定限制下相对人的善意由自己证明。第三步，根据《民法典》第504来认定"法定代表人或者非法人组织的负责人超越权限订立的合同"是否构成表见代表，从而确定合同

---

① 参见最高人民法院民法典贯彻实施工作领导小组主编：《中华人民共和国民法典合同编理解与适用（一）》，人民法院出版社2020年版，第315页。

对法人、非法人组织是否发生效力：相对人善意的，构成表见代表，产生有权代表的效果，订立的合同对法人或者非法人组织发生效力；相对人非善意的，不构成表见代表，不产生有权代表的效果，订立的合同对法人或者非法人组织不发生效力。

（二）越权代表订立合同的效力归属的解释

《民法典》第504条属于合同编中“合同的效力”章节的内容，是关于合同效力归属的规定，即是关于合同的效力（后果）由谁承受的规定，而非合同的效力评价的规定。

1. 如何理解《民法典》第504条中的“该代表行为有效”？

应在《民法典》第504条中理解“该代表行为有效”，第504条规定：“法人的法定代表人或者非法人组织的负责人超越权限订立的合同，除相对人知道或者应当知道其超越权限外，该代表行为有效，订立的合同对法人或者非法人组织发生效力。”在第504条中，“该代表行为有效”后紧跟的是“订立的合同对法人或者非法人组织发生效力”，这是个立法技术，后面的内容是对前面内容的解释，所以，“该代表行为有效”，是指法人的法定代表人或者非法人组织的负责人超越权限订立的合同对法人或者非法人组织发生效力（具有拘束力）。具体来说，法人的法定代表人或者非法人组织的负责人超越权限订立合同，订立合同时相对人不知道且不应当知道法定代表人、负责人超越权限（表明相对人善意），“该代表”即越权代表构成表见代表，产生有权代表的法律效果——法定代表人、负责人超越权限订立的合同被视为法人或者非法人组织的意思表示、被视为法人或者非法人组织订立的合同，合同的法律后果当然由法人、非法人组织承受。

依反面解释，越权代表订立的合同，相对人知道或者应当知道其超越权限的（表明相对人非善意），该代表行为“无效”。这里代表行为除了“无效”外，是否还会有其他效力状态，比如“效力待定”“可撤销”“不成立”等？“代表行为有效”是效力归属规则，“效力待定”“可撤销”“不成立”等属于效力评价规则，这是两个范畴的问题，不能混为一谈。针对越权代表行为，首先解决的是效力归属问题，确定由谁承担越权代表行为的法律后果，其次才是效力评价的问题，确定承担的是行为有效的后果，还是无效、效力待定等的后果。故，“代表行为有效”的反面只能是“代表行为无效”，即代表行为对法人、非法人组织不发生效力。

2. 如何理解《民法典》第 504 条中的“订立的合同对法人或者非法人组织发生效力”？

根据《民法典》第 465 条，依法成立的合同受法律保护，依法成立的合同对当事人具有法律约束力；《民法典》第 509 条规定，当事人应当按照约定全面履行自己的义务。可见，合同似一副枷锁，对当事人具有约束力，当事人须依法履行合同在“订立”“履行”“终止”等过程中产生的义务并承担相应的责任。故，“订立的合同对法人或者非法人组织发生效力”，是指在相对人善意的情况下法人的法定代表人或者非法人组织的负责人超越权限订立的合同对法人或者非法人组织具有约束力，法人或者非法人组织须依法履行该合同在“订立”“履行”“终止”等过程中产生的义务并承担相应的责任。

依反面解释，越权代表订立的合同，相对人非善意的，该代表为无权代表，订立的合同对法人或者非法人组织不发生效力。如何理解“订立的合同对法人或者非法人组织不发生效力”？“合同对法人或者非法人组织不发生效力”是指合同对法人或者非法人组织不产生约束力，法人或者非法人组织不受该合同的约束，合同的法律后果不由法人或者非法人组织承受。这里涉及的是合同的效力归属，而非合同的效力状态。所以“订立的合同对法人或者非法人组织发生效力”的反面只能是“订立的合同对法人或者非法人组织不发生效力”。

实际上，“该代表行为有效”与“订立的合同对法人或者非法人组织发生效力”是同意重复，后者是对前者的具体说明：既然越权代表被视为有权代表，那么法定代表人代表法人所为民事活动的法律后果，比如代表法人订立合同的法律后果就应由法人承受，合同对法人具有约束力。

故，《民法典》第 504 条可以作如下解释。

(1)法人的法定代表人或者非法人组织的负责人超越权限订立的合同，相对人不知道且不应当知道其超越权限的(表明相对人善意)，“该代表行为有效”(即越权代表构成表见代表，产生有权代表的效果，该合同是法人或者非法人组织的意思表示)，订立的合同对法人或者非法人组织发生效力(即法人或者非法人组织受该合同的约束，须承受该合同的法律后果)。

(2)法人的法定代表人或者非法人组织的负责人超越权限订立的合同，相对人知道或者应当知道其超越权限的(表明相对人非善意),“该代表行为无效”(即越权代表不构成表见代表,是无权代表,该合同不是法人或者非法人组织的意思表示),订立的合同对法人或者非法人组织不发生效力(即法人或者非法人组织不受该合同的约束,不承受该合同的法律后果)。

(三)越权代表订立合同的效力状态评价

越权代表行为的效力归属确定后,接下来就需要解决越权代表行为的效力状态问题,即越权代表行为是有效的,还是无效的、效力待定的、可撤销的。

1. 从意思表示的角度分析越权担保合同的效力

有关越权代表订立合同的效力状态,本书曾试图从意思表示的角度进行分析,分析的过程和得出的结果甚是混乱,只好作罢。这里作简要介绍:法定代表人以公司的名义对外缔约,并且盖了公司的印章,此表明法定代表人是职务行为而非个人行为,同时按照“代表说”的观点法定代表人是法人的机关,所以法定代表人在越权情况下所为的意思表示是法人组织的意思表示。再进一步考察,其是否为法人的真实意思表示?按照“代表说”的观点,法定代表人的意思就是公司的意思,在订立担保合同时法定代表人是真心实意地以公司财产提供担保,从而推出对外担保也是公司的真实意思表示。这就得出矛盾的逻辑:法定代表人超越权限订立的担保合同是公司的真实意思表示,无论相对人善意与否担保合同对公司都发生效力,如果没有其他效力瑕疵,担保合同都是有效的。另外的一个逻辑矛盾是,既然是超越权限,没有法人机关的决议授权、法定代表人擅自以法人名义订立担保合同,就表明订立担保合同不是公司的意思表示,遑论真实意思表示。公司没有为他人提供担保的意思,无论相对人善意与否担保合同对公司都不产生效力,对公司而言合同应不成立,因为缺乏公司订立合同的意思。这就与“代表说”的观点相矛盾。

我国现在的立法思路是,法定代表人越权订立的担保合同是公司的意思——采用“代表说”,但不是公司的真实意思——采“代理说”,法定代表人知道其外在表示与公司内心意思不一致也即公司知道其外在表示与其内心意思表示不一致——采“代表说”(法定代表人是公司的组成部分,法定代表人知道就是公司知道),所以产生了“虚伪的意思表示”。虚伪意思表示的法律效果是:法定代表人超越权限以公司名义从事的民事活动,行为的效力应根据相对人是否善意为标准予以认定，相对人善意的则越权代表所为行为的意思表示有效，相对人非善意的则越权代表所为行为的意思表示无效。

笔者花费大量精力试图从意思表示的角度分析越权担保合同的效力，却得出“逻辑混乱”的结论，待日后研究成熟后再呈献给读者。

2. 越权代表所订立合同的效力状态

法定代表人在代表权限内以公司名义订立的合同的效力，既可能是有效的，也可能是无效的、可撤销的等，比如建筑公司超越“建筑业企业资质等级”承包工程，其法定代表人与发包人签订的建设工程施工合同因违反法律的强制性规定而无效。公司将价值500万元的货物出售给限制民事行为能力人，该买卖合同则为效力待定，出售给无民事行为能力人则是合同无效。合同的效力状态应由“民事法律行为的效力”规范和“合同的效力”规范予以评价。有权代表如此，按照当然解释越权代表更是如此，所以不能认为相对人善意的情况下越权代表所订立的合同都是有效的。

《民法典》第504条只是涉及越权代表所订立合同的效力归属问题，没有涉及合同效力状态的评价问题。在依照《民法典》第504条解决合同的效力归属问题后，即确定越权代表所订立的合同效力归属于法人或者非法人组织后，才有必要进入下一步：法人的法定代表人或者非法人组织的负责人超越权限订立的合同的效力由“民事法律行为的效力”规范和“合同的效力”规范来评判。具体分析如下。

（1）相对人善意的则越权代表构成表见代表，产生有权代表的法律效果，法人的法定代表人或者非法人组织的负责人超越权限订立的合同视为公司的意思表示。根据《民法典》第143条，意思表示仅是影响合同效力的因素之一，民事法律行为有效尚须“行为人具有相应的民事行为能力”“不违反法律、行政法规的强制性规定，不违背公序良俗”，故该合同的效力须再依照《民法典》中“民事法律行为的效力”规范和“合同的效力”规范进行评判。经效力规范评判后，该合同既可能是有效的，也可能是无效的、效力待定的，可撤销的等。

（2）相对人非善意的则越权代表不构成表见代表，不产生有权代表的效果，越权代表所订立的合同对法人或者非法人组织不发生效力，至此没有再考察合同效力状态的必要了。

总结：法人的法定代表人或者非法人组织的负责人超越权限订立的合同，

相对人不知道且不应当知道其超越权限的（表明相对人善意），该代表构成表见代表，产生有权代表的效果，订立的合同对法人或者非法人组织具有约束力，该合同经效力规范评判后的法律后果由法人或者非法人组织承受。

法人的法定代表人或者非法人组织的负责人超越权限订立的合同，相对人知道或者应当知道其超越权限的（表明相对人非善意），该代表不构成表见代表，不产生有权代表的效果，订立的合同对法人或者非法人组织不具有约束力，至此没有再考察合同效力状态的必要了。

第九节　公司意志的确定——法定代表人签字与公司盖章

【案例1】张三是甲公司的法定代表人，代表甲公司与乙公司签订《房屋买卖合同》，合同约定甲公司将自有房屋出售给乙公司。乙公司按约支付全部购房款后，甲公司未按约交付房屋并协助办理过户手续，乙公司遂诉至法院。诉讼中，甲公司抗辩称《房屋买卖合同》上所盖的甲公司印章是假的，公司对签订合同一事不知情，故买卖合同对甲公司不发生效力。经鉴定，合同上所盖甲公司印章与其备案公章不一致。

【案例2】李四是甲公司的法定代表人，后甲公司的法定代表人变更为他人并及时到登记机关办理了变更登记手续。因李四还是甲公司的股东，某日因故持有甲公司公章，趁此机会李四持甲公司公章同乙公司签订了《房屋租赁合同》，约定甲公司将某处厂房出租给乙公司。后因合同履行发生争议，乙公司将甲公司诉至法院请求甲公司交付出租的房屋供其使用。诉讼中甲公司抗辩称，从未授权任何人与乙公司签订租赁合同，且李四已经不是甲公司的法定代表人，其无权代表甲公司订立合同。

【案例3】王五是甲公司的法定代表人，后甲公司的法定代表人变更为他人，并到登记机关办理了变更登记手续，王五对公司解除其法定代表人职务不满而拒不交出公司公章。某日，王五持甲公司公章同乙公司签订了《房屋租赁合同》，约定甲公司将某处厂房出租给乙公司。但在该合同签订之前，甲公司通过登报方式作废了王五持有的该公章，并重新刻制了公章。后因合同履行发生争议，乙公司将甲公司诉至法院。诉讼中甲公司抗辩称，从未授权任何人与乙公司签订租赁合同,合同上加盖的甲公司公章早已登报作废,王五亦非甲公司的法定代表人,不能代表甲公司,因此认为《房屋租赁合同》不应对甲公司发生效力。

【案例 4】赵六伪造甲园艺公司的印章,冒充甲公司的销售经理,与乙公司签订了植株买卖合同,并收取了乙公司预付款 10 万元后逃之夭夭,遂案发。

问题:(1)上述合同的效力是否归属于公章显示的主体(即案例中的甲公司)?

(2)在上述情形下,认定合同效力时着重考察的是盖章之人有无代表权(或者代理权),还是公章之真假?

(3)相对人(即案例中的乙公司)善意与否对合同效力的影响?

一、盖章行为的法律意义

印章是印在文件上表示鉴定或签署的文具,包括公章和私章两种。公章是国家机关、社会团体、企事业单位用自己的名称制作的签名印章;私章是自然人用自己的名字制作的签名印章。印章起初只是作为商业上交流货物时的凭证,秦始皇统一中国后,印章范围扩大为证明当权者权力的法物,作为统治权力的象征,其中皇帝掌握的印章名曰"玉玺"。与之对应,公司中作为权力的象征便是公司印章。受传统文化的影响,无论是政治领域还是经济领域等,国人具有印章"拜物教"的情节。但随着社会的发展,印章的功能与自然人签字的效力基本等同,如《民法典》第 490 条规定了"当事人采用合同书形式订立合同的,自当事人均签名、盖章或者按指印时合同成立",可见,盖章与签名、按指印具有同等效力,都是对书面形式的意思表示的确认。在国外,往往经由代表人签名即可,印章作用不似国人心目中这般重要。

公司是个组织体,需要通过特定自然人的签字或盖章才能确定载体上的内容系其意志。而该自然人本身也是独立的法律主体,在此情况下,确定该自然人的行为是其自身的行为还是代表公司从事的职务行为就至关重要。仅凭法定代表人的签字,尚不足以区别某一行为是其个人行为还是公司行为。如果法定代表人在合同书上加盖了公司印章,则表明该行为是职务行为而非个人行为,意在由公司承担法律后果。[1] 故《九民会议纪要》第 41 条规定,法定代表人

---

① 参见最高人民法院民事审判第二庭编著:《〈全国法院民商事审判工作会议纪要〉理解与适用》,人民法院出版社 2019 年版,第 289~290 页。

或者其授权之人在合同上加盖法人公章的行为，表明其是以法人名义签订合同。

应注意的是，不是只有加盖公司印章才能表明是以公司的名义订立合同，只要有证据证明法定代表人或代理人是以公司名义而非自身名义签订合同的，就应认定为是公司行为，由公司承担法律后果。

二、关于公章的裁判思路："看人不看章"

民商事活动中，法定代表人或者经公司授权的代理人持公司的真实印章与相对人订立合同是双方建立合同关系的常见形式。然而，实践中，有的公司订立合同时恶意加盖假公章（案例1"真人假章"），发生纠纷后法人以加盖的是假公章为由否定合同的效力。有的是无代表权人或者无权代理人持公司的真实印章以公司名义订立合同（案例2"假人真章"），发生纠纷后法人以行为人没有代表权或者代理权为由否定合同的效力。有的是无代表权人或者无权代理人私刻公司印章以公司名义订立合同（案例3、4"假人假章"），发生纠纷后法人否定合同的效力。在上述"人章不一致"的情况下，认定合同效力时着重考察的是盖章之人有无代表权（或者代理权），还是公章之真假？

2018年6月27日，最高人民法院14位法官①进行讨论并形成《最高人民法院民二庭第18次法官会议纪要》，内容如下：

基本案情：甲公司与乙银行签订保理合同，将甲公司对丙公司享有的1000万元应收账款以900万元的价格转让给乙银行，丙公司先后向乙银行出具加盖丙公司公章及总经理个人名章的《应收账款确认函》《保证书》，对应收账款及其与甲公司之间交易的真实性予以确认，并保证承担因交易不真实而产生的一切后果。后乙银行向法院起诉，请求丙公司承担付款责任。丙公司抗辩称，其对甲公司负有的债务已经履行完毕，而加盖在《应收账款确认函》《保证书》上的公章是伪造的，其不应承担责任。法院经审理查明：《应收账款确认函》《保证书》上的公章是丙公司法定代表人当着乙银行业务经理的面加盖的，丙公司在与丁公司签订合同时曾多次用过该枚公章。

---

① 出席会议法官：贺小荣、关丽、王东敏、王富博、张雪楳、曾宏伟、阿依古丽、吴景丽、杜军、麻锦亮、丁俊峰、葛洪涛。列席：毕东升、叶敏。

法律问题：法定代表人加盖伪造公章的合同对公司是否有效？[①]

（一）两种对立观点

1. 有效说

法定代表人以法人名义从事的民事法律行为，其后果由法人承受，不问其是否加盖公章，抑或加盖的是假公章。退一步说，对于某一枚公章是否为假公章，法定代表人应该比任何人都清楚。法定代表人弃真公章而不用，故意选择加盖假公章，本身就是不诚信的。如果仅仅因为加盖的是假公章，就不认可合同效力，无异于让不诚信的当事人从中获益，对善意相对人不公，也有违诚信原则。

2. 无效说

合同书上盖章的意义在于，该书面形式的意思表示系公章或合同专用章显示的主体所为。假公章意味着该意思表示并非公司真实的意思表示，依法应当认定合同无效。

（二）法官会议意见采有效说

在合同书上加盖公司公章的法律意义在于，盖章之人所为的是职务行为，即其是代表或代理公司作出意思表示。但章有真假之分，人也有有权无权之别，不可简单地根据加盖公章这一事实就认定公章显示的公司就是合同当事人，关键要看盖章之人有无代表权或代理权。盖章之人为法定代表人或有权代理人的，即便其未在合同书上盖章甚至盖的是假章，只要其在合同书上的签字是真实的，或能够证明该假章是其自己加盖或同意他人加盖的，仍应作为公司行为，由公司承担法律后果。反之，盖章之人如无代表权或超越代理权的，则即便加盖的是真公章，该合同仍然可能会因为无权代表或无权代理而最终归于无效。[②]

---

① 这里的“对公司是否有效”应理解为对公司是否发生效力，是否发生拘束力、约束力。

② 参见贺小荣主编：《最高人民法院民事审判第二庭法官会议纪要——追寻裁判背后的法理》，人民法院出版社 2018 年，第 308～310 页。

(三)评析

对合同相对人来说,在合同书加盖公章的情况下,其可以信赖公章显示的主体为合同当事人,并推定合同记载的条款系该主体作出的意思表示。至于该意思表示是否真实,盖章之人有无代表权或者代理权等问题,均不能通过盖章行为本身直接得到确认。相对人一般情况下难以判断公司公章的真伪,其所能做到的且有义务做到的就是审查行为人有无代表权或代理权,比如通过"国家企业信息公示系统"查询公司法定代表人的姓名。登录"国家企业信用信息公示系统",输入"企业名称""统一社会信用代码"或者"注册号"三者中之一即可查询任一企业的基础信息:法定代表人姓名、注册资本、住所、经营范围等。《营业执照》上载有法定代表人的姓名,可直接查知。相对人还能通过审查"授权委托书"查询行为人有无代理权、代理权限范围。

同一把枪,警察持之是维护正义,犯罪嫌疑人持之则是作恶,可见枪的正反属性系由持有主体决定的。公司印章是工具,工具是否发挥作用、作用大小、正反属性是由使用它的主体决定的。最高人民法院总结审判经验,于《九民会议纪要》第 41 条规定:"司法实践中,有些公司有意刻制两套甚至多套公章,有的法定代表人或者代理人甚至私刻公章,订立合同时恶意加盖非备案的公章或者假公章,发生纠纷后法人以加盖的是假公章为由否定合同效力的情形并不鲜见。人民法院在审理案件时,应当主要审查签约人于盖章之时有无代表权或者代理权,从而根据代表或者代理的相关规则来确定合同的效力。法定代表人或者其授权之人在合同上加盖法人公章的行为,表明其是以法人名义签订合同,除《公司法》第 15 条等法律对其职权有特别规定的情形外,应当由法人承担相应的法律后果。法人以法定代表人事后已无代表权、加盖的是假章、所盖之章与备案公章不一致等为由否定合同效力的,人民法院不予支持。代理人以被代理人名义签订合同,要取得合法授权。代理人取得合法授权后,以被代理人名义签订的合同,应当由被代理人承担责任。被代理人以代理人事后已无代理权、加盖的是假章、所盖之章与备案公章不一致等为由否定合同效力的,人民法院不予支持。"

言下之意,在"人章不一致"情况下,认定合同效力时最高人民法院确立的标准是:着重考察盖章之人有无代表权或者代理权,而非公章之真假。

三、关于假公章的裁判要点

(一)假公章的定义

假公章,是指不能表征公司对某一书面形式的意思表示予以确认的公章,包括伪造的、私刻的、与备案公章不一致的、废弃的公章。司法实践中公司往往以案涉的某一公章为假公章为由提出合同不成立或无效的抗辩。

(二)假公章的认定责任主体

要求相对人在任一交易活动中都核查公章的真伪,是不符合交易便捷原则的,也超出了其能力范围,因此,相对人不应负有审核公章真伪的义务。如果公章显示的公司以加盖在合同书上的某一公章是假的为由提出合同不成立或者无效的抗辩,应由该公司承担举证责任。公司可通过申请鉴定、对比备案公章等方式进行举证。公司举证后,合同相对人可通过举证证明盖章之人有代表权(如为企业法定代表人或负责人)、代理权(职务代理、个别代理)或其有合理理由相信盖章之人有代表或代理权等事实,从而主张根据相关规则认定合同对公司有效。此时,公司只能通过举证证明交易相对人为恶意相对人否定合同的效力。

(三)假公章的裁判路径

既然公章问题的实质是代表权或者代理权的问题,那么,考察假公章问题,也应从加盖假章的人的角度着手。盖假章的人,既有与公司无关的人,也有公司的工作人员甚至法定代表人。与公司无关的人,本身就不能代表或者代理公司签订合同,其加盖的假章自然对公司不具有约束力。公司的法定代表人,在我国当前的法制下,只要是以公司名义从事的行为,其后果原则上均由公司承受。故即使其加盖的是假公章,只要其在合同书上签字,就要由公司作为合同主体承担相应的法律后果。

(四)伪造印章构成犯罪的,并不当然导致民事合同无效

根据《最高人民法院关于在审理经济纠纷案件中涉及经济犯罪嫌疑若干问

题的规定》第5条第2款的规定："行为人私刻单位公章或者擅自使用单位公章、业务介绍信、盖有公章的空白合同书以签订经济合同的方法进行的犯罪行为,单位有明显过错,且该过错行为与被害人的经济损失之间具有因果关系的,单位对该犯罪行为所造成的经济损失,依法应当承担赔偿责任。"也即,他人伪造印章对外签订合同构成表见代理的,即使该伪造印章行为被认定为伪造印章罪,也不影响所签合同对公司的约束力。

例如,在(2014)民申字第1544号案中,陆某系天盛公司的法定代表人、江苏一建公司的股东。2006年9月30日,江苏一建公司与靖江行政中心筹建办签订建设工程施工合同,由江苏一建公司承包建设靖江市行政中心主体工程。同年11月19日,江苏一建公司将上述工程内部承包给陆某。2009年12月,该工程竣工。2010年12月,陆某以靖江市行政中心主体工程需流动资金为由,向润元公司申请贷款。陆某谎称其在靖江行政中心筹建办享有人民币4000万元的工程款债权,并申请以该债权作为质押担保。后陆某采用加盖伪造的"靖江市行政中心筹建办公室""江苏省第一建筑安装有限公司"印章出具虚假的"确认函""应付货款确认书""债权转让协议",谎称通过协议约定江苏一建公司将靖江行政中心筹建办未结应收款4000万元转让给陆某,靖江行政中心筹建办将于2011年12月31日前结清并付至润元公司账户,且冒签其妻潘某英的名字出具虚假的"个人连带保证承诺书",天盛公司提供担保,从润元公司取得3000万元贷款,后将其中1000万元汇至潘某英的个人账户。2011年1月,陆某通过江苏一建公司收取靖江行政中心筹建办所付工程款1400万元,未将该款项用于偿还润元公司。在约定的还款期限届满后,陆某未归还润元公司3000万元贷款本金及利息,致使上述款项至今无法追回。靖江市人民法院认为,陆某以欺骗手段取得其他金融机构的贷款,给其他金融机构造成特别重大损失,其行为已构成骗取贷款罪,依法应处3年以上7年以下有期徒刑,并处罚金。遂判决:陆某犯骗取贷款罪判处有期徒刑5年,并处罚金15万元。

润元公司于2012年4月向泰州市中级人民法院提起民事诉讼,要求陆某偿还本息等,天盛公司、潘某英承担连带清偿责任。泰州市中级人民法院于2012年11月作出(2012)泰中商初字第0021号民事判决。后当事人不服提出上诉,江苏省高级人民法院于2013年9月作出(2013)苏商终字第0018号民事判决,认定涉案债务属于陆某、潘某英夫妻共同债务,判令陆某和潘某英承担润元公司的还款责任,天盛公司作为保证人承担连带保证责任。潘某英不服,向最高人民法院申诉,其中一项申诉请求为二审判决认定陆某与润元公司签订的借款合同有效错误,原因之一是:陆某个人向润元公司的借款行为已被刑事判决认定构成骗取贷款罪,根据《合同法》第 52 条第 1 项、第 5 项的规定,案涉借款合同、靖江市行政中心筹建办公室与润元公司签订的《权利质押合同》以及润元公司与天盛公司签订的《最高额保证合同》均应认定为无效。

对此,最高人民法院认为,刑事判决认定陆某构成骗取贷款罪,其本身并不包括对借款合同效力的评价。案涉借款合同是否有效,应当依照《合同法》的规定进行判断,并不因为陆某构成骗取贷款罪而必然导致其与润元公司签订的借款合同无效。陆某以加盖伪造印章的方式,提供虚假证明文件,骗取润元公司贷款的行为,在刑法上,构成骗取贷款罪,应当据此承担刑事责任;但在合同法上,其行为构成单方欺诈。根据《合同法》第 54 条第 2 款"一方以欺诈、胁迫的手段或者乘人之危,使对方在违背真实意思的情况下订立的合同,受损害方有权请求人民法院或者仲裁机构变更或者撤销"之规定,润元公司享有撤销权。因润元公司未按照该条规定主张撤销案涉借款合同,故二审判决认定借款合同有效并无不当。

(五)涉及伪造印章的刑民交叉案件的处理

《刑法》第 280 条第 2 款规定:"伪造公司、企业、事业单位、人民团体印章的,处三年以下有期徒刑、拘役、管制或者剥夺政治权利,并处罚金。"在涉及伪造印章等刑民交叉案件中,行为人因伪造印章正在被侦查、诉讼阶段,民事案件是否中止审理?

《最高人民法院关于在审理经济纠纷案件中涉及经济犯罪嫌疑若干问题的规定》第 1 条规定:"自然人、法人或非法人组织因不同的法律事实,分别涉及经济纠纷和经济犯罪嫌疑的,经济纠纷案件和经济犯罪嫌疑案件应当分开审理。"因此,利用伪造印章签订合同和伪造印章在事实层面上往往是两个不同的法律关系,民事案件的审理也不以刑事案件的结果为依据,因而民事案件无须中止审理或驳回起诉。

例如,在(2015)民申字第 3402 号案件中,梁某通过挂靠湛江一建承包了 600mw 工程,案涉《租赁合同》是 2010 年 11 月 16 日梁某为 600mw 工程施工而以湛江一建名义与白某江签订的。湛江一建主张《租赁合同》上湛江一建及600mw项目部的印章均系梁某私刻,不代表其真实意思表示,合同应无效。最高人民法院认为,因梁某与湛江一建之间存在挂靠关系,足以使白某江有理由相信印章的真实性以及梁某得到了湛江一建的授权,故梁某的行为构成表见代理,其行为后果应由湛江一建承担。湛江一建主张租赁合同无效、其不应承担相应法律后果无法律依据,最高人民法院不予支持。梁某私刻印章涉嫌犯罪与本案租赁合同纠纷不属于同一法律关系,本案审理也不以刑事案件的结果为依据,因而本案无须中止审理或驳回起诉。

(六)使用备案之外公章的处理

依照规定,用章单位刻制公章必须到公安机关进行备案登记。使用与备案公章不一致的印章对外签订的合同等文书的效力,在当事人已经充分证明公司对外使用多枚印章,即公司对外用章不具有唯一性的情况下,最高人民法院的裁判观点较为统一:公司不得以对外使用公章与备案公章不一致为由,主张签订的合同对其没有约束力。对同一公章,公司不能在不同的交易或诉讼中分别选择有效或者无效,只要曾承认其效力的,无论该公章是否与备案公章一致,在另一交易中的使用均应有效。只要公司知晓该对外公章的存在、使用而未采取措施防止对相对人的利益损害,且在其他案件或交易中认可其效力的,则使用该公章签订的合同对公司同样具有约束力。

例如,在(2016)最高法民申字255号案中,重庆群洲公司云南分公司的负责人梁某某委托朱某某与A公司签订《建设工程施工合同》,约定由重庆群洲公司承建A公司开发的某工程。合同上盖有编号为"50010218011375"的重庆群洲公司公章。

之后,汪某雄与朱某某签订了《建设工程施工合同》,约定重庆群洲公司将承包的工程转包给汪某雄,重庆群洲公司收取工程款的4%作为管理费。合同上盖有编号为"50010218011375"的重庆群洲公司公章。

汪某雄按照约定完成案涉工程并经竣工验收合格,重庆群洲公司未按照约定给付工程款。汪某雄提起诉讼,要求重庆群洲公司支付10030951元工程款等。

重庆群洲公司抗辩称,编号为"50010218011375"的重庆群洲公司公章是云南分公司负责人梁某某伪造,不是重庆群洲公司的真实公章,对案涉合同均不予认可。再审过程中,重庆群洲公司提供了(2015)渝三中法刑终字第 00226 号刑事判决书,确认梁某某已经构成伪造公司印章罪被判处刑罚。因此,梁某某利用伪造的公章出具的授权委托书委托朱某某签订工程施工协议及相关结算协议,行为后果应当由梁某某及朱某某自行承担。

案件审理过程中,人民法院查明,编号为"50010218011375"的公章在重庆群洲公司的经营活动及诉讼活动中均曾使用过。例如:(1)2013 年 6 月 24 日,重庆群洲公司使用该编号的公章与云南 B 公司签订《工程施工合同》,云南 B 公司随后支付给重庆群洲公司的工程款均进入重庆群洲公司云南分公司的账户,工程款的收款收据上均盖有该编号的公章,重庆群洲公司并未提出异议。(2)云南省大理市人民法院受理的(2014)大民二初字第 188 号案件中,重庆群洲公司作为被告参加诉讼,其提供的《企业法人营业执照》《组织机构代码证》《授权委托书》复印件上,均盖有编号为"50010218011375"的公章,重庆群洲公司对该公章的使用未提出异议。

最高人民法院再审认为,上述证据表明,重庆群洲公司对该公章的存在、使用是知晓的。尽管其主张公章伪造,但其在明知该公章存在并使用的情况下,未采取措施防止对相对人的利益损害,朱某某使用编号为"50010218011375"的重庆群洲公司印章签订履行合同的行为应当认定为重庆群洲公司的行为。最高人民法院最终维持原生效判决即重庆群洲公司向原告支付工程款及利息,驳回重庆群洲公司的再审申请。

四、案例解说

案例 1 涉及的是"真人假章"的问题。张三以甲公司法定代表人身份与乙公司签订合同,并加盖刻有甲公司名称的公章,表明张三是代表公司行为,是职务行为而非个人行为。根据《民法典》第 61 条第 2 款"法定代表人以法人名义从事的民事活动,其法律后果由法人承受",该合同的法律后果应由甲公司承受。

甲公司抗辩称合同上加盖的甲公司印章是张三私刻,公司对签订合同一事并不知情,认为合同对甲公司不应发生效力。从意思表示的角度分析,合同是否属于甲公司的意思表示,应以“表示主义”为原则、“意思主义”为例外予以判断:[①]张三系其法定代表人,合同上又加盖刻有甲公司名称的印章,相对人乙公司不负有审核甲公司公章真伪的义务,其事先亦不知晓该公章为假(乙公司为善意相对人),为保护相对人(乙公司)的信赖及交易安全,法律应认定《房屋买卖合同》是甲公司的意思表示,合同对甲公司发生效力,法律后果由甲公司承受。若乙公司明知张三所持的是假公章,仍与甲公司订立合同,则乙公司非善意,无信赖利益保护的需要,合同就不被视为甲公司的真实意思表示,该合同对甲公司不发生效力,法律后果不由甲公司承受。

案例 2 涉及的是“假人真章”的问题。依照“看人不看章”的裁判思路,李四既非甲公司的法定代表人,亦非经授权的代理人,其以甲公司名义与乙公司订立合同,是无权代理行为,故合同的效力应按照无权代理规则处理。乙公司订立合同时未审查李四的权限,未尽合理审查义务,不构成善意,从而无表见代理制度适用的余地。在甲公司不予追认的情况下,合同对甲公司不发生效力,法律后果不应由甲公司承受。

案例 3 涉及的是“假人假章”的问题。同案例 2,依照“看人不看章”的裁判思路,既非公司法定代表人,又无公司授权的王五,无权以甲公司的名义对外签订合同,合同应按照无权代理规则处理,甲公司不予追认的情况下不承受该合同的法律后果。

案例 4 涉及的是“假人假章”的问题,同时行为人涉嫌刑事犯罪。赵六为了获取乙公司的合同预付款,利用伪造的甲公司印章与乙公司签订合同,赵六没有履行合同的能力,也无履行合同的行为,具有诈骗的故意,构成合同诈骗罪。赵六通过伪造甲公司印章签订合同达到骗取乙公司财物的目的,伪造印章的行为是合同诈骗的手段,两个犯罪行为是手段与目的的关系,属于牵连犯,应从一重罪处罚。赵六是与公司无关的人,本身就不能代表或者代理公司签订合同,其加盖的假章自然对公司不具有约束力。

---

① 我国台湾地区“民法典”第 86 条规定:“表意人无欲为其意思表示所拘束之意,而为意思表示者,其意思表示不因之无效,但其情形为相对人所明知者,不在此限。”

第十节　公司意志的确定——公司印章引发的纠纷

一、印章真实不能代表合同有效

真实印章出现在合同、协议书、借据等法律文件中，该法律文件是否一定对公司产生约束力？答案是不一定。意思表示的真实性存疑时，不能根据印章的真实性直接推定意思的真实性（即载体内容的真实性）。比如，第一，法律规定须经特定公司机关决议授权才能实施的行为，合同上仅盖有公司印章但无相应授权，一般对公司不发生效力。第二，因公司印章管理不善，“真实印章”被偷盖。此种情况下不能根据印章的真实性直接推定载体内容的真实性。第三，公司为办事便利，对外提供加盖印章的空白纸张，被他人恶意利用，出现“黑压红”（即先盖章后打字）的文件。此种情况下不能根据印章的真实性直接推定协议的真实性。在（2010）皖民二终字第00073号案中，锦宏公司主张向汇鑫公司出借750万元，并提供了借条、转款凭证、姜某和葛某义的电话录音及在公安机关的陈述、《资金到位明细表》等主要证据。安徽省高级人民法院认为，对于上述证据，一方面，借条上加盖的印章虽然真实，属于汇鑫公司所有。但借条是打印在汇鑫公司的信笺上，且借条上的印章属于黑压红，即先盖章后打字，不符合行文习惯。故借条的形成有违常规，本身存在明显瑕疵，不能单独作为认定本案借款关系是否存在的依据，还应结合相关证据进一步判断。另一方面，锦宏公司的其他证据不能佐证涉案借款关系事实的存在。姜某、葛某义虽陈述存在750万元借款关系，但明确拒绝为锦宏公司出庭作证，①两人的陈述亦无相关证据加以佐证，且与王某忠在公安机关的询问笔录、王某娣的陈述所反映的事实存在明显矛盾。因此，姜某、葛某义的证言不能作为认定案件事实的依据。《资金到位明细表》虽记载了汇鑫公司有向锦宏公司的借款750万元的事实，但因该证据系复印件，②无任何人的签字，亦无其他相关证据印证，不具有证据资格，

---

① 《最高人民法院关于民事诉讼证据的若干规定》第68条规定，人民法院应当要求证人出庭作证，接受审判人员和当事人的询问。……无正当理由未出庭的证人以书面等方式提供的证言，不得作为认定案件事实的根据。

② 《最高人民法院关于民事诉讼证据的若干规定》第90条规定：“下列证据不能单独作为认定案件事实的根据：……（五）无法与原件、原物核对的复制件、复制品。”

亦不能作为认定案件事实的依据。此外,锦宏公司不能提供证据证明其在诉状中陈述的多次催要借款及汇鑫公司偿还了 50 万元借款回报的事实。根据《最高人民法院关于民事诉讼证据的若干规定》第 2 条第 2 款关于“没有证据或者证据不足以证明当事人的事实主张的,由负有举证责任的当事人承担不利后果”之规定,锦宏公司应承担因举证不足而导致的对其不利的法律后果。

二、公章的种类与文件是否必须匹配

公章种类很多,常见的有公章、财务章、合同专用章、发票专用章。原则上,公章的种类与文件的种类要相匹配,在(2014)民申字第 1 号民间借贷纠纷案中,最高人民法院认为,当事人在借款合同上加盖具有特定用途的公司项目资料专用章,超越了该公章的使用范围,在未经公司追认的情况下,不能认定借款合同是公司的意思表示。追根溯源,之所以不认可超出公章特定用途的盖章行为的效力,本质上并非公章本身代表了某种意思表示,而是因为盖章之人缺乏代理权。反之,如果盖章之人确有代理权的,即便超出公章的使用范围,亦不宜否定合同的效力。故公章与文书种类相匹配的要求,并非绝对。即便考虑此种要求,实务中仍需要考虑交易习惯,尽可能保护相对人的合理信赖利益。在借款合同上加盖公司项目资料专用章固然不太符合交易习惯,但如加盖的是财务章,似亦在情理之中。故在匹配度的认定上,还要根据通常的交易观念从宽予以认定。

如果当事人在合同中明确约定需加盖公司公章的,一方当事人仅加盖资料专用章或者其他种类印章的,相对方属于未尽合理审查义务,会对相对人善意的认定构成影响,进而影响表见代表、表见代理的认定。

三、“人章分离冲突”下公司诉讼代表权归属的认定

法定代表人是将法人意思表示于外部的法定机关,是法人意志的法定代表机关。同时,法律也授予印章代表法人意志的效力,例如,《民法典》第 490 条规定,当事人采用合同书形式订立书面合同的,自当事人均签名、盖章或者按指印时合同成立。《民事诉讼法》第 62 条第 1 款规定,委托他人代为诉讼,必须向人民法院提交由委托人签名或者盖章的授权委托书。据此,公司印章亦是能够代表公司进行意思表示的凭证。综上,公司之外的人可以凭借公司印章之印而推

定文件内容为公司的意思表示,也可以通过法定代表人的行为认定公司的意思表示。但是法律并没有规定印章必须由法定代表人掌管,也没有规定两种代表权行使形式的法律效力位阶,因此,当公章与法定代表人分离,公章持有人与法定代表人的意思表示出现分歧,即出现“人章分离冲突”时,就会发生法人意志代表权争夺的情形。例如,下述案件中,公司印章持有人代表公司起诉,法定代表人不同意公司起诉,此种情况下,人民法院应当如何认定公司的诉讼代表权归属?

在北京市丰台区人民法院(2018)京 0106 民初 8629 号案件中,原告艾尔豪斯研究所诉称:艾尔豪斯研究所与新材料公司素有业务往来。艾尔豪斯研究所法定代表人袁某某一直管理单位的财务,财务情况其他人均不知情。后袁某某经北京市丰台区人民法院分别于 2009 年 12 月及 2014 年 5 月两次审判,以职务侵占罪和挪用资金罪被判处刑罚。在袁某某案的审理过程中,艾尔豪斯研究所作为被害单位在公、检、法的相关卷宗中才调查得知新材料公司分别于 2007 年 7 月 13 日向原告借款 50 万元、于 2008 年 1 月 2 日向原告借款 20 万元、于 2008 年 2 月 4 日向原告借款 75 万元,共计 145 万元至今未能归还,故诉至法院,请求判决:新材料公司返还借款 145 万元。

新材料公司辩称:50 万元的借款已经偿还,20 万元的借款已经充抵货款,剩余 75 万元的借款是我公司与袁某某的个人借款,与艾尔豪斯公司无关。

第三人袁某某述称:艾尔豪斯研究所无权提起诉讼,起诉材料中没有法定代表人签字,主体不适格。

法院经审理查明:艾尔豪斯研究所的公章由职员保管,董事长授权加盖公章提起本次诉讼,法定代表人袁某某不同意诉讼。审理中,北京市丰台区人民法院告知艾尔豪斯研究所,提交反映公司提起本次诉讼意思的文件。但至裁定作出之时,该研究所仍未提交明确意见,亦未与法定代表人达成一致意见或者重新确定新的法定代表人。

法院生效裁判认为,根据法律规定,法定代表人代表法人从事民事活动,对法人负责。法人意思形成机关为法人权力、决策机关,其决定、意见为法人的真实意思。在法人内部因股东、投资人等人员之间发生冲突导致法人出现法定代表人不持有公章,而持有公章人不是法定代表人的情形时,应当以法人意思形成机关作出的意见为真实意见。在提起诉讼过程中,为避免司法过度介入法人内部治理事项,应由法人先行解决内部纠纷,实现人章一致,形成明确意见后再行起诉。

本案中,原告艾尔豪斯研究所内部出现严重矛盾导致法定代表人与法人盖章授权人的意思表示不一致,且经法院释明,仍无法提交意思形成机关的明确意见,故法院无法判断其真实意思,亦无法确定其系与本案有直接利害关系的主体以及明确相应的诉讼请求,故艾尔豪斯研究所的起诉不符合法定条件,应予驳回。北京市丰台区人民法院于 2019 年 11 月 27 日作出民事裁定:驳回艾尔豪斯研究所的起诉。

评说:公司意思的载体主要有以下几种:一是公司章程。公司章程由设立公司的股东制定并对公司、股东、董事、监事、高级管理人员具有约束力,是调整公司内部组织关系和经营行为的自治规则。公司章程体现了股东意思转变为公司意思,是公司意思最集中的体现。二是董事会决议。董事会是由董事组成的代表公司行使经营决策权和管理权的公司常设机关,其通过召开会议并形成决议的方式行使职权。因此,董事会决议也是公司就其经营或者管理事项进行意思表示的重要载体。三是股东会决议。股东会是由全体股东组成的公司权力机构,依据法律和公司章程的规定对公司事项享有决定权。股东会通过会议的形式形成决议,决定公司的事项,形成公司的意思。此外,公司意思的载体也体现在其他方面,比如监事会的决议也是公司意思的载体。

公司的意思形成后对外表示的,须由特定的公司机构(如法定代表人、董事会、监事会等)代表,或者自然人代理。其中,法定代表人是立法机关设立的一个可以让相对人信赖的“法人的对外事务机构或代表人”,让相对人知晓谁的行为能够真正代表法人。法定代表人制度的建立解决了法人的意志如何通过自然人实施或者对外表示的问题。所以,公司以外的人可以信赖法定代表人的职务行为就是公司的真实意思表示,法定代表人有权代表公司。从立法上看,股东会、董事会、监事会等机构代表公司进行意思表示的属于特殊情况,例如,《公司法》第 189 条规定的监事损害公司利益时,董事会可代表公司提起诉讼,董事损害公司利益时,监事会可代表公司提起诉讼。公司的代理人代理公司进行意思表示的须有公司的授权委托书,且一般由法定代表人代表公司进行授权,这就是为什么案例中“董事长授权加盖公章提起本次诉讼,法定代表人袁某某不同意诉讼”的,法院无法判断诉讼是否为原告公司的真实意思表示的原因。

在公司内部，公司代表权的归属属于公司自治的范畴。公司法定代表人与公章持有人对公司代表权的争夺是公司内部的治理事项，公司有能力对其代表权的归属作出决定，公司可以提供股东会、董事会等的决议表明其真实意思；也可通过决议修正其意思，比如通过决议更换法定代表人。因此，司法对公司的内部纠纷采取慎重介入的态度，坚持穷尽内部救济的原则，在公司自治机制失效后，司法权才对公司自治机制进行补充和救济。

第四章　越权担保中相对人善意的认定

第一节　越权担保中认定相对人善意的意义

一、相对人善意与否对越权担保合同效力的影响

越权担保,是指公司的法定代表人违反公司法关于公司对外担保决议程序的规定超越代表权限以公司名义为他人提供担保。关于越权担保行为的效力归属,《民法典担保制度解释》第 7 条第 1 款规定,“(一)相对人善意的,担保合同对公司发生效力;相对人请求公司承担担保责任的,人民法院应予支持。(二)相对人非善意的,担保合同对公司不发生效力;相对人请求公司承担赔偿责任的,参照适用本解释第十七条的有关规定”。据此,法定代表人越权代表公司提供担保的,相对人是否善意直接决定了担保合同对公司是否发生效力。

在法定代表人越权代表中,有必要区分相对人善意与否,因为只有在相对人善意的情况下越权代表才可能构成表见代表,发生有权代表的效果。如果法定代表人没有超越代表权限,则其代表本身自然是有效的,并无区分相对人善意与否的余地。

二、越权担保中相对人善意的含义

理论上,对善意的界定有“积极观念说”和“消极观念说”两种。“积极观念说”认为相对人须有以外观权利人为真实权利人的积极信念,即根据外观权利人的权利外观而信赖其享有真实权利的认识,唯如此,善意方可成立。这种学说通过对相对人课以审查义务而认定其善意,要求相对人证明存在权利外观,

由相对人承担自身善意的举证责任。在代表权法定限制下相对人善意采用“积极观念说”。“消极观念说”认为相对人只需不知外观权利人非为真实权利人即可构成善意。这种学说未对相对人课以审查义务而认定其善意，相对人的善意是推定的，认为与相对人订立合同的人具备法定代表人的身份外观即符合善意推定条件，除非公司能够举证推翻相对人的善意推定。[①] 在代表权意定限制下相对人的善意是推定的，相对人善意采用“消极观念说”。

不知道且不应当知道存在影响法律行为效力的事实，即为“善意”。“不知道且不应当知道”甚是主观，在认定相对人是否善意时需要根据相对人的客观行为进行推定。《民法典担保制度解释》第 7 条第 3 款规定：“第一款所称善意，是指相对人在订立担保合同时不知道且不应当知道法定代表人超越权限。相对人有证据证明已对公司决议进行了合理审查，人民法院应当认定其构成善意，但是公司有证据证明相对人知道或者应当知道决议系伪造、变造的除外。”故，相对人事实上不知道，且在对公司决议尽了合理审查义务之后仍然不可能知道法定代表人超越权限的事实才属于善意。司法解释将相对人是否尽到合理审查义务作为判断其是否善意的基本途径。

三、需引入“过错”因素判断相对人是否善意

在相对人善意的认定标准上，《民法典》第 504 条规定相对人“知道或者应当知道”法定代表人超越权限的不构成善意。“知道或者应当知道”的反面解释是“不知道且不应当知道”。《民法典担保制度解释》第 7 条第 3 款将善意解释为相对人在订立担保合同时不知道且不应当知道法定代表人超越权限。上述两个条文中的相应规定，均表明善意需引入“过错”因素辅助判断。按照等级，过错分为故意和过失。

上述两个法条中的“知道”属于故意，知道法定代表人超越权限而仍与其签署担保合同表明相对人具有明知的恶意，不构成善意。据上，“不知道”解释为“非明知”。所以“故意”是用来评价相对人善意的过错因素。

民法上的过失，根据其欠缺注意的程度为标准，可分为重大过失、抽象轻过

---

① 参见李玲玲、董惠江：《论法定代表人越权担保中相对人善意的认定》，载《安徽大学学报（哲学社会科学版）》2023 年第 2 期。

失、具体轻过失三种。法律对行为人提出了较高的注意义务,如果行为人没有达到该较高的注意义务,却达到了一般人的注意义务,此时就认为构成“轻过失”;行为人不仅未达到较高的注意义务,同时连一般人的注意义务都没有达到,就认定成为“重大过失”。“抽象轻过失”指未尽一个勤勉尽责的善良管理人之注意,罗马法称为“好家父的注意”;“具体轻过失”则指对他人事务或物品未能采用对自己事物或物品所采用的注意义务所具有的过失。从轻过失的定义可以看出,轻过失一般适用于具有委托关系的受托人,比如公司内部的董事、经理等,不适用于公司外部的相对人。如果将轻过失作为评价相对人善意的过错因素,无疑是课以超过相对人能力范围的义务,有失公正。所以在评价相对人善意的过错因素时,轻过失被排除在外。鉴于法定代表人身份的概括性、法定性和唯一性,以及相对人系公司外部的人难以知悉公司事务的内部安排,对“不应当知道”的判断,宜采取重大过失标准,避免使相对人负担过重的审查义务,以维护交易效率。

综上,相对人履行合理的审查义务后,“不知道且非因重大过失而不知道”法定代表人超越权限,就可认定相对人为善意。

第二节　越权担保中相对人善意的举证责任分配

一、相对人的善意由自己证明

根据《民法典担保制度解释》第 7 条第 3 款的规定,对相对人善意的举证责任分配如下。

第一步,由相对人举证证明存在公司同意担保的、适格的董事会决议或者股东会决议,且对决议进行了合理审查。

第二步,在相对人证明已对公司决议进行了合理审查的情况下,如果公司主张该决议系伪造、变造的以否认担保行为效力归属于公司的,公司应举证证明:决议系伪造、变造的,且相对人对此知道或者应当知道。

概括地讲,关于相对人善意与否的证明责任,遵循“谁主张,谁举证”的一般举证规则。《民事诉讼法》第 67 条第 1 款规定:“当事人对自己提出的主张,有责任提供证据。”据此,相对人主张自己善意的则由相对人自己证明,相对人自证善意后公司反驳的,则由公司证明相对人非善意。

为什么由相对人自证善意?这是因为《公司法》第 15 条对法定代表人权力的限制是法定限制,而非意定限制。

第一,《公司法》第 15 条是对代表权的限制。

公司为他人提供担保,是超越公司经营范围的重大民事活动(以担保为业的公司除外),具有较大风险,如果决策不当,将会给公司、股东和公司债权人造成损失。为了引导公司对这类重大行为作出科学决策、保证公司行为的恰当性,避免风险,2005 年修订《公司法》时增加了第 16 条的规定(2023 年修订通过的《公司法》调整为第 15 条)。关于 2005 年《公司法》第 16 条的规范目的,2019 年《九民会议纪要》第 17 条明确指出:"为防止法定代表人随意代表公司为他人提供担保给公司造成损失,损害中小股东利益,《公司法》第 16 条对法定代表人的代表权进行了限制。根据该条规定,担保行为不是法定代表人所能单独决定的事项,而必须以公司股东(大)会、董事会等公司机关的决议作为授权的基础和来源。法定代表人未经授权擅自为他人提供担保的,构成越权代表……"故,2005 年《公司法》第 16 条的目的是对法定代表人的代表权进行限制以保证对外担保是公司的真实意思表示。

第二,《公司法》第 15 条是对代表权的法定限制。

对法定代表人代表权的限制有意定限制和法定限制两种情形。显而易见,《公司法》第 15 条对法定代表人代表权的限制属于法定限制,不能因为《公司法》第 15 条第 1 款中出现"公司章程"就想当然地认为是意定限制,本款对法定代表人权力的限制是法律明文规定,即在公司为他人提供担保时必须有公司机关决议,这是"法律"对代表权限的限制,然后再看公司章程的规定是由股东会决议还是由董事会决议。故,《公司法》第 15 条系对代表权的法定限制。

第三,代表权法定限制下由相对人自证善意。

既然《公司法》第 15 条对代表权的限制为法定限制,而法律一经公布,推定所有人都应知晓并遵守,相对人请求公司承担担保责任的,公司如果主张"对外担保未经公司决议同意"或者"决议有瑕疵"等进行抗辩的,则相对人要证明在签订担保合同时存在公司决议且对公司决议进行了合理审查未发现瑕疵,来证明自己为善意。所以,《民法典担保制度解释》第 7 条第 3 款规定了"相对人有证据证明已对公司决议进行了合理审查,人民法院应当认定其构成善意"。

综上,《公司法》第 15 条、第 135 条[①]等是对法定代表人权限的“法定限制”,相对人善意的证明责任应由相对人负担。

二、相对人非善意由公司证明

《民事诉讼法解释》第 90 条第 1 款规定:“当事人对自己提出的诉讼请求所依据的事实或者反驳对方诉讼请求所依据的事实,应当提供证据加以证明,但法律另有规定的除外。”据此,相对人已经证明对公司决议进行了合理审查,公司反驳相对人诉讼请求所依据的事实,即公司主张决议系伪造、变造,或董事、股东的签名系伪造等否认担保行为效力的,应由公司提供证据加以证明。此时公司必须证明两点:决议系伪造、变造,或董事、股东的签名系伪造;且相对人知道或者应当知道。

第三节　公司担保中相对人审查义务的标准

根据《民法典担保制度解释》第 7 条第 3 款的规定,相对人事实上不知道,且在对公司决议尽了合理审查义务之后仍然不可能知道法定代表人超越权限的才属于善意。司法解释将相对人是否尽到合理审查义务作为判断其是否善意的基本标准。

一、相对人接受公司担保时的审查标准

相对人对公司机关决议等资料须审查到什么程度应结合交易成本、交易效率来定夺。而考察交易成本、交易效率应以不超过相对人的能力范围为准,即所谓的“法律不强人所难”。学说上,相对人审查义务的标准有实质审查与形式审查之分。实质审查强调相对人对公司提交的公司章程、公司担保决议等资料的真实性、合法性、有效性进行审查。[②] 比如,相对人需要审查公司担保决策机

---

① 《公司法》第 135 条规定:“上市公司在一年内购买、出售重大资产或者向他人提供担保的金额超过公司资产总额百分之三十的,应当由股东会作出决议,并经出席会议的股东所持表决权的三分之二以上通过。”

② 参见高圣平:《担保法前沿问题与判解研究(第五卷)——最高人民法院新担保制度司法解释条文释评》,人民法院出版社 2021 年版,第 82 页。

构的会议程序是否有瑕疵，股东、董事的签名是否为伪造等。但相对人并非公司的内部人，难以参与公司机关的决策过程，也难以了解公司决议的具体情况，要求相对人进行实质审查过于严苛，超过了相对人的审查能力范围。采取此标准会不适当地增加交易成本、降低交易效率，也容易滋生担保人随意以相对人未尽审查义务而否定担保合同效力的道德风险。因此，《民法典担保制度解释》生效之前的通说认为相对人仅负有形式审查义务，即相对人仅对公司章程、公司担保决议等资料的形式要件进行审查，审查相关资料是否齐全，是否符合法定形式，对于材料的真实性、有效性不作审查要求。[①]《九民会议纪要》第18条第2款规定："债权人对公司机关决议内容的审查一般限于形式审查，只要求尽到必要的注意义务即可，标准不宜太过严苛。公司以机关决议系法定代表人伪造或者变造、决议程序违法、签章（名）不实、担保金额超过法定限额等事由抗辩债权人非善意的，人民法院一般不予支持。但是，公司有证据证明债权人明知决议系伪造或者变造的除外。"例如，在（2013）民申字第1785号民事裁定书中，最高人民法院认为，相对人无须审查股东签名字迹是否为其本人所写。"《股东会决议》上的六股东签名字迹是否为其本人所写，作为抵押权人的光大银行上海分行并无实质审查义务。本案为金融借款纠纷，而非股东之间的股权争议纠纷，作为公司之外的光大银行上海分行在签订《最高额抵押合同》时并无实质上审核明力德公司内部股东签名真实的义务。此外，本案中没有证据证明光大银行上海分行对明力德公司股权转让、公章移交及《股东会决议》上股东签名虚假等事实知情，也无证据证明光大银行上海分行与明力德公司之间存在恶意串通签订抵押合同的情形。对于光大银行上海分行而言，明力德公司为诉争担保作出股东会决议，决议上已加盖明力德公司公章，《最高额抵押合同》亦经过公证，抵押物也经抵押登记，其在签约过程中已尽到合理的审查义务。因此，明力德公司申请再审称，涉案《法人委托书》《股东会决议》《最高额抵押合同》《贷款抵押合同公证申请表》《上海市房地产抵押登记申请书》等主要证据上所加盖的明力德公司的公章及《股东会决议》上股东的签名均是伪造的，《最高额抵押合同》应无效，理由不能成立。"

---

① 参见高圣平：《担保法前沿问题与判解研究（第五卷）——最高人民法院新担保制度司法解释条文释评》，人民法院出版社2021年版，第82页。

但是《民法典担保制度解释》第 7 条第 3 款规定“相对人有证据证明已对公司决议进行了合理审查,人民法院应当认定其构成善意”,该条款并未采用《九民会议纪要》第 18 条第 2 款中使用的“形式审查”术语,而是使用了“合理审查”。相对人是否尽到“合理审查”义务,是人民法院认定相对人构成善意与否的标准。笔者认为,《民法典担保制度解释》第 7 条第 3 款规定的“合理审查”的严格程度应介于形式审查与实质审查之间,相对人应力所能及到“以不超过相对人的能力范围为准”。法律实务工作者不可将“形式审查”教条化,否则一味坚持形式审查标准可能会被裁判者认为未尽“合理审查”义务,在签订担保合同时建议相对人最好采用实质审查标准以降低风险。

二、不同的相对人适用不同的审查标准不可行

相对人可以是自然人、合伙企业、一般生产性公司,也可以是以提供担保为业的金融类公司等,不同类型的相对人的审查能力是不同的,于是有观点认为不同的相对人应适用不同的审查义务标准。此观点不可行。首先,《民法典担保制度解释》第 7 条第 3 款已经明确相对人须尽合理审查义务,条款中未区分相对人的类型,而是通过课以无差别的审查义务证明自身善意;其次,一般情况下以提供担保为业的金融类公司的审查能力比自然人强,但自然人可以聘请专业律师提供服务,甚至其本身就是专业律师,自然人的审查能力也许更强,所以界定谁的审查能力更强没有科学标准。

虽然此观点在立法上不可行,但裁判者在具体案件中可以将相对人的审查能力作为考量善意与否、责任大小的影响因素。

三、相对人审查的程度

认定相对人是否尽到合理审查义务的标准是主观的,由裁判者自由裁量,受裁判者的生活经验、专业素养、道德品行等因素的影响。具体案件中,对于合理审查义务应达到什么程度莫衷一是。笔者借助对典型案例中的认定标准进行评析,以探求相对人审查到何种程度才是合理审查。

《最高人民法院公报》2015 年第 2 期登载的(2012)民提字第 156 号再审申请人招商银行股份有限公司大连东港支行(以下简称招行东港支行)为与被申请人大连振邦氟涂料股份有限公司(以下简称振邦股份公司)、原审被告大连振

邦集团有限公司(以下简称振邦集团公司)借款合同纠纷一案中,振邦集团公司系振邦股份公司的股东。振邦集团公司向招行东港支行申请贷款,振邦股份公司的法定代表人周某良以公司名义向招行东港支行出具了《不可撤销担保书》、签订了两份《抵押合同》,为振邦集团的贷款提供担保,并办理了抵押登记。周某良向招行提供了振邦股份公司同意担保的《股东会担保决议》,招行东港支行按照合同约定将1496.5万元贷款转入振邦集团公司的账户。贷款到期后,振邦集团公司未能还本付息,振邦股份公司也未履行担保义务。招行东港支行提起诉讼,请求振邦集团公司还本付息、振邦股份公司承担担保责任。

大连市中级人民法院一审查明,《股东会担保决议》的决议事项并未经过振邦股份公司股东大会的同意,振邦股份公司也未就此事召开过股东大会。

大连市中级人民法院认为,关于招行东港支行与振邦股份公司签订的抵押合同以及振邦股份公司出具的不可撤销担保书的效力一节,振邦股份公司为其股东振邦集团公司提供担保,必须要经振邦股份公司的股东大会决议通过,而招行东港支行向法庭提交的《股东会担保决议》系无效决议,因此振邦股份公司法定代表人周某良无权订立涉案的抵押合同及不可撤销担保书,即涉案的抵押合同及不可撤销担保书系周某良超越权限订立,对于周某良超越权限订立抵押合同及不可撤销担保书,招行东港支行是知道或者应当知道的,理由如下:(1)招行东港支行虽然获取了《股东会担保决议》,但按照《公司法》的规定,公司为公司股东或者实际控制人提供担保的,须经股东会决议。招行东港支行对《股东会担保决议》中存在的一些明显瑕疵未尽到合理的形式审查义务,例如,其中一枚名称为“辽宁科技创业投资责任公司”的印章,按《公司法》规定不可能存在“责任公司”这种名称,招行东港支行对此瑕疵依法应能审查出来,结果却未审查出来,庭审中,招行东港支行对此也承认存在疏忽。(2)振邦股份公司的股东之一大连科技风险投资基金有限公司,在2003年就已经将名称由“大连科技风险投资有限公司”变更为现名称“大连科技风险投资基金有限公司”,而《股东会担保决议》形成于2006年,故其上所盖的名为“大连科技风险投资有限公司”的印章系作废旧印章,对此招行东港支行应进行审查,但实际其并未尽到审查义务。(3)振邦集团公司作为振邦股份公司的股东,本不应参加此担保事项的表决,但《股东会担保决议》上却盖有振邦集团公司的印章,对此因公司法有明确规定招行东港支行亦应进行审查,结果招行东港支行同样未尽审查义务。综上,对于上述明显瑕疵招行东港支行经审查应能很容易审查出,但其未尽到应有的审查义务,故可以确定招行东港支行知道或应当知道周某良系超越权限订立抵押合同及不可撤销担保书。根据《合同法》第50条“法人或者其他组织的法定代表人、负责人超越权限订立的担保合同,除相对人知道或者应当知道其超越权限的以外,该代表行为有效”的规定,该案中涉案抵押合同及不可撤销担保书应认定为无效。

最高人民法院再审则认为:“《股东会担保决议》中存在的相关瑕疵必须经过鉴定机关的鉴定方能识别,必须经过查询公司工商登记才能知晓、必须谙熟公司法相关规范才能避免因担保公司内部管理不善导致的风险,如若将此全部归属于担保债权人的审查义务范围,未免过于严苛,亦有违合同法、担保法等保护交易安全的立法初衷。担保债权人基于对担保人法定代表人身份、公司法人印章真实性的信赖,基于担保人提供的股东会担保决议盖有担保人公司真实印章的事实,完全有理由相信该《股东会担保决议》的真实性,无需也不可能进一步鉴别担保人提供的《股东会担保决议》的真伪。因此,招行东港支行在接受作为非上市公司的振邦股份公司为其股东提供担保过程中,已尽到合理的审查义务,主观上构成善意。本案周某良的行为构成表见代表,振邦股份公司对案涉保证合同应承担担保责任。”

本案历经一审、二审和再审,二审维持一审判决,再审进行了改判。一审、二审与再审的分歧在于对相对人就公司决议等资料审查到何种程度才是合理审查的标准认定不一。《股东会担保决议》上的瑕疵有:瑕疵一,振邦股份公司的股东之一大连科技风险投资基金有限公司,《股东会担保决议》上所盖的为其更名前的“大连科技风险投资有限公司”的印章;瑕疵二,决议上盖的“辽宁科技创业投资责任公司”印章,按公司法规定不可能存在“责任公司”这种名称;瑕疵三,被担保的股东振邦集团公司参与表决并在决议上盖章;瑕疵四,决议上没有其他两名自然人股东的签名;瑕疵五,决议上所盖的另外两法人股东的公章系伪造。一审、二审法院认为,“对于上述明显瑕疵招行东港支行经审查应能很容易查出,但其未尽到应有的审查义务,故可以确定招行东港支行知道或者应当知道法定代表人系超越权限订立抵押合同及不可撤销担保书”。但最高人民法院再审认为,上述瑕疵“必须经过鉴定机关的鉴定方能识别,必须经过查询公司工商登记才能知晓、必须谙熟公司法相关规范才能避免因担保公司内部管理不善导致的风险,如若将此全部归属于担保债权人的审查义务范围,未免过于严苛,亦有违合同法、担保法等保护交易安全的立法初衷"。

现在来考察上述5个瑕疵,哪些只要尽到"普通伦理观念和智商的理性银行从业人员在同等或者近似情况下应当具备的审慎、注意和技能"[①]就能识别出来。《股东会担保决议》上的前4个瑕疵,只要稍微注意就能识别出来;瑕疵五需要鉴定,仅凭肉眼难以识别公章的真伪。一份决议上有4个重大的且只要尽到一般合理注意义务就能识别出的瑕疵,没有引起相对人的怀疑,称其尽到合理审查义务是令人难以接受的。在债权债务形成之前,作为具有优势地位的"债权人"完全有能力要求欲提供担保的公司提供公司章程、股东名录、工商登记信息资料等,实践中有的银行甚至要求提供担保的公司到银行召开股东会、董事会就担保事项进行决议,并有银行工作人员列席会议。本案中银行显然不是审慎的理性债权人(相对人),出了问题也不能以不谙熟公司法为由开脱责任。对公司担保决议的形式要件的审查,不能仅限于审查公司是否提交了股东或董事签署的公司担保决议,因为这无异于不审查。[②] 相对人应进一步审查签章名称与股东名称是否一致(但不须审查签章的真实性),计算签章同意股东所持表决权比例是否达到决议通过的要求。所以,笔者更认可一审、二审的裁判。

第四节　公司担保中相对人审查义务的范围——公司章程

考察相对人是否尽到合理审查义务,需要结合审查对象进行判断。《公司法》第15条、第135条涉及公司的下列资料:公司章程;董事会决议或者股东会的决议;财务报表,若担保人为上市公司,根据《公司法》第135条的规定,还应审查担保金额与公司最近一期经审计确认的总资产的关系。[③] 据此,相对人要证明自己是善意的,公司章程是必须审查的对象之一。

---

① 徐海燕:《公司法定代表人越权签署的担保合同的效力》,载《法学》2007年第9期。

② 参见高圣平:《担保法前沿问题与判解研究(第五卷)——最高人民法院新担保制度司法解释条文释评》,人民法院出版社2021年版,第83页。

③ 参见最高人民法院民事审判第二庭编:《公司案件审判指导(增订版)》,法律出版社2018年版,第10页。

一、相对人审查公司章程的必要性

《公司法》第 15 条第 1 款要求公司在章程中对下列事项作出安排：公司对外提供非关联担保是由董事会决议还是由股东会决议、对外担保的总额及单项担保数额的限制。不审查公司章程，怎能知晓公司对外提供非关联担保的决议机构？怎能知晓公司对担保总额及单项担保数额的限制？

根据《公司法》第 46 条、第 95 条的规定，公司章程包含公司经营范围、公司注册资本、股东的姓名或者名称、股东的出资额、出资方式和出资日期以及公司机构的职权、议事规则等，这些内容都是公司股东会或者董事会就公司对外担保进行表决时密切相关的事项，也是相对人须审查的事项。

二、公司章程的外部效力

（一）公司章程依照法律的授权或要求所进行的约定具有对外的效力

有观点认为，公司章程是公司的内部文件和内部约定，对外部相对人不具有效力，不能对抗外部相对人，同时如外部相对人负有审查公司章程的义务会加大交易成本，故相对人与公司订立担保合同时不负有审查公司章程的义务。此观点的依据一般是《民法典》第 61 条第 3 款"法人章程或者法人权力机构对法定代表人代表权的限制，不得对抗善意相对人"。笔者认为此观点在公司对外担保上是不可取的，相对人审查公司章程中"直接"涉及担保事项的约定并予以遵守是其法定义务，也未强其所难，理由如下。

第一，《公司法》第 15 条明确规定了公司为他人提供担保须"依照公司章程的规定，由董事会或者股东会决议"，"公司章程对投资或者担保的总额及单项投资或者担保的数额有限额规定的，不得超过规定的限额"，法律已经明确规定担保决议、担保合同应符合公司章程，也意味着法律明确指引相对人要审查公司章程。这是公司法的要求，任何人都必须遵守法律的要求。在诉讼中相对人主张公司章程是内部约定、对第三人不具有约束力，因此相对人不负有审查章程的义务，裁判者不应支持该主张。

第二，2021 年《公司法（修订草案）》第 34 条曾明确规定公司章程须通过"统一的企业信息公示系统"向社会公示，如此规定会使相对人审查公司章程更加便捷，几乎没有成本。但是 2022 年二次审议稿、2023 年三次审议稿及最终通过稿删除了此规定。

上市公司的公司章程一直是公开的，公众直接到证监会指定的网站输入上市公司的名称就能查到。

针对非上市公司的章程，《市场主体登记管理条例》仅要求备案，并未要求公示，这就使得查询非上市公司的章程具有门槛，公众与交易相对人无法从企业信息公示系统查询，也无法在登记机关直接查询。一般是进入诉讼程序后由法院依职权调查，或者法院开具调查令由受托律师调查。如果交易相对人无法获知公司章程的相关内容，要么抱憾放弃交易机会，要么加强风控调查，要么要求公司提供充分担保与增信措施。章程不透明主要源于章程是商业秘密的错误思维定势，一旦法律要求公示公司章程，公司自会剔除商业秘密。

第三，相对人（债权人）在债权债务关系形成之前具有优势地位，其有能力要求债务人及欲提供担保的公司提供公司章程、公司机关决议、公司财务报表、股东名录等，并可要求公司进行解释、说明。

公司章程是公司的内部规定，对公司、股东、董事、监事、高级管理人员具有约束力，但是公司章程依照法律的授权或者要求所进行的约定应该具有对外的效力：相对人须按照法律的指引审查公司章程的内容，公司得以公司章程的记载内容对抗相对人。

（二）公司决议内容因违反公司章程被撤销的会影响外部相对人的利益

《民法典》第 85 条规定："营利法人的权力机构、执行机构作出决议的会议召集程序、表决方式违反法律、行政法规、法人章程，或者决议内容违反法人章程的，营利法人的出资人可以请求人民法院撤销该决议。但是，营利法人依据该决议与善意相对人形成的民事法律关系不受影响。"如果相对人不构成善意的，其依据被撤销的决议与公司签订的合同的效力就会受到影响。举例说明，相对人比较特殊，是公司股东、董事、监事、高级管理人员或者知悉公司章程内容的其他人员，其与公司订立的合同所依据的决议因违反公司章程被撤销的，相对人不构成善意，合同的效力会受到影响。

所以，相对人在订立担保合同时应负有审查章程内容的注意义务：由哪个机关决议、担保的限额是多少。无视法律的警醒和规定的，须承担不利后果。

三、相对人须审查公司章程的内容

《民法典担保制度解释》第 7 条第 3 款规定"相对人有证据证明已对公司决议进行了合理审查,人民法院应当认定其构成善意",该款规定相对人仅对"公司决议"负有审查义务,没有将"公司章程"作为审查义务的范围,但是公司决议无论是作出的程序还实质内容都须遵循公司章程,审查公司决议是否具有瑕疵的参照标准之一就是公司章程,所以相对人有必要审查公司章程的相应内容。

(一)相对人须审查公司章程规定的担保限额

公司章程依照法律的授权,规定对外提供担保的限额,具有对抗外部的效力。公司章程规定的担保限额,既是对法定代表人权力的限制,也是对公司决议机关权力的限制,有关对外担保的决议和担保合同皆应遵守,同时也能表明相对人是否尽到合理的审查义务,进而影响其是否善意的认定。

有的公司章程内容繁多,体系庞大;同时相对人的审查能力不一,有些财务资料由公司严加保管相对人难以得知,即使审查也难以明白;非专业人士很难知道《公司法》关于"公司章程对外投资或者担保的总额及单项投资或者担保的数额有限额规定的,不得超过规定的限额"的规定,所以一概要求相对人详细审查并遵守也不现实。况且公司的决议是由公司股东会或者董事会作出的,要求相对人承担决议违反公司章程的后果似乎是不合理的,所以在担保限额这部分对相对人的"合理审查义务"的要求不能高。公司章程的规定不具有对抗外部的效力,但法律要求担保决议、担保合同不超过公司章程规定的限额,这是法定义务,相对人必须遵守,所以相对人负有证明自己"善意"的义务。只要相对人证明对公司提供的资料进行了"合理审查",难以从公司提供的资料中发现担保决议、担保合同中的金额超过公司章程所作的限额,就应当认定相对人是善意的。具体来说,在公司章程已明文规定单项担保限制数额时,担保决议中的担保金额须符合公司章程的规定。若单项担保金额不能从公司章程中直接获知——比如规定单项担保金额不超过净资产的 10%——此时须结合企业的经营业绩、财务指标进行复杂运算得出,则超出了相对人的审查能力范围。如果公司章程规定了对外担保的总额,公司已经对外提供了多少额度的担保相对人是无法获取的,所以本次决议、合同中的担保金额是否超过公司章程规定的担保总额并不在相对人的审查范围内。①

如何理解《九民会议纪要》第 18 条第 2 款中规定的“公司以……担保金额超过法定限额等事由抗辩债权人非善意的,人民法院一般不予支持”?该规定仅针对上市公司,法律对非上市公司的担保限额未作规定。《公司法》第 135 条规定:“上市公司在一年内购买、出售重大资产或者向他人提供担保的金额超过公司资产总额百分之三十的,应当由股东会作出决议,并经出席会议的股东所持表决权的三分之二以上通过。”据此可知,上市公司为他人提供担保的,由董事会决议的担保金额一年内不得超过公司资产总额的 30%。单从理论上说,如果上市公司在一年内担保金额超过公司资产总额 30%的,仍由董事会决议,属于决议形式不适格。但实践中上市公司对外担保信息需要对外公示,披露的信息须由律师出具法律审核意见,相对人根据披露的信息签订的担保合同,是受法律保护的,即便信息与真实情况不符,相对人的信赖利益也值得保护。所以上市公司以担保金额超过法定限额抗辩债权人非善意的,人民法院一般不予支持。

总之,相对人须审查担保合同、担保决议中的担保金额与公司章程规定的担保限额、《公司法》第 135 条规定的限额是否相一致。担保金额超过法定限额或者公司章程规定限额的部分属于越权担保,同时也表明相对人未尽到合理审查义务,非属善意。

(二)相对人须审查公司章程规定的对外担保的决议机关

相对人负有审查公司章程中对外担保的决议机构,原则上担保决议必须由公司章程规定的机关作出。

1. 非关联担保事项是否必须由公司章程规定的机关作出决议?

有观点认为,在非关联担保的情况下不必考虑公司章程规定的决议机关,只要有机关决议即可,比如章程规定由股东会作出决议但实际上是董事会决议,或者章程规定由董事会作出决议但实际上是股东会决议,此两种情况下都是公司的真实意思表示,不影响担保合同的效力。理由是:(1)《民法典》第 61

---

① 参见李玲玲、董惠江:《论法定代表人越权担保中相对人善意的认定》,载《安徽大学学报(哲学社会科学版)》2023 年第 2 期。

条第 3 款“法人章程或者法人权力机构对法定代表人代表权的限制，不得对抗善意相对人”。(2)董事会、股东会都是公司的法定决议机关，二者的决议均代表公司的意志。[①] (3)如果公司章程规定公司担保决议应由董事会作出，但实际作出决议的是股东会，自然没有问题，因为股东会本来就是公司的最高权力机关；如果公司章程规定公司对外担保决议应由股东会作出，实际作出决议的机关是董事会，也没有问题，因为董事会本身就是负责公司经营管理的法定机关，包括担保在内的公司业务经营和事务管理本来就属于董事会的固有权力。[②]《九民会议纪要》也持此观点，第 18 条规定：“……公司为公司股东或者实际控制人以外的人提供非关联担保，根据《公司法》第 16 条的规定，此时由公司章程规定是由董事会决议还是股东(大)会决议。无论章程是否对决议机关作出规定，也无论章程规定决议机关为董事会还是股东(大)会，根据《民法总则》第 61 条第 3 款关于‘法人章程或者法人权力机构对法定代表人代表权的限制，不得对抗善意相对人’的规定，只要债权人能够证明其在订立担保合同时对董事会决议或者股东(大)会决议进行了审查，同意决议的人数及签字人员符合公司章程的规定，就应当认定其构成善意，但公司能够证明债权人明知公司章程对决议机关有明确规定的除外。”

笔者认为《九民会议纪要》的上述观点误把《公司法》第 15 条第 1 款看作对代表权限的意定限制。《民法典》第 61 条第 3 款是对代表权限的意定限制，意定限制仅具有内部效力，不得对抗善意相对人。但是，如前述分析，《公司法》第 15 条属于对代表权的法定限制而非意定限制，法律一经公布任何人都要遵守，法律规定订立担保合同时要遵照公司章程的规定由 A 机关作出决议，现在却是 B 机关作出决议，既未遵照公司章程也未遵照法律，决议形式不适格，构成越权代表，相对人未尽合理审查义务，非善意，不构成表见代表。所以，无论是在公司内部还是外部，非关联担保的决议机构须严格遵照公司章程的规定，董事会决议和股东会决议不能混淆。举例论证：A 公司章程规定，公司对外担保由董事会决议。A 公司有股东甲、乙、丙、丁，其中甲持股为 51%，董事会成员有 5

① 参见施天涛：《〈公司法〉第 16 条的规范目的：如何解读、如何适用?》，载《现代法学》2019 年第 3 期。

② 参见施天涛：《〈公司法〉第 16 条的规范目的：如何解读、如何适用?》，载《现代法学》2019 年第 3 期。

人,其中甲委派2人,乙、丙、丁分别委派一人。公司欲为戊提供担保,股东中只有甲支持。如果由董事会决议,只有甲委派的2名董事投赞成票,董事会决议通不过。如果由股东会决议,则甲投赞成票,决议通过。可见,按照公司章程的规定,由董事会决议结果是决议通不过;如果由股东会决议结果则相反,此时剥夺了其余3名董事的权利。同理,A公司章程规定公司对外担保由股东会决议,因甲赞成为戊提供担保,则股东会决议能够通过,因董事会只有甲委派的2名董事同意则董事会决议不能通过。可见,按照公司章程由股东会决议则决议通过;如果不按照公司章程则决议通不过并剥夺了股东甲的权利。剥夺股东权利、董事权利的行为都是无效的。

另外,《公司法》第67条规定了董事会的职权,其职权是法定的,不能随意剥夺。[①] 董事会还行使公司章程规定和股东会授予的职权。一旦公司章程确定了董事会的职权,也不能随意剥夺,否则公司章程就沦为一张废纸。

股东会作为公司的权力机构,应当依照法律和公司章程的规定,行使自己的职权,其职权不应被无限放大,不能超越职权代行其他机构如董事会、监事会的职权,否则公司法关于公司治理的架构设置就会崩塌,公司只需要股东会就行了,另设董事会、监事会就没有必要了。《公司法》之所以规定公司应当设"三会",是为了权力制衡,保障公司治理的民主。股东会与董事会之间不是委托关系,因为股东会不具有"本人"的资格,其只是法人的一个机关;在委托关系中本人可以随时撤销委托,而股东会要撤销对董事会的授权须通过严格的会议程序。所以,股东会不能超越职权代行董事会、监事会的职权。

董事会也不能代行股东会的职权,股东就是为了防范擅自对外担保,才将对外担保交由股东会决议,如果董事会可以决议,岂不使股东的目的落空。据此,董事会不能行使股东会的职权。

股东会如欲行使董事会的权力,或者股东会的职权由董事会行使,可通过修改公司章程等方式在公司章程中作特别规定。公司内相关主体要摆脱传统的权力可为所欲为的思想,司法裁判者也不能迁就这种权力没有边界的落后管理方式。

故笔者认为,作出担保决议的机关与公司章程不一致的,既是越权担保,也

---

① 参见宋燕妮、赵旭东:《中华人民共和国公司法释义》,法律出版社2019年版,第97页。

是相对人没有尽到合理审查义务,相对人为非善意。

2. 非关联担保事项必须由公司章程规定的机关决议的例外情形

第一种情形:董事与股东完全重合,且同时满足董事会和股东会的决议通过机制。

当股东会成员与董事会成员完全重合时,实质上是“一套班子两块牌子”,但是董事会的决议并不必然等于股东会的决议。举例说明:甲、乙、丙、丁 4 人出资设立公司,其中甲持股 51%,公司董事会成员为甲、乙、丙、丁。公司章程规定公司对外担保由股东会决议。现董事会召开会议就公司为张三的债务提供担保进行表决,乙、丙、丁同意,甲反对,决议通过。如果董事会的决议可以代替股东会的决议就剥夺了甲的权利,由股东会决议的话该担保决议就通不过。再假设甲的持股是 15%,无论是董事会还是股东会,决议都能通过,甲的权利都没受到影响。所以,当股东会成员与董事会成员完全重合时,公司就担保事项作出的决议既要符合董事会决议通过对人数的要求,也要符合股东会决议通过对表决权的要求,重实质不重形式,董事会的决议等于股东会的决议,无论公司章程规定担保事项由哪个机关决议,董事会的决议或者股东会的决议皆可。

当股东会成员与董事会成员不完全重合时,必须遵循公司章程的规定,没有例外情形的存在。举例说明:甲、乙、丙、丁 4 人出资设立公司,其中甲持股 51%,公司董事会成员为乙、丙、丁。公司章程规定公司对外担保由股东会决议。现董事会作出决议公司为张三的债务提供担保,乙、丙、丁一致同意,决议通过。甲反对公司为张三的债务提供担保。如果董事会的决议可以代替股东会的决议就剥夺了甲的权利,由股东会决议的话该担保决议就通不过。再假设甲的持股是 15%,无论是董事会还是股东会,决议都能通过,但甲的权利却受到了影响,剥夺了甲参与股东会的固有权利——损害固有权利的行为是无效的。

第二种情形:股东会就担保事项的表决经代表 2/3 以上表决权的股东通过,此时股东会可以代替董事会。

如果公司章程规定对外担保由董事会决议,事实却是股东会决议,且该股东会决议符合修改公司章程所要求的表决程序,即经代表 2/3 以上表决权的股东通过,则股东会的决议可以代替董事会的决议。参考依据是《九民会议纪要》第 7 条,该条规定:“股东认缴的出资未届履行期限,对未缴纳部分的出资是否享有以及如何行使表决权等问题,应当根据公司章程来确定。公司章程没有规定的,应当按照认缴出资的比例确定。如果股东(大)会作出不按认缴出资比例而按实际出资比例或者其他标准确定表决权的决议,股东请求确认决议无效的,人民法院应当审查该决议是否符合修改公司章程所要求的表决程序,即必须经代表三分之二以上表决权的股东通过。符合的,人民法院不予支持;反之,则依法予以支持。"股东认缴的出资未届履行期限,对未缴纳部分的出资是否享有以及如何行使表决权等问题,应当根据公司章程来确定。在公司章程没有规定的情况下,如果股东会作出不按认缴出资比例而按实际出资比例或者其他标准确定的决议,股东请求确认决议无效的,人民法院应当审查该决议是否由符合修改公司章程要求的股东所持表决权的多数通过。这是因为,如果股东会作出不按认缴出资比例而按实际出资比例或者其他标准确定的决议,就相当于修改了公司章程。修改公司章程,就得由符合修改公司章程要求的股东所持表决权的多数通过。否则,其决议无效。[①] 类推适用于本问题,如果公司章程规定担保的决议机关为董事会,公司股东会就担保事项的决议经代表 2/3 以上表决权的股东通过,就相当于修改了公司章程,此时可以认为公司决议的瑕疵通过特别多数决程序予以了"矫正"。

同理对待的还有,公司章程对担保的总额及单项担保数额的限制的规定。如果公司章程对担保的总额及单项担保数额作出了限制规定,公司决议超过该限制的,如该决议经代表 2/3 以上表决权的股东通过,就相当于修改了公司章程,此时可以认为公司决议的瑕疵通过特别多数决程序予以了"矫正"。

第五节 公司担保中相对人审查义务的范围——公司决议

一、缺少公司决议授权既构成越权代表也表明相对人非善意

除非存在《民法典担保制度解释》第 8 条规定的无须公司机关决议的情形,否则缺少公司同意对外担保的机关决议法定代表人仍以公司名义与相对人签署担保合同的,为越权担保,此时也表明相对人未尽合理审查义务,相对人非善

① 参见最高人民法院民事审判第二庭:《〈全国法院民商事审判工作会议纪要〉理解与适用》,人民法院出版社 2019 年,第 130 页。

意,也就不存在表见代表制度适用的空间,担保合同对公司不发生法律效力。例如,在(2019)最高法民申 5029 号民事裁定书中,最高人民法院认为,其一,本案中,没有证据证明世晟公司为金秋公司向工商银行祥云支行的借款提供担保时履行了《公司法》第 15 条规定的决议程序。其二,世晟公司的法定代表人直接控制了该公司的公章,不能仅以《保证合同》上加盖世晟公司的公章而直接推断出该公司对法定代表人的越权担保行为进行了追认。[①] 其三,在世晟公司未提交公司权力机关决议的情况下,根据《合同法》第 50 条关于法定代表人越权代表的规定,人民法院应当审查订立合同时债权人是否善意。作为专业金融机构的工商银行祥云支行并未提交证据证明订立担保合同时对世晟公司的相应决议进行了审查,故该行不是善意相对人。

二、有公司决议授权的相对人对决议须尽合理审查义务

《民法典担保制度解释》第 7 条第 3 款规定,相对人有证据证明已对公司决议进行了合理审查,人民法院应当认定其构成善意。据此,相对人的审查对象似乎仅限于“公司决议”。但是仅审查公司决议是不够的,比如只有审查了公司章程才能知道非关联担保的决议机关是股东会还是董事会从而知道公司决议形式是否适格,才能知道公司决议的担保数额有没有超过公司章程的限制,所以相对人还须审查公司章程、公司财务报表等资料,但相对人审查这些资料的目的是“有证据证明已对公司决议进行了合理审查”。

《九民会议纪要》第 18 条规定:“《公司法》第 16 条对关联担保和非关联担保的决议机关作出了区别规定,相应地,在善意的判断标准上也应当有所区别。一种情形是,为公司股东或者实际控制人提供关联担保,《公司法》第 16 条明确规定必须由股东(大)会决议,未经股东(大)会决议,构成越权代表。在此情况下,债权人主张担保合同有效,应当提供证据证明其在订立合同时对股东(大)会决议进行了审查,决议的表决程序符合《公司法》第 16 条的规定,即在排除被担保股东表决权的情况下,该项表决由出席会议的其他股东所持表决权的过半数通过,签字人员也符合公司章程的规定。另一种情形是,公司为公司股东或

① 对该条裁判理由进行抽象归纳后则为:法定代表人越权代表公司为他人提供担保的,不能以担保合同上盖有公司印章推出是公司对越权担保行为的追认。

者实际控制人以外的人提供非关联担保,根据《公司法》第 16 条的规定,此时由公司章程规定是由董事会决议还是股东(大)会决议。无论章程是否对决议机关作出规定,也无论章程规定决议机关为董事会还是股东(大)会,根据《民法总则》第 61 条第 3 款关于'法人章程或者法人权力机构对法定代表人代表权的限制,不得对抗善意相对人'的规定,只要债权人能够证明其在订立担保合同时对董事会决议或者股东(大)会决议进行了审查,同意决议的人数及签字人员符合公司章程的规定,就应当认定其构成善意,但公司能够证明债权人明知公司章程对决议机关有明确规定的除外。"注意,条文中有关非关联担保的决议机关部分,本书作了修正,原则上必须按照公司章程的规定由股东会决议或者董事会决议,不能混淆,具体详见前文。

根据《九民会议纪要》第 18 条的规定,相对人审查公司机关决议时须尽到下列义务。

(一)相对人须审查决议的形式是否适格

决议的形式适格,指的是什么情况下需要由股东会决议,什么情况下需由董事会决议。根据《公司法》第 15 条第 1 款的规定,公司为他人提供担保(非关联担保),依照公司章程的规定,由董事会决议或者股东会决议;根据《公司法》第 15 条第 2 款的规定,公司为股东或者实际控制人提供担保的(关联担保),应当经股东会决议。另外,根据《公司法》第 135 条的规定,上市公司在一年内担保金额超过公司资产总额 30%的,应当由股东会作出决议,并经出席会议的股东所持表决权的 2/3 以上通过。可见,决议的形式适格是法律明确规定的,相对人必须遵守,如果决议形式不适格,既构成越权代表,也说明相对人未尽合理审查义务,非善意,从而没有表见代表规则的适用空间。

针对公司为实际控制人、实际出资人(隐名股东)提供担保的,一般需要审查投资关系等才能知晓,相对人是难以知道的,故应推定相对人不知道被担保人为公司的实际出资人、实际控制人,推定相对人善意,除非公司能够证明相对人知道被担保人为公司的实际控制人、实际出资人。

(二)相对人须审查股东或者董事的签名是否符合公司章程的规定

虽然有学者主张相对人对公司决议的审查限于形式审查,但形式审查也应包括在决议上签字的人员应与公司章程记载的、公司登记机关登记的人员名称相符,举例来说,章程记载的是张三,签名为“张小三”,就是不相符。不管采用什么标准,法律都不要求相对人审查签名、盖章的真伪,因为相对人不具备这个鉴别能力。实践中,有的相对人尽到实质审查的标准,在签订担保合同时甚至要求公司提供“公司股东、董事签字及公司公章印文”的样本。这样做超过了“合理审查”的标准,但小心谨慎总归是值得提倡的。决议上的签名、盖章与公司章程、股东名录等不相符的,或者具有明显瑕疵的,相对人仍与法定代表人订立担保合同的,相对人不构成善意。如前述(2012)民提字第156号案件,一审、二审都认为股东会决议上股东的签名与真实名称不一致的,仍与公司订立担保合同,属于相对人未尽合理审查义务,从而被认定为非善意。

公司以决议系伪造、变造,或董事、股东的签名系伪造等为由否认担保行为效力的,如何处理?

股东、董事签名的真伪,担保决议的形成程序是否违法,以及决议是否为伪造,非相对人的审查能力所能及,非属于审查义务范围。但是,如果公司有证据证明相对人知道或者应当知道公司决议系伪造或者变造的,董事、股东的签名是伪造的等,担保合同对公司不发生效力。原理是,这时公司法定代表人虽然形式上具有法定代表人的身份,但因在为他人提供担保事项上缺乏授权,实质上系越权代表,既然相对人知道或者应当知道,非属善意,就不构成表见代表。

(三)相对人须审查公司决议是否通过

在关联担保的情况下,相对人须审查确定:应当回避表决的关联股东不得参与表决,且该项表决由出席会议的其他股东所持表决权的过半数通过。在(2019)陕民申785号案中,陕西省高级人民法院认为,新鑫公司为其股东明泰工程公司提供担保必须经股东会决议,并由出席会议的其他股东所持表决权的过半数通过。而新鑫公司股东会决议显示,作为该公司持股51%的股东×公司未在股东会决议上签章,故认定新鑫公司提供担保未取得股东会决议同意。在此情况下西安投资公司仍与新鑫公司签订保证合同,未尽合理审查义务,其作为接受担保一方,不属于善意交易相对人。

根据《公司法》第66条第2款的规定,有限责任公司股东会会议作出决议应当经代表过半数表决权的股东通过。根据第116条第2款的规定,股份有限公司股东会作出决议,应当经出席会议的股东所持表决权过半数通过。根据《公司法》第135条的规定,上市公司在一年内担保金额超过公司资产总额30%的,应当由股东会作出决议,并经出席会议的股东所持表决权的2/3以上通过。

根据《公司法》第73条、第124条的规定,董事会会议应有过半数的董事出席方可举行;董事会作出决议,应当经全体董事的过半数通过。董事会决议的表决,应当一人一票。

(四)相对人须审查决议的内容是否明显违反法律

"明显违反法律"是个兜底条款,指相对人对公司决议的形式、内容进行了基本的法律审查,如果存在重大瑕疵或者违法的情形,置之不顾仍签订担保合同,则不能认定为善意。

三、公司承诺能否豁免相对人的审查义务

在担保合同中,提供担保的公司已经作出声明和承诺,称担保行为已经获得了公司章程或者法律规定的决议机关同意,此时能否豁免相对人的审查义务?

不可豁免,因为审查公司决议有无是相对人的义务,《公司法》第15条已经作出明确指引而相对人不予遵守,其有过错;另外,公司在担保合同中作出的声明和承诺,同担保合同中约定的担保行为一样,虽有法定代表人的签字和盖有公司印章,也不能表明这就是公司的真实意思表示。

例如,在(2019)最高法民终1603号案中,长安信托将2亿元贷给亿阳集团,亿阳集团的非全资子公司亿阳信通公司时任法定代表人曲某与长安信托签订《保证合同》,第4条约定:保证人承诺取得签署合同所必须的授权和批准(如董事会决议及股东会决议等)。之后,长安信托将债权转让与柳河农商行。因亿阳集团未按约还款,柳河农商行提起诉讼请求亿阳集团还款、亿阳信通公司承担保证责任。诉讼中,亿阳信通公司的抗辩理由主要是《保证合同》未经其股东大会决议,应对其不发生效力。

吉林省高级人民法院认为,案涉《保证合同》约定了保证人亿阳信通公司保证其提供担保已经通过了股东会或股东大会决议,合同相对方已经尽了合理审查义务。因此,案涉《保证合同》应认定为有效。

亿阳信通公司不服，上诉到最高人民法院。

最高人民法院认为，亿阳信通公司时任法定代表人曲某在《保证合同》上加盖公章、决定为他人提供担保的行为，超越了法律和公司章程规定的权限。柳河农商行主张《保证合同》中载明"亿阳信通公司保证其提供担保已经通过了股东会或股东大会决议"，但是，并未提供长安信托或者柳河农商行审查亿阳信通公司股东会决议材料的证据。《合同法》第 50 条规定："法人或者其他组织的法定代表人、负责人超越权限订立的合同，除相对人知道或者应当知道其超越权限的以外，该代表行为有效。"鉴于柳河农商行知道或者应当知道亿阳信通公司法定代表人签订《保证合同》超越权限，该《保证合同》应认定为无效。[①]

四、没有决议与决议无效、不成立、被撤销对担保合同效力的影响不同

《公司法》第 28 条第 2 款规定，股东会、董事会决议被人民法院宣告无效、撤销或者确认不成立的，公司根据该决议与善意相对人形成的民事法律关系不受影响。

依照上述条文内容，担保合同是否对公司发生效力，取决于相对人在订立担保合同时是否知道公司的决议存在无效或者被撤销、不成立的瑕疵，若不知道且不应当知道，则担保合同对公司发生效力。而没有公司决议，无例外情况下担保合同对公司不发生效力，因为没有公司决议已经表明了相对人未尽合理审查义务，非属善意。

公司就对外担保事项作出决议，决议存在瑕疵，但这表明公司具有对外担保的意思。而公司就对外担保事项没有作出过决议，甚至公司就对外担保事项根本就不知情，是法定代表人等背着公司擅自所为，法定代表人等以公司名义对外提供担保就不是公司的意思，至少不是公司的真实意思。担保合同对公司不发生效力。在分配缔约过失责任时，对外担保是公司的意思则公司具有承担责任的基础，不是公司的意思按理说公司不具有承担责任的基础。

---

① 规范表述应为"该《保证合同》应认定为对亿阳信通公司不发生法律效力"，因为越权代表制度是效果归属规范，而非效力规范。

第六节　公司担保中相对人审查义务的范围——其他资料

一、相对人须审查公司财务报表等法律明确规定的资料

上市公司购买、出售资产,或者为他人提供非关联担保,属于公司业务经营事项,可由董事会决定。但如果公司购买重大资产可能导致公司资金大量流出,出售重大资产可能导致公司事实上被出售,公司对外提供大额担保可能导致公司债务剧增,这些情况可能会给公司的长期经营和广大股东的长远利益造成重大影响,甚至影响经济社会安定,因此有必要对这些事项的决议规定特别严格的程序。《公司法》第 135 条规定,上市公司在一年内购买、出售重大资产或者向他人提供担保的金额超过公司资产总额 30%的,应当由股东会作出决议,并经出席会议的股东所持表决权的 2/3 以上通过。据此,相对人与上市公司签订担保协议时,有义务审查上市公司一年内担保金额是否超过公司资产总额的 30%,判断标准是公司提供的财务报表等资料,最好由审计机构出具相应的审计报告。上市公司一年内担保金额超过公司资产总额 30%的,就需要股东会作出同意担保的决议,否则相对人没有尽到注意义务,为非善意。

上市公司的财务报表等资料,专业性强,相对人难以理解,所以对相对人的审查义务要求不能过高。上市公司对外提供担保都需要公开披露相应信息,相对人按照公开披露的信息与上市公司订立担保合同的,就表明相对人尽到了合理的审查义务。

二、其他资料

法定代表人身份证明是不可或缺的,与相对人签署担保合同的人要有代表公司的资格。

公司的委托代理人与相对人签署担保合同的,相对人要审查公司授权委托书的内容。公司委托的代理人须经公司明确授权有代理公司签订担保合同的权力。

公司内部法定代表人以外的人员,如股东、董事、经理等以公司名义签署担保合同的,相对人须审查行为人的职责权限范围。

相对人的审查范围要具体案件具体分析，比如公司用不动产抵押的，相对人还应审查不动产登记信息，抵押权自记载于不动产登记簿时发生效力。

（2020）最高法民申4267号案件可为相对人审查的资料种类提供指引。最高人民法院认为，“本案中，彭某跃作为鹏跃公司的法定代表人，向中行宣威支行提供了彭跃公司营业执照、公司章程、股东会决议、公司股东身份证、公司股东签字及公司公章印文样本、登记于公司名下的房地产权属证书。本院认为，中行宣威支行尽到了审慎的审查义务，属于善意相对人”。

实践中相对人要注重公司机关决议、公司章程、财务报表等资料的交接手续。交接手续上要注明交接物品的名称，主要内容等，公司、相对人都要在交接手续上签字、盖章，且要保管好交接手续。交接手续万不可忽视，一个小的疏忽，就会“千里之堤，溃于蚁穴”，决定诉讼的成败。公司提供的公司章程要加盖公司的印章，是公司正在用的章程；债权人也可从公司登记机关调取备案章程，由登记机关盖章。

综上，相对人须尽合理审查义务，这既体现了法律要求相对人力所能及，也体现了法律对公司为他人提供担保的立法态度：原则禁止、例外允许、严格规范。

第七节　公司代理人越权担保中相对人善意的认定

广义上讲，越权担保，既包括法定代表人超越权限代表公司与相对人订立担保合同，也包括法定代表人以外的人，如公司股东、董事、监事、经理、委托代理人等，未经公司授权、超越所授权限或者授权终止后，以公司名义与相对人订立担保合同。后者适用代理规则，其实质是无权代理在公司担保中的体现。

一、无权代理中相对人善意的认定

法定代表人基于法律规定天然代表着公司，依照法律或者公司章程的规定代表公司从事民事活动，无须专门的另行授权。而公司委托代理人并非天然代表公司，其权限来源于公司的专门授权。公司代理人的权限受公司授权范围的限制，有授权则有权力，无授权则无权力。司法实践中审查代理人权限时，应注重有无授权及授予权限的范围。

所以，公司委托代理人代理公司与相对人签署担保合同的，相对人除了须尽法定代表人代表公司签署担保合同情形下的合理审查义务，还须审查公司向行为人出具的授权委托书，以查明有无专门授权及授予权限的范围。

如果行为人（非法定代表人）没有公司授权委托书、超越委托书授予权限的范围，或者代理权终止后，仍代理公司与相对人签署担保合同的，无权代理行为原则上应认定为对被代理人（公司）不发生效力，除非构成表见代理。

二、职务代理中相对人善意的认定

现代社会中经济主体规模巨大、交易频繁，不可能所有交易活动都由法定代表人亲自实施，于是职务代理制度应运而生，法人的员工只要被委任工作，除非另有规定，其自然享有相应的代理权，而无须法人再次单独授权。《民法典》第 170 条第 1 款规定，执行法人或者非法人组织工作任务的人员，就其职权范围内的事项，以法人或者非法人组织的名义实施的民事法律行为，对法人或者非法人组织发生效力。对于超越权限的职务代理，本着维护交易安全的要求，注重对善意第三人利益的保护，《民法典》第 170 条第 2 款规定，法人或者非法人组织对执行其工作任务的人员职权范围的限制，不得对抗善意相对人。据此，只要交易相对人对职权限制不知情，即产生合法有效职务代理的法律后果。在越权职务代理中，交易相对人对该职权限制不知情，即为善意。因为该职权限制为内部限制，不具有公示性，外部人员难以知晓，故交易相对人的善意是推定的，无须相对人证明，法人或者非法人组织主张相对人对该职权限制知情的，由法人或者非法人组织承担举证责任。

法定代表人以外的人，如公司股东、董事、监事、经理等公司内部人员，有无以公司名义与相对人订立担保合同的职权，取决于其职责权限。一般情况下，第三人信赖法定代表人有代表权的外观，其他人员不具有代表权的外观，其他人员代表公司签订相应合同是基于其职务而享有职务范围内的代理权。如采购员可以代表公司采购，销售员可以代表公司销售，信贷员可以代表公司贷款等。只要在职务范围内，公司员工即可以代理公司行为，而无须再由法定代表人签字同意。[①] 故，就像需要审查公司法定代表人身份证明一样，相对人同样有

① 参见江必新、何东宁等主编：《最高人民法院指导性案例裁判规则理解与适用 · 公司卷》，中国法制出版社 2011 年版，第 66 页。

义务审查行为人(法定代表人以外的人)的职责权限。如果行为人的职责权限没有代理公司签署担保合同,也无专门的授权委托书,其是没有资格代理公司签署担保合同的,其行为是无权代理。

故,公司内部的其他人员以公司名义签订担保合同的,相对人除了尽法定代表人代表公司签署担保合同情形下的合理审查义务,还须审查行为人的职权范围。对行为人的职权范围尽到合理审查义务的相对人才能被认定为善意。公司内部对工作人员职权范围的限制,公司主张相对人知情的应由公司予以证明。

三、代理中相对人善意与否的举证原则——谁主张,谁举证

(一)相对人向行为人主张权利时的举证责任

相对人向行为人主张权利的,行为人就相对人的非善意承担举证责任。《民法典》第171条第3款规定“行为人实施的行为未被追认的,善意相对人有权请求行为人履行债务或者就其受到的损害请求行为人赔偿”。交易中,相对人最关注的是交易目的能否实现,比如货物能否买到、价款能否收到、建筑工程能否按质按时竣工等,至于对交易对方是谁的关注也是为了合同目的能否实现。所以在行为人以“被代理人”名义与相对人交易时,行为人是“无权代理行为”的直接实施者,行为人就“代理权限”具有过错,要承担行为引发的法律后果,比如相对人可请求行为人直接履行债务以实现合同目的,或者请求行为人赔偿损失。相对人请求行为人赔偿损失的,行为人可主张相对人在订立合同时就知道或者应当知道行为人无权代理,也具有过错,过失相抵以减少自己的赔偿责任。根据“谁主张,谁举证”的原则,行为人就“相对人知道或者应当知道行为人无权代理”承担举证责任。对于相对人“善意”的举证责任分配,2022年3月1日起施行的《最高人民法院关于适用〈中华人民共和国民法典〉总则编若干问题的解释》(以下简称《民法典总则编解释》)第27条规定:“无权代理行为未被追认,相对人请求行为人履行债务或者赔偿损失的,由行为人就相对人知道或者应当知道行为人无权代理承担举证责任。行为人不能证明的,人民法院依法支持相对人的相应诉讼请求;行为人能够证明的,人民法院应当按照各自的过错认定行为人与相对人的责任。”

（二）表见代理中的举证责任

相对人主张表见代理而发生争议的，相对人应证明行为人存在代理权的外观；被代理人应当就相对人为恶意承担举证责任。《民法典总则编解释》第28条规定："同时符合下列条件的，人民法院可以认定为民法典第一百七十二条规定的相对人有理由相信行为人有代理权：（一）存在代理权的外观；（二）相对人不知道行为人行为时没有代理权，且无过失。因是否构成表见代理发生争议的，相对人应当就无权代理符合前款第一项规定的条件承担举证责任；被代理人应当就相对人不符合前款第二项规定的条件承担举证责任。"

根据"谁主张，谁举证"的原则，相对人请求被代理人承担"无权代理行为构成表见代理"的法律后果的，必然主张"行为人存在代理权的外观"，相对人对此应承担举证责任。相对人证明存在代理权的外观的，被代理人为了不受"无权代理行为"的约束可主张相对人非善意或存在过失不构成表见代理，同理，被代理人对此承担举证责任。

第五章 越权担保合同的效力评判

作为相对人，在接受公司提供的担保时最为关注担保合同的效力。如果担保合同被认定为对公司不发生效力或者无效，会降低担保债权实现的比例。

《公司法》第 15 条并未涉及违反本条之后的法律效果，属不完全法条，导致在《九民会议纪要》之前，该条的适用极其混乱。混乱聚焦于：公司的法定代表人或者其他人员违反法定程序（即未经股东会、董事会决议）而擅自以公司名义实施的对外担保行为的效力如何认定问题。针对该问题，在《九民会议纪要》之前，各地裁判机构、同一裁判机构的不同裁判人员，甚至同一裁判人员在不同案件中的裁判标准不一，导致司法公信力受到严重影响。最高人民法院统计了 2006~2015 年全国法院审结的 455 件公司未经法定程序对外担保的商事案件，认定担保合同有效的判决占 49.8%，认定担保合同无效的判决占 50.2%。[①]

针对《公司法》第 15 条的认识，理论上主要存在"法律规范属性说""代表权限制说""内部管理规范说"。

在《九民会议纪要》之前，裁判者通常以"法律规范属性说"和"内部管理规范说"为路径识别《公司法》第 15 条，将《公司法》第 15 条作为直接判断担保合同效力的依据。其中，"法律规范属性说"以《公司法》第 15 条系强制性规定为前提，在此基础上认定该条款属于效力性强制性规定或是管理性强制性规定。若为效力性强制性规定，则法定代表人超越权限以公司名义提供担保的行为无效；反之，若为管理性强制性规定，则不影响担保合同的效力，若无影响合同效

---

① 参见最高人民法院民事审判第二庭：《〈全国法院民商事审判工作会议纪要〉理解与适用》，人民法院出版社 2019 年版，第 179 页。

力的其他瑕疵,越权担保合同有效。

“内部管理规范说”认为《公司法》第15条针对公司担保决议形成机制的规定,属于公司内部行为的管理规范,不具有对抗善意相对人的效力。不同于合同法之类的交易法、行为法,公司法是典型的组织法,注重规范内部的组织结构,核心在于解决公司内部治理问题,配置公司内部的权力与权利。“内部管理规范说”割裂了内部管理规范和外部行为的关系,因而受到批评。

《九民会议纪要》采“代表权限制说”,其第17条规定:“为防止法定代表人随意代表公司为他人提供担保给公司造成损失,损害中小股东利益,《公司法》第16条对法定代表人的代表权进行了限制。根据该条规定,担保行为不是法定代表人所能单独决定的事项,而必须以公司股东(大)会、董事会等公司机关的决议作为授权的基础和来源。法定代表人未经授权擅自为他人提供担保的,构成越权代表,人民法院应当根据《合同法》第50条关于法定代表人越权代表的规定,区分订立合同时债权人是否善意分别认定合同效力……”虽然《民法典》及其司法解释将《公司法》第15条定性为“权限性规范”,摒弃了“法律规范属性说”和“内部管理规范说”的识别路径,但学术上仍争议不止,今天正确明天不一定正确,今天错误明天不一定错误;以及“前事不忘,后事之师”,以前的案件对今天及今后仍有借鉴意义,所以有必要介绍“法律规范属性说”的识别路径。

第一节　将《公司法》第15条认定为管理性强制性规定

一、典型案例

在《最高人民法院公报》2015年第2期所载(2012)民提字第156号民事判决中,振邦集团公司系振邦股份公司的股东。振邦集团公司向招行东港支行申请贷款,振邦股份公司向招行东港支行出具了《不可撤销担保书》承诺对上述贷款承担连带保证责任。招行东港支行与振邦股份公司又分别签订了两份《抵押合同》,约定以振邦股份公司所有的不动产对上述贷款承担担保责任,并办理了抵押登记。后,招行东港支行按照合同约定将1496.5万元贷款转入振邦集团公司账户。贷款到期后,振邦集团公司未能还本付息,振邦股份公司也未履行担保义务。招行东港支行提起诉讼,请求振邦集团公司还本付息、振邦股份公司承担担保责任。

担保人振邦股份公司的股东共有 8 个,分别为振邦集团公司、天津环渤海创业投资管理有限公司、中绿实业有限公司、辽宁科技创业投资有限责任公司、泰山绿色产业有限公司、大连科技风险投资基金有限公司、王某刚、张某忠。

振邦股份公司作为担保人给招行东港支行提供的《股东大会担保决议》未经股东大会同意,振邦股份公司压根未就此事召开过股东大会,[①]同时还存在下列瑕疵:

第一,《股东大会担保决议》上盖有名称为"辽宁科技创业投资责任公司"的印章,按公司法规定不可能存在"责任公司"这种名称。

第二,大连科技风险投资基金有限公司,在 2003 年就已经将名称由"大连科技风险投资有限公司"变更为现名称"大连科技风险投资基金有限公司",而《股东大会担保决议》形成于 2006 年,其上所盖的名为"大连科技风险投资有限公司"的印章系作废旧印章。

第三,振邦集团公司作为振邦股份公司的股东,本不应参加此担保事项的表决,但《股东大会担保决议》上却盖有振邦集团公司的印章。

第四,《股东大会担保决议》上盖的"天津环渤海创业投资管理有限公司""中绿实业有限公司""辽宁科技创业投资责任公司""大连科技风险投资有限公司"的印章均系虚假印章。

最高人民法院再审认为,案涉《抵押合同》及《不可撤销担保书》系担保人振邦股份公司为其股东振邦集团公司之负债向债权人招行东港支行作出的担保行为。公司作为不同于自然人的法人主体,其合同行为在接受合同法规制的同时,当受作为公司特别规范的公司法的制约。《公司法》第 15 条第 2 款规定:"公司为公司股东或者实际控制人提供担保的,应当经股东会决议。"上述公司法规定已然明确了其立法本意在于限制公司主体行为,防止公司的实际控制人或者高级管理人员损害公司、小股东或公司债权人的利益,故其实质是内部控制程序,不能以此约束交易相对人。故此上述规定宜理解为管理性强制性规范。对违反该规范的,原则上不宜认定合同无效。另外,如作为效力性规范认

① 股东会决议存在未召开会议情形的,决议不成立。本案中的《股东大会决议》系伪造。

定将会降低交易效率和损害交易安全。比如股东会何时召开，以什么样的形式召开，何人能够代表股东表达真实的意志，均超出交易相对人的判断和控制能力范围，如以违反股东会决议程序而判令合同无效，必将降低交易效率，同时也给公司动辄以违反股东会决议主张合同无效的不诚信行为留下了制度缺口，最终危害交易安全，不仅有违商事行为的诚信规则，更有违公平正义。

在案事实和证据表明，案涉《股东会担保决议》确实存在部分股东印章虚假、使用变更前的公司印章等瑕疵，以及被担保股东振邦集团公司出现在《股东会担保决议》中等违背公司法规定的情形。振邦股份公司法定代表人周某良超越权限订立抵押合同及不可撤销担保书，是否构成表见代表，招行东港支行是否善意，亦是本案担保主体责任认定的关键。《合同法》第 50 条规定："法人或者其他组织的法定代表人、负责人超越权限订立的合同，除相对人知道或者应当知道超越权限的以外，该代表行为有效。"本案再审期间，招行东港支行向本院提交的新证据表明，振邦股份公司提供给招行东港支行的股东大会决议上的签字及印章与其为担保行为当时提供给招行东港支行的签字及印章样本一致。① 而振邦股份公司向招行东港支行提供担保时使用的公司印章真实，亦有其法人代表的真实签名。② 且案涉抵押担保在经过行政机关审查后也已办理了登记。③ 至此，招行东港支行在接受担保人担保行为过程中的审查义务已经完成，其有理由相信作为担保公司法定代表人的周某良本人代表行为的真实性。《股东大会担保决议》中存在的相关瑕疵必须经过鉴定机关的鉴定方能识别，必须经过查询公司工商登记才能知晓、必须谙熟公司法的相关规范④才能避免因担保公司内部管理不善导致的风险，如若将此全部归属于担保债权人的审查义务范围，未免过于严苛，亦有违合同法、担保法等保护交易安全的立法初衷。担

---

① 股东大会决议上签字、印章是伪造的，签字及印章样本也可能是伪造的，而且可能是同一主体在同一时间段内伪造的。"签字及印章样本"来自招行东港支行，证据的真实性不充分；如果来自公司登记机关的备案材料，真实性更充分些，可以认定为真实的。仅从判决书来看，该证据的真实性需要补充证明。

② 公司对外担保的决策权在于股东会或者董事会，未经股东会或者董事会决议法定代表人以公司名义对外签订担保合同，法定代表人在担保合同上的签字、盖章不能表明对外担保就是公司的真实意思表示。

③ 不动产登记中心对抵押登记材料的审查仅是形式审查，不审查抵押登记是否为公司的真实意思表示，法定代表人完全可以操纵为之，所以抵押登记不能表明对外担保就是公司的真实意思表示。

④ 难道商事主体不应该谙熟公司法的规定吗？不谙熟公司法还能受到特殊保护？

保债权人基于对担保人法定代表人身份、公司法人印章真实性的信赖，基于担保人提供的股东大会担保决议盖有担保人公司真实印章的事实，完全有理由相信该《股东大会担保决议》的真实性，无须也不可能进一步鉴别担保人提供的《股东大会担保决议》的真伪。因此，招行东港支行在接受作为非上市公司的振邦股份公司为其股东提供担保过程中，已尽到合理的审查义务，主观上构成善意。本案周某良的行为构成表见代表，振邦股份公司对案涉保证合同应承担担保责任。

二、对“管理性规范说”的反思

本案裁判思路是：第一，认定《公司法》第 15 条是管理性强制性规定，违反该规定的不能认定担保合同无效，也即缺少公司股东会决议或者股东会决议系伪造，担保合同都是有效的；第二，相对人招行东港支行是善意的，法定代表人的越权代表构成表见代表，振邦股份公司要承担担保责任。

将《公司法》第 15 条认定为管理性强制性规定，理由主要是该条是关于公司内部决策程序或者内部控制程序的规定，不能约束第三人，否则第三人的交易安全将无法获得有效保障。对于这一裁判观点，反思如下。

1.《公司法》第 15 条不属于公法，不应被认定为管理性强制性规定

管理性强制性规定，是指违反该规定，仅产生公法上的不利后果，如行政处罚；效力性强制性规定，是指违反该规定，不仅产生公法上的不利后果，而且会导致私法上的不利后果，如合同无效。二者是针对公法上的强制性规定而言的，因为只有公法上的强制性规定，才存在因违反该规定是仅承担公法责任还是不仅要承担公法责任还要承担私法上不利后果的问题。正因如此，我国台湾学者苏永钦教授将原《合同法》第 52 条①第 5 项界定为沟通公法和私法的“转介条款”，其功能在于提供一个“管道”，使违反某些公法规定的行为在私法上亦具有一定的效果。《最高人民法院关于适用〈中华人民共和国合同法〉若干问题的解释(二)》之所以将“管理性强制性规定”排除在影响合同效力的强制性规定之外，也主要是考虑到当事人违反此种规定，使其承担公法上的责任即足以实

① 《合同法》第 52 条规定：“有下列情形之一的，合同无效：(一)一方以欺诈、胁迫的手段订立合同，损害国家利益；(二)恶意串通，损害国家、集体或者第三人利益；(三)以合法形式掩盖非法目的；(四)损害社会公共利益；(五)违反法律、行政法规的强制性规定。”

现该规定的规范目的，因此无须认定所订立的合同无效。可见，只有公法上的强制性规定，才有必要区分为效力性强制性规定和管理性强制性规定。公司法定代表人违反《公司法》第 15 条对外提供担保，是否承担公法上的责任呢？对此，不仅《公司法》未作规定，其他法律也未作规定，实践中也没有哪个行政机关对该行为进行处罚或者其他制裁。[①] 因此将《公司法》第 15 条理解为公法上的强制性规定并进而将其理解为管理性强制性规定，显然无法自圆其说。

2. 管理性强制性规定排斥表见代表规则的适用

上述(2012)民提字第 156 号案例中，最高人民法院认为《公司法》第 15 条是管理性强制性规定，“对违反该规范的，原则上不宜认定合同无效”，按此逻辑应该直接认定担保合同有效、公司承担担保责任，何须再通过表见代表制度对相对人进行保护？表见代表制度表明法定代表人违反《公司法》第 15 条构成越权代表，进而影响合同效力，这与《公司法》第 15 条是管理性强制性规定“不影响合同效力”，在逻辑上是矛盾的。[②]

3. 将《公司法》第 15 条理解为管理性强制性规定与立法宗旨不符

在(2012)民提字第 156 号案中最高人民法院认为，只有将《公司法》第 15 条理解为管理性强制性规定，才能对债权人的交易安全提供全面的保护。但根据《公司法》第 1 条中“保护公司、股东和债权人的合法权益”的规定，《公司法》对公司、股东和债权人的保护是有顺位的，《公司法》应优先保护公司的合法权益，其次才是保护债权人、股东的合法权益。所以将《公司法》第 15 条理解为管理性强制性规定，法定代表人越权签订的担保合同有效，显然损害了公司的利益，与《公司法》的立法宗旨不符。《公司法》第 15 条之所以对公司对外提供担保规定了较为复杂的程序，就是因为公司对外担保的风险极大，且可能存在法定代表人利用公司对外提供担保之机“窃取”公司财产的情形，如果将其认定为管理性强制性规定，认为越权代表不影响担保合同的效力，则公司经营的安全性将荡然无存，《公司法》第 15 条的规范目的显然无法实现。[③]

---

① 上市公司违规提供担保的，证券交易所根据本所制定的《股票上市规则》等，给予上市公司主要责任人员公开谴责的处分。对于上市公司及相关人员的违规行为，证券交易所有权记入上市公司诚信档案，并向社会公开。但这些都不属于公法上的处罚，属于行业协会的处罚，证券交易所不是行政主体。

② 参见吴光荣：《〈公司法〉第 16 条真的是管理性强制性规定吗?》，载“吴生论法(微信公众号)”。

③ 参见吴光荣：《〈公司法〉第 16 条真的是管理性强制性规定吗?》，载“吴生论法(微信公众号)”。

第二节 将《公司法》第15条认定为效力性强制性规定

一、典型案例

若将《公司法》第15条认定为效力性强制性规定，则违反该规定的担保行为无效。裁判文书中可表述为：因行为违反《公司法》第15条的规定，根据《民法典》第153条第1款"违反法律、行政法规的强制性规定的民事法律行为无效"之规定，该行为应被确认为无效。

在(2020)最高法民终1143号案中，最高人民法院认为，关于中建公司的保证责任问题。中建公司2011年出具的《第三方单位担保书》中虽然有沈某霞在法定代表人处签名，并盖有中建公司的公章，根据《公司法》的相关规定，担保行为不是法定代表人所能单独决定的事项，而必须以公司股东会、董事会等公司机关的决议作为授权的基础和来源。法定代表人未经授权擅自为他人提供担保的，构成越权代表，现厦门厦工公司并未提供证据证明以中建公司名义为本案提供的担保经过了中建公司董事会或者股东会的同意，故该担保属于法定代表人未经授权擅自为他人提供担保。因此，《第三方单位担保书》应当认定无效。

二、刘俊海教授关于《公司法》第15条为效力性强制性规定的论述

《民法典担保制度解释》采取了"以对代表权力进行限制"的路径识别《公司法》第15条，回避了对《公司法》第15条法律规范性质的认定，但刘俊海教授等资深学者呼吁，立法部门和法律解释部门可大胆将《公司法》第15条定性为效力性强制性规范。关于效力性规范说的论述，刘俊海教授在其论文《公司法定代表人越权签署的担保合同效力规则的反思与重构》中进行了精湛阐述，本书根据需要对论文的部分内容直接引用以飨读者。刘俊海教授关于《公司法》第15条系效力性强制性规定的论点，可能仁者见仁，但其论据高屋建瓴，值得研习。

刘俊海教授认为，"公司对外担保制度不是任意性、倡导性规范，而是强制性规范，且是刚性的效力性规范，而非柔性的管理性规范。法定代表人越权签

署的担保合同一概无效。此说有利于引导与规范公司内部决策、民主治理与风险控制,限制与约束法定代表人对外代表权限,警示与教育外部债权人审慎注意代表权来源的真实性、合法性与关联性,精准锁定法定代表人背后公司的真实理性意思表示”。

公司对外担保制度是效力性规范的法理依据:[①]

第一,私法规范中的所有强制性规范皆为效力性规范,不存在管理性规范。将私法规范中的强制性规定肢解为效力性规范与管理性规范的思维定势(“二分法”),混淆了民事关系与行政关系,抹杀了公法与私法的边界。扑朔迷离、削足适履的“二分法”是导致各类民商事案件同案不同判的根源之一。“二分法”仅适用于公法规范,不适用于私法规范。强制性私法规范皆为效力性规范,与之抵触的私法行为一概无效。管理性规范专属于调整行政机关与行政相对人之间纵向行政管理关系的公法(行政法)范畴。私法规范既然不调整纵向管理关系,何来管理性规范?难怪有人反对将强制性规范区分为效力性规范与管理性规范,有人认为在商法上适用该分类存在先天性难度。强制性规定影响合同效力也是困扰各国的难题。为正本清源地纠正“二分法”误区并精准识别效力性规范,笔者提出三步法:首先,要从众多法律规范中筛选出强制性规范,避免把任意性或倡导性规范误读为强制性规范。如《公司法》第 68 条第 1 款与第 120 条有关董事会人数的规定为倡导性规范,而非强制性规范,与之抵触的股东会决议不因此无效。[②] 其次,要甄别该强制性规范是私法规范抑或公法规范。前者涉及横向民事主体间的权责利安排,后者涉及纵向行政机关对行政相对人的监管与服务。最后,若确信强制性规范是公法规范,要看法律是否明文规定违反该规范的民事法律行为无效;若无,纵有行政处罚条款,亦应确认其为管理性规范,与之抵触的法律行为有效。该解释方法符合“非禁即入”的自由市场理念与“法无授权不可为、法定职责必须为、违法作为必问责”的法治政府理念。若强制性规范是私法规范,要看法律是否例外明定违反该规范的法律行为有效;若无,就应确认其为效力性规范。准此以论,公司对外担保制度并非公法规

① 参见刘俊海:《公司法定代表人越权签署的担保合同效力规则的反思与重构》,载《中国法学》2020 年第 5 期。以下内容系直接引用。

② 笔者对此句内容的理解为:股东会选举董事,选举的结果形成决议。如果所选董事人数与《公司法》的规定不一致,股东会的决议不因此而无效。

范,而系私法领域的强制性规定,当然是效力性规范。

第二,效力性规范说忠实体现了法人决议制度与法定代表人制度的设计本意,理顺了公司内部决议权与外部代表权之间的源流、本末与主从关系。意思自治乃私法之魂,贯穿于商事组织法与交易法之始终。公司自治的核心是公司理性民主决议,而公司决议又依靠对外代表(或代理)行为付诸实施。因此,现行《公司法》第15条将规范重心由1993年《公司法》第60条项下的董事经理行为转变为公司担保内部意思决定程序,使之符合团体法律行为逻辑。《民法典》第61条第1款至第2款规定:"依照法律或者法人章程的规定,代表法人从事民事活动的负责人,为法人的法定代表人。法定代表人以法人名义从事的民事活动,其法律后果由法人承受。"法定代表人之所以"法定"的逻辑前提是,其代表法人时须遵循法律或者章程规定。法定代表人只有获得法人合法有效充分授权,才有资格代表法人向相对人作出或接受意思表示;否则,法定代表人会沦为无源之水、无本之木,法人也不承受越权代表的后果(权利、义务与责任)。以债权人保护为名,脱离代表权的合法性与正当性基础而默许、纵容越权代表行为,有舍本逐末之讥。公司内部决议权(决策权)与对外代表权既严格区别,又紧密相连、无缝对接,不能相互割裂、本末倒置。《九民会议纪要》第17条也承认:"担保行为不是法定代表人所能单独决定的事项,而必须以公司股东(大)会、董事会等公司机关的决议作为授权的基础和来源。"

第三,效力性规范说有助于促进公司民主治理与契约理性自由的有机融合,扭转商事裁判"去公司法化"现象。该说尊重公司治理中法人意思形成与表达的法律逻辑与商事习惯,敦促公司内部决议弘扬程序严谨、内容合法、信息透明、决策理性的民主治理精神,促进公司外部代表遵循对外表意统一化、意思表示与意思决定一致化的契约自由精神,最终实现公司内部决议制度、对外代表(包括广义代理)制度与外部契约制度的有机衔接,打破公司法与合同法的制度藩篱。一些判例在公司法合同法交叉案件中引《合同法》而弃《公司法》,动辄以契约之名扭曲公司法核心价值,以非理性的法定代表人签字代替理性的公司民主意志,以合同法律关系否定公司法律关系。结果,要么否认公司法的强制性规定尤其是效力性规范,要么将其贬为调整公司内部家务事的"家法",置于裁判依据之外。这种"重合同法、轻公司法、去公司法、边缘化公司法"的思维定势直接导致公司法基本制度(如公司民主决议、中小股东保护、公司资本与股利分配等制度）被冻结或悬空，亟待拨乱反正。公司法案件的裁判需要合同法（行为法、交易法）思维，更离不开公司法（组织法、企业法）思维。捍卫效力性规范说有助于终结“去公司法”的裁判乱象。

第四，效力性规范说契合公司为人作保的特殊性，尊重与保护公司的生存权与发展权。公司是稳就业、稳金融、稳外贸、稳外资、稳投资、稳预期的压舱石，也是落实“六保”工作尤其是保市场主体与保居民就业的生力军。在残酷的市场竞争中，公司生存与发展诚属不易。公司为人作保时并非主债务人。对外担保并非双务有偿交易。债权人无功受禄，须确保公司自愿作保，不应强行攫取不当担保利益。效力性规范说将公司对外担保决策全面导入科学民主透明理性的法治轨道，有利于确保公司在可持续发展前提下量力而行、适度为保，根除法定代表人损害公司核心利益的萧墙之祸，培育公司核心竞争力，倒逼诚实债权人放弃损人利己的机会主义心理，静待与尊重担保人公司深思熟虑的担保决策。

第五，效力性规范说有助于弘扬股权文化，保护无辜股东免受越权滥保之苦。有些债权人拒绝或怠于审慎尽调公司决议的借口是，公司决议是公司内部自己人的家务事，与债权人无关。其实，处于相对弱势地位的中小股东与控制股东、法定代表人之间经常存在利益冲突，并非“自己人”。在采取双重股权架构的上市公司（如谷歌与脸书），持股比例小的创始股东享有一股多票的特别表决权，被称为“控制权小股东”。小股东未必是非控制股东，控股股东也未必是控制股东。在控股股东仅控股不控权、中小股东不控股但控权时，股东利益冲突已经转型为控制股东与非控制股东间的冲突。在股东会审议表决对外担保事项时，控制股东因资本多数决规则而稳操胜券，异议股东仍享有知情权、监督权与诉权。而纵容法定代表人越权作保，必将悬空异议股东或董事的知情权、质询权、辩论权与表决权及公司治理的程序正义与结果正义。若控制股东与法定代表人沆瀣一气、控制权与法定代表权合二为一，滥保危害更甚。拥有充足风控资源的债权人既可精准选择优质主债务人，也可在无法获得有效担保时拒绝授信。债权人自我保护策略进退自如，实无理由以邻为壑，加害无辜股东。效力性规范将激活法定代表人对公司民主的信仰之心，对制衡规则的敬畏之心，对全体股东的感恩之心。潜在受害股东可用手投票（表决权）、用脚投票（股权出让权），也可用诉状投票（诉权）。

第六,效力性规范说有助于提高担保有效性,培育理性审慎债权人。有人主张借鉴英美法的“推定公知”或“固有授权”规则,放宽相对人审查义务,提高判定合同无效门槛,实现对交易相对人保护,但未虑及公司担保人并非主债务人的事实。债权人要感恩担保人,更要临渊履冰,审慎觅保。效力性规范说警示债权人在缔结担保合同前尽到合理审慎注意义务、提升尽调质量,赋能担保人基于理性自治的意思表示而提供真实合法充分有效的担保手段,保护债权人免遭担保合同无效之灾,加速商事流转,维护金融安全。只有最严格的制度,才能催生出最有竞争力的债权人尤其是金融机构。

第七,效力性规范说有助于平等保护债权人、担保人公司及其中小股东的三大法益诉求,同步追求交易安全、投资安全与公司善治的三大价值目标。有人主张通过对《公司法》第 15 条直接立法目的予以解释,推导出其所欲求的最佳行为范式。公司对外担保制度反对零和游戏规则,①倡导民主透明理性担保,督促债权人在尊重公司理性自治与中小股东诉求的法治轨道上获得担保利益,预防公司及其股东与债权人遭受法定代表人道德风险的三重侵害,提取不同利益相关者的最大利益公因式,画大各方利益同心圆,优化公司及其股东与债权人之间包容普惠、多赢共享的法治化营商环境。该制度事关公司生存、公司善治、中小股东保护与法定代表人信托义务等公序良俗,具有防范风险外溢的公益属性,理应被解释为效力性规范。

第八,效力性规范说有助于实现法定代表人角色精准定位,清除公司“一把手”错误思维,激活公司民主治理功能,促进公司治理现代化。有些法定代表人自我意识膨胀,误以为自己是公司唯一对外代表人与公司最高决策者合一的“一把手”。此乃法定代表权角色错位之源。殊不知,公司宏观事项决策权归股东会,中观事项决策权归董事会,微观事项决策权归经理层。法定代表人仅是公司信使而已,如公司喉舌;而股东会(董事会)如公司大脑。对外代表权源于公司决策权。真正体现公司真实意思表示的是公司决议,而非法定代表人签字或盖章。从时间轴看,先有公司内部决议行为,后有公司对外代表行为;即使公

---

① 零和游戏,源于博弈论(game theory),是指一项游戏中,游戏者有输有赢,一方所赢正是另一方所输,而游戏的总成绩永远为零。其广泛用于有赢家必有输家的竞争与对抗。非零和游戏的核心与“零和”相反,也常用“双赢”概念。“双赢”的基本理论就是“利己”不“损人”,通过谈判、合作达到皆大欢喜的结果。零和游戏在这里是指债权人的获益正是担保人的损失。

司决议追认越权代表行为、治愈代表权瑕疵，也仅意味着公司决议对外部代表行为的控制力、决定力与约束力，而不意味着代表权可凌驾于公司决议之上。从逻辑轴看，公司决议的内容与效力决定了代表权限之有无及大小。法定代表人不是公司最高决策者，不得挟代表权以令公司，擅自决定或变更公司决议内容。对外代表权要向民主决议权看齐，不得反客为主。

第九，从立法谋篇布局看，《公司法》第 15 条、第 135 条、第 185 条和第 186 条 4 个条款环环相扣、互为犄角，组成了效力性规范群。既宣示严格限制公司为人作保的态度，也敦促公司例外担保时启动民主决议程序；既禁止董事高管越权担保，也蕴含越权担保合同无效的信号，因而可诉可裁可执行。总则条款是整部法律的指南针，统领与指引法律解释。《公司法》第 15 条荣登总则，彰显了公司对外担保制度的极端重要性，绝非倡导性或政策宣示性条款。

第十，效力性规范说完全符合《民法典》第 153 条的效力性规范推定理念与《九民会议纪要》识别效力性规范的类型化方法，有助于精准识别无效担保合同。《民法典》第 153 条规定："违反法律、行政法规的强制性规定的民事法律行为无效。但是，该强制性规定不导致该民事法律行为无效的除外。违背公序良俗的民事法律行为无效。"除非有明示但书条款，否则违反强制性规定的民事法律行为一概无效。公司对外担保制度既系强制性规定并构成公序良俗组成部分，且法未明定越权担保合同有效，也完全契合《九民会议纪要》第 30 条列举的涉及"金融安全、市场秩序、国家宏观政策等公序良俗"的效力性规范。

第十一，效力性规范说有助于消除同案类案不同判现象，铸造司法公信。裁判者解释法律时须慎用自由心证与自由裁量权，以免滑入司法腐败或专横之渊。撼腐败易，去专横难。若强制性规定被误贬为任意性规定、效力性规范被降级为管理性规范，必将破坏法治统一性、权威性与可预期性，动摇公众法律信仰。而效力性规范说稳定透明、简便易行，除法定例外情形，越权担保合同一律无效，法律效果、社会效果、政治效果、伦理效果、市场效果与国际效果（六大效果）也将臻于统一。

第十二，最高人民法院近年来开始反思忽视投资安全与中小股东的狭隘思维定势。原副院长江必新认为，"当公司法定代表人未经股东会同意以公司财产对外作保、债务人无能力偿还借款时，法官即面临在债权人和公司（股东）间分配风险的问题。我们过去的惯性思维是保护交易安全，不应该让债权人承担风险,而是让公司(股东)承担。但深入思考会发现,这种保护交易安全的价值倾向并非无懈可击","司法至少应该努力在交易安全和投资安全之间实现价值平衡,特别是要给予中小股东以有效的保护"。法律是有温度的。捍卫效力性规范说,就是保护中小股东权益。法定代表人或控制股东自愿以个人资产与信用对外作保,固属个人自由,但与公司及其中小股东无涉。

第三节　对以法律规范的性质为识别路径的反思

以法律规范的性质为进路识别《公司法》第15条,有需要检讨之处:①

一、将强制性规定区分为管理性和效力性不够周延

效力性强制性规定与管理性强制性规定并非非此即彼的关系,将强制性规定区分为管理性和效力性并不周延,不能涵盖所有的强制性规定。

原《合同法》第52条规定:"有下列情形之一的,合同无效:……(五)违反法律、行政法规的强制性规定。"《合同法》施行后,一些裁判机构在适用第52条第5项时,不当地扩大了"法律、行政法规的强制性规定"的范围,从而扩大了合同无效的范围。这与合同法鼓励交易原则相冲突。有鉴于此,《最高人民法院关于适用〈中华人民共和国合同法〉若干问题的解释(二)》第14条规定:"合同法第五十二条第(五)项规定的'强制性规定',是指效力性强制性规定。"

有关效力性强制规定与管理性强制性规定的区分,学界认为源于史尚宽先生所著的《民法总论》,书中载:

"强行法,谓不问当事人之意思如何,必须适用之规定也。有'不得''应'或'须'字样者,多为强行法,但非有禁私法自治之旨趣者,仍为任意法。公法概为强行法。民法总则、物权法、亲属法及继承法,多为强行法,反之债权法多为任意法。强行规定又可分为强制规定及禁止规定。强制规定者,法律命令为一定行为之规定也;禁止规定,法律命令不为一定行为之规定也。"

"法律行为,违反强制或禁止之规定者无效,但其规定,并不以之为无效者,

① 参见高圣平:《担保法前沿问题与判解研究(第五卷)——最高人民法院新担保制度司法解释条文释评》,人民法院出版社2021年版,第64~67页。

不在此限。何谓并不以之为无效,其意义有二。其一因法律本身有明文规定其他效力者,其二自法律规定之目的言之,唯对于违反者加以制裁,以防止其行为,非以之为无效者,此种规定,称为取缔规定,与以否认法律上效力为目的之规定相对称……"意思是:违反强制性规范、禁止性规范的法律行为无效;但法律本身有明文规定其他效力者(如效力可撤销、效力待定等),以及违反取缔规定的,法律行为的效力不是"无效"。所谓取缔规定,是指根据法律规定之目的,只对违反者加以制裁以防止其实行此类行为而非确认该类行为无效的法律规定,亦即行为并不因违反该规定而无效。史尚宽先生所称的取缔性规定就是我们《民法典》第 153 条第 1 款后半句"该强制性规定不导致该民事法律行为无效的"管理性规定。

"违反强行法的法律行为无效"中的强行法为"效力性强制性规定"。故,按照违反之后的效力状态,强行法可分为"效力性强制性规定""取缔规定(管理性强制性规定)"及"法律有明文规定,违反则产生其他效力者如可撤销等的法律规范"。可见,史尚宽先生的效力规定与取缔规定的二分法是在排除法律明文规定有其他效力的规范的前提下所作的分类。[①] 欲围绕《合同法》第 52 条第 5 项对强制性规定再作区分,一个前提工作是将对合同效力已作另一维度之评价的"能为规范"剔除其适用范围,相应地,"效力性"与"管理性"的二分也就不构成对与任意性规定相对之强制性规定的封闭式分类。[②]

违反效力性强制性规定而无效只是对合同效力进行规制的规则之一,它并不是有关合同效力判断的全部规则,其与效力待定、未生效、可撤销以及其他合同无效规定之间属于并列而非包含关系。因此,《民法典》第 153 条第 1 款中的"强制性规定"并不包括有关合同效力规制的其他规定,具体来说:

第一,《民法典》第 153 条第 1 款的强制性规定不包括法律、行政法规有关要求办理批准手续的规定。尽管法律、行政法规有关批准的规定属于管理性规定,因而看似符合《民法典》第 153 条第 1 款后半句"该强制性规定不导致该民事法律行为无效的"情形,但该条后半句所谓的不导致民事法律行为无效,其后果一般是认定合同有效,即尽管违反了管理性规定,但不影响合同效力。而未

---

① 参见史尚宽:《民法总论》,中国政法大学出版社 2000 年版,第 330 页。

② 参见姚明斌:《效力性强制规范裁判之考察与检讨——以〈合同法解释二〉第 14 条的实务进展为中心》,载《中外法学》2016 年第 5 期。

经批准的合同,根据《民法典》第 502 条第 2 款的规定,其后果是未生效,不涉及是否有效的问题,难以为《民法典》第 153 条第 1 款的强制性规定所涵盖。

第二,《民法典》第 153 条第 1 款的强制性规定不包括权限性规定。关于《公司法》第 15 条的规范性质,《九民会议纪要》将其定性为有关代表权限制的规定。也就是说,法定代表人尽管一般来说可以代表公司对外从事行为,但在对外担保事项上,基于《公司法》第 15 条的规定,只有在经公司股东会或者董事会决议后才能代表公司对外提供担保,否则,就构成越权代表。一旦构成越权代表,就要根据《民法典》第 504 条的有关规定认定合同效力,而不能以《民法典》第 153 条第 1 款的规定认定合同有效或者无效。

第三,《民法典》第 153 条第 1 款的强制性规定不包括赋权性规定。实践中,在有关法律、行政法规明确规定一定情况下某些特定标的物禁止或限制转让时,就可能涉及是适用《民法典》第 153 条第 1 款还是适用《民法典》第 597 条[①]的问题。如《城市房地产管理法》第 38 条第 4 项规定:共有房地产,未经其他共有人书面同意的,不得转让。如果某共有人未经其他共有人书面同意,将共有房地产转让给他人,此时是根据《民法典》第 597 条的规定认定合同有效,还是以违反《城市房地产管理法》的强制性规定、进而根据《民法典》第 153 条第 1 款宣告合同无效?最高人民法院认为,违反《城市房地产管理法》的前述规定,只能根据《民法典》第 597 条的规定认定合同有效。在此前提下,因出卖人未取得处分权致使标的物所有权不能转移的,买受人可以解除合同并请求出卖人承担违约责任。[②]

二、违反管理性强制规定的行为未必无效

通过文义解释《民法典》第 153 条,立法并无"违反管理性强制性规定不影响行为效力"的意思,"违反管理性强制性规定不影响行为效力"只是司法实践中以偏概全。立法本意是:违反有的强制性规定的不影响行为效力。早有 2009

① 《民法典》第 597 条规定:"因出卖人未取得处分权致使标的物所有权不能转移的,买受人可以解除合同并请求出卖人承担违约责任。法律、行政法规禁止或者限制转让的标的物,依照其规定。"该条属于赋权性规定。

② 参见最高人民法院民法典贯彻实施工作领导小组主编:《中华人民共和国民法典总则编理解与适用》,人民法院出版社 2020 年版,第 756~757 页。

年《最高人民法院关于当前形势下审理民商事合同纠纷案件若干问题的指导意见》规定:“违反效力性强制规定的,人民法院应当认定合同无效;违反管理性强制性规定的,人民法院应当根据具体情形认定合同效力。”2009 年 7 月 16 日最高人民法院民二庭负责人就《关于当前形势下审理民商事合同纠纷案件若干问题的指导意见》答记者问中明确指出:“效力性强制规范着重于违反行为之法律行为的价值,以否认其法律效力为目的,违反效力性强制规范的,合同应被认定无效;而管理性强制规范着重于违反行为之事实行为价值,以禁止其行为为目的,违反管理性强制规范的,合同未必无效。”言下之意,违反管理性强制规范的合同也可能是无效的。如此,“效力性强制规范”与“管理性强制规范”区分的标准模糊不清,理论上与实务上的继续探讨实无裨益,不如直接认定违反某个法律规范的行为是否无效,不必画蛇添足先认定该强制规范是“效力性强制规范”还是“管理性强制规范”,再以此认定行为的效力。所以,刘俊海教授提出的“三步法”来确定强制规范对合同效力的影响是极有价值的。

如此看来,在《民法典》施行之后,不应该再以“二分法”来识别某一法律规范。

三、循环论证的逻辑错误

效力性强制性规定与管理性强制性规定的区分本就存在循环论证的逻辑错误:[①]法条之所以被认定为效力性强制性规定,是因为它能影响合同效力;合同效力之所以被否定,是因为它违反了效力性强制性规定。[②] 此外,根据《民法典》第 143 条,衡量法律行为有效的要素有“行为人具有相应的民事行为能力,意思表示真实,不违反法律、行政法规的强制性规定,不违背公序良俗”,对这些影响效力的要素《民法典》等法律都规定了相应的评价规范。越权代表行为、无权代理行为也属于民事法律行为的范畴,对公司法定代表人越权担保的行为效力,若再借助管理性强制性规定与效力性强制性规定的分析框架评价这一越权行为的效力,则有叠床架屋之嫌。

实际上,代表规范与代理规范同属法律行为的效果归属规范,即为将公司

---

① 参见黄忠:《违法合同的效力判定路径之辨识》,载《法学家》2010 年第 5 期。

② 参见高圣平:《公司担保问题相关法律问题研究》,载《中国法学》2013 年第 2 期。

人员的行为所产生的法律后果归属于公司的规定。[①] 以代理为例，其实质意义在于使代理人处于被代理人的位置为他进行法律行为，把它视为与被代理人自己所为法律行为后果相同。我国实行代理与代表的双轨制，但两者之间并无实质差别，皆为效果归属规范。质言之，《民法典》第 172 条（表见代理规则）、第 504 条（表见代表规则）所称"代理行为有效""该代表行为有效"指的是行为的法律效果由代理人或者法人承受，而不是代理人或代表人所为的法律行为有效；在解释上，不应将狭义无权代理解释为效力待定的合同，待定的只是代理行为的效果归属。[②]《民法典》第 504 条将原《合同法》第 50 条中的"该代表行为有效"修改为"该代表行为有效，订立的合同对法人或者非法人组织发生效力"。准此，法定代表人越权行为的核心首先不在于行为的有效或无效，而是该行为是否对公司产生效力即行为的法律后果是否由公司承受，至于公司最终是否应承担责任，应从两方面考察：如果该越权担保的行为效力归属于公司，若担保合同有效，则公司承担担保责任，反之则公司承担赔偿责任；如果该越权担保的行为效力不归属于公司，则无论担保合同是否有效，从应然上讲公司均不承担法律责任。

四、实施效果上的两难困境

在实施效果上，对效力性强制性规定与管理性强制性规定的区分必然陷入两难困境：无论《公司法》第 15 条是效力性强制性规定还是管理性强制性规定，违反该条的担保行为效力可以直接判断出来，不必再以越权代表制度认定行为效力。如认定《公司法》第 15 条是效力性强制性规定，该越权担保行为可直接被认定为无效，此时对善意相对人的保护显示出不足的缺点，如相对人在接受公司提供担保之时，已经审查公司章程和公司担保决议，但章程或者决议存在无效情事，非为相对人所应知道，仍令担保合同无效，对相对人过于严苛；如认定《公司法》第 15 条是管理性强制性规定，则对恶意相对人保护过度，如相对人明知法定代表人未经公司决议即签订担保合同，仍令担保合同有效，有违法律

---

① 参见［德］迪特尔·梅迪库斯：《德国民法总论》，邵建东译，法律出版社 2001 年版，第 671 页。

② 参见王利明主编：《中华人民共和国民法总则详解》（下册），中国法制出版社 2017 年版，第 717 页。

特别规制公司担保行为的立法目的。[1]

综上,效力性强制性规定与管理性强制性规定的区分本身在合理性上即存疑义,私法上的越权交易更是不能囊括在此二分格局之下。

第四节　将《公司法》第 15 条认定为权限性规定

正是看到"法律规范属性"路径的不足,《九民会议纪要》之前的个别裁判采用"代表权限制说",认为《公司法》第 15 条作为公司法规定的规范,属于组织规范的范畴,限制的是法定代表人的代表权限,即法定代表人尽管可以一般地代表公司对外从事行为,但对于担保行为,因其涉及公司及股东的重大利益,不是法定代表人所能单独决定的事项,而必须以公司股东会、董事会等公司机关的决议作为法定代表人代表权的基础和来源。[2]

一、典型案例

在(2017)最高法民再 210 号案中,2013 年 2 月 8 日订立的《借款担保协议》约定,林某华向林某借款,担保人栏盖有"厦门元华资产管理有限公司"(以下简称元华资产公司)字样的公章。2014 年 3 月 26 日,林某与林某华、泛华公司、标镍公司、元华资产公司、林某妍签订了《债权债务确认书》,其中泛华公司、标镍公司、元华资产公司、林某妍在确认书中确认自愿以其名下所有财产对借款本金 2700 万元及利息、违约金承担连带保证责任。

《债权债务确认书》中元华资产公司的印文非厦门市公安局批准刻制的印章所盖。元华资产公司成立于 2014 年 1 月 27 日,2014 年 2 月 11 日至 2014 年 4 月 28 日期间该公司的法定代表人是林某妍。林某华与林某妍系父女关系。除元华资产公司外,其他公司作为担保人的均出具了股东会决议或者董事会决议。

关于法定代表人林某妍以元华资产公司的名义为案涉借款提供担保的行

---

① 参见李宇:《民法总则要义:规范释论与判解集注》,法律出版社 2017 年版,第 650 页。

② 参见最高人民法院民事审判第二庭:《〈全国法院民商事审判工作会议纪要〉理解与适用》,人民法院出版社 2019 年版,第 181 页。

为效果是否应当由该公司承受的问题，最高人民法院再审认为，在公司为他人提供担保这一可能影响股东利益的场合，立法规定了公司机关决议前置程序以限制法定代表人的代表权限。在公司内部，为他人提供担保的事项并非法定代表人所能单独决定，其决定权限交由公司章程自治：要么是由公司股东集体决定，要么是委诸商业判断原则由董事会集体讨论决定；在为公司股东或实际控制人提供担保的场合，则必须交由公司其他股东集体决定。这种以决议前置的方式限制法定代表人担保权限的立法安排，其规范旨在于确保该担保行为符合公司的意思，不损害公司、股东的利益。对法定代表人超越法律、章程规定实施的越权担保行为，只有在相对人善意无过失的情况下，该担保合同的效果才归属于公司。

本案中，元华资产公司法定代表人林某妍，私刻印章、以公司名义为其父林某华的个人债务提供担保，该行为超出了其担任法定代表人的特定目的范围，违反《公司法》的规定，应当认定该担保行为系越权行为。

元华资产公司所担保的债务本息源于2012年10月8日、2012年12月26日、2013年2月8日的三份《借款担保协议》。在前述三份《借款担保协议》中，2012年10月8日、2012年12月26日的《借款担保协议》中特别约定将泛华公司、标镍公司的股东会决议作为该协议的附件。2013年2月8日的《借款担保协议》上虽然加盖了“厦门元华资产管理股份有限公司”的印章，但根据本案已经查明的事实，元华资产公司系于2014年1月27日新设成立，故应当认定林某在接受担保之时，连保证人元华资产公司在当时是否存在都未作核实，根本未尽基本的核查义务。因该合同的首部载明的担保人仅为林某妍一人，故林某关于元华资产公司在公司成立后追认担保，公章确系事后补盖的诉讼理由，明显不合常理，法院不予采信。本案的实际情况表明，林某作为债权人不仅实际知道《公司法》规定的公司为他人提供担保的程序性限制的法律规定，且在2012年10月8日、2012年12月26日的《借款担保协议》中，特别约定将泛华公司、标镍公司的股东会决议作为该协议的附件，但对元华资产公司却未作同样的要求，这种区别对待的做法本身就有违一般的商业理性。在2014年3月26日《债权债务确认书》签订之时，洪某海系持有元华资产公司90%的登记股东，林某并未向洪某海核实元华资产公司是否愿意以自身资产为林某华的债务提供担保，结合本案中实际债权人林某明和债务人林某华同为福清籍商人等其他背景事实,足以认定债权人林某在接受元华资产公司提供的担保时,对林某妍实施的损害洪某海利益的担保行为,至少存在应知而未知的重大过失。申请人元华资产公司关于公司大股东洪某海对案涉担保行为并不知情,林某妍以公司名义为林某华担保的行为未经洪某海的同意,林某并非善意无过失的相对人的申请理由成立,法院予以支持。被申请人林某关于元华资产公司应当承担相应的担保责任的诉讼理由不能成立,法院不予支持。原审判决以印章真伪、法定代表人身份等形式要素判断林某妍代表权的有无和第三人信赖利益的范围,对法律的理解并不准确,最高人民法院予以纠正。遂判决确认元华资产公司不承担担保行为引起的一切责任。

二、最高人民法院对越权担保的裁判观点

《九民会议纪要》在"关于公司为他人提供担保"部分开篇就规定:"关于公司为他人提供担保的合同效力问题,审判实践中裁判尺度不统一,严重影响了司法公信力,有必要予以规范。"

《九民会议纪要》用了 7 个条文对 2018 年《公司法》第 16 条予以补充和完善,但会议纪要毕竟不是裁判依据,[①]2021 年 1 月 1 日起施行的《民法典担保制度解释》吸收了会议纪要中的绝大部分内容,使《九民会议纪要》中关于公司对外担保的大部分内容上升为裁判依据。

未有公司决议授权,法定代表人以公司名义在"担保合同"上签字、盖章,是否对公司具有效力?这个问题的关键是"签署担保合同"是不是公司的一般性事务。如果是公司的一般性事务,就属于法定代表人的代表权限范围,根据《民法典》第 61 条第 2 款担保合同的法律后果由公司承受。从《公司法》第 15 条的内容来看,该条是对法定代表人权限的限制,限制法定代表人擅自以公司名义对外提供担保。显然,公司对外提供担保不属于公司的"一般性事务",法定代表人在签署对外担保合同时必须有相应公司机关决议的授权。

所以,法定代表人尽管可以一般性地代表公司对外行为,但对外担保行为,

① 《最高人民法院关于印发〈全国法院民商事审判工作会议纪要〉的通知》(法〔2019〕254 号)中明确了纪要的应用范围:"纪要不是司法解释,不能作为裁判依据进行援引。《会议纪要》发布后,人民法院尚未审结的一审、二审案件,在裁判文书'本院认为'部分具体分析法律适用的理由时,可以根据《会议纪要》的相关规定进行说理。"

因其涉及公司、股东的重大利益，不是法定代表人所能单独决定的事项，而必须要以公司股东会、董事会的决议作为法定代表人在该事项上代表权的基础和来源。《九民会议纪要》第 17 条明确规定："为防止法定代表人随意代表公司为他人提供担保给公司造成损失，损害中小股东利益，《公司法》第 16 条对法定代表人的代表权进行了限制。根据该条规定，担保行为不是法定代表人所能单独决定的事项，而必须以公司股东（大）会、董事会等公司机关的决议作为授权的基础和来源。法定代表人未经授权擅自为他人提供担保的，构成越权代表……"

关于越权担保的效力，判断规则如下：

第一步是根据《公司法》第 15 条的规定判断是否构成越权代表。根据《公司法》第 15 条的规定，越权代表表现为：（1）非关联担保的，须经公司章程规定的董事会或者股东会决议授权，因此，法定代表人在没有上述适格决议授权的情况下擅自对外提供担保的，构成越权代表；（2）为公司股东或者实际控制人提供的关联担保，应当经股东会决议授权。未经股东会决议授权，或者仅有董事会决议授权的，都构成越权代表。

（不构成越权代表的，则担保合同对公司发生效力，由公司承担担保合同的法律后果。公司承担什么样的法律后果，要由"民事法律行为的效力评价规范"进行评判，经评判后，担保合同有效的则公司承担合同有效的法律后果，担保合同无效的则公司承担合同无效的法律后果、担保合同可撤销的则公司承担合同可撤销的法律后果……）

构成越权代表的，则进入第二步。

第二步是认定相对人是否构成善意。相对人善意，是指订立担保合同时相对人不知道且不应当知道法定代表人超越权限。因为《公司法》第 15 条是对代表权的法定限制，所以相对人的善意由自己证明。相对人有证据证明已对公司决议进行了合理审查，人民法院应当认定其构成善意，但是公司有证据证明相对人知道或者应当知道决议系伪造、变造的除外。

第三步是要依照《民法典》第 504 条的规定，区分缔约时相对人是否善意认定越权代表行为的效力是否归属于公司。（1）相对人善意的，构成表见代表，发生有权代表的效果，担保合同对公司发生效力，由公司承受担保合同的法律后果。（2）相对人非善意的，不构成表见代表，担保合同对公司不发生效力；相对人请求公司承担赔偿责任的，参照适用《民法典担保制度解释》第 17 条的有关规定。公司不承担担保责任,并不意味着公司不承担任何责任。公司对担保合同不发生效力有过失的,仍然应当参照《民法典担保制度解释》第 17 条的有关规定承担缔约过失责任。

《民法典担保制度解释》第 7 条第 1 款和第 3 款对上述内容概括为:“公司的法定代表人违反公司法关于公司对外担保决议程序的规定,超越权限代表公司与相对人订立担保合同,人民法院应当依照民法典第六十一条和第五百零四条等规定处理:(一)相对人善意的,担保合同对公司发生效力;相对人请求公司承担担保责任的,人民法院应予支持;(二)相对人非善意的,担保合同对公司不发生效力;相对人请求公司承担赔偿责任的,参照适用本解释第十七条的有关规定。”“第一款所称的善意,是指相对人在订立担保合同时不知道且不应当知道法定代表人超越权限。相对人有证据证明已对公司决议进行了合理审查,人民法院应当认定其构成善意,但是公司有证据证明相对人知道或者应当知道决议系伪造、变造的除外。”

第五节 将《公司法》第 15 条认定为内部管理规范

《九民会议纪要》明确将《公司法》第 15 条认定为对法定代表人代表权限或者代理人代理权限的法定限制,但是,在《九民会议纪要》实施后甚至在《民法典担保制度解释》实施后仍有裁判观点认为,公司为他人的债务提供担保是否经股东会或者董事会决议,属于公司内部控制程序,相对人不受公司内部控制程序的约束,对公司担保决议不负有审查义务,否则将严重影响交易安全,有违诚信及公平,因此,公司为他人的债务提供担保是否经股东会或者董事会决议,不影响担保合同的效力。①

一、典型案例

在内蒙古自治区高级人民法院(2021)内民终 349 号金融借款合同纠纷一案中,建昌营煤业公司中的股东持股比例为:宝马煤炭公司占股 75%,赤峰宝山

① 参见高圣平:《论相对人审查义务视角下的公司担保决议——基于〈民法典〉实施之后的裁判分歧的展开和分析》,载《法制与社会发展(双月刊)》2022 年第 6 期(总第 168 期)。

能源(集团)有限公司占股15%,赤峰市元宝山区元宝山镇南荒村民委员会占股10%。2012年7月10日,建昌营煤业公司董事会7名董事作出决议:“经董事会决议程序同意,以公司采矿权向宝马煤炭公司在工行并购贷款1.88亿元提供全程抵押担保。”后又签订抵押合同并办理了抵押登记。2012年7月19日,宝马煤炭公司与工行元宝山支行签订借款合同,借期60个月。因借款人未按约偿还债务,工行提起诉讼请求债务人履行债务,担保人承担担保责任。

本案的争议焦点为建昌营煤业公司是否应对案涉借款承担抵押担保责任。本案中,建昌营煤业公司主张对外进行抵押担保未经股东会决议,案涉抵押担保行为无效。对此内蒙古自治区高级人民法院认为,《公司法》规定的目的在于因担保行为的风险性而确定公司对外担保系公司的真实意思表示,从而保护公司、股东和债权人的合法权益。公司对外提供担保是否经股东会或股东大会决议,是公司内部控制程序,不应将其作为认定合同无效的依据,否则将危害交易安全,有违诚信及公平。本案中,建昌营煤业公司向宝马煤炭公司提供担保召开了董事会,董事决议由宝山能源法定代表人程某忠与赤峰南荒村法定代表人王某太签字,且建昌营煤业公司与工行元宝山支行签订的抵押合同上加盖了公章及法定代表人姜某利签字确认,说明公司各股东对公司提供担保事宜明知,不属于擅自以公司资产为公司股东的债务提供担保的情形,对此工行元宝商支行尽到了合理注意义务。……案涉董事会决议及法定代表人的签字、建昌营煤业的公章均说明提供抵押担保,不属于擅自以公司资产为公司股东的债务提供担保的情形。建昌营煤业公司为宝马煤炭公司提供担保是其真实意思表示,且没有损害其他股东利益。故一审判决判令建昌营煤业公司对宝马煤炭公司欠付的工行元宝山支行的案涉借款承担抵押担保责任,并无不当。

二、评析

由于笔者看不到案件的全部资料,故本书不评论上述案件的裁判结果是否符合法律规定,只评论裁判说理是否符合法律规定。《九民会议纪要》实施后甚至在《民法典担保制度解释》实施后仍将《公司法》第15条认定为内部管理规范,除了上述案件外,还有河北省沧州市中级人民法院(2021)冀09民终7216号案件等。“内部管理规范说”割裂了内部管理规范和外部行为的关系,将公司担保决议的效力局限于公司内部,片面强调对相对人的保护,而严重忽视对公司利益的保护，使得《公司法》第15条规范公司对外担保行为、保护公司合法权益的目的落空。“内部管理规范说”为了交易安全不区分相对人善意与否，而获得交易安全保护的基本前提正是相对人善意，所以逻辑上难以自圆其说，该学说应予摒弃。

上述（2021）内民终349号金融借款合同纠纷一案中，内蒙古自治区高级人民法院认为，建昌营煤业公司就对外担保由董事会作出了董事会决议，董事会决议上有其他两个非关联股东的法定代表人签字，“实质大于形式”，该董事会决议实质上相当于股东会决议，进而认为公司各股东对公司提供担保事宜明知，不属于擅自以公司资产为公司股东的债务提供担保的情形，建昌营煤业公司为宝马煤炭公司提供担保是其真实意思表示，且没有损害其他股东利益，故判令建昌营煤业公司对宝马煤炭公司欠付的工行元宝山支行的案涉借款承担抵押担保责任。如此看来，裁判结果是正确的，只是裁判说理不符现行法律的精神。

第六节　公司对外担保与公司人格否认

【案件名称】

江苏省南京市中级人民法院（2005）宁破监字第1号麦科特纺织南京有限公司企业法人破产还债案。

【案例要旨】

控股股东滥用股东权利，用公司资产为自身债务作抵押，使公司丧失履行债务的能力和存续基础，损害公司、公司债权人、中小股东及其他相关者的利益，属于过度控制行为，抵押行为无效。

【案情简介】

麦科特集团纺织有限公司（以下简称集团公司），系麦科特纺织南京有限公司（以下简称南京公司）控股股东，占股95%。

2002年11月25日，集团公司与中国银行股份有限公司惠州分行（以下简称中行惠州分行）签订7750万元的借款合同。同日南京公司与中行惠州分行签订最高额抵押合同。合同约定：南京公司将其“全部”土地51413.6平方米的使用权及房产28852.2平方米，为集团公司与中行惠州分行签订的借款合同承担本金不超过3719.6万元的抵押担保责任,担保期间自2002年11月1日起至2007年12月31日,并在登记部门办理了抵押登记。后集团公司无法履行还款义务,南京公司进入破产程序,银行起诉要求以南京公司抵押合同项下的不动产拍卖价款优先受偿。

另查明,南京第二棉纺织厂破产后,对破产财产进行审计评估、对企业职工解除合同补偿金进行测算后,集团公司以零价格整体接收职工和企业资产,成立南京公司。南京第二棉纺织厂企业资产以职工补偿金的形式,由职工带入南京公司。

【法院裁判】

一审人民法院认为,董事、经理不得将公司资产为本公司的股东债务或其他个人债务提供担保。集团公司利用其控股地位,为自身债务将南京公司的大部分资产抵押给其债权人,从而使南京公司丧失了履行债务的能力,损害了南京公司、南京公司职工及南京公司债权人的利益。故南京公司与中行惠州分行签订的最高额抵押合同无效。故对中行惠州分行的诉讼请求不予支持。

中行惠州分行不服,提起上诉称:(1)南京公司为集团公司提供担保是经股东会决议通过的,且所有股东均为同意,并非公司董事、经理对公司资产所作出的处分。因此不存在集团公司利用其控股地位,为自身债务将南京公司的大部分资产抵押给其债权人的情形。(2)南京第二棉纺厂与本案抵押财产的权属效力没有关联性。集团公司从南京第二棉纺厂清算组以1890万元的价格受让了本案中的厂房和土地使用权,并以该财产组建了南京公司。南京公司据此对该财产应享有所有权。集团公司是否全额支付了价款,并不影响该权属。因此原审法院认定集团公司以零价格整体接收职工和企业资产是与事实不符的,与本案抵押财产亦不存在关联性。(3)南京公司作为依法成立的企业法人,其有权以其名下的财产对外提供抵押担保,且该抵押已经登记部门办理了抵押登记手续,符合法律规定的抵押担保生效的形式和实质要件,合法有效,应当得到人民法院的确认和保护。

二审法院认为,根据集团公司与南京市六合县人民政府签订的关于集团公司购买南京第二棉纺织厂厂房、设备、土地使用权等生产性净资产的协议判断,集团公司将上述财产以实物出资的形式投入南京公司,使其成为南京公司持有95%股权的控股股东后,亦同时将其接收的原南京第二棉纺织厂的职工交由南京公司安置。据此,应当认定南京公司在接受资产的同时,亦接受对原南京第二棉纺织厂职工安置费用的承担。南京公司在此后经营不久,即为其控股股东集团公司的利益,无偿将其名下房产、土地等绝大部分实物资产抵押给了中行惠州分行,中行惠州分行在明知南京公司是为其控股股东利益而将其名下大部分财产抵押的情况下,亦予以接受。因该抵押的实现将会直接导致南京公司在未获得任何利益的情况下,全部有效资产被其控股股东集团公司实际占有,而使其他债权人及职工利益无法得到保障,因此,对该抵押行为的设定,因认定各方均存在主观恶意,且对他人造成实际损害,而应被确认为无效行为。即二审法院对银行的诉讼请求不予支持。

【评析】

本案适用的是 1993 年《公司法》。1993 年《公司法》第 60 条第 3 款规定:"董事、经理不得以公司资产为本公司的股东或者其他个人债务提供担保。"本案中担保事项是经公司股东会决议通过的,"完美"地避开了法律的规定,但结局是注定了的,只是法院通过哪条路径认定担保行为无效。本案属于由抵押合同纠纷引发的关于滥用公司控制权的诉讼,法院适用了人格否认规则。

一、公司人格否认对民事法律行为效力的影响

《九民会议纪要》第 11 条规定,公司控制股东对公司过度支配与控制,操纵公司的决策过程,使公司完全丧失独立性,沦为控制股东的工具或躯壳,严重损害公司债权人利益,应当否认公司人格,由滥用控制权的股东对公司债务承担连带责任。本案中集团公司利用控股股东地位,用南京公司资产为集团公司的债务提供担保,使南京公司丧失履行债务的能力,损害公司及公司债权人的利益,属于过度控制行为。根据《公司法》第 23 条第 1 款的规定,正常情况下是滥用股东权利的股东对公司债务承担连带责任。但本案情况特殊,股东的债权人请求公司对股东的债务承担偿还责任,是原告请求南京公司承担其股东的债务,要行使担保权拍卖南京公司的抵押资产,结果会导致南京公司的全部资产用来承担担保责任,使广大职工再次面临公司破产的局面,也使得当初政府对原南京第二棉纺织厂的职工安置措施全部落空,相当于集团公司用原南京第二棉纺织厂的职工安置财产偿还集团公司的债务。广大职工再次面临失业,政府压力很大。所以本案的处理既要讲法律,又要讲稳定。《公司法》第 21 条第 1

款规定,公司股东应当遵守法律、行政法规和公司章程,依法行使股东权利,不得滥用股东权利损害公司或者其他股东的利益。本案中集团公司滥用股东权利损害公司利益,所以担保合同无效。本案的裁判思路和结果无疑充分考虑了集团公司的不诚信行为:以接收原南京第二棉纺织厂职工为条件,无偿接收该厂的土地、房产和设备;再以上述资产出资成立南京公司,同时将上述接收的人员安置于南京公司;再用南京公司的资产为集团公司的债务提供担保,从而"合法"地侵害南京公司的财产,并"合法"甩掉了工人这个包袱。

从形式上看,本案担保合同完全符合公司法有关公司对外担保的规定,但如果认定担保合同有效,南京公司的不动产就会用来偿还集团公司的债务,导致南京公司无力经营,引发工人信访等问题(当时国有企业改制,一些下岗工人不适应被推向市场,就到政府部门信访)。所以本案的裁判是正确的。从相对人利益保护角度出发来看,本案中银行无疑是未尽到合理审查义务,对破产企业职工安置事项虽不属于其应当审查的范围,但作为理性的放贷机构应对担保人进行起码的尽职调查,应能知晓破产企业职工安置事宜,本案的裁判结果对银行来说虽然难以接受但是裁判是符合法律的。本案引发了公司内部重大决策、公司职工利益、相对人的担保债权利益三者的平衡问题的思考。保护职工利益,会损害相对人利益;保护相对人利益,会损害职工利益。左右为难之际,不妨了解该难题是怎么引起的。该难题无疑是公司的控股股东、实际控制人、董事、高级管理人员等的不法行为引起的,想遏制此等难题不妨从法律上加强规范这些人员的行为着手,特别是从刑法上对此予以严加规范。刑事上坐牢,民事上赔偿,不让违法者获利,应该能够遏制这类乱象。担保人公司倾其所有为他人债务提供担保,作为接受担保的银行应怀有警惕、善良之心,否则担保合同被认定为无效也是咎由自取。

法的价值顺位中,在某些地方某些时候会强调秩序,秩序优先。如果某个案件的裁判引起群体事件,司法部门会将法律效果与"社会效果"很好地结合起来,所以本案的担保合同注定是无效的。

本案通过否认担保人公司的人格否认担保合同的效力,此种方式有严格的适用条件,也不具有普适性,但这种方式也为提供担保的公司、相关主体多指出了一条救济路径。本案发生于 2005 年,案件将对外担保与公司人格否认结合起来,为研究二者之间的关系起到抛砖引玉的作用,故为本书采用。

二、滥用民事权利的行为不发生相应的法律效力

评析本案之所以未引用“恶意串通损害他人利益”否定合同的效力，是因为实践中难以证实恶意串通。大股东滥用股东权利属于滥用民事权利。

《民法典》第 132 条规定：“民事主体不得滥用民事权利损害国家利益、社会公共利益或者他人合法权益。”此系“不得滥用民事权利”的规定。《民法典总则编解释》第 3 条规定：“对于民法典第一百三十二条所称的滥用民事权利，人民法院可以根据权利行使的对象、目的、时间、方式、造成当事人之间利益失衡的程度等因素作出认定。行为人以损害国家利益、社会公共利益、他人合法权益为主要目的行使民事权利的，人民法院应当认定构成滥用民事权利。构成滥用民事权利的，人民法院应当认定该滥用行为不发生相应的法律效力。滥用民事权利造成损害的，依照民法典第七编等有关规定处理。”本条专门就“民事权利滥用”问题进行了规制，明确了民事权利滥用的认定规则以及法律后果。

（一）民事权利行使规制

民事权利可能存在过度行使，损害国家、集体、社会或其他人的合法利益的情况，例如，合同一方当事人因为对方轻微的违约行为就主张解除合同，滥用股东权利，过度要求保护隐私权等。任何权利都应当有边界，至少应当以其他主体的权利为边界，如果每个人都强调自己权利的绝对性，可以任意突破其他主体的权利边界，整个社会必然陷入混乱，因此在行使权利的过程中，必须考虑行使权利的正当性、合理性，必须遵循民法最基本的诚实信用原则和公平原则。

（二）民事权利滥用的界定

司法实践中如何界定滥用民事权利，一直是一个颇有争议的问题。《民法典总则编解释》第 3 条第 1 款对认定考虑因素进行了规定：“人民法院可以根据权利行使的对象、目的、时间、方式、造成当事人之间利益失衡的程度等因素做出认定”。这个标准可以从主观方面、客观方面和后果三个角度予以理解，其中“目的”是典型的主观条件；“时间、方式”事实上是推断主观目的的客观表现；“造成当事人之间利益失衡程度”实际上是民事权利滥用的结果要件。其中“目的”是最重要的认定标准，司法解释第 3 条第 2 款专门强调：“行为人以损害国

家利益、社会公共利益、他人合法权益为主要目的行使民事权利的，人民法院应当认定构成滥用民事权利。”司法解释在文字上使用了“应当”的字面表述，不同于第 1 款的“可以”，意味着在目的比较恶劣的情况下，毋需考虑结果要件，必须认定为民事权利滥用，不留自由裁量的余地。

（三）民事权利滥用的法律后果

一方面，当事人的确拥有相关民事权利，这和侵权行为有所不同，不能因为当事人滥用民事权利就全盘否定其依法享有的民事权利；另一方面，滥用民事权利应当受到法律否定性的评价和惩罚性的对待已经是业内通识，但否定性评价的种类和如何惩罚是个难题。在民事法律行为效力上是不成立、无效还是可撤销；在法律后果上是否可以要求承担侵权赔偿责任，实践中一直存在争论。《民法典总则编解释》第 3 条第 3 款对此进行了明确，规定“构成滥用民事权利的，人民法院应当认定该滥用行为不发生相应的法律效力”，对于“不发生相应的法律效力”的含义司法解释没有进一步的解释。就形成权而言，不产生相应的法律后果比较好理解，如滥用合同解除权不产生解除合同的后果；就请求权而言则存在争议，有人认为“不发生相应的法律效力”类似于“不受法律保护”，也就是说当事人还是有权行使所享有的相应民事权利，但在滥用民事权利的情况下不享有诉权，没有公权力做保障，对方当事人自愿接受的法律不予干预。有人认为二者并不完全一样，主张“不发生相应的法律效力”比“不受法律保护”更严厉，指绝对不产生法律效力，这意味着相对人即便接受以后还可以反悔。实践中到底如何适用，最终还需要最高人民法院通过公告判例予以厘定。关于是否可以要求民事赔偿的问题，司法解释明确规定可以按照侵权责任编的相关规定要求滥用民事权利的主体承担赔偿责任。

本案中集团公司利用控股股东地位将南京公司的资产为集团公司的债务提供担保，致使南京公司无力继续经营，显然存在滥用股东权利的问题，按照《民法典总则编解释》第 3 条该担保行为不发生相应的法律效力，南京公司不承担担保责任。

三、股东可通过诉讼审查关联担保的合同效力

根据《公司法》第 265 条的规定，公司为其股东、实际控制人提供担保属于

关联交易。《公司法解释(五)》第 2 条规定:“关联交易合同存在无效、可撤销或者对公司不发生效力的情形,公司没有起诉合同相对方的,符合公司法第一百五十一条第一款规定条件的股东,可以依据公司法第一百五十一条第二款、第三款规定向人民法院提起诉讼。”目前我国法律体系下,公司作为合同一方,如果合同存在无效或者显失公平等可撤销情形,可以根据相关规定直接请求确认合同无效或撤销该合同。但是关联交易合同不同于一般的合同,是关联人通过关联关系促成的交易,而关联人往往控制公司或者对公司决策产生重大影响,即使合同存在无效或者可撤销的情形,公司本身也很难主动提出请求。故在关联交易中,有必要给予股东相应救济的权利。在公司不请求确认交易无效或者不撤销该交易的情形下,符合条件的股东可以根据法律规定提起股东代表诉讼,以维护公司利益,进而维护股东自身利益。

第七节 公司决议瑕疵对担保合同效力的影响

【案情】

某银行与 A 公司签订贷款合同,约定 A 公司向银行借款 2 亿元整。甲公司与某银行签订保证合同,为上述借款提供担保,担保方式为连带责任保证。甲公司提交给某银行的资料有:同意为 A 公司贷款提供担保的 1 号董事会决议、担保函等。其后,B 集团公司收购了甲公司。B 集团公司以甲公司为被告,通过诉讼方式确认甲公司提供担保的 1 号董事会决议无效,得到法院支持。

因 A 公司和甲公司没有按约定支付利息,某银行诉至法院,请求判令 A 公司还本付息,甲公司承担连带保证责任。一审判决支持了银行的诉请。

甲公司不服,上诉至最高人民法院,以公司同意提供担保的 1 号董事会决议已经被确认为无效为由主张免责。

【裁判】

法院认为,关于公司董事会和股东会决议被法院确认无效,是否影响其对外形成的法律关系效力问题。甲公司为 A 公司提供担保出于真实意思,该真实意思的形成属于公司内部的事情,即使董事会和股东会决议被法院确认无效,也只是在甲公司内部发生效力,不影响其对外形成的法律关系效力。甲公司上诉认为董事会和股东会决议被法院确认无效直接导致保证合同无效的理由,法院不予支持。

【评析】

作为组织体，公司对外提供担保，内部须形成同意对外担保的意思，表现为公司决议，外部需要由法定代表人或者代理人根据公司决议的授权以公司名义与相对人签订担保合同。如果因程序或者内容存在瑕疵，决议被人民法院宣告无效、撤销或者确认不成立的，法定代表人或者代理人依该决议与相对人订立的担保合同效力如何？

一、公司担保决议的瑕疵

（一）公司担保决议的无效

《公司法》第25条规定："公司股东会、董事会的决议内容违反法律、行政法规的无效。"

公司决议属于民事法律行为，其效力应适用民事法律行为的效力规范进行评判，比如《民法典》第153条可用来评判公司决议的效力。

对比《民法典》第153条第1款和《公司法》第25条，二者有关公司决议无效的规定不一致，如何处理呢？实质上，二者规定并不冲突，《民法典》第153条第1款是从行为角度规范的，是用来评判决议行为的效力的；《公司法》第25条是从行为结果角度规范的，是用来评判决议内容的，决议内容是决议行为的结果。行为无效，结果必定无效；结果无效，不能否认整个行为的效力，只是行为的结果无效而已。

（二）公司担保决议的撤销

《公司法》第26条第1款规定："公司股东会、董事会会议的召集程序、表决方式违反法律、行政法规或者公司章程，或者决议内容违反公司章程的，股东自决议作出之日起六十日内，可以请求人民法院撤销。但是，股东会、董事会会议的召集程序或者表决方式仅有轻微瑕疵，对决议未产生实质影响的除外。"

法律、行政法规或者公司章程对股东会、董事会会议的召集程序、表决方式作出规定的，公司应当遵守，如果违反该规定通过的决议，即为可撤销的决议。决议内容违反公司章程的，也为可撤销的决议。

(三)公司担保决议的不成立

《公司法》第 27 条规定:“有下列情形之一的,公司股东会、董事会的决议不成立:(一)未召开股东会、董事会会议作出决议;(二)股东会、董事会会议未对决议事项进行表决;(三)出席会议的人数或者所持表决权数未达到本法或者公司章程规定的人数或者所持表决权数;(四)同意决议事项的人数或者所持表决权数未达到本法或者公司章程规定的人数或者所持表决权数。”

法律行为成立与否是事实判断问题,法律行为的效力是法律价值判断问题。判断公司决议是否成立,应当从形式上予以判断,如发生《公司法》第 27 条规定的情形之一,则决议不成立,即决议不成立是事实判断问题,属于有无的范畴,只需查明公司是否依法召开会议并作出决议即可。

另外须注意,《公司法》第 27 条来源于《公司法解释(四)》第 5 条,但是作了修改。《公司法解释(四)》第 5 条第 1 项允许股东会“书面表决”方式的存在,[①]《公司法》第 27 条对书面表决方式没有规定,但《公司法》第 59 条第 3 款规定股东会可以通过书面表决行使职权,即“对本条第一款所列事项股东以书面形式一致表示同意的,可以不召开股东会会议,直接作出决定,并由全体股东在决定文件上签名或者盖章”。结合《公司法》第 27 条和第 59 条可知,未召开股东会、董事会会议作出的决议不成立,但是符合股东会书面表决的除外。股东会书面表决有着严格的适用空间,即《公司法》第 59 条第 1 款所列的股东会职权,如果公司章程规定对外担保由股东会决议,此时显然对外担保事项股东会可以适用书面表决。通过书面表决形成决定要求全体股东一致同意待决事项,不能一致同意的则决定不成立。而这又与《民法典担保制度解释》第 8 条第 1 款第 3 项的规定相冲突。《民法典担保制度解释》第 8 条第 1 款第 3 项规定“担保合同系由单独或者共同持有公司三分之二以上对担保事项有表决权的股东签字同意”,公司以其未依照公司法关于公司对外担保的规定作出决议为由主张不承担担保责任的,人民法院不予支持。后者仅要求 2/3 以上对担保事项

---

① 《公司法解释(四)》第 5 条规定:“股东会或者股东大会、董事会决议存在下列情形之一,当事人主张决议不成立的,人民法院应当予以支持:(一)公司未召开会议的,但依据公司法第三十七条第二款或者公司章程规定可以不召开股东会或者股东大会而直接作出决定,并由全体股东在决定文件上签名、盖章的除外……”

有表决权的股东签字同意。显然二者的规定不一致，存在冲突。通过历史解释来看，《公司法》第 27 条有意修改了《公司法解释（四）》第 5 条第 1 项，《公司法》第 27 条规范的对象是开会形成的"决议"，而非未开会形成的"决定"，故删除了《公司法解释（四）》第 5 条第 1 项中的"但书"部分，但是《公司法》并未排除股东会可以通过书面表决来行使职权。立法者必定注意到了股东会的书面表决，是立法者认为担保事项不适用股东会书面表决，还是立法存有瑕疵，不得而知。

总之，有关公司对外担保的股东会决议或者董事会决议被人民法院宣告无效、撤销或者确认不成立后，就意味着未形成有效的对外担保意思。进而在缺失公司对外担保的内部有效意志的情况下，公司法定代表人也就缺失了授权基础，在公司意志表达阶段其对外签订担保合同的理应视为越权担保行为。①

二、公司担保决议瑕疵对担保合同效力的影响

公司决议存在程序瑕疵或者内容瑕疵，这种公司内部行为的瑕疵是否具有"溢出效应"，影响对外担保合同的效力？

对此问题，实践中倾向于采用"内外有别"的做法。公司决议属于内部法律行为，缺少公示的社会效力，难以为外部社会所知晓，因此，依据该决议与其外部相对人形成的外部法律关系，通常不受决议瑕疵的影响，除非外部相对人知道或者应当知道公司决议存在瑕疵。《公司法》第 28 条第 1 款规定："公司股东会、董事会决议被人民法院宣告无效、撤销或者确认不成立的，公司应当向公司登记机关申请撤销根据该决议已办理的登记。"第 2 款规定："股东会、董事会决议被人民法院宣告无效、撤销或者确认不成立的，公司根据该决议与善意相对人形成的民事法律关系不受影响。"

股东会、董事会决议属于公司内部权力机关按照其权限分工对公司经营管理事项等作出的决定，对受公司法调整的本公司的民事主体有约束力，对本公司以外的他人没有约束力。股东会、董事会决议无效、不成立及撤销之诉涉及的法律关系，与公司依据该决议与公司以外的他人建立的法律关系分别是两个独立的法律关系。公司决议一经作出即推定为有效。为保护与公司交易的善

① 参见陈树森：《公司对外担保　实践 · 规则 · 理念》，法律出版社 2023 年版，第 249 页。

意相对人的利益,决议被人民法院撤销或者确认为无效、不成立,不影响公司依据该决议与善意相对人形成的民事法律关系,公司不得据此主张其与善意相对人之间的法律关系不归属于公司或者无效。“民法理论认为,保护善意相对人的立法政策是为保护交易安全。交易安全包含于与财产静的安全相对应的动的安全。静的安全是指对于主体本来享有之利益,由法律加以保护,不使他人任意夺取,亦称为享有的安全或所有的安全。动的安全是指主体依自己行为取得新的利益时,法律对于该项取得行为进行保护,不使其归于无效,其着眼于利益之取得。取得新利益的行为包括继承、接受赠与等无偿行为和交易等有偿行为,并以交易安全为动的安全之主要类型。静的安全与交易安全冲突的由来,是因为交易事项(如权利、意思、主体能力)中虚像的出现,该虚像往往是影响交易行为效力的重要因素,而交易对方善意无过失地相信了该虚像。所谓虚像,是相对于实像而言的,是指社会现象中常有看起来如此,但实际上并非如此之情形;所谓实像,是指交易诸事项的本来面貌。实像为静的安全之保护依据,而善意无过失地相信其虚像则为此时动的安全之保护依据。两种安全要求发生冲突时,势必造成一方损害,法律只能存其一而去其他,决定由何方负担损害和如何分配损害,这就是法律对静的安全和动的安全之调节。保护交易安全的立法在交易安全与静的安全发生冲突时,牺牲静的安全(实像利益)或者由静的安全享有人承受其他形式的不利益,即‘以虚像代替实像,俾资保护权利之取得者’,亦即善意无过失地相信虚像与相信实像有同等效力。交易安全之所以受保护,是因为交易相对人在交易中善意无过失。换句话说,交易人之交易行为,要获得其所期待和信赖的合法性与确定性,其主观上必须处于善意无过失的心理状态。申言之,对交易事项之虚像的信赖,须善意无过失。”①

相关公司决议作出后就应推定是有效的,特别是公司法定代表人持公司同意对外担保的决议与相对人订立担保合同时,外部相对人是难以知道公司决议的形成过程的,所以外部相对人对决议有效性不负有审查义务,否则不仅超出相对人的通常审查能力,也不当增加了交易成本,损害了交易效率。② 公司主张相对人在订立合同时知道或者应当知道公司决议瑕疵的,由公司承担举证责任。

---

① 最高人民法院民法典贯彻实施工作领导小组主编:《中华人民共和国民法典总则编理解与适用》,人民法院出版社 2020 年版,第 432~433 页。

② 参见陈树森:《公司对外担保　实践·规则·理念》,法律出版社 2023 年版,第 256 页。

本案中甲公司提供担保的董事会决议被人民法院确认为无效,但 B 集团未能提供证据证明某银行非善意,故根据该董事会决议签署的担保合同的效力未因此受到影响。本案中 B 集团收购甲公司成为甲公司的股东,其有权利提起公司决议无效之诉。公司股东、董事、监事,行使公司权力并对公司行为的合法性负有责任,所以《公司法解释(四)》第 1 条将这三类主体作为适格原告。由于司法确认决议无效是对决议内容合法性的否定,司法确认决议不成立事实上是认定不存在公司法意义上的决议,亦是对决议合法性的根本否定。因此,在理论上,与决议有直接利害关系的任何人都有权利提起该两类诉讼。根据诉的利益原则可有效防止滥诉,因此对原告资格不应作过多限制。这两类诉讼的原告还包括与股东会、董事会决议内容有直接利害关系的公司高级管理人员、公司员工、公司债权人。综上,《公司法解释(四)》第 1 条规定,公司股东、董事、监事等请求确认股东会、董事会决议无效或者不成立的,人民法院应当依法予以受理。关于诉讼时效问题,对债权请求权可以进行诉讼时效抗辩,但公司决议纠纷并非债权纠纷,故不适用诉讼时效抗辩,主张起诉超过诉讼时效,缺乏法律依据。

第六章　越权担保的民事责任

第一节　无权代理的法律后果

公司的意志不单由法定代表人来表示,还可以通过代理人来表示。《民法典》等法律对代理制度的规定甚为详细,但对代表制度的规定甚为简略。由代表引发的问题,法律未作规定的,能否类推适用代理制度的相应规定?具体来说,在分析越权代表的法律责任时,法律对越权代表未作规定的能否类推适用无权代理的相应规则?公司内部的法定代表人以外的人员,如股东、董事、监事、经理等,擅自以公司名义为他人提供担保,此时行为人不具有代表权概括授权的外观,应按照无权代理规则处理。故有必要详细阐述无权代理规则。

一、无权代理概述

代理人与被代理人是两个独立的民事主体,为避免对被代理人事务的任意介入或干预,代理人以被代理人名义实施代理行为时必须有代理权。以有无代理权为标准可以将代理分为有权代理与无权代理。"有权代理",谓有代理权之代理。在有权代理中,代理人所为意思表示或者所受意思表示,对本人直接发生效力。代理人无代理权而为代理者,称为"无权代理"。[①] 无代理权,包括自始就没有代理权、曾一度有代理权但因代理权终止而丧失代理权、逾越代理权之范围。在无权代理中,行为人虽然以被代理人的名义作出意思表示,但行为

① 参见最高人民法院民法典贯彻实施工作领导小组主编:《中华人民共和国民法典总则编理解与适用》,人民法院出版社 2020 年版,第 854 页。

人对所实施的代理行为不具有代理权。

二、无权代理的法律后果

(一)原则上对被代理人不发生效力

《民法典》第162条规定,代理人在代理权限内,以被代理人名义实施的民事法律行为,对被代理人发生效力。根据反面解释,代理人没有代理权的,无权以被代理人的名义实施民事法律行为,即使以被代理人的名义实施民事法律行为,其法律效果也不能直接约束被代理人。《民法典》第171条第1款明确规定:"行为人没有代理权、超越代理权或者代理权终止后,仍然实施代理行为,未经被代理人追认的,对被代理人不发生效力。"可见,无权代理人实施的行为以对被代理人不发生法律效力为基本原则。但也有例外,即在被代理人追认及表见代理的情况下,发生与有权代理相同的法律效果。

无权代理行为未经被代理人追认的,对被代理人不发生效力,无权代理行为的法律后果由相对人和行为人承担,具体分析如下。

1. 善意相对人有权请求行为人履行债务或者赔偿损失

《民法典》第171条第3款规定:"行为人实施的行为未被追认的,善意相对人有权请求行为人履行债务或者就其受到的损害请求行为人赔偿。但是,赔偿的范围不得超过被代理人追认时相对人所能获得的利益。"

狭义无权代理行为未经被代理人追认的,该行为的法律后果并不是行为无效,而是代理行为对被代理人不产生拘束力、在代理人与相对人之间发生代理实施的法律行为的法律效果,即善意相对人可以依据该法律行为的内容请求行为人承担两种义务:一是请求行为人履行债务,举例来说,甲擅自以乙的名义向丙购买货物,丙按照合同约定将货物送到乙处时,乙、丙方知无权代理事宜,乙拒绝接收货物。对于丙而言,目的是销售货物和收取价款,至于货卖与谁无所谓,于是丙有权要求甲履行合同:支付价款、收取货物。二是请求行为人赔偿损失。计算赔偿范围时,善意相对人主张的损害赔偿不得超过"被代理人追认时相对人所能获得的利益",是损害赔偿的可预见性规则的体现,赔偿范围须符合当事人的行为预期。

2. 非善意相对人和行为人按照各自的过错承担责任

《民法典》第 171 条第 4 款规定："相对人知道或者应当知道行为人无权代理的，相对人和行为人按照各自的过错承担责任。"

相对人知道或者应当知道行为人无权代理的，被代理人追认的，在被代理人与相对人之间发生有权代理的法律后果；如果被代理人未追认的，无权代理行为在恶意相对人和代理人之间发生法律效力。非善意相对人和行为人因无权代理行为在其二者之间产生损失的，以及给被代理人造成损失的，由非善意相对人和行为人按照各自的过错承担责任。《民法典》第 164 条第 2 款规定，代理人和相对人恶意串通，损害被代理人合法权益的，代理人和相对人应当承担连带责任。

（二）例外情形下对被代理人发生效力

1. 例外情形之一：被代理人对无权代理行为追认的

追认，是指享有追认权的民事主体事后的同意或承认。对《民法典》第 171 条第 1 款反面解释可以得出，行为人没有代理权、超越代理权或者代理权终止后，仍然实施代理行为，经被代理人追认的，对被代理人发生效力，该代理行为的法律后果由被代理人承担。被代理人的追认，补足了欠缺的代理权，效力溯及既往，使无权代理自始转化为有权代理。对无权代理行为的追认，是被代理人基于意思自治所享有的权利，其法律性质为形成权，一经追认便发生有权代理的法律效果。

（1）追认的方式。追认的意思既可以以明示方式作出，也可以以默示方式作出。明示，是指直接以明确的语言文字进行意思表示，如口头形式、书面形式、视听资料等形式。默示形式，是指以法定的或者约定的或者行业惯例确定的作为、不作为间接表示内心意思的行为。默示形式包括推定形式和沉默。推定形式，指行为人实施一定的积极行为，相对人即可依据法律规定、习惯或者合同约定间接推知意思表示。《民法典》第 503 条规定："无权代理人以被代理人的名义订立合同，被代理人已经开始履行合同义务或者接受相对人履行的，视为对合同的追认。"据此，被代理人履行合同义务或者接受履行，可推知是对无权代理人订立的合同的追认。根据《民法典》第 140 条第 2 款，沉默只有在有法律规定、当事人约定或者符合当事人之间的交易习惯时，才可以视为意思表示。

《民法通则》第 66 条第 1 款中规定:“本人知道他人以本人名义实施民事法律行为而不作否认表示的,视为同意。”《民法典》起草中对要不要吸收该规定争议很大,草案中原来是有规定的,但有观点认为这一规定与《民法典》第 171 条第 2 款规定的“相对人可以催告被代理人自收到通知之日起三十日内予以追认。被代理人未作表示的,视为拒绝追认”相冲突,故在正式通过稿中删除了,留待日后研究成熟后再作定论。笔者认为,“本人知道他人以本人名义实施民事法律行为而不作否认表示的,视为同意”是可取的,原因如下。

第一,本人知道他人以本人名义实施民事法律行为,表明本人知道自己的名义被冒用、盗用,也知道该冒用、盗用行为可能影响相对人的利益,本人不制止的,构成权利滥用,本人具有可归责性。“本人的恶意纵容和对相对人权利的漠视”具有可谴责性,这种情况尽量适用表见代理规则,或者将本人的漠视视为授予代理权,来惩罚“本人的恶意纵容”、保护善意的相对人。

第二,《民法通则》第 66 条第 1 款与《民法典》第 171 条第 2 款的规定并不冲突。《民法典》第 171 条第 2 款的事实构成是“相对人知道无权代理的事实”,所以相对人才催告被代理人追认;通过《民法通则》第 66 条第 1 款不能直接得出“相对人不知道无权代理的存在”的结论,如果相对人与行为人交易时知道无权代理事实的存在,法律没有必要保护相对人,所以《民法通则》第 66 条第 1 款的事实构成是“相对人不知道无权代理的存在,被代理人知道而不作否认表示”。可见,两个法律规范中的事实构成不一样,法律后果自然不同,二者没有冲突。《民法通则》第 66 条第 1 款说的是相对人与行为人交易时不知道行为人没有代理权,而本人知道他人以本人名义实施民事法律行为而不作否认表示,法律将本人的“沉默”视为对无权代理的追认。该规定的目的是惩罚本人的“恶意纵容”和保护善意相对人。《民法典》第 171 条第 2 款说的是相对人知道了无权代理事实后,催告被代理人追认,自收到通知之日起 30 日内被代理人未作表示的,视为拒绝追认。该规定的目的是保护被代理人的权利,本人被无权代理与相对人交易,经相对人催告,本人可以追认,也可以不追认。

举例说明:甲是乙公司的会计,于 1 月 1 日在未经授权的情况下以乙公司的名义与丙订立买卖合同,约定乙公司向丙购买货物,3 月 1 日交货,4 月 1 日支付价款。1 月 10 日,丙向乙公司发函称延期至 3 月 10 日交货,并附了合同复印件,乙公司办公室收到函后未作表示。3 月 10 日丙按照甲的指示地点交付货物。4月1日丙未收到货款,经与乙公司联络方知系甲私刻(或者擅自使用)公章以乙公司名义购买货物自己加工,本欲一个月内加工成品销售后支付丙的货款,无奈货物未能售出,无力支付货款。此假设案例中,1月10日乙公司收到丙的函后知道自己被无权代理,乙公司是否有义务告知丙事实真相?按照诚实信用原则的要求,乙公司有义务告知丙无权代理的事实,其未作任何表示违反了诚实信用义务——放任无权代理持续下去并置相对人利益于不顾,所以乙公司具有归责的事由。丙有权以"乙公司于1月10日知道自己名义被冒用订立买卖合同后而不作否认表示的,视为同意"为由,请求乙公司按照买卖合同履行义务。如果乙公司明确告知丙无权代理事实的,丙可催告乙公司追认,此时乙公司有权追认,也有权明确拒绝追认,收到催告通知后30日内未作表示的,视为拒绝追认。

"本人的沉默视为追认",需要两个条件,一是相对人与行为人交易时是善意的,不知道且不应当知道行为人缺少代理权;二是需要给本人一定的时间调查、处理名义被冒用、盗用之事,团体作为本人的,反应时间会长些,如上述假设案例中,乙公司收到函后须调查该合同是谁签订的,还要上报领导,程序上会花费很多时间。具体多长时间算是合理时间,由法官自由裁量。

相对人主张被代理人知道他人以本人名义实施民事法律行为的,由相对人承担举证责任。

综上,《民法通则》第66条第1款应改为:本人知道他人以本人名义实施民事法律行为而不及时作否认表示的,善意相对人可以视为追认。

(2)向谁追认。被代理人对无权代理的追认可向无权代理人作出。同时,根据《民法典》第171条第2款的规定,相对人可以催告被代理人自收到通知之日起30日内予以追认,故被代理人对无权代理的追认也可向交易相对人作出。

(3)追认的效果。无权代理行为发生后,被代理人享有追认或者拒绝追认的选择权,这时代理人以被代理人名义实施的民事法律行为的法律后果是否归属于被代理人处于待定状态,被代理人追认的则归属于被代理人,不追认的则不归属于被代理人。代理规范是"效果归属规范"而非评判行为效力的"效力评价规范"。无权代理纠纷,首先解决无权代理行为的效果归属,然后才是行为的效力状态。行为是否有效应由《民法典》总则编第6章"民事法律行为的效力"规范和《民法典》合同编第3章"合同的效力"规范进行评判。无权代理人以被代理人名义实施的民事法律行为的后果,如果被代理人追认的,则该行为效果由被代理人承担,然后再评价行为的效力,具体为:行为有效的,则被代理人承担行为有效的法律后果;行为最终无效的、不生效的、可撤销的、效力待定的,则被代理人承担相应的后果。如果被代理人不予追认,则该行为效果不由被代理人承担,对被代理人而言没有必要再评价行为效力的状态如何。

(4)被代理人的追认权与善意相对人的撤销权。基于平衡相对人与被代理人之间的利益关系,与被代理人享有的追认权相对应,相对人与无权代理人进行民事法律行为时,如果其不知道且不应当知道代理行为是无权代理的,则享有对无权代理行为的撤销权。善意相对人行使撤销权,就会直接地确定该无权代理行为不发生有权代理的法律效力。[①] 被代理人的追认权(包括追认的权利和拒绝追认的权利)、善意相对人的撤销权,目的都是使效力待定的民事法律行为的效力及时确定下来。两者在性质上都属于形成权,一经行使,不需要对方当事人同意即发生法律效力。法律行为的效力状态确定下来之后一般不允许再进行变更,所以,被代理人的追认权和善意相对人的撤销权在行使上是相互排斥的,无权代理行为一旦被撤销,被代理人不得再为追认;被代理人一旦追认,相对人不得再为撤销。故《民法典》第 171 条第 2 款规定,行为人实施的行为被追认前,善意相对人有撤销的权利。形成权必须通过行使才能产生效力,权利人虽享有该权利但不行使,不会影响现存的法律关系。善意相对人的撤销权应以明示方式行使,《民法典》第 171 条第 2 款规定撤销应当以通知的方式作出。

2. 例外情形之二:表见代理

无权代理行为符合表见代理构成要件的,法律后果由被代理人承担。表见代理的法理如下。

(1)外表授权是产生代理权的原因之一。依据大陆法系的意思自治原则,代理制度是私法自治的扩张和补充,应当尊重被代理人的意思,考虑被代理人的利益,故在认定代理行为的效力时必然依据实际授权。[②] 被代理人未作实际

---

① 参见最高人民法院民法典贯彻实施工作领导小组主编:《中华人民共和国民法典总则编理解与适用》,人民法院出版社 2020 年版,第 858 页。

② 参见最高人民法院民法典贯彻实施工作领导小组主编:《中华人民共和国民法典总则编理解与适用》,人民法院出版社 2020 年版,第 862 页。

授权的，自应不发生有权代理的效力。但是，当被代理人的言行使相对人相信已经授权给行为人，而实际被代理人并没有授权，这就构成了外表授权。法律不允许当事人否认别的有理智的人从他的言行中得出的合理推论，谓之禁止翻供原则。在英美法系，依据禁止翻供原则，在代理关系上确认外表授权规则，使外表授权成为产生代理权的原因之一。

（2）善意保护是近现代民法的一项基本原则。在无权代理情况下，相对人有理由相信行为人有代理权的，与之进行交易，这时一概认定该行为对被代理人不发生效力，则破坏了相对人所代表的社会大众对基本交易规则的正常预期。所以，在无权代理中，需要保护善意相对人的合法权益。

（3）在“个人权利静态安全”与“整个社会的交易动态安全”存在冲突时，在交易上有必要通过牺牲个人权利的静态安全，保护财产交易的动态安全，从而在政策导向上促进市场经济的发展，维护安全的市场交易秩序。①

故而，《民法典》第 172 条规定：“行为人没有代理权、超越代理权或者代理权终止后，仍然实施代理行为，相对人有理由相信行为人有代理权的，代理行为有效。”表见代理的法律后果是产生与有权代理相同的法律效力，即表见代理人代理实施的民事法律行为的后果，直接由被代理人承担。被代理人承担了表见代理的后果后，被代理人因此遭受的损失有权向表见代理人主张损害赔偿责任。

“相对人有理由相信行为人有代理权”，是适用表见代理制度的关键。《民法典总则编解释》第 28 条明确了认定相对人有理由相信行为人有代理权的两个条件和举证责任，该条规定：“同时符合下列条件的，人民法院可以认定为民法典第一百七十二条规定的相对人有理由相信行为人有代理权：（一）存在代理权的外观；（二）相对人不知道行为人行为时没有代理权，且无过失。因是否构成表见代理发生争议的，相对人应当就无权代理符合前款第一项规定的条件承担举证责任；被代理人应当就相对人不符合前款第二项规定的条件承担举证责任。”

因表见代理在本质上属于无权代理，故《民法典》第 171 条关于无权代理的

① 参见最高人民法院民法典贯彻实施工作领导小组主编：《中华人民共和国民法典总则编理解与适用》，人民法院出版社 2020 年版，第 863 页。

规定同样适用于表见代理的相应情形，例如，(1)允许善意相对人进行选择：主张表见代理，或者行使撤销权即主张无权代理；(2)允许被代理人对无权代理进行追认，但是表见代理规则排斥了被代理人的拒绝追认权。

第二节 越权代表的法律后果

在法人实在说之下，法定代表人并非法人的代理人，而是法人的机关，其以法人名义从事的行为就是法人的行为。《民法典》第61条第2款规定："法定代表人以法人名义从事的民事活动，其法律后果由法人承受。"法定代表人以公司名义签订的买卖合同、租赁合同、劳动合同等，其法律后果均由公司承受。这是否意味着法定代表人以公司名义签订的所有合同均对公司发生效力，比如为他人提供担保的合同，而不必考虑代表权的限制？在存在代表权法定限制或约定限制的情形下，法定代表人的代表权限实质是有限的，仅依代表关系的存在并不能直接推导出法定代表人具有概括代表权的结论。[①] 换言之，就公司一般交易而言，相对人得基于法定代表人的身份当然相信法定代表人具有相应权限，但就公司对外担保和向其他企业投资这两类具有高度影响公司利益的重大交易行为而言，《公司法》设置了特别规定，相对人自然不能相信法定代表人当然地享有代表权限，因为法定代表人只有在公司机关就对外担保作出决议的前提下才具有相应的权限（特别授权）。[②]《民法典》第61条第2款的适用以第1款为前提，即法定代表人只有在法律或法人章程规定的权限范围内以法人名义从事的民事活动，其法律后果才由法人承受。《公司法》第15条是对法定代表人代表权的法定限制，法定代表人未经公司机关决议授权擅自以公司名义为他人提供担保的，法律效果如何？《公司法》第15条并未涉及违反之后的法律效果，属不完全法条，无法独立适用，需要与其他法条配合适用。《民法典》合同编第3章"合同的效力"中第504条规定了越权订立的合同效力。《民法典》第504条规定："法人的法定代表人或者非法人组织的负责人超越权限订立的合同，除

---

① 参见高圣平：《担保法前沿问题与判解研究（第五卷）——最高人民法院新担保制度司法解释条文释评》，人民法院出版社2021年版，第87页。

② 参见高圣平：《担保法前沿问题与判解研究（第五卷）——最高人民法院新担保制度司法解释条文释评》，人民法院出版社2021年版，第69页。

相对人知道或者应当知道其超越权限外，该代表行为有效，订立的合同对法人或者非法人组织发生效力。”《公司法》中有关担保的规定与《民法典》第 504 条的结合，构成相对完全的法条，据此，公司的法定代表人违反公司法关于公司对外担保决议程序的规定，超越权限代表公司与相对人订立担保合同，构成越权代表，再依照《民法典》第 504 条确定归属效力——“相对人善意的，担保合同对公司发生效力；相对人请求公司承担担保责任的，人民法院应予支持。相对人非善意的，担保合同对公司不发生效力”。

一、从行为效果归属的角度理解《民法典》第 504 条

法人和非法人组织虽然具有缔约能力，但受其自然属性的限制，其缔约能力的行使必须假借自然人的代表。作为法定代表人的自然人具有双重人格，既作为公司的法定代表人又作为自然人本身，既有追求组织利益最大化的义务，也有追求自身利益最大化的需求，当二者发生冲突时该自然人极有可能会“损公肥私”，甚至会出现法定代表人、负责人超越法律、章程的规定利用组织从事民事活动牟取私利。由此便引发了一个问题：法定代表人、负责人所为的代表行为超出代表权限，其所实施的法律行为的效力是否仍然能够归属于法人或者非法人组织？此问题涉及交易秩序与个体利益保护之间的平衡。一方面，如果不加区分，一概承认越权代表所订立的合同对组织体发生效力，那么代表权就极易被法定代表人、负责人滥用，成为损害组织体和组织成员的工具；另一方面，如果一概认定法定代表人、负责人超越权限所订立的合同对组织体不发生效力，那么将会对交易安全和信赖利益的保护带来极大的威胁，不利于交易秩序的维护。[①]

我国对代表行为的性质采“代表说”，认为法定代表人是法人的机关，法定代表人对外所为的法律行为实际上是法人本身所为的。法定代表人的代表身份使其拥有了概括代表权的外观，并使相对人产生信赖。所以我国立法确立了越权代表行为原则有效的效力归属规则。原则有效的效力归属规则在实现了对交易安全优先保护的同时，也通过例外规定兼顾了对微观主体利益的保护：

---

① 参见最高人民法院民法典贯彻实施工作领导小组主编：《中华人民共和国民法典总则编理解与适用》，人民法院出版社 2020 年版，第 315 页。

原则上法定代表人、负责人超越权限订立的合同对法人或者非法人组织发生效力，但是，相对人知道或者应当知道法定代表人、负责人超越权限的该合同对组织不发生效力。

二、从民事法律行为的角度理解《民法典》第504条

《民法典》第143条规定："具备下列条件的民事法律行为有效：(一)行为人具有相应的民事行为能力；(二)意思表示真实；(三)不违反法律、行政法规的强制性规定，不违背公序良俗。"据此，意思表示的真实与否是影响民事法律行为效力的因素之一。

"代表"是一种行为，"代表公司对外行为"是一种行为，二者是不同的行为。笔者尝试用"两个行为说"理解《民法典》第504条。法律对"代表"的调整解决的是代表所为行为的效果归属问题，法律对"代表所为行为"的调整解决的是代表所为行为的效力状态问题。以订立合同为例，在法定代表人代表法人订立合同的行为中，包括两个民事法律行为即"代表"和"代表法人订立合同"。既然"代表"本身是民事法律行为，那么其应受《民法典》第143条等行为效力评价规范的调整，也存在效力状态的问题。代表规则与代理规则一样，都是民事法律行为的效果归属规范，二者实质上是解决"代表"的效力对"代表法人所为行为的法律后果归属"的影响问题、"代理"的效力对"代理行为的后果归属"的影响问题，即"代表""代理"有效的，则法定代表人代表法人订立的合同的效果归属于法人，受托代理人代理被代理人订立的合同的效果归属于被代理人。如果"代表""代理"有意思表示的瑕疵，根据意思自治原则，原则上代表法人所为的行为的后果不能归属于法人、代理被代理人所为的行为的后果不能归属于被代理人。"代表""代理"的效力如同公司决议一样，是内部行为，外部相对人难以知晓，外部相对人代表的是社会交易秩序，法律倾向于保护善意相对人、维护交易秩序，所以法律又规定了表见代表规则、表见代理规则。"代表公司对外行为"是一种民事法律行为，《民法典》中"民事法律行为效力规范"对其进行调整解决的是代表所为行为的效力状态问题：行为是有效、无效、可撤销还是效力待定等。调整"代表"和"代表公司对外行为"两个民事法律行为的规范共同构成了完整的调整代表纠纷规则，即由谁承担合同的法律后果，承担什么样效力状态的后果。

意思表示真实，是指行为人自由、自愿地表达出来的外在意思与其内心意思一致，不是虚假的。显然，法定代表人超越权限代表公司的行为与公司“内心意思”不一致，不是公司的真实意思表示。有观点主张“因为法定代表人是公司的机关，法定代表人超越权限所为行为就是公司的真实意思表示”。笔者不赞成这种观点。法定代表人之所以拥有代表公司的权力是因为法定代表人以公司名义行为时是为了公司的利益，“为公司利益”是代表权存在的前提，法定代表人超越权限利用身份以权谋私，此时应否认代表权的存在，代表权不存在则代表人身份自然也就不存在，公司自然不对越权行为的法律后果承担责任，当然相对人善意的除外。当前法律没有把“为公司利益”作为代表权存在的前提，导致代表领域的诸多问题。（注：法定代表人履行职务中侵害他人权益的，“履行职务”表明法定代表人为了公司的利益行使职权，此时法定代表人的代表权没有瑕疵，所以法定代表人职务侵权的后果由法人承担。）

代表规范与代理规范同属法律行为的效果归属规范。代表的实质意义是将公司人员的行为所产生的法律后果归属于公司；[①]代理的实质意义在于使代理人处于被代理人的位置为他进行法律行为，把它视为与被代理人自己所为法律行为后果相同。[②]《民法典》第 172 条、第 504 条规定的“代理行为有效”“代表行为有效”，指的是行为人的代理权限或者代理资格、代表权限或者代表资格被法律确认为是适格的、有效的，至于代理人实施的代理行为、代表人实施的代表行为是否有效应另行由民事法律行为效力规范、合同效力规范进行评判。《民法典》第 504 条规定：“……，该代表行为有效，订立的合同对法人或者非法人组织发生效力。”其中“订立的合同对法人或者非法人组织发生效力”是对“该代表行为有效”的解释。故“代理行为有效”“代表行为有效”，指的是行为的法律效果由被代理人或者法人承受，而不是代理人或代表人所为的法律行为有效；在解释上，不应将狭义无权代理理解为效力待定的合同，待定的只是代理行为的效果归属。[③] 准此，法定代表人越权行为的核心首先不在于行为的有效

① 参见［德］迪特尔・梅迪库斯：《德国民法总论》，邵建东译，法律出版社 2001 年版，第 671 页。

② 参见［德］卡尔・拉伦茨：《德国民法通论》（下），王晓晔等译，法律出版社 2013 年版，第 815 页。

③ 参见高圣平：《担保法前沿问题与判解研究（第五卷）——最高人民法院新担保制度司法解释条文释评》，人民法院出版社 2021 年版，第 66 页。

或无效,而是该行为是否对公司产生效力。①

三、从在《民法典》中的位置理解《民法典》第 504 条

《民法典》中,有关民事法律行为(包括合同)的效力评价规范置于“总则编”第 6 章第 3 节“民事法律行为的效力”及“合同编”第 3 章“合同的效力”。《民法典》第 504 条置于《民法典》合同编第 3 章“合同的效力”中,从在《民法典》中的位置来看,其应该具有评价合同效力的功能。《民法典》第 61 条第 1 款、第 2 款规定,法定代表人依照法律或者法人章程的规定以法人名义从事的民事活动,其法律后果由法人承受。由于法定代表人的代表身份使其拥有了概括代表权的外观,并使相对人产生信赖,为保护善意相对人的信赖利益,《民法典》第 504 条规定,法定代表人超越权限订立的合同,除……外,该代表行为有效,订立的合同对法人发生效力。第 504 条中的“该代表行为有效,订立的合同对法人……发生效力”,就等于第 61 条的“其法律后果由法人承受”。意即,法定代表人虽然越权订立合同,除相对人知道或者应当知道其超越权限外,法定代表人对相对人而言仍具有代表人的资格,其签订的合同的法律后果由法人承受。可见,第 504 条是效果归属规则;其效力评价的对象是“代表资格”有效还是无效,不是“越权所订立合同”的效力状态。所以说,《民法典》第 504 条的内容在《民法典》中的位置不恰当,因为第 504 条的内容不是评价合同效力状态的,应该放在“总则编”第 6 章第 3 节“民事法律行为的效力”中,因为“代表”本身也是民事法律行为。

第三节　越权担保的法律后果

一、《民法典担保制度解释》的规定

《民法典担保制度解释》第 7 条第 1 款规定:“公司的法定代表人违反公司法关于公司对外担保决议程序的规定,超越权限代表公司与相对人订立担保合同,人民法院应当依照民法典第六十一条和第五百零四条等规定处理:(一)相

① 参见高圣平:《担保法前沿问题与判解研究(第五卷)——最高人民法院新担保制度司法解释条文释评》,人民法院出版社 2021 年版,第 66 页。

对人善意的,担保合同对公司发生效力;相对人请求公司承担担保责任的,人民法院应予支持。(二)相对人非善意的,担保合同对公司不发生效力;相对人请求公司承担赔偿责任的,参照适用本解释第十七条的有关规定。”

越权担保中公司最终是否应承担法律责任,应从两方面考察:

一方面,越权担保中,相对人有证据证明已对公司决议进行了合理审查,从而主张自己在订立担保合同时不知道且不应当知道法定代表人超越权限的,人民法院应当认定其构成善意。依照《民法典》第 504 条,相对人善意的,构成表见代表,担保合同对公司发生效力即越权担保的行为效果归属于公司。此时,若担保合同经合同效力规则评判为有效,相对人请求公司承担担保责任的,人民法院应予支持;若担保合同经合同效力规则评判为无效,公司不承担担保责任,相对人有权适用《民法典担保制度解释》第 17 条的有关规定请求公司承担赔偿责任。(注意,这里使用的是“适用”,不是“参照”。《民法典担保制度解释》第 17 条规定的是担保合同无效后的民事责任。因为在表见代表中公司的身份视为是实实在在的担保人,担保合同因其他因素无效时担保人有过错的当然是“适用”《民法典担保制度解释》第 17 条的有关规定承担赔偿责任。越权担保中相对人非善意的法律后果是“担保合同对公司不发生效力”而非“担保合同无效”,但因公司对“担保合同对公司不发生效力”存在过错,为简化起见司法解释规定“参照”《民法典担保制度解释》第 17 条的有关规定为标准确定赔偿责任。)

另一方面,相对人不能证明已对公司决议进行了合理审查,而主张自己在订立担保合同时不知道且不应当知道法定代表人超越权限的,人民法院不予支持,应认定相对人不构成善意,依照《民法典》第 504 条,担保合同对公司不发生效力,即担保合同的效果不归属于公司,公司不承担担保责任。但相对人可请求对“担保合同对公司不发生效力”存在过错的担保人(公司)承担缔约过失责任。注意,这里的“公司”限缩解释为“非上市公司”,因为《民法典担保制度解释》第 9 条规定担保合同对上市公司不发生效力的其既不承担担保责任也不承担赔偿责任。

二、公司承担的赔偿责任的性质

担保合同对公司不发生效力,公司存在过错的,相对人可以请求公司承担赔偿责任。这种赔偿责任在性质上属于缔约过失责任。

公司承担的赔偿责任是相应的补充责任。(1)“补充责任”是第二顺位的责任,在第一顺位责任主体不能承担责任或者不能全部承担责任时才需要补充,起着兜底的作用。所以债权人应先请求第一顺位的责任人履行债务,第一位顺位的责任人不能履行或者不能全部履行时才能请求第二顺位的责任人偿还。《担保法司法解释》第7条规定“主合同有效而担保合同无效,债权人无过错的,担保人与债务人对主合同债权人的经济损失,承担连带赔偿责任”,《民法典担保制度解释》第17条改为补充责任,即“担保人有过错而债权人无过错的,担保人对债务人不能清偿的部分承担赔偿责任”。(2)“相应责任”是指只要有过错就要承担责任,责任大小取决于其过错大小。过错越大责任越大,过错越小责任越小,所以相应责任是按份责任,责任大小取决于过错的大小。相应责任无关承担责任的顺序问题。(3)“相应补充责任”,首先是补充责任(受害人先找第一顺位的责任人,第一顺位责任人不能清偿债务再找补充责任人);其次补充责任的大小取决于过错的大小,而不是全部兜底。所以在认定公司的赔偿责任时须考察公司对“担保合同对公司不发生效力”是否存在过错,如果公司具有过错则公司应在债务人不能清偿部分内按照公司过错大小承担相应的赔偿责任,先执行债务人的责任财产,不足部分再由公司履行清偿责任。

既然公司承担的缔约过失责任是相应责任,那么责任大小取决于其过错大小,过错越大责任越大,过错越小责任越小。但过错的大小是抽象的,难以衡量,由裁判人员结合相对人的身份、债务人身份、担保的金额、违法事项、公司内部管理情况等酌情认定。一般来说,相对人为银行等金融机构时,因其审查能力强,应课以更大的注意义务;担保金额越大注意义务就越高;法律要求的事项因具有很强的公示性,注意程度的要求就会更高。但是,截至目前绝大多数裁判往往只是笼统地认定因公司对法定代表人的监管或者公章管理存在过错,一律认定公司承担的赔偿责任为债务人不能清偿部分的1/2。缺少公司决议的如此认定,公司作出担保决议但决议不适格的也是如此认定,相对人明知决议是伪造、变造的也是如此认定;相对人为自然人的如此认定,为银行等金融机构的也是如此认定;担保金额为10万元的如此认定,为1亿元的也是如此认定;担保事项违反法律规定的如此认定,违反公司章程等内部约定的也是如此认定;为公司外部的人提供担保的如此认定,为公司法定代表人或其亲属担保的也如此认定。这种“一刀切”的裁判方式暴露出裁判权力的蛮横和粗鲁。《九民会议纪要》《民法典担保制度解释》实施后，裁判机构应注重对担保事项细节的审查，重点关注当事人过错程度的认定、赔偿责任的大小。

三、担保责任与赔偿责任的区别

担保合同无效时，担保人不承担担保责任，但相对人可请求对“担保合同对公司不发生效力”存在过错的担保人承担缔约过失赔偿责任。此种责任是一种独立责任，不因一般保证与连带责任保证而有所区别。亦即，即使是在一般保证的情况下，保证人在向主合同债权人承担缔约过失责任时，不存在先诉抗辩权问题。①

担保制度中一些专有制度不适用于担保合同无效后的赔偿责任。比如，在抵押担保、质押担保、留置中，债权人对担保物的价值享有优先受偿权，但一旦担保合同被认定为无效，享有赔偿权的债权人就沦为普通债权人，对担保物不再享有优先受偿权。

四、公司承担赔偿责任的范围

《民法典担保制度解释》第 7 条规定，相对人请求公司承担赔偿责任的，“参照”适用本解释第 17 条的有关规定。参照《民法典担保制度解释》第 17 条第 1 款②的规定，在主合同有效的前提下，法定代表人超越权限代表公司与相对人订立担保合同，相对人非善意的，担保合同对公司不发生效力，相对人请求公司承担赔偿责任的：①债权人与担保人均有过错的，担保人承担的赔偿责任不应超过债务人不能清偿部分的 1/2；②担保人有过错而债权人无过错的，担保人对债务人不能清偿的部分承担补充赔偿责任；③债权人有过错而担保人无过错的，担保人不承担赔偿责任。之所以不参照《民法典担保制度解释》第 17 条第 2 款的规定，是因为第 2 款主要针对主合同无效引起的担保合同无效情况下担保人

---

① 参见高圣平：《担保法前沿问题与判解研究（第五卷）——最高人民法院新担保制度司法解释条文释评》，人民法院出版社 2021 年版，第 158 页。

② 《民法典担保制度解释》第 17 条第 1 款规定：“主合同有效而第三人提供的担保合同无效，人民法院应当区分不同情形确定担保人的赔偿责任：（一）债权人与担保人均有过错的，担保人承担的赔偿责任不应超过债务人不能清偿部分的二分之一；（二）担保人有过错而债权人无过错的，担保人对债务人不能清偿的部分承担赔偿责任；（三）债权人有过错而担保人无过错的，担保人不承担赔偿责任。”

的赔偿责任,而不是法定代表人越权担保引起的担保合同效力瑕疵。

“对公司不发生效力”的担保合同的民事责任为缔约过失责任,赔偿范围只能是债权人相信担保合同有效但实际上不发生效力所受的损失,即信赖利益的损失。如在(2020)渝民终536号债权转让合同纠纷一案中,爱普地产公司提供连带责任保证,未按《公司法》第15条第1款的规定经股东会或董事会表决。相对人四联投资公司未对此进行审查。爱普地产公司的担保行为属于越权担保。《合同法》第58条规定:“合同无效或被撤销后,……有过错的一方应当赔偿对方因此所受到的损失,双方都有过错的,应当各自承担相应的责任。”《担保法司法解释》第7条规定:“主合同有效而担保合同无效,债权人无过错的,担保人与债务人对主合同债权人的经济损失,承担连带赔偿责任;债权人、担保人有过错的,担保人承担民事责任的部分,不应超过债务人不能清偿部分的二分之一。”该司法解释条款是针对主合同有效担保合同无效时,无效的损失应如何承担或分担的具体解释,故该司法解释条款的适用应以界定债权人因担保合同无效所受的损失为前提。依照《合同法》第58条的规定,上述司法解释第7条中的“主合同债权人的经济损失”并非指主合同债权人所有的经济损失,而是指因担保合同无效给债权人造成的损失。该损失系信赖利益损失,在本案中即债权人信赖担保合同有效所带来的利益但因担保合同无效而丧失该利益所导致的损失。对信赖利益的赔偿一般不应大于合同有效履行所得的利益。本案中,爱普地产公司与四联投资公司未约定保证期间,根据《担保法》第26条“连带责任保证的保证人与债权人未约定保证期间的,债权人有权自主债务履行期届满之日起六个月内要求保证人承担保证责任。在合同约定的保证期间和前款规定的保证期间,债权人未要求保证人承担保证责任的,保证人免除保证责任”的规定,保证期间应为主债务履行期届满之日起6个月,即2018年7月5日。四联投资公司未在该日前要求爱普地产公司承担保证责任,即使保证有效,爱普地产公司的保证责任也已免除。换言之,即使担保合同有效也不能给四联投资公司带来担保利益,所以该利益的丧失并非担保合同无效所导致的信赖利益损失。因此,四联投资公司没有因担保无效而遭受损失,爱普地产公司不承担赔偿责任。

第四节　对公司承担赔偿责任的反思

在法定代表人越权担保的情况下，只有在两种情况下公司才承担担保责任：一是被越权代表公司自愿通过民主决策程序追认越权行为，如根据公司章程或者法律规定补一个适格的董事会决议或者股东会决议，补救越权瑕疵，将越权代表行为与越权签署的合同均由“对公司不发生效力”转为“对公司发生效力”；二是善意相对人主张表见代表制度保护。前者为主动型、自愿型例外，后者为被动型、强制型例外。①

在法定代表人越权担保，公司既不追认也不构成表见代表的情况下，非善意的相对人能否请求公司承担损害赔偿责任？虽然《民法典担保制度解释》第7条第1款给出肯定的答案，非善意的相对人可以请求公司承担损害赔偿责任，但争议仍是异常激烈，下文就正反观点进行论述。

一、公司不承担赔偿责任

该观点认为，公司的法定代表人违反公司法关于公司对外担保决议程序的规定，超越权限代表公司与相对人订立担保合同，相对人非善意的，担保合同对公司不发生效力；相对人请求公司承担赔偿责任的，不予支持。即公司既不承担担保责任，也不承担赔偿责任。该观点进一步认为，依《民法典》第157条，非善意相对人依据“对公司不发生效力的担保合同”从公司取得的担保财产要返还或者折价补偿，未实际交付占有但已办理担保登记手续的，要注销担保登记，公司还有权要求相对人赔偿公司因担保而遭受的损失（如律师费与诉讼费等）；依《民法典》第154条，若相对人与法定代表人恶意串通向公司转嫁担保风险，担保合同更是无效，公司是受害者，不对侵权者担责，否则会违背公序良俗，颠覆诚实守信、公平公正的核心价值观。持此观点的代表学者有刘俊海教授。笔者认为，此种观点符合法理，也能有效遏制公司不法滥保问题，但《九民会议纪要》《民法典担保制度解释》均未采用此种观点。

---

① 参见刘俊海：《公司法定代表人越权签署的担保合同效力规则的反思与重构》，载《中国法学》2020年第5期。

（一）公司承担赔偿责任缺少法律依据

《民法典》第 388 条第 2 款规定："担保合同被确认无效后，债务人、担保人、债权人有过错的，应当根据其过错各自承担相应的民事责任。"《民法典》第 682 条第 2 款规定："保证合同被确认无效后，债务人、保证人、债权人有过错的，应当根据其过错各自承担相应的民事责任。"此两条规范普适于各类无效担保合同的缔约过错责任，《民法典担保制度解释》第 17 条是对该两条规范的解释。上述条款并未创设法定代表人越权担保合同无效时公司的缔约过错责任。理由有 4 个：①

首先，公司不是主债务人，也未作出担保授权决议，缺乏与债权人缔约的意思表示，并非担保合同缔约方，对合同无效无咎可责。② 若被越权代表公司存在创设表见代表外观事实的过错，担保合同就例外有效。既然越权担保合同无效，意味着被越权代表公司并无过错。

其次，法定代表人越权签署的无效担保合同不同于其在代表权范围内签署的无效担保合同。《民法典》第 388 条第 2 款的适用前提是：担保合同虽无效，但已成立；担保人系担保合同当事人、且具有建立担保合同关系的意思表示。而法定代表人越权担保时，公司缺乏与相对人缔约的意思表示，因而无从成立被越权代表公司与相对人的契约关系。

再次，缔约过错责任源于缔约行为。公司既无缔约行为，何来缔约过错？有过错的相对人在自责之余，可问责行为人缔约过错。

最后，相对人将无辜公司及中小股东视为"背锅侠"，有违立法本意。公司对外担保制度保护的核心法益是中小股东利益，而中小股东恰恰无力控制法定代表人，因而需要切割法定代表人越权风险。若中小股东能控制法定代表人，焉何存在法定代表人越权担保乱象？

刘俊海教授认为，即使援引《担保法司法解释》裁判法定代表人越权担保案

---

① 参见刘俊海：《公司法定代表人越权签署的担保合同效力规则的反思与重构》，载《中国法学》2020 年第 5 期。下面关于 4 个理由的阐述，直接引用原文。

② 刘俊海教授持《公司法》第 15 条系效力性强制性规范的观点，所以认为法定代表人未经公司机关决议授权签订的担保合同无效。而《民法典》认为此时应按照越权代表的规则处理，相对人善意的则担保合同对公司发生效力，相对人非善意的则担保合同对公司不发生效力。

件,也应援引第4条(而非第7条)及其上位法依据。其第4条规定:“董事、经理违反《中华人民共和国公司法》第六十条[①]的规定,以公司资产为本公司的股东或者其他个人债务提供担保的,担保合同无效。除债权人知道或者应当知道的外,债务人、担保人应当对债权人的损失承担连带赔偿责任。”若债权人明知或者应知法定代表人越权担保,被越权代表公司就不对债权人损失担责。债权人对公司对外担保制度置若罔闻,显有过错。《担保法司法解释》第4条虽指向1993年《公司法》第60条,但2005年《公司法》禁止法定代表人越权担保、保护无辜公司及股东权益的力度更大。裁判者对此不可不察。

(二)公司承担赔偿责任可能诱发道德风险

如果参照《民法典担保制度解释》第17条的规定要求公司承担赔偿责任,可能诱发相对人与公司法定代表人相互串通的道德风险。

例如,张一、张二、张三是兄弟。张一向银行贷款,银行要求提供担保。张二是A公司的法定代表人,张二在未经公司决议的情况下以A公司名义为张一的贷款与银行签订担保合同(如果经公司股东会或者董事会表决,决议通不过)。银行认为,A公司资信良好,但担保合同无效的担保人承担的赔偿责任不应超过债务人不能清偿部分的1/2,所以还是拒绝发放贷款。张三是B公司的法定代表人,张三在未经公司决议的情况下以B公司名义为张一的贷款签订担保合同(如果经公司股东会或者董事会表决,决议通不过)。银行认为,B公司资信良好,即使担保合同无效的担保人承担的赔偿责任为债务人不能清偿部分的1/2,加上A公司的1/2,银行的债权就有保障了,于是向张一发放贷款。(实践中,债务人与A公司、B公司的法定代表人关系非常隐秘,难以查证。)

上例中,公司法定代表人越权担保的目的就是将债权人不能受偿的风险转嫁给公司,要公司承担赔偿责任。这必将大幅增加公司的监督成本。虽然《民法典》第154条规定“行为人与相对人恶意串通,损害他人合法权益的民事法律行为无效”,但《最高人民法院关于民事诉讼证据的若干规定》第86条规定:“当事人对于欺诈、胁迫、恶意串通事实的证明,以及对于口头遗嘱或赠与事实的证

---

① 1993年《公司法》第60条第3款规定:“董事、经理不得以公司资产为本公司的股东或者其他个人债务提供担保。”

明，人民法院确信该待证事实存在的可能性能够排除合理怀疑的，应当认定该事实存在。”可见被越权代表的公司欲证明相对人与法定代表人恶意串通必须达到“能够排除合同怀疑”的程度，与刑事犯罪的证明标准无异，举证实难完成。举证责任的严苛标准，加上裁判标准的倾斜，诱发债权人、债务人、公司法定代表人沆瀣一气、相互串通，将债权人不能受偿的风险巧妙地转嫁给公司。

（三）缺少公司决议授权的越权代表不是职务行为

在缺少公司决议授权的情况下，法定代表人超越权限代表公司与相对人订立担保合同，此时订立合同的行为能否被认定为职务行为？如果是职务行为，则公司承担赔偿责任符合法理；如果不是职务行为，则公司承担赔偿责任不符合法理。

《民法典》第 170 条第 1 款规定：“执行法人或者非法人组织工作任务的人员，就其职权范围内的事项，以法人或者非法人组织的名义实施的民事法律行为，对法人或者非法人组织发生效力。”此是关于职务代理的规定。职务代理的构成要件之一是“就其职权范围内的事项”以法人或者非法人组织的名义实施民事法律行为，法定代表人超越代表权限范围签署担保合同显然不符合该条件，不是职务代理行为。同时，《民法典》第 170 条第 2 款规定：“法人或者非法人组织对执行其工作任务的人员职权范围的限制，不得对抗善意第三人。”因为《公司法》第 15 条是对法定代表人代表权限的法定限制，可以对抗一切人，故相对人也不可以善意为由主张是职务代理行为。

职务行为包括正常情况下法定代表人实施的代表行为和其他员工实施的职务代理行为，故职务行为的范围大于职务代理行为。法定代表人超越权限以公司名义与恶意相对人签署担保合同，是否属于职务行为呢？职务行为的判断标准，一是职权标准，代表人应在职权范围内代表公司，公司法关于公司对外担保的规定是对代表权的法定限制，越权担保是超出职权范围的行为，此标准不符合。二是名义标准，越权担保是以公司名义提供担保的，此标准符合。三是目的标准，工作人员所实施行为的目的是公司利益，或者履行职务。越权担保一般是让公司承担义务，未经授权背着公司以公司名义签订担保合同，既不是为了公司利益，也是超越公司经营范围，不是履行职务，故此标准也不符合。所以，法定代表人超越权限以公司名义与非善意相对人签署担保合同，不属于职务行为,要公司承担担保合同无效后的赔偿责任,不符合法理。

(四)公司不承担赔偿责任的其他论据

有学者从法经济学角度提出,债权人是直接的交易方,其调查或者注意成本小于公司的监督成本,将法律风险由避险成本最低的一方承担,有利于实现社会福利的最大化。①

有学者从合同无效规则角度提出,无论公司担保行为是否有效,公司总要承担责任,这种做法背离了合同无效责任的一般规则,可能使担保行为的效力判断在相当程度上失去意义,甚或妨碍担保经济功能的实现,其正当性需要予以额外论证。②

有学者从《公司法》第 15 条的立法本意角度提出,《公司法》第 15 条根据公司章程的特性所作的维护公司利益及中小股东利益的特殊安排,债权人非善意,其自行承担担保合同无效的后果并无不当。③

有学者从现实运行角度提出,在部分企业中法定代表人并非公司选任的,让公司承担法定代表人越权代表的民事责任,有失公平。④

我国台湾地区"公司法"第 16 条规定:"公司除依其他法律或公司章程规定得为保证者外,不得为任何保证人。公司负责人违反前项规定时,应自负保证责任,如公司受有损害时,亦应负赔偿责任。"据此,公司负责人违反我国台湾地区"公司法"第 16 条规定由公司负责人自负保证责任,如公司受有损害,亦应负赔偿责任。

(五)司法裁判案例

在(2019)最高法民申 2313 号案中,李某光(债权人、相对人)申请再审称,其没有义务审查上海新大陆体育中心有限公司提供的担保是否经股东会同意,即便认定担保无效,根据《担保法司法解释》第 7 条的规定:"主合同有效而担保

---

① 参见李志刚等:《公司对外担保无效之赔偿责任》,载《人民司法》2020 年第 19 期。

② 参见殷秋实:《公司担保无效责任的复位——基于责任性质、主体与效果的区分视角》,载《法学》2022 年第 2 期。

③ 参见李志刚等:《公司对外担保无效之赔偿责任》,载《人民司法》2020 年第 19 期。

④ 参见陈树森:《公司对外担保　实践 · 规则 · 理念》,法律出版社 2023 年版,第 273 页。

合同无效,债权人无过错的,担保人与债务人对主合同债权人的经济损失,承担连带赔偿责任;债权人、担保人有过错的,担保人承担民事责任的部分,不应超过债务人不能清偿部分的二分之一。”上海新大陆体育中心有限公司也应对其担保债务承担50%的赔偿责任。

对此,最高人民法院认为,本案中,公司章程明确规定了公司董事、高级管理人员不得“未经股东会同意,将公司资金借贷给他人或者以公司财产为他人提供担保”。李某报作为公司的法定代表人违反公司章程的规定进行担保属于超越权限,且李某报的行为也未经公司追认,所以,李某报出具《担保承诺书》的行为对公司不发生效力。故,李某光再审主张依据《担保法司法解释》第7条的规定“对其担保债务承担50%赔偿责任”的请求不能成立。

二、公司承担赔偿责任

这种观点认为,担保合同对公司不发生效力仅意味着公司不承担合同约定的担保责任,但并不意味着公司必然不承担任何责任。在相对人能够证明公司在选任法定代表人或者监督法定代表人行使职权中存在过错的情况下,人民法院应根据公司的过错大小酌情支持相对人要求公司承担相应赔偿责任的诉求。[①] 公司承担赔偿责任后可以请求法定代表人赔偿。《九民会议纪要》《民法典担保制度解释》均采用此种观点。

《九民会议纪要》第17条规定,法定代表人未经公司机关决议授权擅自为他人提供担保的,构成越权代表。债权人恶意的,担保合同无效,[②]债权人请求公司承担担保责任的,人民法院不予支持,但可以按照担保法及有关司法解释关于担保无效的规定处理,即公司要承担赔偿责任。理由如下:

第一,法定代表人是公司的机关,法定代表人的意思就是公司的意思。另外,“一个巴掌拍不响”“不能把板子打在债权人一个人身上”“狗链子没栓结实咬了人,主人要赔。没管住法定代表人公司存在过错,存在承担责任的理论基础”。因此,在担保合同无效的情况下,公司应当承担部分责任。

第二,法定代表人是以公司名义签订担保合同,并盖有公司的印章。在合

---

① 参见刘贵祥:《关于人民法院民商事审判若干问题的思考》,载《中国应用法学》2019年第5期。

② 《九民会议纪要》认为,越权担保中相对人非善意的,担保合同“无效”,《民法典担保制度解释》将其改为担保合同“对公司不发生效力”。

同无效的情况下,认定公司不是订约主体,法定代表人个人是订约主体,公司不承担责任,在理论上无法自圆其说,在实务上也几乎没有让法定代表人承担责任而公司不承担责任的判决。[①]

第三,既有的裁判中,公司大部分情况下都要承担一定的责任,而不是一点责任都不承担。如果公司一点责任都不承担,不会得到社会的认同,因为法定代表人就是公司的机关,就代表公司。最高人民法院在起草该规定时坚持的原则是:符合基本法理、结果大致公平、与既有的裁判思路大体保持一致、符合我国国情。[②]

因此,按此观点裁判的案例不胜枚举。在(2019)最高法民终1603号案中,关于担保公司的赔偿责任,最高人民法院认为,亿阳信通公司时任法定代表人曲某,在未按其公司章程规定经股东大会决议的情况下,擅自决定为他人提供担保,是导致《保证合同》无效的原因之一。曲某以亿阳信通公司法定代表人名义签订《保证合同》的行为属职务行为,《保证合同》上亦加盖了亿阳信通公司的公章,亿阳信通公司应对曲某职务行为的后果承担责任。亿阳信通公司对于《保证合同》无效具有主观过错,应承担相应责任。对于亿阳信通公司方面签订《保证合同》的权限,债权人未尽谨慎审查义务,其对于《保证合同》的无效也具有过错,同样应承担相应责任。根据《担保法司法解释》第7条、第9条的规定,判决:对债务人亿阳集团不能清偿部分债务,亿阳信通公司应承担50%的赔偿责任,亿阳信通公司向债权人承担赔偿责任后可以向债务人亿阳集团追偿。

《九民会议纪要》第20条又规定"公司举证证明债权人明知法定代表人超越权限或者机关决议系伪造或者变造,债权人请求公司承担合同无效后的民事责任的,人民法院不予支持"。此规定的原理是,这时公司法定代表人虽然形式上具有法定代表人的身份,但实质上已经纯粹是自然人了,与公司法定代表人是两个民事主体,既然债权人明知,就失去了让公司承担责任的法律基础,就不应当让公司承担任何责任。[③] 但《民法典担保制度解释》没有吸收该规定,而是

① 参见最高人民法院民事审判第二庭:《〈全国法院民商事审判工作会议纪要〉理解与适用》,人民法院出版社2019年版,第192页。

② 参见最高人民法院民事审判第二庭:《〈全国法院民商事审判工作会议纪要〉理解与适用》,人民法院出版社2019年版,第192页。

③ 参见最高人民法院民事审判第二庭:《〈全国法院民商事审判工作会议纪要〉理解与适用》,人民法院出版社2019年版,第193页。

在第7条第1款第2项的规定中彻底坚持了公司承担担保合同对公司不发生效力后的赔偿责任。《民法典担保制度解释》第7条第1款规定“公司的法定代表人违反公司法关于公司对外担保决议程序的规定,超越权限代表公司与相对人订立担保合同,……相对人非善意的,担保合同对公司不发生效力;相对人请求公司承担赔偿责任的,参照适用本解释第十七条的有关规定”,此规定的理由是:(1)法定代表人是公司的法定机关,对外从事的行为即便越权,也是公司的行为,本质上属于履职行为,由法定代表人个人承担责任缺乏依据。(2)公司此处承担的损害赔偿责任,性质上属于缔约过失责任,归责的条件之一是公司具有过错。最高人民法院民事审判第二庭认为,公司对法定代表人的选任监督具有过错,以及在公章管理等方面具有过错;《民法典》对法人采实在说而非拟制说,将法定代表人作为法人的机关而非代理人,故此种过错应该是公司自身的过错而非法定代表人的过错。(3)《九民会议纪要》第20条规定的“公司举证证明债权人明知法定代表人超越权限或者机关决议系伪造或者变造,债权人请求公司承担合同无效后的民事责任的,人民法院不予支持”,对此,最高人民法院民事审判第二庭认为,只要法定代表人不能提供适格决议,相对人就应该明知其超越权限提供担保,但这仅表明相对人是恶意的,并不能进一步推导出公司自身无过错。只要公司自身存在过错,其就应承担责任,故公司不能仅以相对人明知超越权限为由主张免责。针对相对人明知公司机关决议系伪造或者变造仍然接受担保,公司能否免责?最高人民法院民事审判第二庭认为,相对人明知决议是伪造或者变造仍然接受担保,往往可以认定法定代表人与相对人恶意串通损害公司利益,公司可以据此免责。①

三、两种观点的对比分析

“公司不承担赔偿责任”的观点认为,越权担保中,相对人非善意的,担保合同对公司不发生效力,公司不承担赔偿责任,相对人可以请求超越权限的法定代表人承担责任。而“公司承担赔偿责任”的观点认为,相对人可以请求公司承担赔偿责任,不可直接请求超越权限的法定代表人承担赔偿责任,公司承担赔

---

① 参见最高人民法院民事审判第二庭:《〈最高人民法院民法典担保制度司法解释〉理解与适用》,人民法院出版社2021年版,第138页。相对人明知决议是伪造或者变造仍然接受担保,与明知没有决议仍然接受担保有什么区别呢?为何前者情形中公司不承担赔偿责任而后者中要承担赔偿责任?

偿责任后可以向超越权限的法定代表人追偿。

两种观点的分歧部分源于一些事实的认定上的分歧。对法定代表人擅自以公司名义提供担保、担保合同上盖有公司印章是否为公司的过错的认定上，两种观点存在分歧，肯定观点认为是公司的过错所以公司承担赔偿责任，否定观点认为不是公司的过错所以公司不承担赔偿责任。

公司的法定代表人违反公司法关于公司对外担保决议程序的规定，超越权限代表公司与相对人订立担保合同，能否认为公司没有管理好自己的印章，没有管理好自己的法定代表人？这两点能否说明公司存在过错？这个问题把公司与法定代表人的关系类比为监护人与被监护人之间的关系了。法定监护人对限制民事行为能力人实施的与其年龄、智力、精神健康状况不相适应的民事法律行为拒不追认的，一般不会对相对人承担缔约过失损害赔偿责任，[①]所以即使可以类比公司也不承担缔约过失损害赔偿责任；未成年子女实施的侵权行为，存在未尽监护职责的侵权责任，[②]而担保合同无效中，不存在侵权责任，所以公司也不存在承担侵权责任的余地。总之，即使把公司看作监护人，公司也不存在缔约过失损害赔偿责任和侵权责任，何况，公司与法定代表人之间谁是监护人、谁是被监护人，还说不定呢。一般来讲，法定代表人由董事、经理兼任，公司控制在法定代表人等管理人员手中，公司只是法律拟制的组织体，其意思能力和行为能力通过其机关实现，公司是“被监护人”、法定代表人等管理人员是“监护人”的说法更符合实际。公司公章一般由专职人员保管，甚至由法定代表人保管。公章的保管人、法定代表人、董事、监事、高级管理人员等对公司负有忠实义务，“为公司利益”是其宗旨，这些主体以权谋私时就违背了其宗旨，违背了忠实义务，此时行为主体的身份不应看作公司职员而应为其自然人，加上法律明确规定公司对外担保须经股东会或者董事会决议，在缺少公司决议的情况

---

① 限制民事行为能力人实施的与其年龄、智力、精神健康状况不相适应的民事法律行为，在法定代理人不予追认的情况下，不发生法律效力。给相对人造成损失的，其不可主张缔约过失损害赔偿责任，因为缔约过失损害赔偿责任是法定责任，法律没有规定此种情况下相对人可主张缔约过失损害赔偿责任。与无权代理不同，《民法典》第 171 条第 3 款规定，行为人实施的行为未被追认的，善意相对人有权请求行为人履行债务或者就其受到的损害请求行为人赔偿。

② 《民法典》第 1188 条规定：“无民事行为能力人、限制民事行为能力人造成他人损害的，由监护人承担侵权责任。监护人尽到监护职责的，可以减轻其侵权责任。有财产的无民事行为能力人、限制民事行为能力人造成他人损害的，从本人财产中支付赔偿费用；不足部分，由监护人赔偿。”

下相对人仍与法定代表人签署担保合同,相对人存在故意或者放任的过错,不属于善意。在相对人知道或者应当知道公司法定代表人超越权限订立担保合同、公司在担保合同上盖章不是公司的真实意思的情况下,加上公司实质是“无民事行为能力人、限制民事行为能力人”状态的“被监护人”,就得出公司没有管理好法定代表人和印章而存在过错的结论,是很牵强的。

四、公司承担赔偿责任形态的重构与展望

(一)公司承担赔偿责任情形的重构与展望

《民法典担保制度解释》第 7 条第 1 款规定公司对不发生效力的担保合同承担相应的过错责任,并且主流裁判观点认为公司没有管理好法定代表人、公司印章等具有过错,认定只要担保合同对公司不发生效力公司就要承担赔偿责任。笔者认为应根据公司有无担保的意思认定公司是否有过错。公司有无担保的意思体现在有无公司决议,所以应根据有无公司决议认定公司是否有过错。具体分析如下。

1. 没有公司决议则公司不承担赔偿责任

通过前述分析可知,法定代表人背着公司擅自以公司名义订立担保合同、加盖公司印章,此过错不应课在公司头上,应是法定代表人的过错。既然公司对“担保合同对公司不发生效力”没有过错,也就没有赔偿责任可言。相对人非善意,不具有信赖利益保护的基础,所以此种情形下不应通过牺牲公司利益保护非善意的相对人。

2. 有公司决议则公司承担赔偿责任

公司就对外担保事项作出了决议,但决议存在瑕疵,相对人未尽到合理审查义务与公司法定代表人签署了担保合同,导致担保合同对公司不发生效力。此情形中对外担保是公司的意思。公司对“担保合同对公司不发生效力”具有过错,对公司课以赔偿责任符合法理,也没有争议。

3. 决议系伪造、变造的根据公司内部人员是否知情确定公司的赔偿责任

(1)法定代表人持公司决议与相对人签署担保合同,但决议系伪造、变造的,相对人尽到合理审查义务未能发现伪造、变造的事实,构成善意,适用表见代表制度,担保合同对公司发生效力。(2)相对人未尽到合理审查义务,导致担

保合同对公司不发生效力。如果相对人尽到合理审查义务应该能够发现决议系伪造、变造的事实,因其重大过失没有发现。此种情形中对外担保不是公司的意思,法定代表人以外的公司的股东、董事、监事、高级管理人员对担保事项及决议伪造、变造事项皆不知情的情况下公司没有过错,公司不承担赔偿责任;如果前述人员中有人对担保事项及决议伪造、变造事项知情,因这些人对公司负有信义义务其应该告知公司,并采取措施制止对外担保,知情人没有尽到信义义务,表明公司管理上存在问题,公司对"担保合同对公司不发生效力"有过错,公司承担赔偿责任。公司其他人员对担保事项及决议伪造、变造事项知情的举证责任由相对人承担。

(二)公司法定代表人、代理人承担责任的方式重构与展望

2021年《公司法(修订草案)》第190条规定:"董事、高级管理人员执行职务,因故意或者重大过失,给他人造成损害的,应当与公司承担连带责任。"

但是,2022年《公司法(修订草案)》予以了修改,曾给出三个方案,方案一同2021年《公司法(修订草案)》第190条。方案二为:"董事、高级管理人员执行职务,因故意或者重大过失,给他人造成损害的,应当承担赔偿责任。"方案三为:"董事、高级管理人员执行职务,因故意或者重大过失,给他人造成损害的,公司承担赔偿责任后,可以向有过错的董事、高级管理人员追偿。"最终2022年《公司法(修订草案)》公布稿第190条为:"董事、高级管理人员执行职务,给他人造成损害的,公司应当承担赔偿责任;董事、高级管理人员存在故意或者重大过失的,也应当承担赔偿责任。"2023年《公司法(修订草案)》第191条沿用之,并成为通过稿第191条的内容。

现对董事、高级管理人员承担责任的模式讨论如下。

1. 董事、高级管理人员与公司承担连带责任

连带责任,由法律规定或者当事人约定。针对此方案的争议是连带责任的法律基础何在。此处连带责任的法律基础是共同侵权吗?我国法律在法人本质上采用的是"实在说",认为法人与其机关是同一人格,难以认定为两个主体之间的连带责任。但是,李建伟教授认为,这种连带责任是组织法上的特殊责任方式,公司法予以规定便成为"法律规定"的连带责任,因为董事、高级管理人员对公司承担信义义务,违反信义义务会侵害公司利益,也就会侵害公司债权

人的利益，因而“董事、高级管理人员执行职务，因故意或者重大过失，给他人造成损害的，应当与公司承担连带责任”。

2022 年《公司法(修订草案)》公布稿第 190 条、2023 年《公司法(修订草案)》及通过稿第 191 条规定的“董事、高级管理人员执行职务，给他人造成损害的，公司应当承担赔偿责任；董事、高级管理人员存在故意或者重大过失的，也应当承担赔偿责任”，此处董事、高级管理人员承担的应该是连带责任。

2. 董事、高级管理人员独自承担赔偿责任

我国台湾地区“公司法”第 16 条规定，公司负责人违反该条规定以公司名义为保证的由公司负责人自负保证责任。我国上市公司采用此种立法模式，《民法典担保制度解释》第 9 条第 2 款规定：“相对人未根据上市公司公开披露的关于担保事项已经董事会或者股东大会决议通过的信息，与上市公司订立担保合同，上市公司主张担保合同对其不发生效力，且不承担担保责任或者赔偿责任的，人民法院应予支持。”

3. 公司承担赔偿责任后向有过错的董事、高级管理人员追偿

当前我国非上市公司采用此种立法模式。《民法典担保制度解释》第 7 条第 1 款、第 2 款规定，“公司的法定代表人违反公司法关于公司对外担保决议程序的规定，超越权限代表公司与相对人订立担保合同，……相对人非善意的，担保合同对公司不发生效力；相对人请求公司承担赔偿责任的，参照适用本解释第十七条的有关规定。法定代表人超越权限提供担保造成公司损失，公司请求法定代表人承担赔偿责任的，人民法院应予支持”。

此模式遭到众多学者的强烈批评，认为法定代表人违规对外担保，公司本身就是受害人，还要公司承担赔偿责任，事后往往又难以追偿到位，致使《公司法》第 15 条规范的目的落空，因为其目的就是防范董事、高级管理人员、法定代表人滥用权力损害公司利益。

4. 董事、高级管理人员承担补充责任

2022 年 11 月 4 日最高人民法院公布《关于适用〈中华人民共和国民法典〉合同编通则部分的解释(征求意见稿)》，向全社会公开征求意见。征求意见稿第 22 条规定：“法律、行政法规为限制法人的法定代表人或者非法人组织的负责人的代表权，明确规定合同所涉事项应当由法人、非法人组织的权力机构或者决策机构决议，或者应当由法人、非法人组织的执行机构决定，相对人不能证

明其已尽到合理审查义务的,人民法院应当认定合同对法人、非法人组织不发生效力。合同所涉事项未超越法定代表人或者负责人的代表权限,但是超越法人、非法人组织的章程或者权力机构对法定代表人、负责人的代表权进行的限制,法人、非法人组织不能证明相对人知道或者应当知道该限制的,人民法院应当认定合同对法人、非法人组织发生效力。法人、非法人组织依据前两款规定承担民事责任后,向有过错的法定代表人、负责人追偿因越权代表行为造成的损失的,人民法院依法予以支持。生效法律文书确定法人、非法人组织向相对人承担民事责任,但是法人、非法人组织的财产不足以承担民事责任,又不起诉有过错的法定代表人、负责人,相对人起诉请求其向自己承担民事责任的,人民法院应予支持。”如果该条能够通过成为正式的司法解释,则本条规定的赔偿责任方式修改了《民法典担保制度解释》第 7 条第 1 款的规定,使得滥用权力的法定代表人可以被外部的相对人起诉为被告,即当公司财产不足以承担民事赔偿责任又不起诉有过错的法定代表人时,相对人有权起诉请求有过错的法定代表人承担民事责任。但是,2023 年 5 月 23 日通过的《最高人民法院关于适用〈中华人民共和国民法典〉合同编通则若干问题的解释》并未采用征求意见稿的规定,仍沿用以前的规定。

综上来看,模式 1、2 能够有效遏制董事、高级管理人员、法定代表人等滥用权力损害公司、中小股东、公司债权人的利益,也是世界上绝大多数国家、地区公司法所采用的模式;模式 4,把有过错的董事、高级管理人员、法定代表人作为被告对外承担责任了;最不足取的就是模式 3 了,这种模式恰恰是我们当前司法解释中的内容。

相比于模式 1、2,模式 4 设置的责任负担较轻,模式 1、2 中董事、高级管理人员执行职务侵害他人,需要直接承担赔偿责任,此时的董事、高级管理人员是执行职务,而模式 4 中的情形,比如法定代表人超越权限以公司财产为他人提供担保的行为如果被认定为不属于执行职务,其承担的才是补充责任,即职务侵权的董事、高级管理人员需要直接承担责任,非职务侵权的董事、高级管理人员才承担补充责任。

相比于模式 1、2、4,模式 3 设置的责任负担最轻,做了错事的董事、高级管理人员不需要对外直接承担责任,公司对外承担责任后其内部追偿程序能否启动及实际效果如何,可想而知。

第五节 越权代表类推适用无权代理规则的探讨

现代社会分工日益精细,从事交易活动,事必躬亲,殆不可能,假手他人,实有必要。无论公司还是个人,均可借助代理人为法律行为,尤其是订立契约,扩张私法自治的范围,以满足社会生活的需要。[①] 关于代理制度的功能主要有二:其一,弥补和补强行为能力的不足。代理制度可补足某些特定人,比如无民事行为能力的未成年人或者精神病人等行为能力上的不足,使之能够平等地从事民事法律行为,行使权利和履行义务;社会分工的精细化,使人们不可能在任何领域都是面面俱到的行家里手,代理制度能够补强甚至延伸人们在某些行业领域中的民事行为能力,扩大民事主体从事民事活动的范围,使之更好地行使自己的权利。其二,降低成本,提高效率,促进经济社会的发展。确立代理制度,使民事主体可以利用他人的能力和专业知识进行民事活动,能够降低成本,提高效率。[②] 自1804年《法国民法典》以来,世界各国和地区民法中都规定了代理制度。代理制度在演变发展过程中趋于细化和成熟,因其科学性、合理性和可操作性常常被准用于相类似的民事活动。代表制度仅在少数国家适用且适用时间不久、规定不够成熟,代理制度可否类推适用代表制度的空白之处呢?这就需要考察两种制度之间是否具有相似性。另外,即使规定董事、高级管理人员可以代表公司的域外公司法中,因代表产生纠纷一般也是适用代理制度予以调整,所以国内部分学者认为代表事项应由代理制度予以调整,没有必要就代表进行专门规范,为此也有必要探讨二者之间的类推适用。

一、类推适用的概述

(一)法律类推适用的内涵界定

我国台湾学者杨仁寿认为:“类推适用,系就法律未规定之事项,比附援引

① 参见王泽鉴:《民法总则》(增订版),中国政法大学出版社2001年版,第441页。

② 参见最高人民法院民法典贯彻实施工作领导小组主编:《中华人民共和国民法典总则编理解与适用》,人民法院出版社2020年版,第803~804页。

与其性质相类似之规定，以为适用。”拉伦茨认为，类推适用指：“将法律针对某构成要件（A）或多数彼此相类似的构成要件而赋予之规则，转用于法律所未规定而与前述构成要件相类似的构成要件（B）。转用的基础在于：二者构成要件——在与法律评价有关的重要观点上——彼此相类似，因此，二者应作相同的评价。”其逻辑表达式为：事物 A 有性质 a、b、c、d；事物 B 有性质 a、b、c；所以，事物 B 有性质 d。或为：若 A 则 d；B 类似 A，故 B 则 d。法律类推适用基于两个方面的目的：一是引起纠纷的某一事实，法律未设明文规定，但是又未超出法律调整的范围，对此须作出裁判，禁止司法沉默；二是基于法律平等原则，“相类似之案件，应为相同之处理”，此为法律公平、正义的应有之义。[①] 法律类推适用作为一项法律运用技术存在的合理性，在于成文法的局限性和不完满性，存在立法时难以消除的法律漏洞。法律漏洞可区分为公开漏洞和隐藏漏洞，前者指法律依其规范意旨，原应积极地设其规定，而未设规定，谓之公开漏洞，可以类推适用补充之；后者则指依其规范意旨，本应消极地设限，而未限制，则属隐藏漏洞，应由目的限缩补充之。[②]

（二）民法典规范可否类推适用

《民法典》第 10 条规定：“处理民事纠纷，应当依照法律；法律没有规定的，可以适用习惯，但是不得违背公序良俗。”在既无法律也无习惯的情况下，该条并未直接授权法官运用类推适用技术补充法律漏洞的职权。但是，现代民法不禁止类推适用，已为公理。[③] 民法典容许类推适用制度的正当性在于它契合“法律适用的正义”，即“同案同判，类案类判”。若两个社会关系的关键法律事实相同，只是在并不影响法律定性的事实上存在差异，对两者适用同一法律规范，使当事人的法律处遇相同，既弥补了法律规定不周延的漏洞，又解决了司法面临的一大难题：既不得拒绝裁判案件，又于法无据。

---

① 参见郭富青：《论商法类推适用的依据、范围和正当性》，载《甘肃政法学院学报》2012 年第 5 期。

② 参见杨仁寿：《法学方法论》，中国政法大学出版社 1999 年版，第 195 页。

③ 参见谢鸿飞：《民法典规范的类推适用》，载《检察日报》2020 年 11 月 30 日。

(三)法律类推适用的条件[①]

法律类推适用必须符合一定条件,否则,类推适用必将沦为法官滥用裁量权、任意主观臆断的枉法裁判。

1. 存在法律漏洞

待决案件缺少调整的法律规范,也无当事人之间有关纠纷解决的约定。这是裁判者运用类推作出裁决的前提。

2. 存在能够援引的类似法律规定

系争案型与法定案型之间存在类似性是类推适用的关键。一般将系争案型事实与法定案型事实在构成要件上应当具有类似性,作为确定“类似性”的标准。“有关的案件事实既不能相同,也不能绝对不同,它们必须恰好在与评价有关的重要观点上相互一致……两者之间的不同之处不足以排斥此等法定评价。”

3. 类推适用的判决符合逻辑推理

法律类推适用,也应通过三段论的逻辑推理方法,将系争案型涵摄于类似法律规定的构成要件之下,得出法律规定的结论。例如,《公司法》第 23 条第 1 款规定:“公司股东滥用公司法人独立地位和股东有限责任,逃避债务,严重损害公司债权人利益的,应当对公司债务承担连带责任。”现有系争案型中非公司股东的实际控制人操纵公司,严重损害公司债权人的利益,而《公司法》对其责任未置一词存在明显漏洞,能否类推适用该条第 1 款追究其连带责任?可以分两个步骤加以推理。

第一个步骤:根据构成要件类似说,证明系争案型与法定案型的事实构成要件具有类似性,从而确定可援引的类似法律规定。其推理形式和过程如下。

法定案型假设部分的构成特征为:(1)主体是持有公司股份的股东;(2)处于公司控制地位;(3)滥用公司法人独立地位和股东有限责任;(4)逃避债务,严重损害公司债权人利益。系争案型的构成特征为:(1)主体不是公司的股东,而是与公司有投资关系、协议或者其他安排的实际控制人;(2)处于公司控制地位;(3)滥用公司法人独立地位;(4)逃避债务,严重损害公司债权人利益。

---

① 参见郭富青:《论商法类推适用的依据、范围和正当性》,载《甘肃政法学院学报》2012 年第 5 期。

经比较可知,法定案型与系争案型的事实构成要件中有两个特征完全相同,即主体"处于公司控制地位";"逃避债务,严重损害公司债权人利益"。另有一个特征部分相同,即"滥用公司法人独立地位"。而且,二者的这些相同点具有重要的意义。二者的不同点是:"实际控制人不是公司的股东,没有滥用有限责任的资格",但是,这一不同点不具有重要意义。

所以,系争案型与法定案型在构成要件上具有类似性。也就是说,《公司法》第 23 条第 1 款能够类推适用于实际控制人的类似行为。

第二个步骤:通过三段论的逻辑推理方法,将系争案型涵摄于类似法律规定的构成要件之下,并使实际控制人承受与股东相同的法律效果。其推理过程及结论如下。

大前提:公司股东滥用公司法人独立地位和股东有限责任,逃避债务,严重损害公司债权人利益的,应当对公司债务承担连带责任(《公司法》第 23 条第 1 款)。

小前提:公司实际控制人滥用公司法人独立地位,逃避债务,严重损害债权人利益的情形与股东滥用股东权利行为类似。

结论:公司实际控制人也应当对公司债务承担连带责任。

二、代表制度与代理制度具有相似性

在类推适用的过程中,制度之间的相似性判断是最为关键的步骤。[①] 代表制度与代理制度之间具有相似性。从调整对象上看,代表制度和代理制度都是行为人以他人的名义为一定行为,而行为的法律效果由名义被代用人承担的制度。法定代表人的代表权本质上就是一种代理权,与一般民事代理相比,法定代表人的权限范围是法定的,在此范围内代理不需要被代理人的具体授权,所以是一种法定代理权。法律是为经济服务的,从客观的经济需要来看,设置法定代表权或者法定代理权无非是为了便利交易,省去每次交易都需要特别授权的麻烦。它是一种一般性的、长时间的授权,本质上仍然与代理权同质。[②] 在法律对越权代表未作特别规定的情况下,在性质相适宜的范围内,可以类推适用

---

① 参见王利明:《法律解释学导论——以民法为视角》(第 2 版),法律出版社 2017 年版,第 601 页。

② 参见朱锦清:《公司法学》,清华大学出版社 2017 年版,第 251 页。

于越权代理的相关规则。[1] "法定代表人代表制度是代理在商事企业法人领域的特别规定,在无明确规定时,可以适用代理的一般规定。"在比较法上,德国学界认为,《德国股份法》第 78 条第 1 款中董事会代理行为的效果按照《德国民法典》第 164 条以下的代理法规则确定。"无论是代表说还是代理说,都是法律技术的产物,即对法人何以承担法定代表人行为法律效果的解释,刻意将代表从代理中割离,法律构成上,并非事物本质所然。"

三、代理制度对代表行为的类推适用

法律类推适用是填补法律漏洞的方法之一,所以存有法律漏洞才有法律类推适用的空间。针对代表行为引起的问题,有的没有法律规定、存在法律漏洞,可类推适用代理制度;有的法律已经有规定,鉴于有学者认为代表行为应适用代理制度调整,在此对这部分代表行为试着运用代理制度调整,看看会得出什么样的结论。

法定代表人是法人的机关,法定代表人的代表身份使其拥有了概括代表权的外观,并使相对人产生信赖,所以原则上"法定代表人以法人名义从事的民事活动,其法律后果由法人承受",细化到《民法典》第 504 条为"从一般意义上讲,法人的法定代表人超越权限订立的合同,该代表行为有效,订立的合同对法人或者非法人组织发生效力"。有个问题需要探讨:能否依反面解释从《民法典》第 504 条推导出:相对人知道或者应当知道法定代表人超越权限的,该代表行为无效,订立的合同对法人不发生效力? 实际上,《民法典》第 504 条不能依反面解释得出该代表行为无效的结论,[2]因为"只有法律要件和法律效果构成必要条件和充要条件的假言命题的法条,才可以采取否定法律要件进而否定法律效果的解释方式",[3]而《民法典》第 504 条中的"代表行为有效"的否定面既包括"代表行为无效",也包括"代表行为效力待定""代表行为可撤销",甚至包括"代表行为不成立",所以难以言及与法律要件构成充要条件,也就不能依反面

① 参见高圣平:《担保法前沿问题与判解研究(第五卷)——最高人民法院新担保制度司法解释条文释评》,人民法院出版社 2021 年版,第 89 页。

② 参见高圣平:《担保法前沿问题与判解研究(第五卷)——最高人民法院新担保制度司法解释条文释评》,人民法院出版社 2021 年版,第 88 页。

③ 杨艳霞、胡晓红:《"反对解释"有效性的逻辑考察》,载《甘肃政法学学报》2006 年第 2 期。

解释得出“相对人知道或者应当知道法定代表人超越权限的,该代表行为为无效,订立的合同对法人不发生效力”的结论。故,对相对人为恶意的越权代表行为的效力,形成了所谓的“开放的漏洞”。

将我国现行法律中的越权代表与无权代理比较,可以将有关越权代表行为效力的“漏洞”列举如下:(1)被代表的公司可否对越权代表行为予以追认?(2)恶意相对人请求公司承担赔偿责任的范围是否以信赖利益为限?(3)恶意相对人可否请求越权的法定代表人履行合同义务或者赔偿损失?

(一)对越权代表行为追认权的类推适用

在无权代理中,被代理人对无权代理行为的追认补足了欠缺的代理权,使无权代理自始转化为有权代理。越权代表中,被代表的公司能否对越权代表行为予以追认?

公司的法定代表人违反公司法关于公司对外担保决议程序的规定,超越权限代表公司与相对人订立担保合同,无论是从利益衡量的角度出发,还是基于越权代表制度与无权代理制度之间的相似性,在相对人于订立担保合同时知道或者应当知道法定代表人超越权限的情形中,其法律效果应类推无权代理,即越权担保行为是否有效应由公司选择,若公司对该行为进行追认,则越权担保行为的效果归属于公司,反之则效果不归属于公司。[①] 即使相对人知道或者应当知道法定代表人超越权限,根据私法意思自治原则,民事主体可依法自由处分自己的权利,故被代表的公司能够对越权代表行为予以追认,产生有权代表的效果。准此,对越权担保行为,不应从有效或无效的角度考察,而应从该行为对公司是否有拘束力的角度考察。将法定代表人超越权限订立的合同视为无效合同,既不利于民商事交易秩序的维护,也违背了当事人双方的主观意志。这一解释结论不仅能为公司提供一种追认担保合同的选择权,在公司不予追认的情况下也能实现对恶意之人不予保护的规范效果。[②] 所以《民法典担保制度解释》第7条没有直接对担保合同的效力进行规定,而是规定“担保合同对公司

---

① 参见高圣平:《担保法前沿问题与判解研究(第五卷)——最高人民法院新担保制度司法解释条文释评》,人民法院出版社2021年版,第92页。

② 参见高圣平:《担保法前沿问题与判解研究(第五卷)——最高人民法院新担保制度司法解释条文释评》,人民法院出版社2021年版,第92页。

发生效力”“担保合同对公司不发生效力”。

公司对越权担保的追认,既可以是补充提供公司董事会、股东会同意担保的决议,也可以在诉讼中不提出异议而默示认可。

在(2018)最高法民终 907 号案中,相对人在一审诉讼中没有提供担保人公司同意担保的决议,二审诉讼中补充提供。最高人民法院认为,本案二审中,农行福州分行(相对人)提交了由超大集团(提供担保的公司)股东签名并加盖了超大集团公章的《股东会决议》,该决议明确表述同意超大集团为浩伦集团的案涉债务提供连带责任保证担保。对该份《股东会决议》的真实性与证明效力,超大集团质证后表示无异议。故超大集团与农行福州分行、浩伦集团签订的《保证合同》不违反法律规定。

在(2018)最高法民申 2995 号民间借贷纠纷案中,最高人民法院经审查认为,2015 年 8 月 21 日,邓某华与鑫盛源公司、好思嘉公司、付某成、谢某高签订《担保合同》,约定由鑫盛源公司和好思嘉公司为付某成、谢某高的借款提供保证担保。该《担保合同》有邓某华、付某成、谢某高签名捺印,并加盖了“贵州好思嘉家具制造有限公司”“贵州鑫盛源能源投资(集团)有限公司”字样的印章。本案讼争发生后,鑫盛源公司对其法定代表人付某成在《担保合同》上签名捺印并加盖鑫盛源公司印章的事实没有提出异议,且一审判令鑫盛源公司对借款本息承担连带清偿责任后,鑫盛源公司没有上诉,故应视为鑫盛源公司自认其应当承担相应的担保责任。但同以付某成为法定代表人的好思嘉公司则提出了抗辩,认为《担保合同》上加盖的好思嘉公司印章不是其公司印章,且未经过公司股东会决议,故不应承担连带偿还责任。鑫盛源公司自认承担担保责任,是对其自身权利的处分。好思嘉公司抗辩担保未经过公司股东会决议而不应承担担保责任,邓某华确又对此明知或应当知晓,故二审改判好思嘉公司不承担担保责任正确。

法定代表人超越代表权限订立担保合同,相对人未尽合理审查义务,担保合同是否对公司发生效力取决于公司的追认,越权担保并不直接涉及国家利益和社会公共利益的,赋予公司追认权,符合意思自治的基本法理。如未经公司追认,该担保合同即对公司不发生效力,其法律后果不能归属于公司。[1] 此时,

① 参见高圣平:《担保法前沿问题与判解研究(第五卷)——最高人民法院新担保制度司法解释条文释评》,人民法院出版社 2021 年版,第 92 页。

越权担保的法律后果类推适用无权代理规则，由法定代表人承担个人责任，“而不是由法人承担缔约过失责任，这不仅是文义解释的当然结论，更是民法学体系基本逻辑要求”。（但须注意的是，《民法典担保制度解释》并未采用此观点。）

（二）相对人可否请求行为人履行债务或者赔偿损失？

越权代表中，相对人善意的，发生表见代表的效果即被代表的公司承担越权代表行为的后果。这与狭义无权代理中善意相对人的权利是不一样的，根据《民法典》第 171 条第 3 款的规定，善意相对人可以请求无权代理人履行以“行为人实施的行为”为内容的债务，也可以要求无权代理人承担损害赔偿责任，但是不能请求被代理人承担无权代理行为的后果。应当说明的是，善意相对人要求无权代理人履行义务，并不意味着无权代理人取代本人成为了合同相对人，而是依据《民法典》第 171 条第 3 款，在善意相对人与无权代理人之间产生了一项法定之债，该法定之债的内容与无权代理人订立合同的内容相同，无权代理人应当通过履行，使善意相对人的法律地位恢复到有权代理下善意相对人的法律地位。①

越权代表中，恶意相对人可否请求行为人履行债务或者赔偿损失？《民法典》第 171 条第 4 款规定，“相对人知道或者应当知道行为人无权代理的，相对人和行为人按照各自的过错承担责任”。如果可以类推适用该规定，可以得出结论：越权代表中，恶意相对人和越权的法定代表人按照各自的过错承担责任。恶意相对人请求赔偿的范围不得超过“公司追认时相对人所能获得的利益”。但是，《民法典担保制度解释》第 7 条第 1 款第 2 项彻底坚持公司承担担保合同无效后的赔偿责任。据此，不存在法律漏洞，无须类推适用。

如果相对人根据《民法典担保制度解释》第 7 条第 1 款第 2 项的规定请求公司承担赔偿责任后，仍存在损失，相对人可否向越权的法定代表人请求损害赔偿呢？根据《民法典担保制度解释》，是不能的。理由是，“仍存在的损失”是由于相对人自己的过错造成的，理应自负；法定代表人是法人机关而非代理人，

① 参见高圣平：《担保法前沿问题与判解研究（第五卷）——最高人民法院新担保制度司法解释条文释评》，人民法院出版社 2021 年版，第 97 页。

《民法典担保制度解释》认为法定代表人的越权行为仍是职务行为,职务行为引起的法律后果由用人单位承担。

第六节 公司为法定代表人担保中代表权回避规则的探讨——兼论认定公司的赔偿责任时应考量债务人的特殊性

【裁判要旨】

根据重要资源理论(critical resource theory)和委托—代理关系,法定代表人对公司负有信义义务。公司为法定代表人提供担保的,担保事项未经股东会或者董事会决议授权,法定代表人应按照忠实义务的要求负有回避义务,不得代表公司与相对人订立担保合同。否则,非善意相对人请求公司承担担保合同对公司不发生效力后的民事赔偿责任时,裁判机构有必要考量债务人的特殊性,适用无权代理规则认定公司责任的有无。

【案号】(2021)苏0623民初6128号

【案情】

原告:朱某某。

被告:南通宝得满纺织品有限公司(以下简称宝得满公司)。

南通宝得满纺织品有限公司管理人:北京市隆安(南通)律师事务所。

被告:徐某某。

江苏省如东县人民法院经审理查明:2018年12月20日,原告朱某某与被告宝得满公司、徐某某签订了《借款协议书》,主要内容为:徐某某向朱某某借款80万元,宝得满公司对上述债务提供担保。《借款协议书》尾部"担保人"一栏中有徐某某签名并盖有宝得满公司的公章。

被告宝得满公司注册资本500万元,其中徐某某出资330万元,持股66%;陈某琴(徐某某之妻)出资100万元,持股20%;郑某娟出资70万元,持股14%。公司董事长、法定代表人均为徐某某。

如东县人民法院于2021年3月23日裁定受理被告宝得满公司破产清算一案,并指定北京隆安(南通)律师事务所为破产管理人。原告朱某某向破产管理人申报债权,管理人以担保未经宝得满公司股东会决议应属无效为由,不予确认该笔债权。原告对此不服,遂于2021年11月19日提起本案之诉,诉讼请求为:确认朱某某对宝得满公司享有普通破产债权,借款本金80万元、利息21.38万元,合计1013840元。另外,郑某娟于2021年10月31日向如东县人民法院破产案件受理部门出具《追认担保效力函》,对宝得满公司向本案原告朱某某担保的行为予以追认。

被告宝得满公司(破产管理人)辩称,本案所涉的借款系公司为股东提供担保,依法必须经股东会决议,并且徐某某本人及其配偶陈某琴均应回避表决。而本案担保未经宝得满公司股东会决议,朱某某未尽合理审查义务,属于非善意相对人,根据法律规定该担保行为对宝得满公司不发生效力。法院裁定宝得满公司进入破产清算程序后,此时股东权益归零,股东郑某娟的追认损害了公司和其他债权人的利益,故该追认无效。

被告徐某某辩称,借款行为和担保行为均合法有效,宝得满公司应对原告朱某某承担担保责任。

【审判】

江苏省如东县人民法院经审理认为,(1)关于担保条款对宝得满公司是否发生效力问题。根据《公司法》的规定,在未经公司股东会决议的情况下,公司法定代表人以公司名义为公司股东提供担保的,构成越权代表。本案中,被告徐某某既是宝得满公司的股东,又是法定代表人,在未有公司股东会决议的情况下,徐某某以宝得满公司的名义在《借款协议书》签字并加盖公司印章,为徐某某的债务提供担保,构成越权代表。《合同法》第50条规定,法人或者其他组织的法定代表人、负责人超越权限订立的合同,除相对人知道或者应当知道其超越权限的以外,该代表行为有效。《公司法》对法定代表人的代表权限的限制为法定限制,法律一经公布,推定所有人都应知晓并遵守,相对人应自证善意,即相对人应证明在订立担保合同时不知道且不应当知道法定代表人超越权限。本案中,在缺少公司股东会决议的情况下,原告朱某某仍接受被告宝得满公司的担保,说明相对人朱某某未尽到合理审查义务,其不构成善意,不存在根据表见代表规则让公司承担担保责任的问题。据此,《借款协议书》中的担保条款对被告宝得满公司不发生效力,被告宝得满公司对原告朱某某不承担保证责任。

法院裁定宝得满公司进入破产清算程序后,债务人的内部管理事务应由破产管理人决定,破产管理人接管、管理和处分债务人的财产;债务人股东、董事、监事、高级管理人员等的职权受到限制，不能代表公司进行与清算无关的行为，股东郑某娟的追认损害了公司和其他债权人的利益，违反了法律的强制性规定，故该追认行为无效。

(2)关于宝得满公司是否对原告负有赔偿责任问题。

本案中，徐某某既是宝得满公司的法定代表人、董事长、大股东，又是被担保的债务人。在宝得满公司为徐某某提供担保时，根据《公司法》第15条第2款、第3款的规定，徐某某作为公司股东在股东会对该关联担保进行表决时应予以回避，也即在该关联担保事项上其没有表决权。《公司法》第15条第3款的规定主要是为了维护公司决议的公正性，避免表决事项所涉及的股东，特别是控股股东滥用资本多数决，以公司决议的方式谋求与公司利益不相符的个人利益，损害公司和其他股东的利益。同理，为保障对公司的忠实义务，对涉及自身利益的事项上法定代表人也应回避、不得代表公司对外行为。理由如下：《公司法》规定，董事、监事、高级管理人员对公司负有忠实义务；董事、高级管理人员不得违反公司章程，未经股东会、董事会同意，将公司资金借贷给他人或者以公司财产为他人提供担保。在涉己利益的关联担保中，董事、经理为保障对公司的忠实义务应予以回避。未经股东会、董事会决议授权的，回避的董事、经理兼任的法定代表人也应随之回避，这是因为法定代表人对公司负有忠实义务，应当采取措施避免自身利益与公司利益发生冲突，不得利用职权谋取不正当利益。据此，徐某某未经宝得满公司股东会决议授权，擅自以宝得满公司为徐某某个人债务提供保证，使徐某某自身利益与宝得满公司利益发生了冲突，徐某某利用职权谋取了不正当利益，违反了对公司的忠实义务要求，其在代表身份应回避的情况下仍擅自代表公司的行为是无代表权的行为，应适用无权代理的规定。《民法典》第171条第1款规定："行为人没有代理权、超越代理权或者代理权终止后，仍然实施代理行为，未经被代理人追认的，对被代理人不发生效力。"据此，法院认为，被告宝得满公司在本起关联担保中不应该承担担保合同对公司不发生效力后的民事赔偿责任。遂判决：驳回原告朱某某的诉讼请求。

一审宣判后，原告朱某某未上诉，判决已经发生效力。

【评析】

本案主要事实发生在《民法典》生效前，故案件裁判适用《民法典》生效之前的法律。《民法典》生效后,我国的法律体系发生了很大变化,现在分析本案时如果再依已经失效的法律,无疑是不合时宜的,所以本书论述的依据是《民法典》及相关司法解释和2023年12月29日通过的《公司法》。2018年《公司法》未规定非上市公司的董事回避机制,2023年12月29日通过的《公司法》中有规定,故本书不再对非上市公司的董事回避义务进行论证。

一、提出问题

(一)为己担保中法定代表人是否需要回避

关联交易可以降低交易成本、优化资源配置、实现公司利益最大化,所以《公司法》第22条仅规定公司的控股股东、实际控制人、董事、监事、高级管理人员不得利用关联关系损害公司利益,并未禁止关联交易,包括没有禁止公司为董事、高级管理人员提供担保,也没有禁止公司为法定代表人提供担保。根据《公司法》的规定,公司为董事提供担保的,董事会对担保事项进行表决时关联董事需要回避;公司为股东、实际控制人提供担保的,股东会对担保事项进行表决时被担保的股东或者被担保的实际控制人支配的股东,不得参加该担保事项的表决。由此需要思考:公司为其董事、经理等提供担保的,该被担保人兼任公司法定代表人,此种情形下法定代表人是否有资格代表公司与相对人订立担保合同?或者表述为:公司为法定代表人担保的,在与相对人订立担保合同时,被担保的法定代表人是否应当回避?

(二)探讨这个问题的意义

《民法典担保制度解释》第7条第1款规定了被越权代表的公司签订的担保合同对其不发生效力后的赔偿责任。但是,笔者认为在认定公司的赔偿责任时,裁判机构有必要根据债务人的特殊性确认公司赔偿责任的有无。债务人的特殊性指:未经公司股东会或者董事会决议授权,公司法定代表人以公司财产为法定代表人自己的债务提供担保。如案例中,徐某某是宝得满公司的法定代表人,在没有公司决议授权的情况下操纵公司为自己的贷款提供担保。相比于法定代表人代表公司为其他人担保的情形,此时相对人应负有更高的注意义务,因为此时的担保事项与公司法定代表人直接相关,在没有公司决议授权的情形下相对人应能认识到提供担保不是公司的意思，是受法定代表人操纵所为。此时的相对人未尽合理审查义务属于重大过错，过错越大责任越大。相对人的重大过错加上公司的被操纵性，能否在《民法典担保制度解释》上述规定的基础上降低公司的责任份额，使公司不承担赔偿责任呢？在目前的法律供给条件下，非上市公司欲不承担赔偿责任须证明相对人与法定代表人恶意串通，但根据《最高人民法院关于民事诉讼证据的若干规定》第86条，当事人对恶意串通事实的证明必须达到“能够排除合理怀疑”的程度，与刑事犯罪的证明标准无异，举证难以完成。本书试图从关联交易中代表权回避的角度探讨这个问题，即在涉己担保中法定代表人如果需要回避，在缺少公司决议授权的情况下其无权代表公司与相对人签署担保合同，否则其无权代表行为应适用无权代理制度予以调整，从而得出公司不承担赔偿责任的结论。

二、为己担保中法定代表人回避义务的探讨

（一）法定代表人基础任职身份的回避规则

法定代表人由代表公司执行公司事务的董事或者经理担任。“董事或者经理”是法定代表人的基础任职身份。但实践中也存在董事、经理之外的人担任法定代表人的情形，所以本书所指的法定代表人范围比公司法的规定要宽泛。

1. 有关法定代表人基础任职身份在关联交易中的回避规则

《公司法》第265条规定，关联关系，是指公司控股股东、实际控制人、董事、监事、高级管理人员与其直接或者间接控制的企业之间的关系，以及可能导致公司利益转移的其他关系。据此，董事、高级管理人员与公司之间的交易，包括公司为董事、高级管理人员提供担保，属于关联交易。

有关关联交易中董事的回避制度，《公司法》第139条规定：“上市公司董事与董事会会议决议事项所涉及的企业或者个人有关联关系的，该董事应当及时向董事会书面报告。有关联关系的董事不得对该项决议行使表决权，也不得代理其他董事行使表决权。该董事会会议由过半数的无关联关系董事出席即可举行，董事会会议所作决议须经无关联关系董事过半数通过。出席董事会的无关联关系董事人数不足三人的，应将该事项提交上市公司股东会审议。”据此，上市公司董事会对关联事项表决时有关联关系的董事负有回避的义务。在非

上市公司中，董事会对关联事项表决时有关联关系的董事是否需要回避？《公司法》第182条规定："董事、监事、高级管理人员，直接或者间接与本公司订立合同或者进行交易，应当就与订立合同或者进行交易有关的事项向董事会或者股东会报告，并按照公司章程的规定经董事会或者股东会决议。董事、监事、高级管理人员的近亲属，董事、监事、高级管理人员或者其近亲属直接或者间接控制的企业，以及与董事、监事、高级管理人员有其他关联关系的关联人，与公司订立合同或者进行交易，适用前款规定。"该条处于《公司法》第八章"公司董事、监事、高级管理人员的资格和义务"中，适用的对象是各种类型公司中的董事、监事、高级管理人员，言下之意所有公司的董事、监事、高级管理人员与本公司订立合同或者进行交易，都应当向董事会或者股东会报告，并经董事会或者股东会决议，且董事会决议时，有关联关系的董事不得参与表决。因此，无论上市公司还是非上市公司，董事会对担保事项进行表决时，被担保的董事都不得参与表决，都负有回避的义务。

2. 针对关联事项表决时董事身份的回避能否引起法定代表人身份的回避？

基础任职身份旨在保证作为意思表示机关的法定代表人与公司利益相一致，否则，不担任上述职务的人与公司利益可能发生分歧、对立或者无关，当然就失去了作为法定代表人的法定基础条件。当法定代表人的基础任职身份在关联交易事项表决时需要回避，其法定代表人身份是否也应随之回避？例如，甲是A公司董事长，并兼任法定代表人。A公司拟为甲提供担保，在A公司董事会对该担保事项进行表决时，甲应回避，不得参加表决。董事会决议同意为甲提供担保后，在与相对人订立担保合同时甲的代表人身份是否也应回避？

我国《公司法》中没有规定法定代表人的回避义务。《公司法》第10条第2款明确规定："担任法定代表人的董事或者经理辞任的，视为同时辞去法定代表人。"由此可否推出董事在关联交易事项表决上的回避视为在代表行为上也应回避？对此，笔者认为把这两个方面进行类比过于牵强，即使得出结论也没有理论支撑，因为《公司法》第10条第2款的内容是一个自然人的两个身份具有牵连性，董事是法定代表人的基础任职身份，基础任职身份（董事）的辞任视为法定代表人身份也辞任；我们讨论的问题是董事在关联交易事项表决上的回避能否推定在代表行为上也应回避，表决行为与代表行为之间的牵连性不大，表决行为是公司的内部行为，代表行为是公司与外部人的行为，涉及公司的外部人利益,而且一般情况下表决行为在先,法定代表人按照决议代表公司对外行为在后,表决行为与代表行为是前后两个程序的行为。所以法定代表人能否在涉己交易上代表公司对外从事行为,还须通过其他路径进行考察。

(二)法定代表人的忠实义务引起涉己交易上的回避义务

1. 法定代表人对公司负有忠实义务

在关联交易事项表决上,法定代表人身份不参加表决故不需要回避,需要回避的是董事身份(或者股东身份)。董事回避义务是基于对公司的忠实义务。《公司法》第180条第1款明确规定:"董事、监事、高级管理人员对公司负有忠实义务,应当采取措施避免自身利益与公司利益冲突,不得利用职权谋取不正当利益。"作为法定代表人基础任职身份的董事、高级管理人员对公司负有忠实义务,应当采取措施避免自身利益与公司利益发生冲突,不得利用职权谋取不正当利益;如果法定代表人身份同样对公司负有忠实义务,那么也同样应当采取措施避免自身利益与公司利益发生冲突,不得利用职权谋取不正当利益。问题是,公司法只规定了董事、监事、高级管理人员对公司负有忠实义务,没有明确规定法定代表人对公司负有忠实义务,那么,法定代表人是否负有忠实义务呢?

(1)重要性职位产生信义义务。

公司法规定了董事、监事、高级管理人员对公司负有忠实义务和勤勉义务,统称为信义义务。根据法定代表人在公司中的作用和法律、法规对法定代表人的要求及课责,法定代表人在公司中是重要的岗位,为此仅是法定代表人这重身份也应对公司负有忠实义务。法定代表人是公司关键资源,体现如下。

①法定代表人是公司章程须记载的事项。

《公司法》第10条第1款规定:"公司的法定代表人按照公司章程的规定,由代表公司执行公司事务的董事或者经理担任。"

②法定代表人是公司登记机关须登记和公示的事项。

《公司法》第32条规定:"公司登记事项包括:……(五)法定代表人的姓名……公司登记机关应当将前款规定的公司登记事项通过国家企业信用信息公示系统向社会公示。"

③法定代表人是公司营业执照须载明的事项。

《公司法》第 33 条第 2 款规定:“公司营业执照应当载明公司的名称、住所、注册资本、经营范围、法定代表人姓名等事项。”

④法定代表人有权代表公司对外行为,其职务行为的法律后果由公司承受。

《公司法》第 11 条第 1 款规定:“法定代表人以公司名义从事的民事活动,其法律后果由公司承受。”第 3 款规定:“法定代表人因执行职务造成他人损害的,由公司承担民事责任。公司承担民事责任后,依照法律或者公司章程的规定,可以向有过错的法定代表人追偿。”法定代表人有权代表公司对外行为,主要表现如下。

第一,公司变更登记须由法定代表人签署变更登记申请书。《公司法》第 35 条第 1 款规定:“公司申请变更登记,应当向公司登记机关提交公司法定代表人签署的变更登记申请书、依法作出的变更决议或者决定等文件。”

第二,出资证明书、纸面形式的股票、实物券方式发行的公司债券须由法定代表人签名。

《公司法》第 55 条第 2 款规定:“出资证明书由法定代表人签名,并由公司盖章。”

《公司法》第 149 条第 3 款规定:“股票采用纸面形式的,还应当载明股票的编号,由法定代表人签名,公司盖章。”

《公司法》第 196 条规定:“公司以纸面形式发行公司债券的,应当在债券上载明公司名称、债券票面金额、利率、偿还期限等事项,并由法定代表人签名,公司盖章。”

第三,《民事诉讼法》第 51 条规定,法人由其法定代表人进行诉讼。

⑤公司经营不善的法定代表人从业的限制。

《公司法》第 178 条规定:“有下列情形之一的,不得担任公司的董事、监事、高级管理人员:……(四)担任因违法被吊销营业执照、责令关闭的公司、企业的法定代表人,并负有个人责任的,自该公司、企业被吊销营业执照、责令关闭之日起未逾三年……”

⑥法定代表人的身份要求。

《市场主体登记管理条例》第 12 条规定:“有下列情形之一的,不得担任公司、非公司企业法人的法定代表人:(一)无民事行为能力或者限制民事行为能力；(二)因贪污、贿赂、侵占财产、挪用财产或者破坏社会主义市场经济秩序被判处刑罚，执行期满未逾 5 年，或者因犯罪被剥夺政治权利，执行期满未逾 5 年；(三)担任破产清算的公司、非公司企业法人的法定代表人、董事或者厂长、经理，对破产负有个人责任的，自破产清算完结之日起未逾 3 年；(四)担任因违法被吊销营业执照、责令关闭的公司、非公司企业法人的法定代表人，并负有个人责任的，自被吊销营业执照之日起未逾 3 年；(五)个人所负数额较大的债务到期未清偿；(六)法律、行政法规规定的其他情形。"

从上述规定看，法律对法定代表人的浓墨重彩突显了法定代表人在公司经营管理中的举足轻重的作用，并掌握着代表公司对外行为的权力。重要资源理论(critical resource theory)认为，信义关系在一方当事人(受信人)代表另一方当事人(受益人)行为，并行使属于受益人的主要资源的自由裁量时形成。"代表"要素表达了某人主要为他人利益行为的关系。"自由裁量"要素表达了由受信人决定如何履行义务。"重要资源"要素强调受信人掌握的是受托人重要的财产或权力。[①] 按照重要资源理论，法定代表人对公司负有信义义务。

(2)委托—代理性质的法律关系产生信义义务。

信义义务，是指委托人对受信人施以信任和信赖，使受信人怀有最大真诚、忠诚的态度，为了受益人最大利益行事。我国公司法中规定了信义义务的形式：忠实义务和勤勉义务。一般认为，信义义务的概念起源于信托理论，其目的在于应对因信息不对称可能引发的代理人的隐蔽行为或道德风险，如此，信义义务似乎可以被用来解释大部分具备委托—代理性质的法律关系，[②]在 2022 年 12 月网络公开课上李建伟教授更是明确主张但凡有委托关系的存在，受托人对委托人都应负有信义义务——凡有委托处，皆有信义义务。代理制度的目的是使本人通过代理人的行为实现自己的利益。代理人在行使代理权时对本人负有忠实、勤勉的义务。代表制度和代理制度都是民事活动的行为人以他人名义为一定行为，而行为的法律后果由名义被代用人承受的制度。法定代表人在本质上只不过是一种需要登记的意定代理人。[③] 在比较法上，《德国股份法》第 78

① 参见范世乾：《信义义务的概念》，载《湖北大学学报(哲学社会科学版)》2012 年第 1 期。

② 参见李建伟、岳万兵：《董事对债权人的信义义务——公司资本制度视角的考察》，载《中国政法大学学报》2022 年第 2 期。

③ 参见殷秋实：《法定代表人的内涵界定与制度定位》，载《法学》2017 年第 2 期。

条第1款中董事会代理行为的效果按照《德国民法典》第164条以下的代理法规则确定。如此,法定代表人实质上就是公司的代理人,只不过是长期的、固定的、经登记并公示的代理人。循此逻辑,法定代表人作为受公司之托代表公司对外行为的人,对公司应负有信义义务。

另外,某一法律关系若为信义关系,则必定存在信义义务。在分析某种关系是否是信义关系时,需要掌握的核心内容是信义义务是一种为他人最大利益使用权力或者行为的义务。[①] 法定代表人代表公司对外行为,负有为公司最大利益行为的义务是不言而喻的,其代表权是公司授予的,其行使的是公司的权力。故法定代表人与公司的关系是信义关系。这里存在解释上的障碍,认为在“法人实在说”下法定代表人是法人的机关,法定代表人的行为就是公司自己的行为,不存在两个主体故而就不存在委托代理关系和信义关系。对此,笔者认为,①按照这种观点,如何解释董事对公司负有信义义务?董事会是公司的机关,法定代表人也是公司的机关,董事对公司负有信义义务,法定代表人同样也对公司负有信义义务。法定代表人既是公司的机关,又兼有自然人属性,自然人属性具有为自己谋利的倾向,故法定代表人与董事一样,都对公司负有信义义务。②在法定代表人与法人的关系上,无论是代表说还是代理说都是法律技术的产物,“刻意将代表从代理中割离,法律构成上,并非事物本质所必然”。[②] 所以这种解释上的障碍是不存在的。

2. 忠实义务产生回避义务

对公司负有忠实义务的主体应当采取措施避免自身利益与公司利益发生冲突。可采取的妥善措施包括:其一报告,就关联事项向董事会或者股东会报告。其二回避,回避包括表决上的回避和代表上的回避。关联事项经董事会或者股东会决议表决时,关联主体应予以回避;公司对外行为时,有关联关系的法定代表人应予回避。但法定代表人的回避仍须区分关联事项是否经公司决议授权而有所区别。

(1)关联事项经公司决议授权的,法定代表人有权代表公司对外行为。

---

① 参见范世乾:《信义义务的概念》,载《湖北大学学报(哲学社会科学版)》2012年第1期。

② 高圣平:《担保法前沿问题与判解研究(第五卷)——最高人民法院新担保制度司法解释条文释评》,人民法院出版社2021年版,第90页;陈自强:《代理权与经理权之间——民商合一与民商分立》,北京大学出版社2008年版,第13页。

关联事项经董事会或者股东会决议授权，说明公司已经知晓关联关系并同意授权，关联关系的法定代表人就该关联事项代表公司未尝不可。董事之“表决上的回避”，表明公司知晓关联事项，已经得到“报告”或者相当于得到了“报告”。

对此的论证还可参照《民法典》第168条第1款“自己代理”的规定。[①] 在自己代理的情况下，代理人同时作为代理关系的代理人和交易相对人，由于交易都是以对方利益为代价追求自身利益的最大化，不可避免存在代理人自己与被代理人之间的利益冲突，存在代理人为自己的利益牺牲被代理人利益的极大风险。因此，为防止代理人滥用代理权，除非事前得到被代理人的同意或者事后追认，否则不能承认自己代理的效力。自己代理经被代理人同意或者事后追认，发生有权代理的效果；参照于此，法定代表人的关联交易经公司同意或者事后追认，也应发生有权代表的效果。

故，公司为法定代表人提供担保，担保事项经董事会或者股东会决议授权的，该法定代表人可以代表公司与相对人签订担保合同。

需要说明的是，如果法定代表人是决议机关成员的，决议机关表决时该法定代表人回避，能够说明公司知道存在关联关系。但是，法定代表人不是决议机关成员的，就需要其就关联事项向公司报告公司才能知晓。此时，“报告”加上“决议授权”才能得出有权代表的结论。

(2)关联事项未经公司决议授权的，法定代表人应当回避代表。

根据公司法关于公司对外担保的规定，未经股东会、董事会决议授权，法定代表人不得代表公司与相对人订立担保合同。同时，法定代表人擅自以公司名义为法定代表人自己担保，是典型的“利用职权谋取不正当利益”，“不正当”体现在法定代表人违反公司对外担保决议程序的规定，对外担保不是公司的意思。此时，法定代表人也违反了公司法关于信义义务的要求，其代表公司为自己担保是法律所禁止的行为，是违法行为，不单是应回避的行为。法定代表人对公司负有忠实义务，忠实义务使法定代表人在未有董事会或者股东会决议授权的情况下应当采取回避措施，不得代表公司与相对人订立担保合同。

---

① 《民法典》第168条第1款规定：“代理人不得以被代理人的名义与自己实施民事法律行为，但是被代理人同意或者追认的除外。”

(三)应回避而未回避的代表行为适用无权代理规则

在法定代表人应回避的情形下,法定代表人不具有代表权力,无权代表公司与相对人签订担保合同,否则构成无权代表。无权代表不同于越权代表。

无权代表是指没有代表权,如公司中不担任法定代表人的董事、监事、高级管理人员代表公司对外从事行为,是为无权代表;或者在某事项上因回避而使法定代表人在该事项上没有代表权。没有代表权仍以公司名义对外行为,构成无权代理,适用《民法典》中关于无权代理的规定。

越权代表以具有代表权为基础,只是法定代表人的代表行为超越了权限。法定代表人一般来说可以代表公司对外从事行为,包括代表公司与相对人订立合同,但在对外担保事项上订立担保合同需要公司决议的授权。有资格代表公司订立合同,但在缺少公司决议授权的情况下代表公司订立担保合同,我国法律上将此情形定性为越权代表。越权代表合同的效力应当依照《民法典》第 61 条和第 504 条等规定处理。

1. 非法定代表人未经授权的适用无权代理规则

不具法定代表人身份的公司内部人员没有代表公司对外从事行为的权力、资格。只有在公司特别授权或者符合职务代理的情况下才有权力、资格代理公司实施行为。故非法定代表人在未经公司股东会或者董事会决议授权的情况下擅自以公司财产为他人提供担保,不属于董事、高级管理人员等的履行职务行为,不符合《民法典》第 170 条规定的职务代理,应是无权代理行为。《民法典》第 171 条第 1 款规定:"行为人没有代理、超越代理权或者代理权终止后,仍然实施代理行为,未经被代理人追认的,对被代理人不发生效力。"据此,该担保行为未经公司追认的,对公司不发生效力,因担保行为引起的赔偿责任由相对人和行为人按照各自的过错承担。

2. 法定代表人在应回避事项上的代表行为适用无权代理规则

法定代表人在关联事项上应回避而未回避的情况下,仍擅自以公司名义对外行为,是无代表权的行为。在关联事项上应回避的法定代表人如同上述不具法定代表人身份的公司中的董事等,擅自以公司名义对外行为,符合无权代理行为的特征,应被认定为无权代理行为,适用《民法典》第 171 条有关无权代理及其法律后果的规定。同时,既未有公司决议授权,又是法定代表人代表公司为法定代表人自己的债务提供担保，此时的相对人应该保持应有的理性和谨慎，询问有没有向公司董事会或者股东会报告、有没有董事会或者股东会的决议授权。相对人违反此注意义务，有充分理由认为是转嫁风险给公司，故相对人不值得保护。

案例中，作为股东、董事长和法定代表人的徐某某，在未经宝得满公司股东会决议的情况下，代表宝得满公司以公司财产为徐某某自己的债务提供担保，与朱某某订立担保合同，其擅自代表的行为是无代表权的行为，故法院根据无权代理的规则认定宝得满公司在本起关联担保中不承担担保合同对公司不发生效力后的赔偿责任。

三、结论

公司股东会、董事会决议授权，能够弥补法定代表人在关联担保事项上代表权的缺失，被担保的法定代表人有权代表公司与相对人订立担保合同。在没有法律、司法政策明确规定前，为稳妥起见，本书只给出下列探索性结论：未经公司股东会、董事会决议授权，法定代表人代表公司与相对人订立担保合同为法定代表人自己提供担保的，该代表行为属于应回避而未回避的无权代表，依照无权代理的规则担保合同对公司不发生效力，相对人请求公司承担赔偿责任的不予支持。

第七节　越权担保中对公司的权利救济

公司的法定代表人违反公司法关于公司对外担保决议程序的规定，超越权限代表公司与相对人订立担保合同，给公司造成的损失，主要包括公司承担的担保责任和赔偿责任。

未经公司机关决议的担保不是公司的真实意思表示，所以存在请求救济、追究责任的适用空间，《民法典担保制度解释》第 7 条第 2 款规定“法定代表人超越权限提供担保造成公司损失，公司请求法定代表人承担赔偿责任的，人民法院予以支持。”

法定代表人超越权限以公司名义对外担保造成公司损失的，公司的救济途径如下。

一、向债务人追偿

（一）请求权基础

《民法典》第 392 条中规定，提供担保的第三人承担担保责任后，有权向债务人追偿。该规定属于担保物权的一般规定，应适用于所有担保物权。

《民法典》第 700 条规定："保证人承担保证责任后，除当事人另有约定外，有权在其承担保证责任的范围内向债务人追偿，享有债权人对债务人的权利，但是不得损害债权人的利益。"

《民法典》第 392 条、第 700 条中使用的是"担保责任""保证责任"，即担保人承担担保责任后有权向债务人追偿，没有直接规定第三人承担"赔偿责任"后有权向债务人追偿，但《民法典担保制度解释》第 18 条规定："承担了担保责任或者赔偿责任的担保人，在其承担责任的范围内向债务人追偿的，人民法院应予支持。同一债权既有债务人自己提供的物的担保，又有第三人提供的担保，承担了担保责任或者赔偿责任的第三人，主张行使债权人对债务人享有的担保物权的，人民法院应予支持。"

在（2019）最高法民终 1603 号案中，最高人民法院认为，亿阳信通公司时任法定代表人曲某，在未按其公司章程规定经股东大会决议的情况下，擅自决定为他人提供担保，导致亿阳信通公司对债务人亿阳集团不能清偿的债务，承担 50%的赔偿责任。根据《担保法司法解释》第 9 条的规定，[①]亿阳信通公司向债权人承担赔偿责任后，可以向债务人亿阳集团追偿。

（二）如何理解担保人向债务人追偿中"不得损害债权人的利益"

《民法典》第 700 条中规定，保证人行使追偿权的"不得损害债权人的利益"，如何理解？

假设债务人欠债权人 1000 万元，连带保证人仅对其中的 600 万元承担保

---

① 《担保法司法解释》第 9 条规定："担保人因无效担保合同向债权人承担赔偿责任后，可以向债务人追偿，或者在承担赔偿责任的范围内，要求有过错的反担保人承担赔偿责任。担保人可以根据承担赔偿责任的事实对债务人或者反担保人另行提起诉讼。"该司法解释已经作废，但第 9 条的内容仍得以适用。

证责任。因债务人无力履行到期债务,保证人承担了600万元的保证责任。按照《民法典》的规定,保证人可以向债务人追偿600万元。问题是,在债务人只有400万元的情况下,这400万元是应该清偿债权人还是满足保证人的追偿权?根据保证原理,保证人是代债务人清偿对债权人所负的债务,债务人、保证人对债权人来说,都是债务人。既然是债务人,就应当首先偿还债务,满足债权人的债权。只有在满足了债权人债权的情况下,保证人才能对主债务人行使追偿权。在债权人、债务人、保证人这三者的关系中,债务人和保证人的关系属于内部关系,债务人、保证人与债权人的关系属于外部关系。在内部关系与外部关系相冲突的情况下,要优先满足外部关系。这是基本原理。只有在外部关系满足后,才能处理内部关系。[①] 因此,在债务人仅有400万元的情况下,债务人应当履行主债务,向债权人清偿400万元,而不能向保证人支付。这就是《民法典》第700条中规定的保证人行使追偿权的"不得损害债权人的利益"的含义。

《民法典》第700条中有关保证人行使追偿权的不得损害债权人的利益的规定,能否扩大适用于物的担保中?是可以的,《民法典担保制度解释》第20条规定:"人民法院在审理第三人提供的物的担保纠纷案件时,可以适用民法典第六百九十五条第一款、第六百九十六条第一款、第六百九十七条第二款、第六百九十九条、第七百条、第七百零一条、第七百零二条等关于保证合同的规定。"

二、请求其他担保人分担

(一)担保责任的分担

两个以上第三人为同一债务向债权人提供的担保,为共同担保。共同担保是相对于一人提供担保而言的,其主要特点是担保人为数人,数个担保人为同一债务[②]提供担保。两个以上担保人为同一债务提供担保,承担了担保责任的担保人能否向其他担保人追偿,《民法典担保制度解释》第13条规定:"同一债务有两个以上第三人提供担保,担保人之间约定相互追偿及分担份额,承担了

① 参见最高人民法院民法典贯彻实施工作领导小组主编:《中华人民共和国民法典合同编理解与适用》,人民法院出版社2020年版,第1392页。

② 共同担保是数个担保人为同一债务提供担保,不是为同一债务人提供担保。同一债务与同一债务人是有区别的,一个债务人可能有多笔债务。

担保责任的担保人请求其他担保人按照约定分担份额的,人民法院应予支持;担保人之间约定承担连带共同担保,或者约定相互追偿但是未约定分担份额的,各担保人按照比例分担向债务人不能追偿的部分。同一债务有两个以上第三人提供担保,担保人之间未对相互追偿作出约定且未约定承担连带共同担保,但是各担保人在同一份合同书上签字、盖章或者按指印,承担了担保责任的担保人请求其他担保人按照比例分担向债务人不能追偿部分的,人民法院应予支持。除前两款规定的情形外,承担了担保责任的担保人请求其他担保人分担向债务人不能追偿部分的,人民法院不予支持。”

在共同担保情形下,担保人之间原则上并不能相互追偿。全国人大常委会法工委在《中华人民共和国民法典释义》一书中明确,担保人之间不能相互追偿,主要的考虑因素为:第一,理论上讲不通。除非当事人之间另有约定,各担保人提供的担保具有独立性,担保人之间相互没有意思联络,因此不存在法律关系,要求各担保人之间相互追偿,实质是法律强行在各担保人之间设定了相互担保。第二,从程序上讲费时费力且烦琐。存在多个担保人时,债务人是最终的责任人,如果可以向其他担保人追偿,被追偿的担保人还要向债务人追偿,程序上不经济。第三,担保人之间不能追偿体现了公平原则。担保人在设定担保时,对于其面临的风险是明知的,即使其承担担保责任清偿全部债务也未超出其预期。第四,可操作性差。担保人追偿的过程中面临份额确定和计算问题,该问题在实践中难以准确界定。[①] 在(2020)京民终 1038 号追偿权纠纷案件中,北京市第三中级人民法院认为:“根据新法优于旧法的原则,《担保法》及其司法解释中有关担保人之间可以相互追偿的规定,因与《物权法》产生冲突,不再适用,各方当事人之间另有约定的除外。因此,担保人在承担担保责任后,仅能向债务人追偿,而无权向其他担保人追偿。”

但考虑到担保人之间相互分担责任的问题属于私法自治的范畴,对于担保人之间就担保责任分担及其份额作出明确约定的,或者约定承担连带共同担保的,已经承担担保责任的担保人依据当事人之间的约定要求其他担保人承担相应份额的,人民法院应予支持。此外,虽然担保人并未就相互分担问题作出明

---

① 参见最高人民法院民事审判第二庭:《最高人民法院民法典担保制度司法解释理解与适用》,人民法院出版社 2021 年版,第 185 页。

确约定,但其在同一份合同书上签字、盖章或者按指印,从平衡当事人利益的角度出发,应推定担保人之间具有相互分担责任的意思表示。[①] 此种情况下承担了担保责任的担保人请求其他担保人按照比例分担向债务人不能追偿部分的,人民法院应予支持。

关于已经承担担保责任的担保人是否应先向主债务人追偿的问题,如果当事人对追偿问题有明确约定,则按照约定处理;未约定的,应当先向主债务人追偿,只有对主债务人不能清偿的部分才能在担保人之间分担。

(二)赔偿责任的分担

在(2021)渝01民终8233号电信职业学院诉创思特公司等追偿权纠纷案件中,褚某与创思特公司签订《借款协议》,约定褚某向创思特公司出借480万元,电信职业学院、唐某某等作为担保人在该协议中盖章、签名。后创思特公司未还款,褚某将债务人、各担保人诉至法院。法院认为,电信职业学院属于以公益为目的的事业单位,《借款协议》中关于电信职业学院的担保条款系无效条款,同时褚某与电信职业学院对造成担保条款无效均有过错,故判决电信职业学院就创思特公司对债务不能清偿的部分承担1/2的赔偿责任,并强制执行了相应款项。后电信职业学院认为,唐某某等人作为该债务的连带共同保证人,应按比例分担其向债务人不能追偿的部分,遂起诉至法院。一、二审法院皆认为,担保人因无效担保合同向债权人承担赔偿责任后,可以向债务人追偿,故电信职业学院有权向债务人创思特公司追偿。但现行法律和司法解释并未明确规定保证合同无效,原保证人向债权人承担赔偿责任后有权向其他连带责任保证人追偿。本案中,电信职业学院向唐某某等人追偿的内容正是其基于有关过错在保证合同无效后向债权人负担的赔偿责任,其追偿显然缺乏法律依据。遂判决,驳回电信职业学院的诉讼请求。

评析:本案的争议焦点在于电信职业学院承担过错赔偿责任后是否有权向其他连带共同保证人追偿。对此,首先,保证人在承担赔偿责任后向其他保证人追偿没有法律依据。原则上,共同担保人之间不能相互追偿,但担保人之间

---

① 参见最高人民法院民事审判第二庭:《最高人民法院民法典担保制度司法解释理解与适用》,人民法院出版社2021年版,第183~184页。

有相互追偿或者分担责任的意思表示时，才可在担保人之间对担保责任进行分配。同样，没有关于赔偿责任相互分担的意思表示的，就不能适用追偿规则。本案中，各保证人在同一份合同中签字确认承担保证责任，视为作出连带共同保证的意思表示，但合同并未对赔偿责任作出明确约定，因保证人自身过错发生的赔偿，不能要求其他保证人分担。

其次，从立法整体结构来看，承担了担保责任的担保人不能向其他担保人追究赔偿责任。《民法典担保制度解释》第 18 条明确规定担保人承担了担保责任或赔偿责任后，可以向债务人追偿。但第 13 条在共同担保人之间相互追偿的问题上，只规定了担保责任在特定情形下可以追偿，并未提及赔偿责任。从法律条文前后对照来看，立法已经区分了两种性质的责任，在表述上也十分明确。从立法整体结构来看，可推定《民法典担保制度解释》认为承担赔偿责任后不能向其他担保人追偿。本案中，电信职业学院承担的责任为赔偿责任，故不能向其他担保人追偿。

最后，赔偿责任不是连带责任，相互追偿的基础不存在。连带债务人之间可以相互追偿。连带债务由法律规定或者当事人约定。同样的，要求保证人之间承担连带赔偿责任也应以法定或意定为基础。本案中，电信职业学院与唐某某等人无承担连带赔偿责任的约定，因此该赔偿责任不具有连带责任性质，没有追偿权行使的合法前提。①

针对案件裁判结果和评析，笔者持有不同的观点，但在现行法律供给条件下难以找到明确的依据反驳。仅就该案提出一些看法供参考：(1)电信职业学院履行了赔偿责任的行为导致主债务人的债务部分消灭，其他担保人的债务也相应地部分消灭，其他担保人获得了利益。为此，电信职业学院就向主债务人不能追偿的部分请求其他担保人分担有何不可呢？(2)本案中，各保证人在同一份合同中签字确认承担保证责任，视为作出连带共同保证的意思，对是连带担保责任还是连带赔偿责任没有约定，一般人也不会关注，大家关注的就是共同担保债权的实现。如果把“赔偿责任”包括在当初约定的连带责任之内，应该没有超出各担保人的心理预期。现在电信职业学院承担了赔偿责任而不能向

---

① 参见斐度：《担保人承担赔偿责任后主张追偿的认定——重庆一中院判决电信职业学院诉创思特公司等追偿权纠纷案》，载《人民法院报》2022 年 5 月 12 日。

其他担保人追偿显然超出了其心理预期。对分担赔偿责任,其他担保人也不会感觉猝不及防。赔偿责任是怎么引起的?是基于担保合同或者担保条款引起的。既然合同约定各担保人共同承担连带责任,那么各担保人就(或者视为)接受了法律规定的连带责任人的内部追偿规则,现在电信职业学院承担了赔偿责任后向其他担保人追偿应该也符合当初的约定,所以笔者认为当初的连带责任应该包括赔偿责任上的连带责任。(3)赔偿责任是担保合同无效后法律规定的缔约过失责任,是担保责任的替代责任,是电信职业学院承担的责任。电信职业学院与其他担保主体在履行实现担保债权的义务上具有连带关系。现在电信职业学院履行了义务,实现了部分担保债权,何必再往下区分电信职业学院履行的是担保义务还是赔偿义务?其他担保人、债务人、债权人关注的是电信职业学院承担了多少责任,而不是承担了什么责任。故只要电信职业学院的行为消灭了部分或者全部债权,就有权根据连带债务人的内部追偿规则向其他担保人追偿。(4)假如本案中是其他担保人承担了"担保责任",是否有权就向债务人不能追偿的部分请求电信职业学院分担?如果有权,这就不公平了,明显对电信职业学院不利;如果无权,也不公平,这对承担了担保责任的担保人不利。电信职业学院在提供担保中具有过错,仅承担部分责任,而无过错的其他担保人却要承担全部责任,是否存在因过错受益的情形?

三、追究法定代表人的经济赔偿责任和其他责任

(一)追究法定代表人的经济赔偿责任

依照《民法典担保制度解释》第 7 条第 2 款,在法定代表人越权以公司名义提供担保的情形下,无论公司最终承担的是担保责任还是赔偿责任,公司皆可追究法定代表人的经济赔偿责任。

依照《公司法》第 188 条规定,董事、监事、高级管理人员执行职务违反法律、行政法规或者公司章程的规定,给公司造成损失的,应当承担赔偿责任。故,法定代表人超越法律或者公司章程规定的权限对外提供担保给公司造成损失的,公司可以请求有过错的董事、监事、高级管理人员承担赔偿责任。

(二)追究法定代表人的行政责任甚至刑事责任

法定代表人除了承担经济赔偿责任外,还可能承担其他方面的责任,比如

被免除法定代表人职务，被有关单位予以处分等，甚至牵连公司和其他高级管理人员。在(2019)最高法民终1603号案中，亿阳信通公司时任法定代表人曲某及其他高级管理人员，由于公司内部控制存在重大缺陷等原因，受到了上海证券交易所的处分。

上　海　证　券　交　易　所

纪　律　处　分　决　定　书

〔2019〕137号

关于对亿阳信通股份有限公司及其控股股东

亿阳集团股份有限公司、实际控制人邓某

及有关责任人予以纪律处分的决定

……经查明，亿阳信通股份有限公司(以下简称公司)、控股股东亿阳集团股份有限公司(以下简称亿阳集团)、公司实际控制人兼亿阳集团董事长邓某在信息披露、规范运作等方面，有关责任人在职责履行方面存在以下违规行为：……公司违规为控股股东及其关联方提供巨额担保。截至2017年12月31日，公司累计为控股股东亿阳集团及其关联方提供担保37笔，合计金额40.19亿元，占公司2016年度经审计净资产的124.47%。但公司未就前述担保事项履行相关决策程序及信息披露义务，并迟至2018年4月25日才在2017年年度报告中予以披露。公司因前述担保事项被列为相关诉讼的共同被告，可能因此承担巨额偿债责任。据此，公司合计计提16.63亿元预计负债，占2016年度归属母公司净利润的1,279.23%，是导致公司2017年亏损的重要原因。公司违规担保事项未履行董事会、股东大会程序，未及时披露，导致公司计提大额预计负债，严重损害上市公司及中小股东利益，情节严重。

……

责任认定和处分决定：

本所做出如下纪律处分决定：对亿阳信通股份有限公司、控股股东亿阳集团股份有限公司、公司实际控制人兼亿阳集团股份有限公司时任董事长邓某、公司时任董事长曲某、时任董事兼总经理田某文、时任董事兼财务负责人王某声予以公开谴责；公开认定公司实际控制人兼亿阳集团股份有限公司时任董事长邓某10年内不适合担任上市公司董事、监事和高级管理人员，公开认定时任公司董事长曲某、时任董事兼总经理田某文、时任董事兼财务负责人王某声5年内不适合担任上市公司董事、监事和高级管理人员；对时任董事兼董事会秘书、副总裁方某，时任董事陈某峰、张某华、宋某德、王某忠，时任独立董事杨某春、戴某平……时任监事常某群、孙某伟、闫某岩，时任公司副总裁林某庭、孟某威、潘某发、李某、崔某生、周某楠、曹某、卢某、王某予以通报批评。对于上述纪律处分，本所将通报中国证监会和黑龙江省人民政府，并记入上市公司诚信档案。

（三）公司股东可对法定代表人提起股东代表诉讼

上市公司中，法定代表人、高级管理人员违反相关规定损害公司利益、中小股东利益的，可能会招致监管部门的介入，但对于封闭公司，法定代表人擅自以公司名义对外担保可能会被视为公司自治的事项，公权力界入唯恐会涉嫌践踏公司自治规则，所以公权力对封闭公司内部治理不规范行为一般不会主动监管。同时，依照我国《公司法》，无论是公众公司还是封闭公司，法定代表人由董事、高级管理人员兼任，往往又与大股东有着密切的关系，实际控制着公司的经营决策或者对公司决策能够产生重大影响。因此，法定代表人侵犯公司利益时，公司本身很难主动追究其法律责任。鉴于此，为保护中小股东利益，《民法典担保制度解释》征求意见稿沿袭《九民会议纪要》，规定："法定代表人超越权限提供担保造成公司损失，公司不请求法定代表人承担赔偿责任的，公司股东依据法律关于股东代表诉讼的规定请求法定代表人承担赔偿责任的，人民法院应予支持。"但通过稿删除了这一款规定，原因是依据《公司法》有关股东代表诉讼的规定，股东自然有这样的权利，无须专门规定。

四、请求反担保人承担责任

在有反担保的情形下，被越权担保的公司承担了担保责任后，自然有权请求反担保人承担担保责任；如果被越权担保的公司承担的是损害赔偿责任，请求反担保人承担担保责任还是缔约过失赔偿责任？反担保人主张反担保合同是担保合同的从合同,以担保合同无效为由主张反担保合同无效的,人民法院是否支持?

对此,《民法典担保制度解释》第19条规定:"担保合同无效,承担了赔偿责任的担保人按照反担保合同的约定,在其承担赔偿责任的范围内请求反担保人承担担保责任的,人民法院应予支持。反担保合同无效的,依照本解释第十七条的有关规定处理。当事人仅以担保合同无效为由主张反担保合同无效的,人民法院不予支持。"

(一)反担保合同不是担保合同的从合同

担保人承担担保责任后,享有对债务人的追偿权,成为债务人的新的债权人。担保人为保证自身追偿权能够得到实现,可要求债务人为自己的追偿权的实现提供担保,以避免或者减少其追偿权实现的风险。[①]《民法典》第387条第2款规定:"第三人为债务人向债权人提供担保的,可以要求债务人提供反担保。反担保适用本法和其他法律的规定。"《民法典》第689条规定:"保证人可以要求债务人提供反担保。"

反担保合同与担保合同之间的区别主要如下:

第一,担保的对象不同。在担保合同中,担保的对象是债权人对债务人享有的债权。而在反担保合同中,反担保人担保的对象是担保人承担民事责任后对债务人享有的追偿权,该追偿权在担保合同成立时设定并在担保人实际承担责任后产生。担保对象的不同是反担保合同区别于担保合同的本质特征,也决定了担保合同是主债权债务合同的从合同,而反担保合同并非担保合同的从合同。

第二,合同的当事人不同。在第三人提供的担保合同中,存在债权人和债务人之间的主合同关系,债权人与担保人之间的担保合同关系,担保人与债务人之间的委托合同或者无因管理等关系,此时担保合同是主合同的从合同,并担保主合同的履行。

在第三人提供的反担保合同中,担保人和债务人之间的委托关系或者无因

---

① 参见最高人民法院民事审判第二庭:《最高人民法院民法典担保制度司法解释理解与适用》,人民法院出版社2021年版,第218页。

管理等关系为基础合同关系，提供反担保的第三人和担保人之间的关系为担保合同关系，反担保人和债务人之间构成委托合同或者无因管理关系。此时，反担保合同担保的是担保人因委托关系或者无因管理而产生的追偿权，即因担保人承担责任而产生的追偿权，即使担保合同无效，担保人可能会承担赔偿责任，担保人就承担了的赔偿责任享有追偿权，从而得出担保合同是否有效对反担保合同不产生影响的结论。这就是《民法典担保制度解释》第 19 条第 2 款规定的"当事人仅以担保合同无效为由主张反担保合同无效的，人民法院不予支持"。

(二)担保合同无效时反担保人的民事责任

反担保人担保的对象是担保人承担民事责任后对债务人享有的追偿权，担保人承担的"民事责任"包括担保合同有效时的担保责任和担保合同无效时的赔偿责任。只要担保人承担了民事责任，不管是担保责任还是赔偿责任，并享有追偿权的，都是反担保人担保的对象。也即，担保合同是有效还是无效，均不影响反担保合同的效力。

反担保合同是相对于某一具体担保合同而言的，其实反担保合同就是一般意义上的担保合同，完全符合一般担保所具有的性质。反担保合同也存在有效、无效等效力形态。

被越权的公司承担担保责任或者损害赔偿责任后，应当根据反担保合同的效力确定反担保人承担责任的类型和范围：如果反担保合同有效则反担保人应当按照反担保合同的约定承担担保责任；如果反担保合同无效，反担保人无过错的不承担赔偿责任，反担保人有过错的，则应当根据担保人和反担保人的过错确定反担保人赔偿责任的范围，也即《民法典担保制度解释》第 19 条第 2 款规定的"反担保合同无效的，依照本解释第十七条的有关规定处理"。

第七章　无须公司机关决议的对外担保

第一节　无须公司机关决议的例外情形

根据《公司法》第 15 条的规定，公司为他人提供担保，不是法定代表人及其他公司人员所能单独决定的事项，必须经适格的公司股东会或者董事会决议。该规定要求以公司意思作为代表权的基础和来源，相对人在接受担保的时候，负有甄别法定代表人或者公司代理人实施的担保行为是否系公司真实意思的注意义务。相对人须证明法定代表人以公司名义签订担保合同系公司的真实意思，担保行为才符合民事法律行为有效要件。适格的股东会或者董事会决议是公司同意对外担保的真实意思的直接书面证据。也正因如此，按照公司治理现代化的要求，立法和司法均选择通过公司决议规制公司的对外担保行为，以确保公司对外担保系公司的真实意思，防止法定代表人慷他人之慨损害公司、其他股东和公司债权人的合法权益。

没有公司决议，如果案件事实表明担保行为是为了公司自身利益，或者经具有绝对多数表决权的股东同意，就可以认定公司具有对外提供担保的真实意思表示。如果司法仅因公司没有作出决议就认定公司不承担担保责任，既不利于维护交易秩序，也容易滋长公司恶意逃避担保责任的道德风险。故《九民会议纪要》第 19 条规定："存在下列情形的，即便债权人知道或者应当知道没有公司机关决议，也应当认定担保合同符合公司的真实意思表示，合同有效：……"《民法典担保制度解释》对该条内容予以吸收和修改，于第 8 条规定："有下列情形之一，公司以其未依照公司法关于公司对外担保的规定作出决议为由主张不承担担保责任的,人民法院不予支持:(一)金融机构开立保函或者担保公司提供担保;(二)公司为其全资子公司开展经营活动提供担保;(三)担保合同系由单独或者共同持有公司三分之二以上对担保事项有表决权的股东签字同意。上市公司对外提供担保,不适用前款第二项、第三项的规定。”此为公司对外担保无须机关决议的法定例外情形。之所以说“法定例外情形”,是因为除《民法典担保制度解释》第 8 条规定的三种例外情形外,在公司为他人提供担保领域,不存在其他任何公司决议授权例外事由。

上述三种情形作为公司决议授权的例外,是因为这三种情形本身就表明“担保合同符合公司的真实意思表示”。其中第 1、2 项的担保行为是为了公司自身的利益,“担保行为是为了公司自身的利益”就可以认定公司具有对外提供担保的真实意思表示;第 3 项规定的绝对多数决同意也足以认定公司具有对外提供担保的真实意思表示。

第二节　金融机构开立保函或者担保公司提供担保

《公司法》第 15 条规范目的是防范公司从事经营范围以外的行为,加大公司经营风险,从而损害公司利益和中小股东利益。而以为他人提供担保为主营业务的担保公司,以及开展保函业务的银行或者非银行金融机构,为他人提供担保本属这类公司的正常经营范围,甚至是公司的主营业务,能为公司带来营业收入,若每次提供担保均遵循《公司法》第 15 条的规定需要公司机关决议,既有违商事交易的效率和便捷原则,也背离了立法目的。所以,金融机构开立保函或者担保公司提供担保不属于《公司法》第 15 条的调整范围。

一、金融机构开立保函

在经济交易中,特别是国际经济交易中,合同当事人为了维护自己的利益,往往对可能发生的风险采取相应的保障措施,银行保函就是以银行信用的形式担保的保障措施。银行保函又称“银行保证书”,属于银行信用,是银行应申请人或者委托人的要求向受益方开出的,担保申请人履行某种义务,并在申请人未按约定履行义务时,由担保银行代其支付一定金额或者作出一定赔偿的书面文件。银行提供保函服务是商业行为,可以收取可观的服务费用。

还有保险公司出具的保函。比如当事人向法院申请诉讼保全,法院一般会要求提供担保。此时当事人可以在财产保险公司购买“诉讼财产保全责任险”,作为诉讼保全的担保。

金融机构开立保函,多是债务人到金融机构的营业点购买该类担保服务,金融机构的工作人员出售这类服务系职务代理行为,其工作职责就是授权的证明。担保合同附有金融机构的《营业执照》《法定代表人身份证明》《经营保险业务许可证》等。以保险公司出具的保函为例,财产保险公司为了销售“诉讼财产保全责任险”,会千方百计地获得法院的允许进驻法院立案大厅,以方便将该类保险卖给保全案件的申请人。保险公司派工作人员常驻法院立案大厅,保全申请人购买“诉讼财产保全责任险”时,工作人员审核申请人的起诉材料后,认定保险公司承担赔偿责任的风险较小后,就与保全案件的申请人订立合同。订立合同的过程并无保险公司法定代表人参与,也无保险公司机关的决议。该险种让保险公司盈利颇丰,笔者至今未听闻保险公司就该险种承担赔偿责任的案例。

二、担保公司提供担保

在(2020)吉民终 369 号保证合同纠纷案中,绿金公司系吉隆瑞投资企业的有限合伙人,认缴出资 6000 万元,未实缴。2016 年 8 月 4 日,绿金公司、国信证券、吉隆瑞投资、融资担保公司共同签署《合伙企业财产份额收益权转让及回购协议》(以下简称《回购协议》),约定国信证券代绿金公司向吉隆瑞投资支付 6000 万元整;绿金公司承诺在 2017 年 8 月 17 日之前向国信证券偿付收益权回购款 6000 万元并按季支付相应收益;同时融资担保公司承诺对绿金公司的上述溢价回购行为(包括但不限于支付收益权回购款、收益及违约金)承担连带保证责任。同时,融资担保公司向国信证券、环城农商行出具《长春市中小企业信用担保有限公司担保函》(以下简称《担保函》),承诺就上述回购行为向国信证券、环城农商行承担连带保证责任。2016 年 8 月 17 日,国信证券代绿金公司向隆瑞投资汇付上述款项人民币 6000 万元整,隆瑞投资于同日出具了《出资款到位及收益权转让证明》。2017 年 9 月 25 日,环城农商行与国信证券签署《转让协议》,国信证券将《回购协议》的全部权利转让给环城农商行。自 2017 年 6 月 21 日起,绿金公司未按《回购协议》的约定向国信证券支付收益款,至 2017 年 8

月 17 日,绿金公司亦未按《回购协议》的约定向国信证券支付全部收益权回购价款,同时融资担保公司亦未依约承担连带保证责任。后经国信证券及环城农商行多次催讨,融资担保公司仍拒绝履行《回购协议》及《担保函》约定的保证义务。环城农商行提出诉讼请求:融资担保公司向环城农商行承担连带保证责任,向环城农商行偿付合同款项本金 6000 万元等。

融资担保公司辩称,该担保函系法定代表人戴某以私刻公章伪造,不代表融资担保公司的真实意思,故未生效。依据《公司法》的规定,戴某伪造的担保函无股东会或董事会决议,不代表公司的真实意思,违反法律强制性规定而无效。《担保函》因环城农商行与借款人和戴某恶意串通,侵害融资担保公司的合法权益而无效。环城农商行对该笔贷款负有法定的贷前资信调查等义务,但其并未履行相关法定义务,并逃避银监部门依法制定的监管要求,属于明显的故意,融资担保公司对此无过错。

最高人民法院认为,融资担保公司系以为他人提供担保为主营业务的担保公司,其在对外担保时,不应受《公司法》第 15 条的调整,环城农商行、国信证券无须审查对外担保是否经过融资担保公司决议机关的决议,其对外签订的《回购协议》及出具的《担保函》应当认定符合融资担保公司的真实意思表示,合法有效。戴某作为融资担保公司的原法定代表人在办公地点为《回购协议》加盖融资担保公司的公章及其个人名章,并为国信证券及环城农商行出具《担保函》,足以认定戴某系代表融资担保公司的职务行为,而非个人行为,且环城农商行本案主张的债权受让于国信证券,在融资担保公司并未提供证据证明国信证券明知戴某超越了公司内部对其的授权的情况下,依据《合同法》第 50 条"法人或者其他组织的法定代表人、负责人超越权限订立的合同,除相对人知道或者应当知道其超越权限的以外,该代表行为有效"的规定,其行为后果亦应由融资担保公司承担,故法院对融资担保公司的上述主张不予支持。

第三节　公司为其全资子公司开展经营活动提供担保

一、公司为其全资子公司开展经营活动提供担保可以豁免决议授权

根据《企业会计准则》的规定,凡设立于我国境内,拥有一个或一个以上子

公司的母公司,应当编制合并会计报表,以综合反映母公司和子公司所形成的企业集团的经营成果、财务状况及其变动情况。母公司在编制合并会计报表时,应当将其所控制的境内外所有子公司纳入合并会计报表的合并范围。母公司和全资子公司在财务报表合并后,子公司的损益全部归于母公司,因此,在全资子公司对外负债时,母公司在经济上是最终的债务人。此外,公司与其全资子公司是100%的控股关系,对其具有完全的支配力和影响力。因此,在经济层面可以说,公司为其全资子公司提供担保作为增信措施,相当于母公司自己为自己的债务提供担保,也即母公司为其全资子公司开展经营活动提供担保,实际上也符合母公司的利益,符合母公司的真实意思表示。

公司为自己提供担保不属于《公司法》第15条的调整范围,因"母公司为其全资子公司提供担保相当于母公司自己为自己的债务提供担保",故公司为其全资子公司开展经营活动提供担保不属于《公司法》第15条的调整范围。

综上,公司为其全资子公司开展经营活动提供担保,如公司以未经适格的股东会或者董事会决议为由主张不承担担保责任的,人民法院不予支持。

二、公司为其全资子公司开展经营活动提供担保的特殊情形

(一)同一母公司的数个全资子公司之间的担保

A公司有数个全资子公司,分别为A1公司、A2公司……A2公司为A1公司的债务提供担保,是否需要A2公司的股东会或者董事会决议?母公司A公司能否以A2公司的资产为A1公司的债务提供担保?

【案情】①

曾某自2013年4月起,陆续向龙某借款,用于所控制企业银庄商贸公司的生产经营,龙某先后分10次通过曾某本人及银庄商贸公司的账户交付出借款本金共计7300万元。

乾云集团公司(有限责任公司)于2017年5月16日向龙某出具担保书一份,该担保书明确,曾某截至2017年4月30日,尚欠龙某借款本息共计7149.31万元,该借款实际用于乾云集团公司项下银庄商贸公司的经营运作,故

① 参见湖南省高级人民法院(2020)湘民终1201号民间借贷纠纷案。

乾云集团公司以其公司及项下三家公司的资产为上述 7149.31 万元的借款本息提供连带担保责任,保证期限为二年。担保书上加盖了乾云集团公司的印章。

银庄商贸公司、乾云实业公司、众澜公司均是乾云集团公司的全资子公司。

龙某诉讼请求:(1)曾某偿还借款本金及利息;(2)乾云集团公司、银庄商贸公司、乾云实业公司、众澜公司对上述债务承担连带清偿责任。

【裁判】

湖南省高级人民法院认为,(1)涉案借款合同有效。龙某向曾某出借了 7300 万元,曾某也出具了相应的借据,该民间借贷行为系双方当事人的真实意思表示,合法有效,受法律保护,曾某应当依法向龙某承担还本付息的责任。

(2)银庄商贸公司的责任问题。因银庄商贸公司的实际控制人为曾某,2013 年 4 月 3 日的 1000 万元借条上加盖了银庄商贸公司的公章,交付的借款中最后一笔 400 万元也是直接向银庄商贸公司交付,同时,乾云集团公司出具的担保书认可所借款项用于乾云集团公司项下公司的经营运作,而银庄商贸公司系乾云集团公司的全资子公司,故一审法院根据《最高人民法院关于审理民间借贷案件适用法律若干问题的规定》第 23 条"企业法定代表人或负责人以个人名义与出借人签订民间借贷合同,所借款项用于企业生产经营,出借人请求企业与个人共同承担责任的,人民法院应予支持"认定银庄商贸公司应承担连带清偿责任并无不当。

(3)乾云集团公司的责任问题。乾云集团公司认为其出具的《担保书》未经公司股东会决议而应属无效。因《担保书》写明"借款实际用于乾云集团公司项下公司的经营运作,乾云集团公司以其公司及项下公司的资产为借款本息提供连带担保责任",同时,银庄商贸公司也系乾云集团公司的全资子公司,故乾云集团公司为银庄商贸公司开展经营活动向龙某提供担保当属有效。该种情形不适用《公司法》的相关规定。

(4)对于龙某要求乾云实业公司、众澜公司承担连带清偿责任的诉讼请求,因本案借贷关系发生在龙某与曾某之间,担保关系发生在龙某与乾云集团公司之间,乾云实业公司、众澜公司虽是乾云集团公司的全资子公司,但子公司具有独立的法人人格,原告亦无证据证明乾云集团公司与乾云实业公司、众澜公司之间存在人格混同,故对原告要求乾云实业公司、众澜公司承担连带担保责任的诉讼请求不予支持。

【评析】

乾云集团公司为其全资子公司银庄商贸公司开展经营活动向龙某提供担保不适用《公司法》的相关规定，即使没有公司决议，乾云集团公司无权以此为由主张不承担担保责任。该案裁判理由与其后生效的《民法典担保制度解释》第8条的规定一致。

裁判认为，子公司具有独立的法人人格，母公司不能代替全资子公司对外担保，子公司对外担保的仍须遵守《公司法》的规定经子公司的股东会或者董事会决议。该案裁判说理与《民法典担保制度解释》第8条第1款第3项规定是否有冲突呢？① 对此笔者认为，《民法典担保制度解释》第8条第1款第3项仅规定担保合同系由股东"签字同意"，而非规定担保合同系由股东"签订"，也即担保合同由子公司的法定代表人或者拥有代理权的代理人与相对人订立，此担保合同"由单独或者共同持有公司三分之二以上对担保事项有表决权的股东签字同意"，二者一起才能得出"无须公司机关决议"的结论。所以本案中，母公司未经授权就代理子公司与相对人签订担保合同，属于无权代理，担保合同对子公司不发生效力。如果全资子公司的法定代表人代表子公司与相对人订立担保合同，母公司签字同意该对外担保的，无须全资子公司的股东会或者董事会决议，担保合同对子公司发生效力。因此，笔者认为，本案有关乾云实业公司、众澜公司是否承担连带清偿责任部分的裁判说理从体系上看存在瑕疵，应该以无权代理规则裁判两个全资子公司不承担担保合同的法律后果。

（二）有关"子公司开展经营活动"的理解

《九民会议纪要》第19条规定："存在下列情形的，即便债权人知道或者应当知道没有公司机关决议，也应当认定担保合同符合公司的真实意思表示，合同有效：……（2）公司为其直接或者间接控制的公司开展经营活动向债权人提供担保……"《民法典担保制度解释》第8条对第（2）项进行了修改，只规定了"公司为其全资子公司开展经营活动提供担保"。下面案例的事实发生在《民法

---

① 《民法典担保制度解释》第8条第1款第3项规定"担保合同系由单独或者共同持有公司三分之二以上对担保事项有表决权的股东签字同意"是无须公司机关决议的。

典》生效之前,所以裁判认为公司为其直接或者间接控制的公司开展经营活动提供担保,也无须公司机关决议。

下文引用最高人民法院(2017)最高法民终369号中新房南方集团有限公司与中国工商银行股份有限公司鹰潭分行委托贷款合同纠纷案,目的是让读者体会子公司的经营活动范围。具体案情如下。

奥特莱斯公司向鹰潭工商银行进行商业贷款人民币5亿元,奥特莱斯公司的子公司鹰潭华森公司以自有资产提供抵押担保,结果导致抵押物不能开发利用。为将抵押物解押,奥特莱斯公司、中新房华夏实业有限公司、鹰潭华森公司签订《代持股合作补充协议书》,约定中新房华夏实业有限公司为鹰潭华森公司的项目开发提供融资支持,帮助奥特莱斯公司偿还工商银行的5.2亿元贷款。中新房南方公司作为中新房华夏实业有限公司的控股股东,以自身名义为奥特莱斯公司提供担保,2014年12月10日,中新房南方公司向工行鹰潭分行出具《担保函》,主要内容为:(1)自愿为奥特莱斯公司上述借款5亿元的全部债务承担连带保证责任,担保的范围为受托银行根据《一般委托贷款借款合同》向借款人发放的贷款本金及利息、项目监管费、复利、罚息、违约金、损害赔偿金及受托银行实现债权而发生的费用(包括但不限于催收费用、诉讼费或仲裁费、保全费、公告费、执行费、律师费、差旅费)以及其他应付费用。(2)在《一般委托贷款借款合同》项下债务履行期届满时,受托银行向借款人提供而未获偿还的贷款由本保证人在本担保书所确定的保证范围内承担连带清偿责任;在《一般委托贷款借款合同》规定的债务履行期届满前,如受托银行根据《一般委托贷款借款合同》约定提前向借款人追索,本保证人亦在本担保书所确定的保证范围内承担连带保证责任。

诉讼中,中新房南方公司上诉主张,其对奥特莱斯公司出具的担保函上仅盖有中新房南方公司公章,未附有中新房南方公司董事会的相关决议,形式及效力方面均违反法律规定,应为无效。对此,最高人民法院认为,《公司法》(2018年)第16条第1款规定,“公司向其他企业投资或者为他人提供担保,依照公司章程的规定,由董事会或者股东会、股东大会决议”,该法律规定的立法目的是保护公司、股东和债权人的利益,防止法定代表人等公司工作人员超越权限擅自为他人提供担保,该法规定的决议前置程序旨在确保公司为他人提供担保系公司的真实意思表示。本案中,中新房华夏实业有限公司、奥特莱斯公司、胡某辉均系鹰潭华森公司股东，根据奥特莱斯公司、中新房华夏实业有限公司、鹰潭华森公司签订的《代持股合作补充协议书》，中新房华夏实业有限公司与奥特莱斯公司和胡某辉合作的主要条件，是为鹰潭华森公司的项目开发提供融资支持，帮助奥特莱斯公司偿还工商银行的5.2亿元贷款。中新房南方公司作为中新房华夏实业有限公司的控股股东，以自身名义为奥特莱斯公司提供担保，符合中新房华夏实业有限公司履行《代持股合作补充协议书》项下的义务，其担保行为亦不损害中新房南方公司的自身利益，应认定为中新房南方公司的真实意思表示。因此，中新房南方公司虽未提供其公司董事会决议，但根据本案相关证据可以认定案涉《担保函》的出具系其真实意思表示，中新房南方公司关于案涉《担保函》无效的上诉理由，明显违反诚信原则，法院不予支持。

第四节　2/3以上表决权股东签字同意的担保

一、公司2/3以上对担保事项有表决权的股东签字同意符合公司的真实意思表示

公司机关召开会议，需要经过通知、召集、主持、表决等一系列法定程序，费时费力，甚至决议作出后可能商机已经错过。股东会决议或者董事会决议本质上是公司意思决定的一种方式，“属于一种集体意思形成的行为”。[①] 2/3以上有表决权的股东签字同意公司为他人债务提供担保，体现的是多数股东对公司的绝对控制权，以及资本多数决与风险担当的一致性。在某事项上2/3以上有表决权的股东能够绝对控制公司对该事项的表决，所以有2/3以上对担保事项有表决权的股东签字同意足以表明该行为符合公司的真实意思表示。在能肯定公司对外担保的意思为公司真实意思表示的情况下，仍要求公司遵循公司决议程序，作出决议之后才能对外提供担保，实无必要，于是《九民会议纪要》规定担保合同系由单独或者共同持有公司2/3以上对担保事项有表决权的股东签字同意的，无须公司作出决议。[②]《民法典担保制度解释》对此予以沿袭。

---

① 参见王泽鉴：《民法总则》（最新版），北京大学出版社2009年版，第185页。

② 参见程啸、高圣平、谢鸿飞：《最高人民法院新担保司法解释理解与适用》，法律出版社2021年版，第60页。

在(2019)苏08民终369号案中,被告张某某和付某某夫妻二人因资金周转需要,于2013年三次向原告皇甫某某借款共计760万元,借款汇入借款人指定的案外人银行账户。案外人将涉案借款转入龙腾公司的银行账户。2017年5月8日,借贷双方以及龙腾公司就上述三笔借款续签合同,约定由龙腾公司为该三笔借款承担连带保证责任。保证人处加盖龙腾公司印章,占股70%的股东郭某签名并加盖龙腾公司印章的股东会决议同意公司提供连带保证责任。龙腾公司章程对公司对外提供担保,以及是否按照出资比例行使表决权未另作规定。

皇甫某某向法院起诉,请求判令张某某、付某某归还借款,龙腾公司承担连带责任。龙腾公司抗辩称涉案印章非龙腾公司所有,郭某是名义股东,实际控制人系张某某,担保无效。

江苏省涟水县人民法院经审理认为,张某某、付某某对借款本息应承担共同还款责任。股东郭某知悉龙腾公司对案涉借款提供保证担保,股东会决议上也有郭某的签名并加盖了龙腾公司的印章,表明龙腾公司具有提供连带责任保证的真实意思表示。判决:张某某、付某某归还皇甫某某借款本金760万元及利息,龙腾公司承担连带还款责任。

一审宣判后,龙腾公司不服,提起上诉。江苏省淮安市中级人民法院经审理认为,2/3以上表决权的股东签字同意公司为他人债务担保,体现的是其对公司的绝对控制权,以及资本多数决与风险担当的一致性,相对人也有理由相信该行为符合公司的真实意思表示,而依据公司法的相关规定,其必然能形成公司决议,因而再苛求相对人要求有公司决议已无必要。本案中,2/3以上表决权的股东同意公司为借款担保,决议虽然没有其他股东签名,仍应当认定其符合龙腾公司的真实意思表示;债权人尽到审查义务,构成善意;且事实表明该借款转入公司,非对公司不利,而对债权人而言,借款人如何使用借款不在其举证责任范围内,故对债权人主张的担保责任应予支持。

关于张某某是否为隐名股东问题。龙腾公司主张根据《公司法》的相关规定,郭某不应参与涉案股东会决议,故涉案股东会决议无效。对此,法院认为,龙腾公司工商登记的股东郭某占股70%,该登记对外具有公示效力,即使郭某是代张某某持股,张某某为隐名股东,龙腾公司没有证据证明皇甫某某明知郭某系代张某某持股的事实,张某某是龙腾公司隐名股东的事实亦不能对抗债权人皇甫某某,本案无须审查张某某是否为龙腾公司的隐名股东。

二审判决驳回上诉,维持原判。注:本案例中包含股权代持与公司对外担保的交叉问题,公司登记的股东对外具有公示效力,不能对抗善意的相对人。公司主张相对人知道或者应当知道股权代持事实的应承担举证责任,相对人不负有举证责任。

二、如何理解"对担保事项有表决权的股东"

"担保合同系由单独或者共同持有公司三分之二以上对担保事项有表决权的股东签字同意"的决议豁免规定,不仅适用于非关联担保,也适用于公司为其股东或者实际控制人提供的担保(关联担保)。[①] 在关联担保的情形下,根据《公司法》第 15 条第 3 款的规定,被担保的股东或者受被担保的实际控制人支配的股东,不得对担保事项进行表决,该项表决由出席会议的其他股东所持表决权的过半数通过,故在关联担保中关联股东没有表决权(回避表决),"其他股东"具有表决权。"其他股东"就属于这里的"对担保事项有表决权的股东"。当然,在非关联担保中,如果是股东会决议的,每个股东都属于"对担保事项有表决权的股东"。

在(2018)最高法民终 202 号案件中,最高人民法院认为,本案中,根据义腾公司工商注册登记信息记载,2015 年 4 月 10 日温某斌、朱某中与义腾公司签订《债务偿还合同》约定义腾公司为朱某中提供担保时,义腾公司的股东为温某斌、朱某中与中亿金通公司,持股比例分别为 27.5%、67.5%、5%。根据义腾公司章程第 18 条的规定,公司对外融资、担保事项应由超过 2/3 表决权的股东表决通过。因朱某中作为被担保人,不能参与股东会对义腾公司提供担保事项的表决,故应由其他股东即温某斌、中亿金通公司所持表决权的 2/3 以上通过。温某斌作为债权人,同时是持有义腾公司 27.5%股权的股东,其在《债务偿还合同》上签字的行为表明,其同意义腾公司为朱某中提供担保。故义腾公司为朱某中提供担保并不违反《公司法》以及义腾公司章程的规定。义腾公司上诉所提因该事项未经股东会决议,故《债务偿还合同》及其补充协议中关于义腾

---

① 参见最高人民法院民事审判第二庭:《最高人民法院民法典担保制度司法解释理解与适用》,人民法院出版社 2021 年版,第 144 页。

公司承担连带保证责任的约定无效的主张，缺乏事实和法律依据，法院不予支持。

评析：本案系公司为股东之间的债权债务提供担保，在股东会对担保事项进行表决时，根据《公司法》的规定被担保的股东需要回避表决，对于作为债权人、相对人的股东（温某斌）是否需要回避表决法律未有明确规定。就本案所涉担保事项的表决来说，温某斌能够控制公司的行为，又是关联关系人，温某斌应该回避表决，否则会损害其他股东的利益、公司利益，涉嫌通过担保这一通道将行抽逃出资之实。所以本案的裁判结果值得商榷。

三、公司章程规定非关联担保由董事会决议的，可否适用本款

公司章程规定非关联担保由董事会决议，也不影响《民法典担保制度解释》第 8 条第 1 款第 3 项的适用，因为在非关联担保的情形下，单独或者共同持有公司 2/3 以上对担保事项有表决权的股东可通过股东会会议修改公司章程，将对外提供担保的决议机关改为股东会。① “在解释上，即使公司章程中规定决议机关是董事会，由股东会作出决议亦无不可，因为股东之间是借助公司章程把本属自己的权利授权董事会概括行使，在股东权利具体行使之时，自可取消该授权而改由自己行使。《公司法》第四十三条第二款规定，股东会会议作出修改公司章程，必须经代表三分之二以上表决权的股东通过。因此，即使公司章程中规定决议机关是董事会，由持有公司三分之二以上的有表决权的股东单独或共同实施的，亦可认为已经事实上形成了有效的股东会决议，以替代董事会决议，推定为公司的意思。”②

四、反思

《民法典担保制度解释》第 8 条第 1 款第 3 项的规定，实践中被统一适用，因为其是司法解释，但理论上饱受争议，故不得不用一节探讨有关的争议。

---

① 参见最高人民法院民事审判第二庭：《最高人民法院民法典担保制度司法解释理解与适用》，人民法院出版社 2021 年版，第 144 页。

② 高圣平：《担保法前沿问题与判解研究（第五卷）——最高人民法院新担保制度司法解释条文释评》，人民法院出版社 2021 年版，第 101 页。

第五节　控股股东权利的谦抑性研究
——对《民法典担保制度解释》第8条第1款第3项的思考

一、提出问题

根据《公司法》第265条的规定，“控股股东”是指出资额或者持有的股份占50%以上的股东；出资额或者持有股份的比例虽然不足50%，但依其出资额或者持有的股份所享有的表决权已足以对股东会的决议产生重大影响的股东。例如，公司为其股东或者实际控制人提供担保时关联股东不得参加表决，该项表决由其他股东表决，假如“其他股东”持股比例虽然不足50%，但对该担保事项享有的表决权已足以对股东会的决议产生重大影响，这样的股东也是控股股东。举例来说，公司股东有甲（持股70%）、乙（持股20%）、丙（持股10%）。公司为股东甲提供担保，股东会对该担保事项决议时，甲回避表决，乙同意，丙反对。公司章程规定股东会决议由表决权的过半数通过。故股东会有关担保的决议已经通过。乙持股虽仅为20%，但其所享有的表决权已足以对股东会的决议产生重大影响，在该担保事项的表决中也是“控股股东”。显然，《民法典担保制度解释》第8条第1款中规定的“持有公司三分之二以上对担保事项有表决权的股东”符合《公司法》第216条中“控股股东”的定义，即使是少数股东在特定的担保事项表决中也可能是控股股东。

公司股东依法享有资产收益、参与重大决策和选择管理者等权利。加强股东权利保护尤其是中小股东权利的保护，是当代公司法倡导的理念。从股东之间的内部关系来说，加强中小股东权利保护的另一个方面就是适当对控股股东的权利进行约束。本书结合《民法典担保制度解释》第8条第1款的规定探讨控股股东权利的谦抑性，从而加强对中小股东权益的保护和完善公司治理。

（一）引述案例①

甲公司多年来一直向乙公司、丙公司出售覆铜板系列产品。2019年3月，

---

① 参见江苏省如东县人民法院（2020）苏0623民初584号民事判决书。

甲公司、乙公司、丙公司共同签订《付款担保协议书》,约定:乙公司应付给甲公司的货款由丙公司承担连带责任保证;丙公司应付给甲公司的货款由乙公司承担连带责任保证。丙公司法定代表人肖某在《付款担保协议书》上签字并盖有丙公司的公章,但没有相关公司决议。另,丙公司法定代表人肖某持有丙公司90%的股权。

后因乙公司未能给付货款,甲公司提起诉讼,请求乙公司支付货款、丙公司承担担保责任。

法院经审理认为,甲公司要求乙公司给付所欠货款符合法律规定。丙公司在付款担保协议上明确为乙公司所欠货款提供连带责任担保,由公司法定代表人肖某签名并加盖公司印章,虽未经股东会、董事会决议,但因肖某在丙公司持股90%,即使未经公司机关决议,也应当认定该担保符合公司的真实意思表示,故丙公司应当在约定的保证范围内承担连带清偿责任。法院遂判决支持甲公司的诉讼请求。判决已生效。

(二)相关裁判依据及可能引发的问题

1. 相关裁判依据

为防止法定代表人随意代表公司为他人提供担保给公司造成损失,损害中小股东利益,《公司法》第15条对法定代表人的代表权进行了限制。根据该条规定,担保行为不是法定代表人所能单独决定的事项,而必须以公司股东会、董事会等公司机关的决议作为授权的基础和来源。相对人在接受担保的时候,依法应当负有甄别法定代表人或者公司代理人实施的担保行为是否系公司真实意思的注意义务。《公司法》第15条规定的决议前置程序旨在确保公司为他人提供担保系公司的真实意思表示。在判断担保合同的效力时,公司决议的存在是证明公司就对外担保行为作出了真实意思表示的直接书面证据。[①] 在没有公司决议的情况下,法定代表人、实际负责人以公司名义提供的担保,如果案件事实表明该担保是为了公司的利益,就可以认定公司具有对外提供担保的真实意思表示。如果仅因公司没有作出决议就认定公司不承担担保责任,不仅会损害

① 参见最高人民法院民事审判第二庭:《〈全国法院民商事审判工作会议纪要〉理解与适用》,人民法院出版社2019年版,第188页。

债权人的合法权益,也易滋长公司恶意逃避担保责任的道德风险。所以最高人民法院于 2019 年 11 月 8 日印发的《九民会议纪要》第 19 条规定了关于公司为他人提供担保无须机关决议的例外情况:"存在下列情形的,即便债权人知道或者应当知道没有公司机关决议,也应当认定担保合同符合公司的真实意思表示,合同有效:……(4)担保合同系由单独或者共同持有公司三分之二以上有表决权的股东签字同意。"

2021 年 1 月 1 日起施行的《民法典担保制度解释》吸收了上述会议纪要的内容,该解释第 8 条第 1 款规定:"有下列情形之一,公司以其未依照公司法关于公司对外担保的规定作出决议为由主张不承担担保责任的,人民法院不予支持:……(三)担保合同系由单独或者共同持有公司三分之二以上对担保事项有表决权的股东签字同意。"

2. 相关裁判依据可能引发的问题

公司对外担保关乎公司的生存权与发展权,《公司法》及司法解释创设的相对人审查公司章程与公司决议的注意义务制度有效地规制了法定代表人越权签署担保合同的行为,也有力地保护了公司利益。但实践中公司控股股东、实际控制人操控公司或者法定代表人肆意对外提供巨额担保掏空公司资产、损害中小股东和公司利益的案例仍是屡见不鲜,[①]而且《九民会议纪要》《民法典担保制度解释》的上述规定极有可能会加剧这种现象。对此,笔者产生疑问:持有公司 2/3 以上对担保事项有表决权的股东在担保合同上签字同意,是否能够表明公司具有对外提供担保的真实意思表示?控股股东的签字同意行为是否侵犯其他中小股东的知情权、参与决策权、财产权等股东权利?

二、控股股东权利谦抑性的法理基础

(一)公司是自治经济组织

1. 公司财产独立

股东将财产出资给公司即丧失出资财产的权利,作为对价其获取公司股权并取得公司股东资格。《公司法》第 3 条第 1 款规定,公司是企业法人,有独立

---

① 参见徐丹丹:《为公司自身利益担保借款,不适用〈公司法〉第 16 条规则》,载 http://200.100.103.2/yewuzhuanlan/2020/0928/8752.html,2021 年 10 月 20 日访问。

的法人财产，享有法人财产权。

2. 公司责任独立

公司是企业法人，具有独立的主体地位。公司具有独立主体地位的必然结论是，公司本身与组织设立公司的成员区别开来，使公司独立承担责任。[①]《公司法》第3条规定，公司以其全部财产对公司的债务承担责任，股东以其认缴的出资额或者认购的股份为限对公司承担有限责任。故，公司独立责任制促使公司成立后其事务由公司自己治理，包括股东在内的他人无权干涉。[②]

3. 公司名义独立

公司以自己的名义参与社会活动。公司以自己的名义对外开展业务、签订合同、起诉、应诉。公司工作人员在执行职务过程中侵害他人权利的，也是以公司名义承担责任的。

上述三种独立表明公司是独立主体，外部独立于政府和其他主体，内部独立于设立它的股东，公司实行自治。当前，资本无疑是组成公司的重要因素，所以作为公司资本的提供者——股东是公司中最为重要的主体。但股东欲参与公司事务，一般应通过间接方式，比如：(1)通过股东会会议行使决策权、管理权等；(2)为了贯彻股东会的决议，实行专业化管理，《公司法》设置了董事会，股东可以担任或者委派代表自己的董事参与公司事务的管理；(3)为了监督公司管理人员尽到勤勉义务、忠实义务，《公司法》设置了监事会，股东同样可以担任或者委派代表自己的监事参与公司事务的监督。股东担任董事、监事、高级管理人员的，系以该身份直接参与公司事务，而非股东身份。

公司自治，属于私法自治即私法主体意思自治的范畴，意指公司事务由公司作为独立主体依其意思自主决定，国家一般不加干预。[③] 笔者认为“不加干预”的主体应作扩大解释，不但强调“国家”作为公权力主体不可干预公司事务，还包括其他主体不可干预公司事务。因为公司自治是私法自治的下位概念，私法自治是指民事主体得依其自主的意思，自我负责地形成私法上的权利义务。

---

① 参见施天涛：《公司法论》(第4版)，法律出版社2018年版，第6页。

② 如果股东担任公司机关成员的话，其有权参与公司事务。但此时是以“公司机关成员”的身份参与公司事务，而非单纯以股东身份。

③ 参见李美云、刘亚天：《有限责任公司股东利润分配请求权法律问题研究》，中国政法大学出版社2019年版，第43页。

股东通过自由意志设立了公司，在全体股东的意思自治下即召开股东会会议，形成公司的决议，通过决议自由经营公司。

公司是重要的民商事主体，股东、政府、司法部门等外部力量，须充分尊重公司自治。

（二）公司是民主经济组织

公司是法律拟制的组织体，不具有自然人的生理机能，公司自身无法表达意思和实施行为，公司的治理必须依赖于公司机关。[①] 股东的聚合形成股东会，公司通过召开股东会会议凝聚公司股东的意志，从而转化为公司意志——表现为股东会决议。股东会选举出董事、监事，董事、监事的聚合形成董事会和监事会，董事会聘任经理。在现代公司制度下，通常是：公司意思的形成由股东会承担，公司意思的实施和执行由董事会承担，对公司行为的监督包括对公司管理权的实施进行监督由监事会承担。各机关依法或者依据公司章程就其职权范围内的事项作出决议，形成公司意思。从公司机构的设置来看，公司经济既是一种自治经济，也是一种民主经济，公司中的权力分配典型地体现了民主经济的模式：股东享有最高决策权，但这种权力是间接的，立法的预期在于排除股东直接参与或者干预企业经营管理；董事会独立负责公司的经营管理事务，它只对公司或者股东作为一个整体负责，而无须对股东个人负责；监事会对管理层进行监督。[②] 所以，除非法律另有规定，股东欲参与公司治理，必须通过公司机关，不可直接插手公司事务，这就是所谓的股东所有权[③]与企业经营管理权的分离。

股东参加股东会会议，对议案事项进行先“议”后“决”，即与会成员对所议事项各抒己见，集思广益；与会成员充分讨论、协商后投赞成票、反对票或者弃权票，按照多数决的原则决定所议事项是否赞成通过，通过的会议决议对全体股东均具有约束力。个体股东的意思表示要么被吸收，要么被排斥，不能单独产生其所欲达到的效果。所以公司决议的形成机制也体现了公司的民主经济组织的性质。

---

① 参见施天涛：《公司法论》（第 4 版），法律出版社 2018 年版，第 299 页。

② 参见施天涛：《公司法论》（第 4 版），法律出版社 2018 年版，第 9 页。

③ 公司由股东出资、设立，并制定公司制度，股东在公司治理中发挥着重要作用，所以从终极意义来说，股东是公司的所有者。

(三)股东与公司、股东与股东在利益上存在冲突的一面

虽然股东的出资是公司存在的基础,在通常情况下股东利益与公司利益正向保持一致,但股东与公司之间在利益上还可能存在冲突或者不一致。比如,法律将股东查阅公司会计账簿权的行使限定为“正当目的”,以防止股东损害公司商业秘密等利益;法律规定“无盈不分”的公司盈余分配原则,以防止出现“损公司肥股东”的情况发生。

公司的本质是各利害相关方行为的集合体,[①]其间的利益关系纵横交错,尤以股东间的利益冲突为重,因为此项利益冲突很可能导致公司陷入僵局,损耗各方利益,危及公司存续。[②] 在股东之间发生利益冲突时,资本多数决原则极易为公司控股股东利用,将自己的意志上升为公司意志,从而控股股东只顾及自己利益,损害公司利益和少数股东的利益。资本多数决的意义在于用一个经济高效的方法统一公司背后众多股东的意志,使其成为统一的公司意志。资本多数决是“少数服从多数”民主原则的体现。只要控股股东没有达到滥用资本多数决的地步,少数股东就应当遵从公司决议。但控股股东参与公司的经营管理,利用自己的支配地位和信息不对称优势,通过伪造签名方式形成公司决议,或者不开会自己作出决定,则是损害公司、少数股东利益的侵权行为。

三、公司机关会议程式对控股股东权利的规制

(一)股东会的议事方式

1. 召开会议

股东会的议事方式,是指公司股东会以什么方式就公司的重大问题进行讨论并作出决议。[③] 股东会是公司的权力机关,也是股东的议事机关,只负责就公司的重大方面作出决议,集体行使所有者权益。故,原则上股东会应当通过召开股东会会议作出决议的形式,行使自己的职权。

---

① [日]落合诚一:《公司法概论》,西村朝日律师事务所、西村高度法务研究所监译,法律出版社2011年版,第49页。

② 参见薛枫、徐岩岩:《伪造签名的公司决议之效力类型裁量路径》,载《审判研究》2019年第1期。

③ 参见宋燕妮、赵旭东主编:《中华人民共和国公司法释义》,法律出版社2019年版,第92页。

2. 全体股东一致签字同意的书面议事方式

《公司法》第59条第3款规定了有限责任公司股东会书面议事方式，即"对本条第一款所列事项股东以书面形式一致表示同意的，可以不召开股东会会议，直接作出决定，并由全体股东在决定文件上签名或者盖章"。书面议事方式是股东会决议做出的简易方式，如果全体股东对《公司法》第59条第1款所列事项书面一致同意的，可以不召开股东会会议，直接做出决定，全体股东在决定文件上签名或者盖章。需要注意的是，必须全体股东都对《公司法》第59条第1款所列范围内的事项同意，而且必须以书面的方式表示同意，除此之外，必须召开股东会会议进行表决。如果股东会欲以书面议事方式对对外担保事项作出决议，首先须审查对外担保事项是否属于《公司法》第59条第1款所列范围内的事项，如果不属于则不可适用书面议事方式。

（二）股东会决议

1. 股东会决议的内涵

决议，是指二人以上出席会议，依各自意思表示对议案进行表决，经法定或者约定的定额多数赞成通过，对全体有表决权人均发生约束力的行为。[①] 公司决议，从伦理层面来看，其正当性来源于意思自治，即在法定或者章定的程序指引下，通过每一有表决权人的表决行为汇集相关主体的意思表示。因表决行为系无相对人的意思表示行为，表决人一经表决，其表决之意思表示即已生效，待全体表决权人完成表决，同意议案的票数达到或者超过决议通过的法定或者章定比例的，决议即告成立生效，持有超过某一表决权比例的到会股东的意思，将自动转化为公司意思，少数派股东的反对意见不足以推翻基于多数派股东意思而形成的会议决议。因此，公司决议不是"合意"的产物，而是依照公司决议的独特程序所拟制的公司意思。[②] 决议行为一般不需要所有当事人意思表示一致才能成立，而是达到法定或者约定的标准即可，且一般需依一定的程序才能设立。[③] 决议行为所"议"与所"决"之事都是关乎参与者的个体利益与"共同权

① 参见李宇：《基础回填：民法总则中的意思表示与法律行为一般规则》，载《华东政法大学学报》2017年第3期。

② 参见叶林：《股东会会议决议形成制度》，载《法学杂志》2011年第10期。

③ 参见李适时主编：《中华人民共和国民法总则释义》，法律出版社2017年版，第42页。

利”的事宜。“共同权利”即共益权,并不是参与者个人权利的简单加总,而是参与者针对团体让渡出个体权利后所置换的集合化的“公共事务参与权”。[①]

2. 股东会决议形成的程序

公司通过股东会会议汇集各股东的意思,形成公司的意思即股东会决议。根据《公司法》的规定,股东会会议的决议形成程序分为召集程序和表决程序。《公司法解释(四)》(征求意见稿)第7条第1款曾规定:“《公司法》第二十二条第2款所称的‘召集程序’和‘表决方式’,包括股东会或者股东大会、董事会会议的通知、股权登记、提案和议程的确定、主持、投票、计票、表决结果的宣布、决议的形成、会议记录及签署等事项。”该条款虽未纳入正式通过的《公司法解释(四)》,但很全面地概括了公司机关会议的“召集程序”和“表决方式”。召集程序要求公司机关按照法定或者章定要求提前通知参会股东,目的在于保障股东提前获悉会议议题等详细信息,以便参会时为“议”和“决”进行必要准备。表决程序则主要包括就有关议题进行投票、计票、宣布表决结果、会议记录及签署等,该程序完成后,公司决议即告成立。依法成立的公司决议,如无法律规定的无效情形,则推定为有效。[②]

3. 股东会决议的效力类型

作为民事法律行为,公司决议只有符合成立要件,方有必要进一步探究有无可撤销或无效事由。[③] 但《公司法》规定了决议无效、可撤销和决议不成立三种类型。

(1)公司决议不成立。《公司法》第27条规定:“有下列情形之一的,公司股东会、董事会的决议不成立:(一)未召开股东会、董事会会议作出决议;(二)股东会、董事会会议未对决议事项进行表决;(三)出席会议的人数或者所持表决权数未达到本法或者公司章程规定的人数或者所持表决权数;(四)同意决议事项的人数或者所持表决权数未达到本法或者公司章程规定的人数或者所持表决权数。”据此,所谓公司决议不成立,是指公司决议严重违反法定或者章定程序性要求,欠缺成立要件的决议。

---

① 参见吴飞飞:《决议行为归属与团体法“私法评价体系”构建研究》,载《政治与法律》2016年第6期。

② 参见薛枫、徐岩岩:《伪造签名的公司决议之效力类型裁量路径》,载《审判研究》2019年第1期。

③ 参见薛枫、徐岩岩:《伪造签名的公司决议之效力类型裁量路径》,载《审判研究》2019年第1期。

（2）公司决议无效。《公司法》第 25 条规定："公司股东会、董事会的决议内容违反法律、行政法规的无效。"内容违法的决议被确认为无效，主要是因为这些决议有较强的负外部性，严重侵害了其他主体的合法权益，否定其效力，旨在维护公益，禁止反社会性的法律行为实现其效果。①

（3）公司决议可撤销。《公司法》第 26 条规定："公司股东会、董事会的会议召集程序、表决方式违反法律、行政法规或者公司章程，或者决议内容违反公司章程的，股东自决议作出之日起六十日内，可以请求人民法院撤销……"可见，公司决议可撤销的违法程度普遍较低，而且多涉及公司内部的事务，比如公司决议"程序违法、违章"只会侵害那些能够参与公司决议的主体的权利，而公司决议"内容违反章程"同样只会涉及公司内部主体的利益，因为章程本身就是公司内部的自治文件，所以这些事由更应该交由公司自治，由股东自己处理，法律不宜作太多的干预，因此，《公司法》的整体立法思路都在限制对公司决议的撤销。②

决议不成立是事实判断问题，决议可撤销解决的是决议成立后的法律价值判断问题。二者的区别在于，不成立决议的程序瑕疵严重程度强于可撤销决议，可撤销决议的程序瑕疵在事后可以获得治愈，但决议不成立则一般不能。③最高人民法院民事审判第二庭的观点认为，只有达到足以认定决议不存在或者未能形成有效决议的标准，才构成决议不成立，如股东会召集程序的瑕疵足以使会议不被认为是股东会的，应认定属于决议不成立情形，否则属于可撤销范畴。④

四、对《民法典担保制度解释》第 8 条第 1 款第 3 项规定的反思与重构

（一）对《民法典担保制度解释》第 8 条第 1 款第 3 项规定的反思

对文首所举案例，人民法院认为，肖某出资占丙公司出资总额的 90%，具有

---

① 参见甘培忠、赵文冰：《对公司决议效力的一些思考——析〈最高人民法院关于适用《中华人民共和国公司法》若干问题的规定（四）〉（征求意见稿）中的相关规定》，载《法律适用》2016 年第 8 期。

② 参见薛枫、徐岩岩：《伪造签名的公司决议之效力类型裁量路径》，载《审判研究》2019 年第 1 期。

③ 参见薛枫、徐岩岩：《伪造签名的公司决议之效力类型裁量路径》，载《审判研究》2019 年第 1 期。

④ 参见杜万华主编：《最高人民法院公司法司法解释（四）理解与适用》，人民法院出版社 2017 年版，第 139 页。

股东会会议表决权的优势，即使未经公司机关决议，也应当认定该担保符合公司的真实意思表示，故丙公司应当在约定的保证范围内承担连带清偿责任。对其裁判依据，笔者的评析和反思如下。

1. 持有 2/3 以上表决权的股东的决定不必然是公司的意思

(1)持有公司 2/3 以上对担保事项有表决权的股东的决定能代替股东会的决议吗?

公司是自治经济组织体，公司的事务应由公司自己治理，包括股东在内的他人无权干涉。立法的预期在于排除股东直接参与或者干预企业的经营管理；股东欲参与公司治理，必须通过公司机关，不可直接插手公司事务；股东通过股东会会议，对议案事项进行先“议”后“决”，个体股东的意思表示要么被吸收，要么被排斥，不能单独产生其所欲达到的效果。

公司是民主经济组织体，公司的重要事项须由公司机关决议。股东会会议由股东按照出资比例行使表决权，公司章程另有规定的除外；董事会决议的表决实行一人一票。

《公司法》第 59 条第 3 款规定的股东会采用书面议事方式是有条件的。首先，事项范围必须是《公司法》第 59 条第 1 款所列事项，公司对外担保采用书面议事方式必须公司章程将对外担保事项作为股东会的职权，如果公司章程未将对外担保事项作为股东会的职权，显然不能采用书面议事方式。其次，必须全体股东一致同意。而“持有三分之二以上对担保事项有表决权的股东签字同意”与“股东一致表示同意”是有距离的。所以“持有三分之二以上对担保事项有表决权的股东签字同意”未必是书面形式的股东会决议。

股东与公司、其他股东等在利益上存在冲突的一面，多数股东可通过股东会会议利用资本多数决原则将自己的意志上升为公司意志，否则就是滥用股东权利。

综上，持有公司 2/3 以上对担保事项有表决权的股东不能代表股东会，其决定也不能代替股东会的决议。

(2)持有公司 2/3 以上对担保事项有表决权的股东的决定能代替董事会决议吗?

前述已经证明股东会的决议不能代替董事会的决议。举重以明轻，股东会的决议都不能替代替董事会的决议，何况股东的决定。

如果股东会就某事项表决时有 2/3 以上表决权通过，即达到了修改公司章程的多数决，股东会决议可以代替董事会决议。修改公司章程，要么是在召开股东会会议的情况下经代表 2/3 以上表决权的股东通过，要么是在书面议事方式的情况下由股东一致表示同意。"持有三分之二以上对担保事项有表决权的股东签字同意"不能认为必然达到了修改公司章程的程度，比如公司为持股 80%的股东提供担保，被担保的股东不可参与股东会对该担保事项的表决，剩余 20%股权比例的股东有表决权，就算剩余 20%股权比例的股东全部同意，其比例也不足以修改公司章程。所以说，"持有三分之二以上对担保事项有表决权的股东签字同意"可能达不到修改公司章程的比例，也不能必然代替董事会的决议。

2. 交易效率与程序正义的冲突

《公司法》第 59 条第 3 款规定了有限责任公司股东会书面议事方式，即"对本条第一款所列事项股东以书面形式一致表示同意的，可以不召开股东会会议，直接作出决定，并由全体股东在决定文件上签名或者盖章"。文首所举案例中，另外 10%的股东未在担保合同上签字，事后也未追认，所以不适用书面议事方式。

依照《民法典担保制度解释》第 8 条第 1 款第 3 项的规定，本案裁判无疑是正确的。该规定体现的是商事交易的效率。这就涉及商事交易效率与程序正义的冲突问题。

如前所述，公司机关召开会议并形成决议，需要花费大量成本，也需要花费很长时间，比如需要提前若干天通知机关成员，在竞争激烈的商业活动中，效率无疑很重要。另外，根据《公司法解释（四）》第 5 条的规定，公司未召开会议形成的决议属于决议不成立的情形。此种观点的法理基础在于德国高等商事法院确立的每个股东都有要求公司"依据法律和章程做出决议的成员权"，股东取得成员身份虽然表示其接受股东会做出的安排，服从多数股东作出的决议，但这种服从的前提是公司股东会只能在法律和章程所设定的界限内做出决议，对于多数股东作出的超越该界限的决议，任何股东都无须忍受并可以要求公司消除。[1] 这一界限显然包括股东对公司事项的参与权、决策权应予保障。此种观

---

① 参见丁勇：《股东大会决议撤销之诉功能反思》，载《法学》2013 年第 7 期。

点强调程序正义的重要性，认为现代公司治理贵在程序民主、程序公正，倘若任由控股股东抛开公司决议的法律程序自由操纵公司决策，则股东会与董事会也就失去了存在的价值。[①]

追求效率，要以遵守法律、维护正义为前提。没有正义、破坏法治的效率是没有意义的，也称不上是效率。

3. 该规定不符合立法关于公司对外担保的理念

公司为从银行贷款、购买他人货物等，用自己的财产为债权人提供担保，公司的资产增加了，所以在为自己担保的情况下，并没有增加公司的经营风险，也没有削弱公司的竞争力。但公司对外担保，公司的资产并没有因此增加，存在承担担保责任的或然债务，加剧了公司的经营风险，削弱了公司的竞争力，成为制约公司可持续发展的重大隐患。《公司法》第 15 条的立法目的是，在要求公司决议的情形下，能确保对外担保是公司的真实意思，同时课以相对人合理审查公司决议的义务。相对人未尽合理审查义务的则被认定为非善意，担保合同对公司不发生效力。根据《民法典担保制度解释》第 8 条第 1 款第 3 项的规定，持 2/3 以上表决权的股东在担保合同上签字同意对公司就发生担保的效力，这显然与《公司法》的理念不符。

4. 订立担保合同的主体应是法定代表人或者经授权的代理人

A 公司（非上市公司）的股东为：甲持股 70%，乙持股 20%，丙持股 10% 并兼任法定代表人。甲欠 B 公司 1 亿元，届期无力偿还。B 公司自己起草了一份担保书，内容为 A 公司对甲的债务向 B 公司提供担保。B 公司找到乙希望乙在协议上签字。乙签字同意。但股东甲、丙均不同意 A 公司提供担保。问题：股东乙在担保书上签字同意，对 A 公司是否具有约束力？按照《民法典担保制度解释》第 8 条第 1 款第 3 项的规定，该担保行为对 A 公司具有约束力。但是根据《民法典》第 61 条，显然又不具有约束力，股东乙虽然符合“持有公司三分之二以上对担保事项有表决权的股东”这一条件（关联股东甲回避表决），但其不是法定代表人，也未经 A 公司授权，按照无权代理规则该担保合同对 A 公司不发生效力。

---

① 参见刘俊海：《新〈公司法〉的制度创新：立法争点与解释难点》，法律出版社 2006 年版，第 384 页。

如果“持有公司三分之二以上对担保事项有表决权的股东”并非公司的法定代表人，就是纯粹的投资者，其在公司不知情的情况下以公司名义在担保合同上签字，如果认定担保合同对公司发生效力，相对人请求公司承担担保责任时公司是不是有晴天霹雳的感觉？故，“担保合同系由单独或者合计持有公司三分之二以上对担保事项有表决权的股东签字同意”的前提是：与相对人订立担保合同的人应是有权代表公司的法定代表人或者经授权的代理人。

5. 该规定会引起法律适用上的逻辑混乱

(1) A 公司向银行负债 1 亿元，为保障 A 公司的清偿能力，双方约定在 A 公司清偿债务前不得对外提供担保。甲为 A 公司股东，持股 70%，B 公司向 C 公司负债 2 亿元，股东甲在担保协议上签字同意 A 公司为 B 公司的 2 亿元负债提供抵押担保并办理了抵押登记，B 公司、C 公司对 A 公司向银行负债及不得担保的约定不知情。按照《民法典担保制度解释》第 8 条第 1 款第 3 项的规定，担保行为对 A 公司发生效力，要承担担保责任的或然债务。甲的行为势必影响银行的利益，银行可否行使债的保全制度之债权人撤销权？如果行使撤销权得到支持，C 公司的权利如何保护？如果债权人的撤销权得不到支持，那么银行的权利如何保护？

(2) 按照《民法典担保制度解释》第 8 条第 1 款第 3 项的规定，绝对控股股东对外签订担保合同，公司承担该担保责任，给公司、其他股东造成损失，是否属于《公司法》第 21 条规定的滥用股东权利，可否据此追究赔偿责任？

(3) 如果公司章程规定公司不得对外提供担保，那么，绝对控股股东对外签订担保合同的效力如何？一方面，根据《民法典担保制度解释》第 8 条第 1 款第 3 项，公司要承担担保责任；另一方面，公司章程是相对人须审查的义务范围，公司章程已经明确规定公司不得对外提供担保而相对人仍接受公司的担保，不构成善意，担保合同对公司不发生效力，公司不承担担保责任。引起了法律适用上的逻辑混乱。

可根据法律接受绝对控股股东以公司名义提供的担保，公司章程是内部限制不能对抗外部第三人，故公司章程虽规定公司不得为他人提供担保，但绝对控股股东对外签订担保合同，公司要承担担保责任，因股东违反公司章程，公司可依照《公司法》第 21 条追究其滥用股东权利的责任。

6. 资本多数决是股东会决议规则，不适用于控股股东的决定

将2/3以上有表决权股东签字同意拟制为公司意思表示，貌似尊重资本多数决规则，但资本多数决规则以公司股东会会议为平台，公司连会议都不召开，何谈资本多数决规则，皮之不存，毛将焉附？

多数股东无视其他股东的存在，在不开会的情况下擅自以公司财产对外担保，既侵害了其他股东的知情权，也侵害了其他股东对公司事务的参与权；在当前公司治理不规范、股东法律意识淡薄、法治不健全的情况下，如何防范控股股东慷他人之慨侵害公司利益、其他股东利益以及公司债权人利益，《民法典担保制度解释》第8条第1款第3项的规定是否会起到反向促进作用呢？按照《民法典担保制度解释》第8条第1款第3项的规定，控股股东可以直接用公司财产对外担保，中小股东岂不是每天都如履薄冰、如临深渊、岌岌可危！甚至公司因承担担保责任而面临窘境，中小股东还不知情。

（二）对《民法典担保制度解释》第8条第1款第3项规定的重构

综上，笔者建议对《民法典担保制度解释》第8条第1款第3项作严格解释，必须同时满足以下两个条件。

（1）公司章程或者全体股东协议中须有“持有公司三分之二以上对担保事项有表决权的股东在担保合同上签字同意的，无须机关决议”的明确约定。公司章程或者全体股东协议的约定是授权依据，才能证明这些股东的行为是公司的真实意思表示，也才能保障其他股东的知情权、参与权、表决权。

（2）该担保合同是由有权代表或者代理公司的人员签署。

综上，建议将《民法典担保制度解释》第8条第1款第3项修改为：“担保合同是由有权代表公司的人员签署，并依据公司章程或者全体股东协议由单独或者共同持有公司三分之二以上对担保事项有表决权的股东签字同意。”

五、域外司法判例的借鉴

（一）域外司法判例

一百多年前的美国发生了这样一个案件。[①] 一个公司中共有7名董事。年

① 该案例是王光英《公司股权、控制权结构顶层设计实务》视频课程中的内容，笔者予以概述。

迈的董事长给董事会发了一封信，称由于自身健康原因，将不能从事公司的管理职责，在离世之际唯有妻子放心不下，提议公司每年给予妻子8000美元作为生活保障直至妻子去世或者改嫁。其他6名董事和董事长一致同意通过，并作出董事会决议：公司每年给予董事长妻子8000美元作为生活保障直至去世或者改嫁。之后不久，老董事长发觉妻子在得知该决议后对自己的态度没有以前好了，三思后背着妻子又给董事会发了一封信，提议撤销上述董事会决议的内容。不巧的是，有1名董事远在中国，其他5名董事加上董事长进行表决一致通过并作出第二份决议，内容是撤销第一份决议。董事长去世后，其妻子向公司索要生活保障费，公司告知第二份董事会决议的内容并出示了老董事长的第二封信。妻子不服，以第二份董事会决议表决时远在中国的那位董事没有参加为由，提起诉讼请求法院确认公司的第二份董事会决议无效。案件一审、二审都判决驳回原告的诉讼请求。两审法官都认为即使远在中国的董事回来参加会议并进行表决，同时也支持原告，也是绝对少数，6比1，不能构成支持原告的多数意见。该董事是否回来参与表决，只是会议的程序瑕疵，不影响表决结果，不影响董事会决议的实质内容，况且即便该董事回来参加表决也可能是支持董事长的。

老夫人不服，上诉到联邦最高法院，负责审理此案的是位女法官，其认为公司董事会的第二份决议无效，老夫人的权利应该得到保护。理由是，第二次董事会的表决程序存在严重瑕疵，董事会召开会议进行表决不仅仅是简单的人头计数问题，如果就是简单地统计人头数6比1、7比0，公司法关于公司治理的规定就过于简单、过于格式化了，就会视与会成员为木偶，开会时就是简单点点计算出席人数，统计赞成票、反对票、弃权票各是多少。如果远在中国的董事回来参加会议，其不仅带着一张嘴、一个人头参会，还带着他的思想、意见参加会议，这位董事有可能对所议事项持反对意见，他虽然只有一个投票权，占绝对少数，但他可以通过自己的思辨、劝说说服老董事长、其他董事改变主意保护老夫人，事实是这6名董事剥夺了这名董事的这个权利，没有通知他参加会议，所以决议存在重大瑕疵。剥夺了1名董事参与决议的权利，董事会以6比0作出的结果不是决议而是决定，董事会的“决定”必须有全体董事签字一致同意才能生效。最终，联邦最高法院判决公司的第二份董事会决议无效。

该案给我们的启示：机关成员参与公司会议并行使表决权是固有权利，不可剥夺,否则表决行为无效。股东知情权和参与权、表决权同样也是固有权利,即使持有公司2/3以上表决权的股东也有义务尊重其他成员的参与权、表决权,有义务尊重其他股东的知情权,这是效力性规定,违反这些规定的行为无效。

(二)控股东如何行使股东权利

控股股东具有股东会会议表决权的优势,但此种表决权优势是基于股东会会议表决得以实现,在未召开股东会会议时并不存在,更不能因此剥夺其他股东的表决权。股东会决议除《公司法》第59条第3款规定的情形外,均应通过股东会会议表决形成。未经依法召开股东会做出会议决议,而是由实际控制公司的股东单方召开或虚构公司股东会及其会议决议的,即使该股东实际享有公司绝大多数的股份及相应表决权,其单方形成的会议决议或者决定不具有相应效力。

控股股东应尊重公司治理决策的正当程序,只要严格遵循公司决议的程序要求,凭借手中高额的持股比例,不难将其意志转化为公司决议之有效内容。[①]

六、小结

公司对外担保制度蕴含着公司生存权与发展权、公司善治、股权文化、契约精神与信托义务等公序良俗。[②] 在公司治理、裁判中始终要谨记严格规制公司为他人担保、程序正义的理念,摒弃控股股东权利专横的念头。

第六节 《民法典担保制度解释》对《九民会议纪要》的修改

一、删除了"互保"豁免决议的规定

《民法典担保制度解释》第8条在沿袭《九民会议纪要》第19条的基础上作

---

① 参见虞政平:《〈公司法〉案例教学》(第2版),人民法院出版社2018年版,第1247页。

② 参见刘俊海:《公司法定代表人越权签署的担保合同效力规则的反思与重构》,载《中国法学》2020年第5期。

出了修改,前者系司法解释并实施在后,后者只是司法政策,二者不一致的自然以前者为准。前者删除了后者中的"公司与主债务人之间存在相互担保等商业合作关系"的情形。原因是,以"互保"关系豁免双方彼此提供担保时遵循《公司法》第15条第1款的程序义务,有可能损害公司、中小股东的利益。在以往的司法实践中,上市公司大股东、实际控制人为掏空上市公司,事先为上市公司提供小额"钓鱼式"担保,之后让上市公司为自己提供巨额担保,以规避决议程序。[①] 例如,甲、乙两个公司签订"互保"协议,约定甲公司为乙公司100万元债务提供担保,后又约定乙公司为甲公司100亿元债务提供担保。《九民会议纪要》第19条第3项规定,公司与主债务人之间存在相互担保等商业合作关系,即便债权人知道没有公司机关决议,也应当认定担保合同符合公司的真实意思表示,合同有效。据此,案例中甲、乙两公司的法定代表人就可以签订"互保"协议以规避《公司法》第15条的规制,如此,显然对乙公司极为不利,其极有可能会承担巨额的担保债务。故《民法典担保制度解释》第8条删除了《九民会议纪要》中的该项规定。

二、上市公司对外提供担保的"决议豁免"事项

另一处重要变化是,与《九民会议纪要》第19条相比,《民法典担保制度解释》第8条第2款增加规定:上市公司对外提供担保,不适用前款第二项、第三项的规定。

上市公司对外担保,法律、行政法规存在特殊规定。如《上海证券交易所股票上市规则(2023年8月修订)》第6.1.10条规定:"上市公司发生'提供担保'交易事项,除应当经全体董事的过半数审议通过外,还应当经出席董事会会议的三分之二以上董事审议通过,并及时披露。担保事项属于下列情形之一的,还应当在董事会审议通过后提交股东大会审议:(一)单笔担保额超过上市公司最近一期经审计净资产10%的担保;(二)上市公司及其控股子公司对外提供的担保总额,超过上市公司最近一期经审计净资产50%以后提供的任何担保;(三)上市公司及其控股子公司对外提供的担保总额,超过上市公司最近一期经

① 参见程啸、高圣平、谢鸿飞:《最高人民法院新担保司法解释理解与适用》,法律出版社2021年版,第59页。

审计总资产 30%以后提供的任何担保;(四)按照担保金额连续 12 个月内累计计算原则,超过上市公司最近一期经审计总资产 30%的担保;(五)为资产负债率超过 70%的担保对象提供的担保;(六)对股东、实际控制人及其关联人提供的担保;(七)本所或者公司章程规定的其他担保。上市公司股东大会审议前款第(四)项担保时,应当经出席会议的股东所持表决权的三分之二以上通过。”

根据《民法典担保制度解释》第 9 条,上市公司发生“提供担保”交易事项,应当提交董事会或者股东会审议,并及时披露。

上市公司中的金融机构开立保函或者上市的担保公司提供担保,无须机关决议,是因为为他人提供担保是其正常经营范围、主营业务,与将担保作为公司非正常经营活动的《公司法》第 15 条的规范目的不合,自不适用《公司法》第 15 条而剥夺法定代表人的代表权限、公司职务代理人的代理权限。比如,各保险公司为销售“诉讼财产保全责任保险”,会想方设法在法院立案大厅驻点,每一份保单保函都可谓一本万利。

另外,实践中有当事人主张,股票在全国中小企业股份转让系统(俗称“新三板”)挂牌的公司也应该适用《民法典担保制度解释》第 8 条第 2 款的规定,即在“新三板”挂牌的公司“不适用前款第二项、第三项的规定”。此种主张是不正确的,因为在“新三板”挂牌的公司是非上市公司,《民法典担保制度解释》第 8 条第 2 款规定的是“上市公司对外提供担保,不适用前款第二项、第三项的规定”。《全国中小企业股份转让系统有限责任公司管理暂行办法》第 3 条规定:“股票在全国股份转让系统挂牌的公司(以下简称挂牌公司)为非上市公众公司,股东人数可以超过 200 人,接受中国证券监督管理委员会(以下简称中国证监会)的统一监督管理。”故在“新三板”挂牌的公司属于非上市公司,适用《民法典担保制度解释》第 8 条第 1 款的全部规定。

三、国有独资公司为他人提供担保能否“决议豁免”

在起草《民法典担保制度解释》的过程中,最高人民法院曾经考虑规定对国有独资公司也不适用“决议豁免”的规定,但基于此种规定似乎不合乎《民法典》规定的平等保护原则,最终未规定。

《企业国有资产法》第 30 条规定:“国家出资企业合并、分立、改制、上市,增加或者减少注册资本，发行债券，进行重大投资，为他人提供大额担保，转让重大财产，进行大额捐赠，分配利润，以及解散、申请破产等重大事项，应当遵守法律、行政法规以及企业章程的规定，不得损害出资人和债权人的权益。”

第 32 条规定：“国有独资企业、国有独资公司有本法第三十条所列事项的，除依照本法第三十一条和有关法律、行政法规以及企业章程的规定，由履行出资人职责的机构决定的以外，国有独资企业由企业负责人集体讨论决定，国有独资公司由董事会决定。”

据此，提供大额担保的，国有独资企业由企业负责人集体讨论决定，国有独资公司由董事会决定，不应当适用《民法典担保制度解释》第 8 条第 1 款的规定。除大额担保以外的其他担保，法律没有明确规定的，可以适用《民法典担保制度解释》的有关规定。

第八章　境内上市公司对外担保

第一节　对外担保的信息披露义务

《公司法》第15条有关公司为他人提供担保的规定属于一般性规定，并未区分上市公司与非上市公司而一体适用。为保护证券投资者的利益，法律、行政法规、部门规章以及证券交易所的自律规则对上市公司担保采取了更为严格的规制措施，其中的核心便是上市公司对外担保的信息披露机制。

我国境内上市公司属于公众公司，涉及众多中小投资者利益。为保护广大中小投资者的利益，我国法律明确规定境内上市公司有信息披露的义务，其中担保事项是必须披露的内容。故，境内上市公司对外担保，不仅须经董事会或者股东大会决议，而且担保事项要公开披露。也即相对人与上市公司订立担保合同时，除要审查公司机关决议外，更重要的是要审查上市公司公开披露信息的内容：为谁担保，担保金额是多少，担保方式等。

关于对外担保，上市公司与封闭公司的区别，主要体现在担保事项是否需要公开披露方面。上市公司违规担保问题是资本市场的"顽疾"和"毒瘤"，多年来屡禁不止，严重影响我国证券市场的健康发展。根据当前几个证券交易所的上市规则，上市公司所有为他人提供担保的事项，由于影响广大中小投资者的利益和整个证券市场的健康发展，所以都必须公开披露。封闭公司为他人提供担保涉及的公序良俗可忽略不计，即使封闭公司法定代表人未经授权订立担保合同，损害的主要是担保公司自身的利益，不会对整个社会造成影响；同时，交易还可能涉及商业秘密，合同各方都不希望公开。所以，封闭公司对外提供担保,在法律层面未强制要求必须公开披露。

一、有关对外担保信息须公开披露的法律规范

境内上市公司对为他人担保事项负有公开披露的义务,在多部规范性文件中均有体现,具体内容如下。

(一)《上市公司监管指引第 8 号》的规定

《上市公司监管指引第 8 号》第 12 条规定:“上市公司董事会或股东大会审议批准的对外担保,必须在证券交易所的网站和符合中国证监会规定条件的媒体及时披露,披露的内容包括董事会或股东大会决议、截止信息披露日上市公司及其控股子公司对外担保总额、上市公司对控股子公司提供担保的总额。”

(二)《证券法》的规定

《证券法》第 80 条规定:“发生可能对上市公司、股票在国务院批准的其他全国性证券交易场所交易的公司的股票交易价格产生较大影响的重大事件,投资者尚未得知时,公司应当立即将有关该重大事件的情况向国务院证券监督管理机构和证券交易场所报送临时报告,并予公告,说明事件的起因、目前的状态和可能产生的法律后果。前款所称重大事件包括:(一)公司的经营方针和经营范围的重大变化;(二)公司的重大投资行为,公司在一年内购买、出售重大资产超过公司资产总额百分之三十,或者公司营业用主要资产的抵押、质押、出售或者报废一次超过该资产的百分之三十;(三)公司订立重要合同、提供重大担保或者从事关联交易,可能对公司的资产、负债、权益和经营成果产生重要影响……”

上述第 2 款对“重大事件”进行列明,其中包括“提供重大担保”和“公司营业用主要资产的抵押、质押一次超过该资产的百分之三十”。

(三)《上市公司信息披露管理办法》的规定

《上市公司信息披露管理办法》(2021 年修订)第 22 条规定:“发生可能对上市公司证券及其衍生品种交易价格产生较大影响的重大事件,投资者尚未得知时,上市公司应当立即披露,说明事件的起因、目前的状态和可能产生的影

响。前款所称重大事件包括:(一)《证券法》第八十条第二款规定的重大事件;(二)公司发生大额赔偿责任……"

(四)《上海证券交易所股票上市规则(2023 年 8 月修订)》的规定

《上海证券交易所股票上市规则(2023 年 8 月修订)》第 6.1 条第 10 款规定如前文所述。

(五)《上市公司股东大会规则》(2022 年修订)的规定

《上市公司股东大会规则》第 5 条规定:"公司召开股东大会,应当聘请律师对以下问题出具法律意见并公告:(一)会议的召集、召开程序是否符合法律、行政法规、本规则和公司章程的规定;(二)出席会议人员的资格、召集人资格是否合法有效;(三)会议的表决程序、表决结果是否合法有效;(四)应公司要求对其他有关问题出具的法律意见。"

经股东大会讨论通过的决议,如果上市公司不公告,交易所会下达监管函,督促其公告。①

二、仅依据公开披露的担保信息订立担保合同的效力

相对人仅根据上市公司公开披露的关于担保事项已经董事会或者股东大会决议通过的信息,而未审查公司决议就与上市公司订立担保合同,担保合同对上市公司是否发生效力?上市公司应否承担担保责任?虽然相对人未审查公司机关决议(相对人与上市公司订立担保合同时未要求上市公司提供适格公司决议),但基于相对人对公开披露信息的合理信赖,此时应认为上市公司公开披露的有关担保的信息就是上市公司的真实意思表示,此时推定相对人善意,担保合同对上市公司发生效力,上市公司应承担担保责任。《民法典担保制度解释》第 9 条第 1 款规定:"相对人根据上市公司公开披露的关于担保事项已经董事会或者股东大会决议通过的信息,与上市公司订立担保合同,相对人主张担保合同对上市公司发生效力,并由上市公司承担担保责任的,人民法院应予

① 参见最高人民法院民事审判第二庭:《最高人民法院民法典担保制度司法解释理解与适用》,人民法院出版社 2021 年版,第 149 页。

支持。”

当然，相对人对上市公司公开披露的信息负有合理审查的义务，审查披露的信息是否符合相关规定。比如，上市公司为其股东或者实际控制人提供担保的，公开披露的信息中该担保事项却是经董事会决议的，此时，相对人应要求上市公司纠正后才能与其订立担保合同。

三、仅依据上市公司决议订立担保合同的效力

如果上市公司事实上已经根据其章程和上市规则的规定通过了决议程序，但未予以公开披露，那么根据《公司法》有关担保的规范，此时的公司对外担保，并非法定代表人超越权限对外担保，而是公司的真实意思表示，担保在公司内部属于有效决议。但是，有关对外担保的信息披露乃系强制性要求，系基于对公开市场秩序维护的法定要求，意在对公众投资者提供特别保护。此时，未履行信息披露义务的对外担保仍构成违规担保，相对人未尽合理审查义务为非善意，担保合同对上市公司不发生效力。

《民法典担保制度解释》第 9 条第 1 款从正面规定了相对人仅根据上市公司公开披露的担保信息与上市公司订立担保合同对上市公司发生效力，第 2 款从反面进行了规定，即“相对人未根据上市公司公开披露的关于担保事项已经董事会或者股东大会决议通过的信息，与上市公司订立担保合同，上市公司主张担保合同对其不发生效力，且不承担担保责任或者赔偿责任的，人民法院应予支持”。

可见，无论担保事项是否经境内上市公司股东大会或者董事会决议通过，只要境内上市公司没有披露，相对人与境内上市公司订立的担保合同对境内上市公司就不发生效力。理由如下。[①]

第一，凡是境内上市公司的对外担保，都必须公开披露，拟与境内上市公司订立担保合同的相对人对此都应当知道。并且，境内上市公司公开披露的担保事项很容易查询，不会增加相对人的负担。

第二，在相对人与境内上市公司订立担保合同，相对人的善意标准上，应当

---

① 几点理由均转引自最高人民法院民事审判第二庭：《最高人民法院民法典担保制度司法解释理解与适用》，人民法院出版社 2021 年版，第 152~153 页。

贯彻保护广大中小投资者合法权益和促进证券市场健康发展的理念,因为广大中小投资者的权益属于公共秩序的范畴。境内上市公司为他人提供担保,肯定会影响广大中小投资者的合法权益。不仅持有该上市公司股票的投资者的利益要受到影响,而且潜在的投资者也很可能会受到影响。

第三,该标准不会损害相对人的利益。《民法典》施行后,相对人没有依照境内上市公司的相关担保公告与该上市公司签订担保合同,上市公司不承担任何民事责任。但该行为发生在《民法典》施行前的,虽然担保合同无效,但上市公司仍要承担相应的过错责任。根据该标准,相对人在看到境内上市公司的相关担保公告后,才能与该上市公司签订担保合同。相反,如果上市公司没有披露相关担保事项,那么相对人就不应与上市公司订立担保合同;如果此时相对人仍与上市公司订立担保合同,责任就应当由相对人完全自负。

第四,就境内上市公司公告的时间来看,一般是当天决议,当天公告,最迟第二天公告,所以该标准也不会因公告而影响交易效率。

第五,该标准有利于根治境内上市公司违规违法担保之顽疾。境内上市公司违规违法担保问题是资本市场的"顽疾"和"毒瘤",多年来屡禁不止,严重影响上市公司的质量、我国证券市场的健康发展以及我国交易所的国际竞争力。采取该标准,能够根治境内上市公司违规违法担保。这是因为,凡是违规违法担保,境内上市公司都不敢公告,不敢披露。

四、相对人对公开披露信息的内容须审查的事项

《民法典担保制度解释》第 9 条第 1 款、第 2 款都明确要求公开披露的信息包括"关于担保事项已经董事会或者股东大会决议通过"的内容,因此,相对人应审查公司披露的信息中是否存在适格公司决议。

如果事实上担保事项未经上市公司董事会或者股东大会决议通过,并且公告信息中亦不包括该担保已经公司相应机关决议通过的内容,而仅有该上市公司同意为某债务人的多少债务担保的公告,则虽然有公告,但是该担保对上市公司不发生效力。[①] 如果担保事项事实上未经决议通过,但是上市公司在公告

① 参见最高人民法院民事审判第二庭:《最高人民法院民法典担保制度司法解释理解与适用》,人民法院出版社 2021 年版,第 154 页。

信息中虚假陈述其已经董事会或者股东大会决议通过，该担保对上市公司发生效力。[①]

另外，在上市公司担保公告中已有该担保事项已经董事会或者股东大会决议通过的内容的情况下，相对人是否还应当审查上市公司章程？对此，有两种观点。一种观点为肯定说，认为公告只是上市公司意思表示的传达方式，仅依公告不能当然得出其意思表示真实的结论；另一种观点为否定说，认为参考物权法中“公示公信”原理，担保债权人有理由相信，只要是经过公告的公司决议，就应当是符合监管规则和公司章程的，担保债权人对公告的信赖利益值得保护。两种观点中，最高人民法院倾向于后一种。[②]

根据《上市公司监管指引第 8 号》第 12 条规定的内容，上市公司对外担保，披露的内容包括董事会或股东大会决议、截止信息披露日上市公司及其控股子公司对外担保总额、上市公司对控股子公司提供担保的总额。担保总额系上市公司披露的义务，相对人不负有审查真伪的义务，但亦应当履行力所能及的合理审查义务。

五、公开披露义务的主体范围

《民法典担保制度解释》第 9 条规定的上市公司，指的是在中国境内设立的股票在国务院批准的全国性证券交易所交易的公司。股票在上海证券交易所、深圳证券交易所、北京证券交易所交易的上市公司对外担保，都须履行信息公开披露义务。

《民法典担保制度解释》第 9 条第 3 款规定“相对人与股票在国务院批准的其他全国性证券交易场所交易的公司订立的担保合同，适用前两款的规定”，目前，国务院批准的其他全国性证券交易场所仅有全国中小企业股份转让系统（俗称“新三板”）。故，股票在“新三板”交易的公司对外担保的应履行信息披露义务。

接受境内注册、仅在境外上市的公司提供的担保，以及接受境内注册、同时

① 参见最高人民法院民事审判第二庭：《最高人民法院民法典担保制度司法解释理解与适用》，人民法院出版社 2021 年版，第 154 页。

② 参见最高人民法院民事审判第二庭：《最高人民法院民法典担保制度司法解释理解与适用》，人民法院出版社 2021 年版，第 158 页。

在境外上市的公司提供的担保，这两种情形是否适用《民法典担保制度解释》第9条的规定，最高人民法院正在研究之中，当前未表明观点。笔者认为，公司在哪里上市就应遵守哪里的规定，即“属地管辖主义”，比如既在境内又在境外上市的公司提供对外担保的，既要遵守《民法典担保制度解释》第9条的规定，也要遵守境外的相关规定。

接受境外注册、境外上市的公司提供的担保，不适用《民法典担保制度解释》第9条的规定。因为《公司法》第2条已经明确其调整的范围为中国境内设立的公司，境外注册的公司不属于《公司法》的调整范围，应不适用《公司法》第15条的规定。[①]《民法典担保制度解释》第9条是对《公司法》第15条的解释，故境外注册公司的行为，包括提供担保，不适用《民法典担保制度解释》第9条的规定。并且，《涉外民事关系法律适用法》第14条规定，法人及其分支机构的民事权利能力、民事行为能力、组织机构、股东权利义务等事项，适用登记地法律。据此，公司对外担保是关于法人民事能力的事项，应适用登记地法律。

公司为自身债务提供担保不适用《公司法》第15条的规定，故境内上市公司为自身债务提供担保也不适用《公司法》第15条和《民法典担保制度解释》第9条。《公司法》第15条和《民法典担保制度解释》第9条都是为了规范公司对外提供担保，不适用公司为自身的债务提供担保。

第二节　境内上市公司对外担保的审议程序

《上市公司监管指引第8号》《深圳证券交易所股票上市规则》等对上市公司对外担保行为进行了规范，要求上市公司严格控制对外担保产生的债务风险，依法履行对外担保的审议程序和信息披露义务。

一、上市公司所有担保都须经董事会审议

《上市公司监管指引第8号》第7条规定：“上市公司对外担保必须经董事会或者股东大会审议。”第9条又规定了“应由股东大会审批的对外担保，必须

① 参见最高人民法院民事审判第二庭：《最高人民法院民法典担保制度司法解释理解与适用》，人民法院出版社2021年版，第151页。

经董事会审议通过后，方可提交股东大会审批”。所以，上市公司所有对外担保都须经董事会审议。

上市公司所有对外担保都须经董事会审议的规定，是通过规则对董事会、董事课以责任。在上市公司对外提供担保的公告首部，一般会有：“本公司董事会及全体董事保证本公告内容不存在任何虚假记载、误导性陈述或者重大遗漏，并对其内容的真实性、准确性和完整性承担个别及连带责任。”

《上市公司监管指引第 8 号》第 10 条规定：“应由董事会审批的对外担保，必须经出席董事会的三分之二以上董事审议同意并做出决定。”关联董事要回避表决，根据深交所股票上市规则，上市公司为关联人提供担保的，应当在关联董事回避表决并经董事会审议通过后，提交股东大会审议。

二、特定情形下需要提交股东大会审议

《上市公司监管指引第 8 号》第 9 条规定：“应由股东大会审批的对外担保，必须经董事会审议通过后，方可提交股东大会审批。须经股东大会审批的对外担保，包括但不限于下列情形：(一)上市公司及其控股子公司的对外担保总额，超过最近一期经审计净资产百分之五十以后提供的任何担保；(二)为资产负债率超过百分之七十的担保对象提供的担保；(三)单笔担保额超过最近一期经审计净资产百分之十的担保；(四)对股东、实际控制人及其关联方提供的担保。股东大会在审议为股东、实际控制人及其关联方提供的担保议案时，该股东或受该实际控制人支配的股东，不得参与该项表决，该项表决由出席股东大会的其他股东所持表决权的半数以上通过。”

三、上市公司对外担保可以合并审议、公告

上市公司为其控股子公司、合营或者联营企业提供担保，如每年发生数量众多、需要经常订立担保协议而难以就每份协议提交董事会或者股东大会审议的，可以对担保额度进行预计，一并提交股东大会审议、公告。

第三节　境内上市公司对外担保的其他规定

一、关联担保中须有反担保

《上市公司监管指引第 8 号》第 11 条规定:“上市公司为控股股东、实际控制人及其关联方提供担保的,控股股东、实际控制人及其关联方应当提供反担保。”

二、公司章程应当明确对外担保的审批机关、权限、审议程序和责任

《上市公司监管指引第 8 号》第 8 条规定:“上市公司的《公司章程》应当明确股东大会、董事会审批对外担保的权限及违反审批权限、审议程序的责任追究制度。”

三、相对人的审查范围

《上市公司监管指引第 8 号》第 13 条规定:“上市公司在办理贷款担保业务时,应向银行业金融机构提交《公司章程》、有关该担保事项董事会决议或者股东大会决议原件、该担保事项的披露信息等材料。”本条是关于担保人的义务,但也是对相对人尽到合理审查义务须审查材料范围的指引。相对人需审查的材料可能不止于此,例如,《上市公司监管指引第 8 号》第 17 条规定:“各银行业金融机构必须依据本指引、上市公司《公司章程》及其他有关规定,认真审核以下事项:(一)由上市公司提供担保的贷款申请的材料齐备性及合法合规性;(二)上市公司对外担保履行董事会或股东大会审批程序的情况;(三)上市公司对外担保履行信息披露义务的情况;(四)上市公司的担保能力;(五)贷款人的资信、偿还能力等其他事项。”第 17 条规定的内容是监管机构对银行业金融机构在接受上市公司担保时的要求,是用来衡量银行工作人员违规放贷的依据,以便追究其责任。《上市公司监管指引第 8 号》第 19 条规定,对由上市公司控股子公司提供担保的贷款申请,比照上市公司提供担保的规定执行。

四、独立董事的专项说明和独立意见

《上市公司监管指引第 8 号》第 14 条规定:“上市公司独立董事应在年度报告中,对上市公司报告期末尚未履行完毕和当期发生的对外担保情况、执行本章规定情况进行专项说明,并发表独立意见。”

例如,《中房重实地产股份有限公司 2012 年度报告有关事项的独立董事意见》第 2 项规定:“对公司对外担保的独立意见:根据公司提供的资料,我们了解到报告期内公司存在以下尚未履行完毕担保责任的对外担保事项:(1)因项目开发建设需要,公司全资子公司重庆重实房地产开发有限公司(以下简称‘重庆公司’)向中国房地产开发集团公司(以下简称‘中房集团’)借款 2000 万元,借款资金专项用于中房千寻项目开发,期限两年,该项借款由本公司提供连带责任担保,并由重庆公司提供反担保。截止本报告期末,担保责任尚未履行完毕。(2)因项目开发建设需要,公司全资子公司重庆公司向中房集团借款 15000 万元,借款资金专项用于中房千寻项目开发,期限 18 个月,该项借款由本公司提供连带责任担保,并由重庆公司提供反担保。截止本报告期末,还有 5000 万元担保责任尚未履行完毕。(3)因项目开发建设需要,公司全资子公司长沙中住兆嘉房地产开发有限公司(以下简称‘兆嘉公司’)向中房集团借款 2000 万元,借款资金专项用于兆嘉公司项目开发,期限至兆嘉公司偿还建行湘江支行中房瑞致小区一期项目开发贷款后一年内,该项借款由本公司提供连带责任担保,并由兆嘉公司提供反担保。截止本报告期末,担保责任尚未履行完毕。

报告期内,公司发生的担保总额为 17000 万元,占公司 2012 年度净资产的 10.93%;截止本报告期末,公司尚未履行完毕的担保总额 9000 万元,占公司 2012 年度净资产的 5.79%。截止报告期末,公司没有逾期担保的情况,没有涉及诉讼和仲裁的对外担保。我们认为上述担保事项符合相关法律法规和公司《章程》规定,没有损害公司及公司股东特别是中小股东的利益,同时我们提请董事会,公司应继续严格按照《公司法》《证券法》、证监会有关对外担保的文件及公司《对外担保管理制度》的规定要求,加强规范对外担保事项。”

上市公司对外担保信息披露中也会有独立董事的意见,如《南京中央商场(集团)股份有限公司关于预计 2022—2024 年度对外担保额度的公告》第 5 项规定了“独立董事意见”,内容为:“公司 2022—2024 年度预计对外担保额度属于公司为控股子公司提供的担保，控股子公司为公司及控股子公司之间提供的担保，有利于形成集团内资源共享的融资平台，有利于公司及控股子公司做大做强，本次为控股子公司提供担保，风险可控，不会对公司产生不利影响，不会损害公司和股东的利益，我们同意该担保额度议案。”

五、违规担保的处置

《上市公司监管指引第 8 号》在第 6 章规定了“资金占用和违规担保的处置”，条文涉及第 22~26 条，内容如下：

第 22 条：中国证监会与公安部、国资委、中国银保监会等部门加强监管合作，实施信息共享，共同建立监管协作机制，严厉查处资金占用、违规担保等违法违规行为，涉嫌犯罪的依法追究刑事责任。

第 23 条：上市公司及其董事、监事、高级管理人员，控股股东、实际控制人及其他关联方违反本指引的，中国证监会根据违规行为性质、情节轻重依法给予行政处罚或者采取行政监管措施。涉嫌犯罪的移交公安机关查处，依法追究刑事责任。

第 24 条：国有资产监督管理机构应当指导督促国有控股股东严格落实本指引要求。对违反本指引的，按照管理权限给予相应处理；造成国有资产损失或者其他严重不良后果的，依法依规追究相关人员责任。

第 25 条：银行保险机构违反本指引的，中国银保监会依法对相关机构及当事人予以处罚；涉嫌犯罪的，移送司法机关追究法律责任。

第 26 条：公安机关对中国证监会移交的上市公司资金占用和违规担保涉嫌犯罪案件或者工作中发现的相关线索，要及时按照有关规定进行审查，符合立案条件的，应尽快立案侦查。

第四节　对外担保事项未披露的责任

为了提高境内上市公司质量，国务院 2020 年 10 月专门发布了《国务院关于进一步提高上市公司质量的意见》，其中第十部分特别强调，严肃处置资金占用、违规担保问题，“依法依规认定上市公司对违规担保合同不承担担保责任”。最高人民法院认为，司法应该与行政形成合力，共同根治境内上市公司违规违法担保，只有以境内上市公司公开披露的有关担保事项为标准确定担保合同的效力，才能达到目的。故在《民法典担保制度解释》第 9 条第 2 款中规定："相对人未根据上市公司公开披露的关于担保事项已经董事会或者股东大会决议通过的信息，与上市公司订立担保合同，上市公司主张担保合同对其不发生效力，且不承担担保责任或者赔偿责任的，人民法院应予支持。"

所以，以《民法典》施行之日为分水岭，在《民法典》施行之前相对人与境内上市公司订立的担保合同被认定为对上市公司不发生效力的，上市公司不承担担保责任，但要视情况承担赔偿责任；在《民法典》施行之后相对人与境内上市订立的担保合同被认定为对上市公司不发生效力的，上市公司既不承担担保责任也不承担赔偿责任。

在(2020)京民终 670 号金融借款合同纠纷案中，每克拉美公司(借款人)与盛京银行(贷款人)签订《借款合同》，约定：借款金额 2 亿元。2017 年 11 月 13 日，盛京银行(债权人)与赫美集团(保证人，上市公司)签订未经股东大会决议通过且未经公告的《最高额保证合同》，约定：保证人自愿提供保证担保。2017 年 11 月 13 日，盛京银行向每克拉美公司发放贷款 2 亿元。

盛京银行向一审法院起诉请求：(1)每克拉美公司偿还贷款本金 2 亿元、违约金 4000 万元及利息等；(2)赫美集团就前述第 1 项诉讼请求项下每克拉美公司应偿还的全部债务承担连带保证责任。

关于保证人赫美集团的保证责任，一审法院认为，《最高额保证合同》由赫美集团法定代表人王某加盖赫美集团公章并签字，并未经过股东大会的授权，王某的行为属于越权代表，因与盛京银行签订合同时未尽到应尽的注意义务，不属于善意相对人，《最高额保证合同》对赫美集团不发生效力。对此，盛京银行不服，上诉称，盛京银行已尽到注意义务，属于善意相对人，案涉担保合同应合法有效。《董事会(股东会)决议》表明，共同持有赫美集团 2/3 以上表决权的股东书面签字盖章同意案涉担保。赫美集团聘请会计师事务所向盛京银行发出的询证函，表明赫美集团对担保事项是知情且同意的。赫美集团与每克拉美公司之间存在商业合作关系，即使认定案涉担保事项未经股东大会决议的形式程序，也应认定担保合同符合赫美集团的真实意思表示，担保合同有效。

对此，北京市高级人民法院认为，盛京银行上诉所称的理由，并不适用于作为上市公司的赫美集团的对外担保。在为他人提供担保方面，上市公司对外担保的合同必须公开披露。根据深圳证券交易所和上海证券交易所的上市规则，上市公司所有为他人提供担保的事项，因影响到广大中小投资者的利益和整个证券市场的健康发展，都必须公开披露。因此，与上市公司订立担保合同的相对人是否善意的判断标准是相对人是否根据公开披露的担保信息订立担保合同。相对人根据公开披露的担保信息订立的担保合同，对公司发生效力。相对人没有根据公开披露的担保信息订立的担保合同，对公司不发生效力。本案一审法院已经查明，盛京银行与赫美集团签订的《最高额保证合同》未经股东大会审议通过且未经公告。故在赫美集团没有公开披露《最高额保证合同》的情况下，即使担保事项已经持有赫美集团 2/3 以上表决权的股东书面签字盖章同意，盛京银行与赫美集团签订的《最高额保证合同》，亦非善意，《最高额保证合同》对赫美集团亦不发生法律效力。盛京银行的相关上诉意见，于法无据，法院不予支持。

注意：上例中，相对人与境内上市公司订立的担保合同被认定为无效，但上市公司仍需要视情况承担不超过主债务人不能履行部分的 1/2 或者 1/3 的民事赔偿责任。但是，《民法典》施行之后，相对人与境内上市公司订立的担保合同被认定为对境内上市公司不发生效力的，境内上市公司不承担任何民事责任，既不承担担保责任，也不承担赔偿责任。

第五节　上市公司为控股子公司提供担保

一、上市公司为已公开披露的控股子公司提供担保需要决议和公告

《关于规范上市公司对外担保行为的通知》规定，本通知所称“对外担保”，是指上市公司为他人提供担保，包括上市公司对控股子公司的担保。据此，上市公司对控股子公司的担保属于“对外担保”。根据《公司法》第 4 条第 1 款“股份有限公司的股东以其认购的股份为限对公司承担责任”的规定，母公司以其认购的股份为限对子公司承担责任，母公司的责任是有限责任。母公司为子公司提供担保，相当于母公司在“认购股份”出资责任的之外又承担了担保责任，且一旦承担了担保行为引起的责任就会使经济利益流出合并报表范围内的企业。为控制上市公司的风险及维护股东利益，当前的规则要求上市公司在为

控股子公司提供担保时严格履行决议程序和披露义务,否则会受到相应处罚。例如:* ST 钒钛(000629)2016 年对其全资子公司钛业公司提供担保,实际担保金额为 47980 万元,钛业公司接受担保时资产负债率超过 70%。公司未按规定将上述担保事项提交股东大会审议并及时履行信息披露义务。公司的上述行为违反了《深圳证券交易所股票上市规则》第 9.11 条的规定,即"为资产负债率超过 70%的担保对象提供的担保需经股东大会审议"。为此,深交所向公司出具监管函。

二、上市公司为其控股子公司担保的公告

宁夏建材集团股份有限公司
关于为子公司 2022 年银行借款提供担保的公告

本公司董事会及全体董事保证本公告内容不存在任何虚假记载、误导性陈述或者重大遗漏,并对其内容的真实性、准确性和完整性承担个别及连带责任。

重要内容提示:

被担保人名称:宁夏青铜峡水泥股份有限公司(以下简称"青水股份")、赛马物联科技(宁夏)有限公司(以下简称"赛马物联")、宁夏嘉华固井材料有限公司(以下简称"嘉华固井")、固原市赛马新型建材有限公司(以下简称"固原赛马")、皋兰赛马新材料有限公司(以下简称"皋兰赛马")。

本次担保金额及已实际为其提供的担保余额:公司所属部分控股公司 2022 年总计向银行申请借款不超过 55000 万元,公司将按持股比例为上述公司借款提供担保,担保额度不超过 42610 万元。

截至 2021 年 11 月 30 日,公司为所属公司银行借款提供担保余额为 0 元。

本次担保是否有反担保:无

对外担保逾期的累计数量:无

一、担保情况概述

公司第八届董事会第五次会议审议通过《关于公司为子公司 2022 年银行借款提供担保的议案》,为满足生产经营资金需求,公司所属部

分控股公司2022年总计向银行申请不超过55000万元借款,公司将按持股比例为上述公司借款提供连带责任保证担保,担保额度不超过42610万元,其中:

1. 控股子公司青水股份银行借款不超过30000万元,公司按持股比例提供连带责任保证担保的额度不超过26196万元;

2. 控股子公司赛马物联银行借款不超过12000万元,公司按持股比例提供连带责任保证担保的额度不超过6600万元;

3. 控股子公司嘉华固井银行借款不超过5000万元,公司按持股比例提供连带责任保证担保的额度不超过2500万元;

4. 全资子公司固原赛马银行借款不超过2000万元,公司按持股比例提供连带责任保证担保的额度不超过2000万元;

5. 控股公司皋兰赛马银行借款不超过6000万元,公司按持股比例提供连带责任保证担保的额度不超过5314万元。

上述银行借款中除青水股份银行借款期限为3~5年外,其他公司借款均为1年。

二、被担保人基本情况

1. 青水股份成立于2001年8月,法定代表人王常军,注册地青铜峡市青铜峡镇,注册资本33425万元,经营范围为水泥、水泥熟料、商品混凝土的生产、销售、技术服务和管理服务;混凝土骨料的生产和销售;水泥设备安装、维修;房屋租赁、物业管理、自有土地租赁;水泥用石灰岩开采。公司持有该公司87.32%的股权,中国长城资产管理有限公司持有该公司7.07%的股权,中国东方资产管理有限公司持有该公司5.34%的股权,宁夏青峡实业有限公司持有该公司0.15%的股权,宁夏青铜峡水泥集团峡星机械有限公司持有该公司0.12%的股权。

截至2020年12月31日该公司资产总额142159.00万元,负债总额18091.35万元(其中流动负债总额16865.88万元),净资产124067.65万元,2020年1~12月实现营业收入82243.54万元,实现净利润21611.47万元。截至2021年9月30日,该公司资产总额141203.28万元,负债总额21463.40万元(其中流动负债总额20107.60万元),

净资产119739.88万元,2021年1~9月实现营业收入56795.91万元,实现净利润14300.58万元。

2. 赛马物联成立于2010年8月……

3. 嘉华固井成立于2011年6月……

4. 固原赛马成立于2000年4月……

5. 皋兰赛马成立于2018年4月……

三、担保的主要内容

公司将按持股比例为以下公司的银行借款提供连带责任保证担保,详细情况见下表:

单位:万元

借款单位	借款金额	担保金额	借款期限	担保方式	担保方
青水股份	30000	26196	3~5年	连带责任保证担保	宁夏建材集团股份有限公司
赛马物联	12000	6600	1年	连带责任保证担保	宁夏建材集团股份有限公司
嘉华固井	5000	2500	1年	连带责任保证担保	宁夏建材集团股份有限公司
固原赛马	2000	2000	1年	连带责任保证担保	宁夏建材集团股份有限公司
皋兰赛马	6000	5314	1年	连带责任保证担保	宁夏建材集团股份有限公司
总计	55000	42610	—	—	—

公司为控股公司青水股份、赛马物联、嘉华固井、皋兰赛马的银行借款提供担保将收取担保费。每笔银行借款担保额度的担保费计算标准为:借款期限在2年(含)以内的,按照担保额度的1%收取担保费;借款期限在2年(不含)以上的,按照担保额度的1.5%收取担保费。担保期间内不收取其他费用。公司为全资子公司固原赛马的银行借款提供的担保不收取担保费。

四、董事会意见

公司本次担保是为了支持控股公司的正常经营和发展,本次担保的对象全部为公司控股公司或全资子公司。被担保公司的资产负债结构合理,资产质量良好,具有偿债能力。

五、累计对外担保数量及逾期担保的数量

截至2021年11月30日,本公司及所属公司无对外担保,亦不存在逾期担保的情况。

六、上网公告附件

被担保人2021年1~9月财务报表。

特此公告。

宁夏建材集团股份有限公司董事会

2021年12月3日

第六节 上市公司控股子公司、新三板公司提供担保的规定

在《民法典担保制度解释(征求意见稿)》公开征求意见的过程中,有全国人大代表建议,与上市公司合并财务报表的公司,相对人与之订立担保合同的,也应以上市公开披露的信息为标准确定担保合同的效力。最高人民法院经调查研究了解到,一般情况下,上市公司的资产绝大多数存在于其控股子公司,上市公司本身的资产并不多,如果与控股子公司订立的担保合同不纳入《民法典担保制度解释》第9条的调整范围,则其作用会大打折扣。更为重要的是,根据《中国证券监督管理委员会、中国银行业监督管理委员会关于规范上市公司对外担保行为的通知》的规定,上市公司的控股子公司的担保事项,上市公司也必须公开披露。① 同时,股票在全国中小企业股份转让系统交易的公司也被视为上市公司。因此就有了《民法典担保制度解释》第9条第3款的规定。其规定"相对人与上市公司已公开披露的控股子公司订立的担保合同,或者相对人与股票在国务院批准的其他全国性证券交易场所交易的公司订立的担保合同,适

① 参见最高人民法院民事审判第二庭:《最高人民法院民法典担保制度司法解释理解与适用》,人民法院出版社2021年版,第155~156页。

用前两款规定”。

一、关于上市公司控股子公司的认定标准

《上海证券交易所股票上市规则》(2023 年 8 月修订)第 15.1 条规定:“本规则下列用语具有如下含义:……(八)上市公司控股子公司:指上市公司持有其 50%以上的股份,或者能够决定其董事会半数以上成员的当选,或者通过协议或其他安排能够实际控制的公司。”审判实践中可据此把握上市公司控股子公司的标准。担保人属于“上市公司已公开披露的控股子公司”的,相对人在接受担保时应审查其公告。上市公司通常会在年度报告中披露其子公司的范围,也会通过临时公告的形式披露通过并购、新设方式新增的子公司,但并非无论投资金额大小全都会披露,相对人可以通过检索上市公司的公告确认担保人是否属于上市公司公开披露的控股子公司。

二、控股子公司为他人提供担保时上市公司公告的内容

境内上市公司控股子公司为他人提供担保,首先是由子公司自己依法依章程作出决议,然后子公司将担保决议上报给上市公司,由上市公司进行公告。也即上市公司控股子公司为他人提供担保,决议主体是子公司,公告主体是上市公司。《上市公司监管指引第 8 号》第 15 条规定:“上市公司控股子公司对于向上市公司合并报表范围之外的主体提供担保的,应视同上市公司提供担保,上市公司应按照本章规定执行。”上市公司控股子公司应在其董事会或股东大会做出决议后及时通知上市公司履行有关信息披露义务。

第九章　公司分支机构对外提供担保

第一节　一般公司分支机构对外提供担保

引述案例:(2019)最高法民终1535号民间借贷纠纷案中,2016年12月12日,青海B公司与西宁A公司等签订《协议书》,确认西宁A公司欠青海B公司借款本息3500万元,于2017年11月25日前还清,崔某在连带保证人处签字并持海天建设集团有限公司青海分公司(以下简称海天集团公司青海分公司)、C公司、D公司、E公司、F公司、安多汇鑫矿业有限责任公司(以下简称安多汇鑫公司)印章在案涉《协议书》上连带保证人处盖章。协议签订时,崔某系西宁A公司、C公司、E公司的法定代表人,海天集团公司青海分公司负责人,安多汇鑫公司股东。经鉴定,案涉《协议书》中加盖的海天集团公司青海分公司的印章印文与备案印章印文不一致,加盖的安多汇鑫公司印章印文与安多汇鑫公司样本印章印文不一致。

上述《协议书》签订的同日,海天集团公司青海分公司与青海B公司就混凝土款归还事宜还签订了另一份《协议书》,由崔某签字并加盖同一枚海天集团公司青海分公司印章;海天集团公司青海分公司在其他业务活动中亦多次使用该枚印章。

因西宁A公司未能按照约定归还借款,青海B公司起诉请求:西宁A公司归还借款;崔某、海天集团公司青海分公司、海天建设集团有限公司(以下简称海天集团公司)、C公司、D公司、E公司、F公司、安多汇鑫公司承担连带还款责任。

问题:(1)在未获公司授权的情况下,分公司以自己名义对外担保行为的效力?

(2)在未获公司授权的情况下,若担保行为对分公司不发生效力,分公司是否须对相对人承担赔偿责任?

一、法人分支机构的法律地位

法人的分支机构,是指法人为了在空间上拓展其业务活动范围,出资在一定区域设置的、完成法人部分职能的机构。法人分支机构通常被称为代表处、分理处、分公司等。《民法典》第74条规定:"法人可以依法设立分支机构。法律、行政法规规定分支机构应当登记的,依照其规定。分支机构以自己的名义从事民事活动,产生的民事责任由法人承担;也可以先以该分支机构管理的财产承担,不足以承担的,由法人承担。"

法人分支机构不具有法人资格,属于"非法人组织",具有相对独立的民事主体地位,即在核准登记的范围内,法人分支机构可以以自己的名义从事民事活动。法人分支机构以自己名义从事民事活动的,实际上是法人在从事民事活动,产生的民事责任自然由法人承担。

(一)法人分支机构与法人的关系

法人分支机构与法人的关系,理论上存在代表说与代理说之分:①

代理说认为:第一,分支机构以自己的名义从事民事活动,它与法人在民事活动中的人格并不一致;第二,分支机构的设立目的是扩展法人业务,与《民法典》第170条有关职务代理规定中的"执行工作任务"相近。代理说更能妥当处理分支机构在授权范围内与超越授权的法律适用问题。

代表说认为:第一,分支机构与法人的名称高度类似,分支机构的名称具有公示效力,第三人通过名称应知道分支机构是法人的组成部分;第二,法人分支机构的业务具有一定的独立性,其负责人可能是法人的代理人或法人的代表人,其职责也具有一定的独立性和综合性,《民法典》第170条有关职务代理的

① 参见程啸、高圣平、谢鸿飞:《最高人民法院新担保司法解释理解与适用》,法律出版社2021年版,第74页。

规定无法解决其权限问题,只能通过《民法典》第61条规定的法人代表制度解决,即通过法律授权或章程授权解决;第三,代表说比代理说更能保护善意相对人。

《民法典担保制度解释》第11条第4款规定:"公司的分支机构对外提供担保,相对人非善意,请求公司承担赔偿责任的,参照本解释第十七条的有关规定处理。"可见,司法解释采用的是代表说,因为如果采用代理说,按照无权代理的规则,公司是不承担赔偿责任的。但谢鸿飞教授等学者认为,采用代理说更有助于平衡各方利益。

(二)作为法人代表机关,分支机构与法定代表人的区别

法人分支机构作为法人的代表机关从事民事活动,与法人的法定代表人代表法人从事民事活动存在一定的区别。

(1)在代表权的来源上,法定代表人的代表权是法定的,其有权在法律规定的范围内代表法人从事民事活动;而法人的分支机构代表法人从事民事活动,则应当取得法人的书面授权,因而属于意定的代表机构。

(2)在行为主体上,法定代表人是法人的机关,其从事民事活动必须以法人的名义进行;而根据《民法典》第74条第2款,法人分支机构代表法人从事民事活动则可以自己的名义进行。①

(3)在范围上,法定代表人的代表权原则上仅受法律的限制,即使法人章程或者法人权力机构对法定代表人的代表权有限制,但该限制不得对抗善意相对人;而分支机构作为意定的代表机构,其有权代表法人从事民事活动的范围必须根据法人的授权确定。②

二、分支机构代表权的来源

(一)概括性授权

《公司法》第13条第2款规定:"公司可以设立分公司。分公司不具有法人

---

① 《民事诉讼法解释》第53条规定:"法人非依法设立的分支机构,或者虽依法设立,但没有领取营业执照的分支机构,以设立该分支机构的法人为当事人。"据此,领取营业执照的分支机构可以成为独立的诉讼主体,可以以自己的名义起诉、应诉;没有领取营业执照的分支机构,只能以法人的名义起诉、应诉。

② 参见最高人民法院民事审判第二庭:《最高人民法院民法典担保制度司法解释理解与适用》,人民法院出版社2021年版,第169页。

资格,其民事责任由公司承担。"《公司法》第38条规定:"公司设立分公司,应当向公司登记机关申请登记,领取营业执照。"法人分支机构代表法人从事民事活动必须获得法人授权,法人分支机构的营业执照所记载的经营范围,可以理解为法人对该分支机构的概括性授权。[①]

（二）个别事项的授权

法人对分支机构的授权还包括个别性的、具体的授权,比如法定代表人代表法人对分支机构进行授权,授权分支机构从事某项民事活动。但在公司的分支机构代表公司对外担保问题上,因公司的法定代表人并无公司对外提供担保的代表权,故亦无权代表公司授权分支机构对外提供担保。根据《公司法》有关公司对外担保的规定,公司的分支机构代表公司对外提供担保,原则上亦应经公司股东会或者董事会决议的授权。

三、公司分支机构未经公司决议授权对外提供担保的效力

《民法典》第74条第2款规定,法人的分支机构可以以自己的名义从事民事活动。"从事民事活动"包括对外担保,因为"法不禁止即自由",《民法典》未禁止法人分支机构对外担保,故法人的分支机构可以以自己的名义对外提供担保。为法人分支机构的担保活动设置规则,必须权衡两种价值:一是分支机构作为非法人组织的行动自由,提供担保有助于其业务开展;[②]二是对法人利益的保护,防止分支机构的担保不符合法人的意思,损害法人利益。《民法典》第74条第2款规定"分支机构以自己的名义从事民事活动,产生的民事责任由法人承担",同时,《民法典》第104条规定"非法人组织的财产不足以清偿债务的,其出资人或者设立人承担无限责任",据此,法人分支机构对外提供担保可能会严重损害法人的利益。

故《民法典担保制度解释》第11条第1款规定,公司的分支机构以自己的名义对外提供担保,原则上应适用《公司法》有关公司为他人提供担保的规定,

① 参见最高人民法院民事审判第二庭:《最高人民法院民法典担保制度司法解释理解与适用》,人民法院出版社2021年版,第169页。

② 参见程啸、高圣平、谢鸿飞:《最高人民法院新担保司法解释理解与适用》,法律出版社2021年版,第73页。

由公司股东会或者董事会作出决议来授权；未作出授权决议的，担保合同对公司及其分支机构不发生效力，不承担担保责任，但相对人善意时可以主张表见代表的效果，担保合同对公司及其分支机构发生效力，承担担保责任。相对人善意的判断标准是“不知道且不应当知道分支机构对外提供担保未经公司决议程序”。

按照当然解释，公司对外担保尚须经公司股东会或者董事会决议授权，何况其分支机构。作为公司的代表机构，与公司法定代表人一样，公司分支机构对外提供担保也须公司的股东会或者董事会决议授权。这就使得相对人在接受分支机构担保时有审查公司机关决议有无及相应内容的义务。

对上述内容进行概括，就是《民法典担保制度解释》第 11 条第 1 款：“公司的分支机构未经公司股东（大）会或者董事会决议以自己的名义对外提供担保，相对人请求公司或者其分支机构承担担保责任的，人民法院不予支持，但是相对人不知道且不应当知道分支机构对外提供担保未经公司决议程序的除外。”

四、分支机构超越权限对外担保的赔偿责任

与法定代表人越权代表公司对外提供担保一样，公司分支机构未经公司授权擅自以自己名义对外提供担保，如果相对人非善意，则无权请求公司或者其分支机构承担担保责任，而只能参照《民法典担保制度解释》第 17 条的规定，请求公司或者其分支机构承担缔约过失责任。这是“法人分支机构与法人的关系”采“代表说”的结果。

无论一般公司的分支机构，还是金融机构的分支机构、担保公司的分支机构，都适用《民法典担保制度解释》第 11 条第 4 款的规定：“公司的分支机构对外提供担保，相对人非善意，请求公司承担赔偿责任的，参照本解释第十七条的有关规定处理。”

五、案例解说

最高人民法院认为，关于海天集团公司青海分公司、海天集团公司的责任承担问题。首先，关于青海 B 公司与海天集团公司青海分公司之间的担保合同是否成立的问题。因同一公司刻制多枚印章的情形在日常交易中大量存在，故不能仅以合同中加盖的印章印文与公司备案的印章印文不一致否定公司行为

的成立及其效力,而应当根据合同签订人盖章时是否有权代表或代理公司,或者交易相对人是否有合理理由相信其有权代表或代理公司进行相关民事行为来判断。本案中,案涉《协议书》由海天集团公司青海分公司负责人崔某签字并加盖海天集团公司青海分公司印章。虽然经鉴定《协议书》中海天集团公司青海分公司的印章印文与备案的印章印文不一致,但崔某作为海天集团公司青海分公司时任负责人,其持海天集团公司青海分公司印章以海天集团公司青海分公司名义签订《协议书》,足以令作为交易相对人的青海 B 公司相信其行为代表海天集团公司青海分公司,并基于对其身份的信任相信其加盖的海天集团公司青海分公司印章的真实性。因此,海天集团公司、海天集团公司青海分公司以《协议书》中海天集团公司青海分公司印章印文与其备案的印章印文不一致为由认为海天集团公司青海分公司并未作出为案涉债务提供担保的意思表示的主张不能成立。青海 B 公司与海天集团公司青海分公司在案涉《协议书》上签章时,双方当事人之间的担保合同成立。其次,关于青海 B 公司与海天集团公司青海分公司之间担保合同的效力及责任承担问题。虽然青海 B 公司与海天集团公司青海分公司就案涉债务的担保达成一致意见,但海天集团公司青海分公司作为海天集团公司的分支机构,未取得海天集团公司同意其对外担保的书面授权,海天集团公司事后亦未对该担保行为进行追认,故青海 B 公司与海天集团公司青海分公司之间的担保合同无效。青海 B 公司未审查海天集团公司青海分公司是否得到海天集团公司书面授权便接受海天集团公司青海分公司提供担保,未尽合理注意义务,海天集团公司青海分公司在明知未获得海天集团公司书面授权的情况下对外提供担保,双方对担保合同的无效均有过错。海天集团公司作为法人,在崔某持与海天集团公司青海分公司备案印章不一致的印章进行日常经营活动时未予制止,对于海天集团公司青海分公司及其时任负责人崔某的行为未能尽到一般善良管理人的审慎注意义务。根据法律规定,分支机构管理的财产不足以承担其以自己名义从事民事活动产生的民事责任时,应由法人承担。结合各方当事人的过错程度,酌定由海天集团公司青海分公司以其经营管理的财产对青海 B 公司案涉债权不能清偿部分的 50% 承担赔偿责任,海天集团公司青海分公司经营管理的财产不足以承担前述赔偿责任的,由海天集团公司承担。

关于安多汇鑫公司的责任承担问题。虽然经鉴定案涉《协议书》中安多汇鑫公司的印章印文与安多汇鑫公司提交的样本印章印文不一致,但如前所述,不能仅以合同中加盖的印章真实与否判断公司行为的成立及其效力,而应当根据合同签订人是否有权代理公司进行相关民事行为来判断。案涉《协议书》签订时,崔某为安多汇鑫公司的股东,但并非安多汇鑫公司的法定代表人,亦无证据显示其在安多汇鑫公司任职或具有代理安多汇鑫公司对外进行相关民事行为的授权,仅因崔某系安多汇鑫公司股东,不足以成为青海 B 公司相信崔某在案涉《协议书》上签字盖章的行为系职务行为或有权代理的合理理由,故崔某的行为不构成表见代理,《协议书》对安多汇鑫公司不具有约束力。因此,青海 B 公司与安多汇鑫公司之间并未形成有效的担保合同,其主张安多汇鑫公司承担连带保证责任的请求不能成立。

最高人民法院于 2019 年 12 月 30 日作出(2019)最高法民终 1535 号民事判决:(1)西宁 A 公司于判决生效后 30 日内向青海 B 公司偿还借款本金 33972000 元及违约金 6794400 元。(2)C 公司、D 公司、E 公司、F 公司、崔某对上述第一项债务承担连带保证责任。(3)海天集团公司青海分公司以其经营管理的财产对青海 B 公司就第一项确定的债权中不能获得清偿部分承担 50%的赔偿责任;海天集团公司青海分公司经营管理的财产不足以承担前述赔偿责任的,由海天集团公司承担。(4)驳回青海 B 公司的其他诉讼请求。

第二节　特别公司的分支机构对外提供担保

公司分支机构从事担保活动未获公司授权,是担保实务中常见的问题。《民法典担保制度解释》第 11 条区分了一般公司的分支机构、金融机构的分支机构和担保公司的分支机构以自己的名义对外提供担保时的不同效力。

《民法典担保制度解释》第 8 条规定:“有下列情形之一,公司以其未依照公司法关于公司对外担保的规定作出决议为由主张不承担担保责任的,人民法院不予支持:(一)金融机构开立保函或者担保公司提供担保……”

据此,金融机构开立保函、担保公司提供担保的,相对人无须根据《公司法》第 15 条的规定审查金融机构、担保公司的决议或者公告。[①] 相对于普通公司对

① 上市公司的担保事项需要公告,公开披露交易信息。

外提供担保而言，这是金融机构、担保公司的特殊性。金融机构、担保公司下设了众多分支机构，其分支机构对外提供担保相对一般公司的分支机构又有哪些特殊性？

一、金融机构的分支机构违反公司决议程序对外提供担保的效力

金融机构的分支机构对外提供担保，是否需要金融机构股东会或者董事会决议？

对此，最高人民法院法官认为："由于金融机构对外提供担保无须公司决议，因此金融机构的分支机构对外提供担保自然也无须公司决议，但考虑到担保行为的高风险性，从防范化解金融风险的角度出发，仍有必要规定金融机构的分支机构在提供担保时须取得金融机构的授权。为此，区分'开立保函'与'提供保函之外的担保'规定如下：对于标准化的保函业务，金融机构的分支机构既可以在其营业执照记载的经营范围内根据金融机构的概括授权开展，也可以经有权从事担保业务的上级机构个别授权开展，但是，提供保函之外的个别担保，则应取得金融机构（如商业银行总行）授权。"①

1. 开立保函

金融机构的分支机构在其营业执照记载的经营范围内开立保函，属于经营范围内的许可事项，系正常经营活动，对每次开立保函行为，无须经过金融机构的专门授权或者金融机构的内部决议程序，其对外开立的保函有效，金融机构应承担担保责任。例如，民事诉讼程序中原告申请保全被告的财产，根据《民事诉讼法》第 103 条的规定，人民法院采取保全措施，可以责令申请人提供担保，申请人不提供担保的，裁定驳回申请。为此，原告需要提供担保的，可以向财产保险公司购买"诉讼责任险"。财产保险公司应原告申请向受理案件的人民法院出具《诉讼财产保全责任保险保单保函》，保单保函中载明："如申请人财产保全申请错误致使被申请人遭受损失，经法院判决由申请人承担的损害赔偿责任，保险人向被申请人在限额内进行赔偿。"该险种是保险公司的正常经营活动，业务员办理即可，该次买卖保险的行为无须保险公司专门授权或者内部决

① 林文学、杨永清、麻锦亮等：《〈关于适用民法典有关担保制度的解释〉的理解与适用》，载《人民司法》2021 年第 4 期。

议程序,因为财产保险公司的《营业执照》中"经营范围"一栏中包括该险种。

若金融机构分支机构的营业执照未记载保函业务,分支机构必须取得上级机构相应的授权才能对外提供担保,当然前提是该上级机构有权从事担保业务。

2. 保函以外的其他担保

(1)金融机构的分支机构提供保函以外的其他担保须经金融机构的授权。对于非标准化的担保行为,如签订个别化的担保合同或者在金融机构分支机构管理的财产上设定担保物权,则仍应遵循公司的分支机构以自己的名义对外提供担保的一般规则。保函以外的其他担保并非金融机构的常规业务,分支机构在提供保函以外的其他担保时,金融机构的内部控制、风险评估等机制难以发挥作用,分支机构的负责人或者其他工作人员可能和相对人恶意串通,以分支机构的名义和他人订立担保合同,使金融机构的利益受损。因此,《民法典担保制度解释》将金融机构分支机构对外提供保函以外的其他担保与一般的法人分支机构对外提供担保适用相同的法律,即必须取得金融机构总部的授权,未取得授权的,该担保合同对金融机构及分支机构不发生效力,除非相对人能够证明自己不知道且不应当知道未经金融机构授权。[①]

(2)金融机构的授权并非必须经董事会或者股东会以公司决议的形式授权,法定代表人的授权即可。鉴于金融机构对外提供担保本身无须决议,因而此处所谓的一般规则,并非需要金融机构通过董事会或者股东会以公司决议的形式授权,而是可由法定代表人代表公司进行授权。《商业银行法》第 3 条规定,商业银行可以经营"提供信用证服务及担保"的业务,经营范围由商业银行章程规定,报国务院银行监督管理机构批准。这说明商业银行本身具有提供担保的权利能力和行为能力,在其为他人债务提供担保之时,也就不再需要按照《公司法》第 15 的规定提供相关决议。[②] 如果金融机构对外提供保函之外的担保需要机关决议,那么,其分支机构就更需要机关决议。如此一来,成千上万的分支机构对外提供保函以外的担保都需要总部机关决议,现实操作可能性太

---

① 参见程啸、高圣平、谢鸿飞:《最高人民法院新担保司法解释理解与适用》,法律出版社 2021 年版,第 76 页。

② 参见高圣平:《民法典担保制度及其配套司法解释理解与适用》(上),中国法制出版社 2021 年版,第 56 页。

低。但如因分支机构太多而对外担保不加限制,又可能产生巨大的金融风险。因此,从现实角度考虑,并且从防范金融风险角度出发,《民法典担保制度解释》第11条第2款第2句规定了“个别授权”,针对金融机构的分支机构提供保函之外的担保,有金融机构的股东会或者董事会决议授权更好,只是现实操作上太难了,没有金融机构的决议授权有个别授权也是可行的。《民法典担保制度解释》第11条第2款第2句规定“金融机构的分支机构未经金融机构授权提供保函之外的担保,金融机构或者其分支机构主张不承担担保责任的,人民法院应予支持”,这相当于免除了相对人在接受金融机构的分支机构提供保函之外的担保时合理审查金融机构机关决议之义务。[①] 即金融机构的分支机构提供保函之外的个别担保,虽然无须金融机构的机关决议,但需要金融机构的个别授权。

(3)个别授权不会给金融机构带来风险。无须金融机构的机关决议,仅需要金融机构的个别授权,分支机构即可对外提供保函以外的担保,这会给金融机构带来风险吗?笔者就此咨询了某国有银行,得到的回答是:银行自有一套完善的合规审查制度,比如国有金融机构会严格执行“三重一大”制度,即认真贯彻民主集中制原则,凡属重大决策、重要干部任免、重要项目安排和大额度资金的使用,必须经集体讨论作出决定;即使是一般非国有金融机构提供保函以外的担保也是由管理层集体讨论,重大担保事项应向股东会报告;而且银行对外提供的所有担保(包括保函业务和保函以外的担保),都会要求债务人提供充分的反担保,以保障银行承担担保责任后能充分追偿。

对上述内容进行概括,就得出《民法典担保制度解释》第11条第2款:“金融机构的分支机构在其营业执照记载的经营范围内开立保函,或者经有权从事担保业务的上级机构授权开立保函,金融机构或者其分支机构以违反公司法关于公司对外担保决议程序的规定为由主张不承担担保责任的,人民法院不予支持。金融机构的分支机构未经金融机构授权提供保函之外的担保,金融机构或者其分支机构主张不承担担保责任的,人民法院应予支持,但是相对人不知道且不应当知道分支机构对外提供担保未经金融机构授权的除外。”

---

① 参见许建添:《金融机构的分支机构提供保函之外的担保无需决议?》,https://www.bilibili.com/read/cv13202612,2021年12月14日访问。

二、担保公司分支机构未经担保公司书面授权对外提供担保的效力

担保公司及其分支机构的经营范围是为他人提供担保，为了提高交易效率，发挥分支机构的作用，《民法典担保制度解释》的起草过程中，最初对担保公司的分支机构规定适用和银行分支机构相同的对外担保规则，但后来又作了区分。因为实践中，担保公司对外提供担保的内控机制、风险评估机制等不如银行严格，鉴于此，司法解释未赋予担保公司分支机构的营业执照以公信力，而是规定担保公司的分支机构对外提供担保时，应获得总公司的个别、具体的授权，否则担保合同无效。[①] 与金融机构分支机构擅自对外提供担保一样，对善意相对人也同样予以保护。相对人善意的判断标准是“不知道且不应当知道分支机构对外提供担保未经担保公司授权”。

担保公司的分支机构对外提供担保须经担保公司授权，其中的“担保公司授权”形式同金融机构的分支机构提供保函之外的担保须经“金融机构授权”一样，不是必须通过公司机关决议授权，一般的书面授权即可。

对上述内容进行概括，就得出《民法典担保制度解释》第 11 条第 3 款：“担保公司的分支机构未经担保公司授权对外提供担保，担保公司或者其分支机构主张不承担担保责任的，人民法院应予支持，但是相对人不知道且不应当知道分支机构对外提供担保未经担保公司授权的除外。”

① 参见程啸、高圣平、谢鸿飞：《最高人民法院新担保司法解释理解与适用》，法律出版社 2021 年版，第 77 页。

第十章 一人公司为他人提供担保

2018《公司法》仅允许设立一人有限责任公司,不允许设立一人股份有限公司。2021 年 12 月 24 日公布的《公司法(修订草案)》征求意见一审稿第 93 条规定:“设立股份有限公司,应当有一人以上二百人以下为发起人,其中须有半数以上的发起人在中华人民共和国国境内有住所。一个自然人或者一个法人以发起设立方式设立的股份有限公司为一人股份有限公司。”2023 年 12 月 29 日修订通过的《公司法》第 92 条规定:“设立股份有限公司,应当有一人以上二百人以下为发起人,其中应当有半数以上的发起人在中华人民共和国境内有住所。”据此,2023 年修订的《公司法》允许设立一人股份有限公司。故“一人公司”作为担保主体,既包括一人有限责任公司为他人提供担保,也包括一人股份有限公司为他人提供担保的情形。一人股份有限公司为他人提供担保的,除了适用《民法典担保制度解释》第 10 条外,还应适用股份公司为他人提供担保的规定。

第一节 一人公司为其股东提供担保

一、引述案例

“常州柯尼马电动车有限公司与卜邦干担保责任纠纷上诉案”。[1]

---

① 参见姜旭阳:《一人公司为股东担保的效力》,载《人民司法(案例)》2010 年第 4 期。本文对案例略有改变和简化。

【案情】卜某系A有限责任公司独资股东。2008年4月15日，卜某与谢某达成股权转让协议书，约定卜某将A公司的100%股权，以50万元让与谢某。谢某支付了首期应付款15万元后，卜某配合谢某到当地工商局办理了A公司的工商变更手续。2008年9月9日，谢某向卜某出具欠条一张，承诺欠卜某股权转让款35万元，A公司在“此欠款由A公司担保”的意见上加盖了公章。A公司系一人公司，现股东为谢某。2008年12月30日卜某提起诉讼，请求谢某支付股权转让款35万元，A公司承担担保责任。

【裁判】江苏省溧阳市人民法院一审认为，关于保证的效力，虽然A公司股东谢某没有按照公司法的相关规定作出书面同意担保的决议置备于公司，但卜某并无过错，也不属于担保法规定的担保无效的情形，故卜某与A公司之间的保证合同关系应属合法、有效，A公司应当承担保证责任。

A公司不服，提起上诉，认为原审法院适用法律不当，应依法改判。根据《公司法》规定，公司为其股东提供担保，必须经股东会决议，且被担保的股东不得参加表决，表决由出席会议的其他股东所持表决权的过半数通过，在一人公司为股东提供担保的情形下，不仅无法形成有效的股东会决议，甚至无法召开股东会，因此，一人公司为股东提供担保所订立的合同应当被认定为无效。同时，如果一人公司可以为唯一股东提供担保，那么就违反了公司法的资本维持原则，有抽逃注册资本之嫌，还会导致公司和股东个人资产的混同，不符合立法原则。

卜某辩称，法律并没有禁止一人公司为股东提供担保，既然股东唯一，那么其对外的行为就是公司的行为。根据《公司法》规定，一人公司的人格与股东的人格被推定是混同的，因此，一人公司为股东提供担保，应理解为公司为自己提供担保，即使公司无法就此形成有效决议，也不影响担保的效力。本案所涉欠条上不仅有A公司当时的法定代表人谢某签字，而且A公司亦在欠条上盖章确认，故应当确认一人公司为股东担保的效力。

江苏省常州市中级人民法院经审理，确认了一审查明的事实。同时查明，2008年9月9日谢某向卜某出具欠条并由A公司提供担保时，A公司的章程规定公司不设股东会和董事会，仅设执行董事一人，执行董事为公司的法定代表人。同时，该章程对公司担保的事项并未作出规定，对本案所涉的担保事项亦未采取书面形式由股东签名后置备于公司。2009年4月17日，A公司的法定代表人由谢某变更为沈某。

江苏省常州市中级人民法院二审认为，本案的争议焦点为A公司为谢某提供的担保是否有效。对此，因A公司提供担保时，系由谢某为唯一股东的一人公司，因此认定本案所涉的担保是否有效在法律上就体现为一人公司为股东担保的效力认定问题。《公司法》规定的关联担保下股东会的决策和股东回避表决的程序，其立法本意旨在防止大股东（利害关系股东）滥用股东权利，保护公司和小股东（无利害关系股东）免遭公司作保的风险，确保公司更加客观、公正地决定是否为其股东进行担保，而并非禁止或限制该类特殊担保。实践中，一人公司不存在大股东与小股东之别，也不存在利害关系股东与无利害关系股东之分，唯一的股东同意提供担保不仅体现了股东意志，也体现了公司意志，在没有其他利害关系股东存在的情形下，也就谈不上损害其他股东的利益，因此一人公司的股东可以自行作出由一人公司为自己的债务提供担保的决定。况且一人公司因仅有一个股东，自然无法成立股东会并形成股东会决议，只要公司章程不禁止，股东个人同意后公司对外担保的能力就具备了。股东个人同意，法律上倡导的是采取书面形式备置于公司，但实践中一人公司的操作并不如此规范和明确，股东个人同意的意思表示往往是在担保合同中加以体现的，也就是说担保合同上加盖了公司的公章就意味着股东作出了同意担保的意思表示，更何况是特殊担保即为该股东的债务进行担保。因此，本案中A公司为其股东谢某提供担保，在章程未作特别约定的前提下，基于卜某没有过错，对担保的合理期待应当受到保护，故应认定该担保有效。至于上诉人A公司认为一人公司为股东担保，有损资本维持原则，甚至存在抽逃出资的嫌疑，则完全可以援引《公司法》关于股东抽逃出资或者股东滥用公司法人地位等法律规定，另行追究股东的法律责任。故判决驳回上诉，维持原判。

【评析】一人公司为其股东提供担保常涉及以下几个问题。

《公司法》规定，公司为其股东提供担保须由股东会作出决议，被担保的股东应回避表决，而一人公司未设置股东会，只有一名股东且其作为被担保的股东如果需要回避表决，则无法作出决议。鉴于一人公司的特殊性，以下几个问题需要探讨：

一人公司为其股东提供担保的形式，有何要求？股东在担保合同上签字能否代表一人公司同意担保的意思？

一人公司为其股东提供担保，承担了担保责任导致无法清偿其他债务的，公司债权人能否请求股东承担连带责任？

二、一人公司能否为其股东提供担保

关于一人公司能否为其唯一股东提供担保，认识上可谓一波三折。

（一）最初是两种观点针锋相对

为保护公司利益和中小股东利益，防止控股股东利用关联担保掏空公司，《公司法》规定公司提供关联担保须经股东会决议，且有利害关系的股东应当在表决程序中予以回避。可见，就关联担保的决议前置规制，《公司法》有关公司提供担保的规定是以股东会的存在为前提；对于内部只有一名股东、不设股东会的一人公司而言，《公司法》有关公司提供担保的规定的适用会带来不同的解释结论。具体而言，在一人公司提供关联担保时应当经股东决定，但根据公司法的规定，被担保的股东需要回避，如此会导致无法形成股东决定，从而得出一人公司不具备为股东提供担保的能力的结论。另一观点认为，《公司法》有关担保的规定是以公司的所有权与经营权分离为前提，公司对关联担保的决策权属于公司所有者，而一人公司的所有权与经营权未分离，公司经营权也由公司所有者行使，所以《公司法》有关担保的规定也就没有对一人公司适用的必要。①

（二）征求意见稿的观点

最高人民法院办公厅于 2018 年 8 月 9 日印发了《关于审理公司为他人提供担保纠纷案件适用法律问题的解释（征求意见稿）》，第 8 条规定："一人有限责任公司为其股东、国有独资公司为其出资人提供担保，公司主张担保合同对其不发生效力的，人民法院应当予以支持。"从征求意见稿可见，最高人民法院此时的态度是不鼓励一人公司为其股东提供担保：一人公司可以为其股东提供担保，但可以反悔。

---

① 参见高圣平：《担保法前沿问题与判解研究（第五卷）——最高人民法院新担保制度司法解释条文释评》，人民法院出版社 2021 年版，第 108~109 页。

(三)《民法典》生效后的观点

2021年1月1日施行的《民法典担保制度解释》准许一人有限责任公司为其股东提供担保。其第10条规定:“一人有限责任公司为其股东提供担保,公司以违反公司法关于公司对外担保决议程序的规定为由主张不承担担保责任的,人民法院不予支持。公司因承担担保责任导致无法清偿其他债务,提供担保时的股东不能证明公司财产独立于自己的财产,其他债权人请求该股东承担连带责任的,人民法院应予支持。”

允许一人公司为其股东提供担保的理论基础如下。

1. 一人公司为其股东提供担保不违反《公司法》的意旨

《公司法》中相应股东就关联担保事项回避表决的规定,旨在保护公司利益和中小股东利益,而非禁止公司为股东提供担保。同时,如上述判决所言:“一人公司不存在大股东与小股东之别,也不存在利害关系股东与无利害关系股东之分,唯一的股东同意提供担保不仅体现了股东意志,也体现了公司意志,在没有其他利害关系股东存在的情形下,也就谈不上损害其他股东的利益,因此一人公司的股东可以自行作出由一人公司为股东自己债务提供担保的决定。”

另外,在公司的一切活动主要围绕公司全体股东利益展开的前提下,一人公司的活动是以保障唯一股东的合法利益为主,在股东融资需要担保时,一人公司应有权提供服务。

2. 一个公司与其股东在利益上具有趋同性

由于一人公司股东只有一人,故其公司治理并非通过会议体现,更不应当就此否定一人公司在交易上的权利能力。且《公司法》第23条第3款推定一人公司的财产与股东的财产为混同状态,即一个公司与其股东在利益上具有趋同性,用一人公司的财产为股东债务提供担保,也是符合法理的。

3. 受担保的股东对一人公司的债务负补充连带责任

一人公司为股东提供担保,如果损害公司债权人利益的,公司债权人可以援引公司法关于股东抽逃出资或者股东滥用公司法人独立地位等法律规定,来追究股东的法律责任。

4. 法律未禁止一人公司为其股东提供担保

根据私法中“法无禁止即自由”的理念,只要法律没有禁止一人公司为其股东提供担保,应当允许一人公司为其股东提供担保,从而提高小微企业及其投资者的融资能力,此与鼓励投资、促进交易的商事理念相符。依照《担保法》(已失效)第7条规定:“具有代为清偿能力的法人、其他组织或者公民,可以作为保证人。”一人公司是具有民事权利能力和行为能力的公司,当然可以为其股东提供担保。在(2018)云06民终65号民事判决中,云南省昭通市中级人民法院认为:“《公司法》对一人公司为其股东担保未作出特别规定,从适应市场主体的融资需求,尊重商事主体交易效率出发,有限责任公司为股东或者实际控制人提供担保并未损害公共利益,法律并未禁止此类担保。”

综上,一人公司系特殊的公司,系企业法人,有独立的法人财产,享有法人财产权,具有为其唯一股东提供担保的能力。一人公司在为股东提供担保后,又以没有股东会决议为由主张不承担担保责任的,人民法院不予支持。

三、一人公司为股东担保的形式要求

《公司法》第60条规定:“只有一个股东的有限责任公司不设股东会。股东作出前条第一款所列事项的决定时,应当采用书面形式,并由股东签名或者盖章后置备于公司。”据此,一人公司的股东作出以公司财产为股东提供担保的决定时应当采用书面形式并由股东签名后置备于公司。但实践中一人公司的操作并不如此规范和明确,股东个人同意的意思表示往往是在担保合同中加以体现,也就是说担保合同上加盖了公司的公章就意味着股东作出了同意担保的意思表示。

一人公司的股东在担保合同上签字,就表明一人公司的所有权与经营权未分离,公司的经营权也由公司所有者行使,就表明该担保已由股东决定,公司已对外作出为股东担保的意思表示。

四、一人公司为股东提供担保的后果

准许一人设立公司能够简化公司治理结构,使创业者不受牵制地经营公司,也能够降低公司的治理成本。公司具有社团性,而一人公司欠缺社团性,套用《圣经》的说法,一人公司从设立之日起就具有“原罪”,终其一生都需要“救赎”。

一人公司的“原罪”体现在:首先,容易发生公司人格与股东人格的混同。

公司法中法律规范的设置以复数股东之间相互监督来保证股东财产和公司财产的真正分离,而一人公司中只有一个股东的事实为股东控制公司提供了便利,很容易发生公司人格的滥用。其次,容易出现股东移转资产、逃避债务的情况。因为股东的财产一经出资便脱离了股东成为公司财产,但实际仍为股东操纵。若一人公司为股东提供担保并最终承担了担保责任,实际是以公司财产清偿股东债务,从而造成了公司财产与股东财产的混同,公司债权人的利益很可能因此受到损害。[①]

设立人的"救赎"主要体现在:为保护公司债权人的利益,规制一人公司的独立人格被股东滥用,《公司法》第 23 条第 3 款规定:"只有一个股东的公司,股东不能证明公司财产独立于股东自己的财产的,应当对公司债务承担连带责任。"至于一人公司的股东如何才能证明公司财产独立于股东自己的财产,则取决于公司是否有健全的财务会计制度。如果股东拿出证据证明公司有健全的财务会计制度,且公司财产完全独立于股东自己的财产,则公司具有独立人格;相反,如果股东的财务会计制度不健全,无法证明公司的财产独立于股东自己的财产,公司就不具有独立人格,股东须对公司债务承担连带责任。[②] 实践中也存在主观证明责任转移的问题,股东虽然能证明一人公司存在健全的财务会计制度,但公司本身的债权人如能举出反证,推翻股东提出的本证,则应认定一人公司不具有独立人格,股东须对公司债务承担连带责任。公司本身的债权人举出的"反证"包括一人公司为其唯一股东提供担保。也即一人公司为其唯一股东提供担保时,一人公司的人格就被推定为与股东人格发生混同,一人公司的财产与股东个人的财产发生混同,一人公司为股东提供担保就是为自己提供担保,如果公司因承担担保责任而无法清偿其他债务,则其他债权人可以请求股东承担连带责任。

一人公司为股东提供担保这一事实本身,就是公司人格与股东人格混同的重要证据,在此情形下,股东自然就无法证明公司财产独立于股东个人财产了。所以,当一人公司为股东提供担保而承担担保责任,导致无法清偿公司的其他

---

① 参见高圣平:《担保法前沿问题与判解研究(第五卷)——最高人民法院新担保制度司法解释条文释评》,人民法院出版社 2021 年版,第 112 页。

② 参见高圣平:《担保法前沿问题与判解研究(第五卷)——最高人民法院新担保制度司法解释条文释评》,人民法院出版社 2021 年版,第 162 页。

债务的,其他债权人有权直接请求该股东承担连带责任。所以,《民法典担保制度解释》第10条中"公司因承担担保责任导致无法清偿其他债务,提供担保时的股东不能证明公司财产独立于自己的财产,其他债权人请求该股东承担连带责任的,人民法院应予支持",对此理解为:一人公司为其股东提供担保,就表明了"股东不能证明公司财产独立于自己的财产",公司因承担担保责任导致无法清偿其他债务,其他债权人请求该股东承担连带责任的,人民法院应予支持。另,《民法典担保制度解释》第10条中"公司因承担担保责任……"笔者认为,这里的"担保责任"应扩大解释为"担保引起的责任",包括担保责任和担保行为无效后的赔偿责任。因为公司为他人提供担保中,既可能承担担保责任,也可能承担赔偿责任,两种责任中的任一种责任都会致使公司的责任财产减少,损害公司其他债权人的利益。

这里将承担连带责任的股东限制在"提供担保时"的股东,主要是为了防止股东通过一人公司为自己提供担保后,又将股权转让给他人,从而规避承担连带责任的风险。关于一人公司债务产生时的股东之连带责任,参见(2018)粤01民终3562号广东柯保迪实业有限公司、黄某勇承揽合同纠纷案。黄某勇为逸豪公司提供箱包油边加工服务,2016年10月12日,逸豪公司出具欠条,内容为:"逸豪公司欠德志油边厂黄某勇2016年5月、6月及7月月结货款剩余金额共计人民币77832元整。"逸豪公司在该欠条上加盖公章。后,逸豪公司未支付任何承揽款。

逸豪公司成立于2015年11月2日,原唯一股东为东莞市柯保迪皮具有限公司(以下简称柯保迪公司),2016年7月22日,该公司股东由东莞市柯保迪皮具有限公司变更为吴某洪、杨某华。

广州市中级人民法院认为,本案二审的争议焦点为:柯保迪公司是否应对逸豪公司于2016年7月22日之前欠付黄某勇的债务承担连带清偿责任。

现柯保迪公司上诉以其于2016年7月22日已将其持有的逸豪公司100%股权转让给案外人吴某洪、杨某华,其已不是逸豪公司股东为由,主张对涉案欠款不承担连带清偿责任。对此,法院认为,2016年7月22日前逸豪公司的性质为一人有限责任公司,其股东仅为柯保迪公司一人,根据《公司法》的相关规定,一审法院判令柯保迪公司对2016年7月22日前逸豪公司与黄某勇之间的债务承担连带责任,并无不妥,法院予以维持。

五、实质一人公司为股东担保

在实质一人公司的情况下，比如A公司中只有两名股东甲和乙，甲持股90%，乙代甲持股10%，此时A公司为股东甲提供担保，应适用《民法典担保制度解释》第10条的规定。因为乙只是代甲持股，自然无须对乙的利益进行保护，不需要适用《公司法》第15条第2款、第3款的规定。如果A公司并非实质上的一人公司，即使乙持股再少，也应适用《公司法》第15条第2款、第3款的规定。

第二节 一人公司为其股东以外的人提供担保

一人公司为其股东提供担保具有特殊性，容易形成不同观点，故《民法典担保制度解释》第10条予以明确。一人公司为其股东以外的人提供担保，不具有特殊性，应当适用《公司法》第15条及相关规定。

在(2019)粤0304民初13495号钟某柏诉王某国、深圳科控孵化加速器有限公司(以下简称深圳科控公司)股权转让纠纷案中，2019年1月8日，钟某柏与王某国签订协议。主要内容为，王某国因交易需向钟某柏返还1200万元。2019年3月14日，深圳科控公司向钟某柏出具担保函，自愿为王某国的上述债务向钟某柏提供连带责任保证。该担保函担保人、法定代表人处盖有深圳科控公司公章及王某国签名。

深圳科控公司成立于2016年5月11日，王某国为法定代表人，并担任公司执行董事、总经理。深圳科控公司章程显示，公司股东1个：科控股份公司。公司不设立股东会、董事会。章程第33条规定："董事、高级管理人员不得有下列行为：……(三)违反公司章程的规定，未经股东或者执行董事同意，将公司资金借贷给他人或者以公司财产为他人提供担保……"庭审中，钟某柏称，深圳科控公司章程并没有规定公司对外担保需要股东会决议，而且根据章程第33条，公司对外担保只需要执行董事同意即可；涉案担保函有执行董事王某国的签字，是有效的担保。王某国称，公司章程没有规定担保需要股东会决议。

科控股份公司的注册资本为6689.6999万元，王某国为法定代表人，并担任董事长、总经理。公司有股东40人、董事5人。北京某公司持股比例为34.23%，为公司第一大股东；王某国持股比例为 22.42%，为公司第二大股东；陈某中持股比例为 13.45%，为公司第三大股东；武汉思怡资产管理合伙企业（有限合伙）（以下简称武汉思怡）持股比例为 4.48%，为公司第四大股东，王某国持有武汉思怡 99%的股权。庭审中，王某国称其为科控股份公司的实际控制人。

钟某柏诉至广东省深圳市福田区人民法院，请求判令：（1）王某国向钟某柏偿还欠款 1200 万元等；（2）深圳科控公司对王某国的上述债务承担连带清偿责任。

深圳市福田区法院经审理认为，本案的主要争议焦点为涉案担保函的效力问题。担保人深圳科控公司为一人有限责任公司，其股东是科控股份公司；科控股份公司的股权结构较为分散，王某国为科控股份公司的第二大股东、第一大自然人股东；王某国还具有其他多重身份，是深圳科控公司、科控股份公司的法定代表人、董事长（或执行董事）及总经理。根据深圳科控公司、科控股份公司的股权结构、王某国的职务，以及王某国对深圳科控公司实施的实际经营及控制行为，可以认定王某国虽然不是深圳科控公司的股东，但能实际支配深圳科控公司的行为，是深圳科控公司的实际控制人。《公司法》第 15 条第 2 款规定："公司为公司股东或者实际控制人提供担保的，必须经股东会决议。"第 3 款规定："前款规定的股东或者受前款规定的实际控制人支配的股东，不得参加前款规定事项的表决。该项表决由出席会议的其他股东所持表决权的过半数通过。"故此，钟某柏提出的深圳科控公司为王某国提供担保只需深圳科控公司执行董事王某国本人同意的主张不符合法律规定。虽然本案原、被告双方对深圳科控公司为王某国涉案债务提供担保的合法性没有异议，但是为了防止钟某柏与王某国恶意串通损害深圳科控公司股东及他人的合法权益，涉案担保合同的合法性属于人民法院依职权主动审查的范畴。经审查，对深圳科控公司提供涉案担保的合法性作否定性评价，理由如下：

首先，深圳科控公司为王某国提供涉案担保依法必须经股东科控股份公司同意，但并无证据证明科控股份公司同意深圳科控公司提供涉案担保。科控股份公司有 40 个股东、5 个董事。虽然王某国是科控股份公司的董事长、第二大股东，但王某国个人意思表示并不能等同于科控股份公司股东会或董事会的意思。特别是在王某国个人意思表示系为其个人利益、明显损害科控股份公司及科控股份公司其他股东利益的情况下（如以科控股份公司全资子公司的财产为其个人债务提供担保)，王某国个人意思表示更不能代表科控股份公司的意志。而且，根据《公司法》关于受实际控制人支配的股东不得参加表决之规定，科控股份公司在对涉案担保事项作出决定时，应当排除王某国对科控股份公司的支配，也即在科控股份公司对涉案担保事项作出决定时，王某国不得对科控股份公司实施支配或干预行为。①

其次，王某国违反了忠实义务。《公司法》规定，董事、监事、高级管理人员对公司负有忠实义务和勤勉义务。王某国是科控股份公司、深圳科控公司的董事长(或执行董事)、总经理，其擅自以深圳科控公司资产作担保以清偿其个人债务，违反了忠实义务，直接损害了深圳科控公司的利益，并间接损害了科控股份公司及科控股份公司其他股东的利益。

最后，钟某柏知道或应当知道王某国违反忠实义务、王某国在出具涉案担保函时无权代表深圳科控公司，钟某柏并非善意相对人。担保的无偿性特点决定了担保权人在获得债务清偿时无须支付任何对价。本案深圳科控公司担保的主债务系钟某柏与王某国个人之间的股份转让款债务，担保是为了深圳科控公司实际控制人王某国的个人利益，深圳科控公司及其股东科控股份公司均未从被担保的主债务中获益；而科控股份公司为钟某柏与王某国之间股权转让的目标公司，钟某柏应知悉该公司股权结构、经营状况、王某国的深圳科控公司实际控制人身份，钟某柏并无合理理由相信科控股份公司同意担保人深圳科控公司为王某国提供担保，因此钟某柏不是善意相对人。

法院判决：被告王某国向原告钟某柏返还股份转让款 1200 万元、赔偿资金占用期间的利息损失、支付律师费及保全担保费；并驳回原告钟某柏的其他诉讼请求。②

一审宣判后，当事人均未提起上诉，本判决已生效。

---

① 深圳科控公司为其实际控制人王某国提供担保，根据《公司法》规定应由其股东科控公司作出同意担保的决议。但是科控公司同意担保的决议是由股东大会还是董事会作决议，笔者认为应根据公司章程的约定，在章程未约定的情况下，股东大会或者董事会皆可，且实践中多数情况下是由董事会决议的，不一定非要股东大会决议同意。

② 本案中，担保合同对"担保人"深圳科控公司不发生效力，深圳科控公司既不承担担保责任，也不承担赔偿责任。对此，笔者持赞同观点，也与广大学者的观点一致，但是与《民法典担保制度解释》第 7 条不符。

第十一章　公司加入债务的规定

第一节　公司加入债务的参照适用规则

《民法典》第552条[①]是有关债务加入的规定，是《民法典》增加的内容。债务加入，也称并存的债务承担，是指债务人不脱离原债权债务关系，第三人加入债务关系后在其愿意承担的债务范围内与债务人向债权人承担连带偿还责任。

《民法典》关于债务加入的规定是一般性规定，并没有按照不同债务加入主体的个性化设置具体规定。比如，如果公司作为债务加入主体，其须与原债务人一起向债权人承担连带债务。这与公司对外提供连带保证的法律效果是相似的，那么，公司加入债务，是否同其对外提供担保一样需要遵循《公司法》规定的决议程序呢？

一、公司加入债务参照适用公司为他人担保规则的原因

实践中，个别公司法定代表人为了规避《公司法》第15条规定的公司对外担保决议程序，采取债务加入等形式，达到用公司财产对外提供担保的目的。还有，法律规定某些特殊主体是禁止作为担保人的，比如《民法典》第683条规定机关法人不得为保证人，以公益为目的的非营利法人、非法人组织不得为保证人。个别组织为了规避这些法律规定，就以债务加入的方式达到了担保的目

---

① 《民法典》第552条规定："第三人与债务人约定加入债务并通知债权人，或者第三人向债权人表示愿意加入债务，债权人未在合理期限内明确拒绝的，债权人可以请求第三人在其愿意承担的债务范围内和债务人承担连带债务。"

的。如此,如果对债务加入不严加规制,就会使《公司法》第 15 条及其相应司法解释等对法定代表人、公司分支机构等越权代表公司对外提供担保的规制落空,也会使《民法典》所禁止提供担保的主体、不得作为担保财产的规定落空。实践中以债务加入形式规避法律关于公司对外担保规定的做法,不乏案例,且裁判尺度不一。对此,最高人民法院在《九民会议纪要》第 23 条规定:"法定代表人以公司名义与债务人约定加入债务并通知债权人或者向债权人表示愿意加入债务,该约定的效力问题,参照本纪要关于公司为他人提供担保的有关规则处理。"《民法典担保制度解释》第 12 条对此予以沿用,只是文字表达上有所不同,即"法定代表人依照民法典第五百五十二条的规定以公司名义加入债务的,人民法院在认定该行为的效力时,可以参照本解释关于公司为他人提供担保的有关规则处理"。

二、公司加入债务参照适用公司为他人担保规则的原理

法定代表人依照《民法典》第 552 条以公司名义加入债务的,作为债务加入人,公司与原债务人一起向债权人就债务清偿承担连带责任,而且是无限责任。这与连带责任保证类似。现将债务加入与连带责任保证进行对比,从而理解《民法典担保制度解释》第 12 条为何规定以公司名义加入债务需要参照公司为他人提供担保的有关规则处理。

(一)债务加入与保证的相同之处

1. 担保功能上的相同

第三人加入债务与第三人为他人债务提供保证,均扩张了责任财产的范围,增加了债权受偿的机会,二者对债权人的债权实现都具有担保功能。在债务加入的情形下,原债务人并不免除清偿债务的责任,在此基础上增加一个第三人对债权人履行债务,不仅对债权人没有风险,反而增加了债权实现的安全性,即责任财产增加了。

2. 无限责任上的相同

债务加入人、连带责任保证人都是以自己的全部财产与原债务人共同对债权人就债务承担连带清偿责任。

3. 抗辩权上的相同

新加入的债务人对债权人享有原债务人的抗辩权，同样，连带责任保证人对债权人亦享有债务人的抗辩权。

（二）债务加入与连带责任保证的不同

1. 债务是否具有从属性对当事人权利义务的影响

保证合同是主债权债务合同的从合同。主债权债务合同无效的，保证合同原则上无效。保证合同被确认无效后，债务人、保证人、债权人有过错的，应当根据其过错各自承担相应的民事赔偿责任。保证债务具有很强的依附性，其产生、移转及消灭原则上均与主债务同命运。债务加入人的债务，不存在从属性的问题。债务加入后，只是债务的承担主体增加了，加入人承担的债务就是原债务，不存在主从关系。因此，债务加入合同的效力不受原合同效力的影响，其效力是独立存在的，即使原合同无效，债务加入合同并不因此而无效。

举例说明：甲向乙借款 100 万元，丙提供连带责任保证，丁以债务加入的方式承诺与甲共同向乙偿还 100 万元。现甲、乙之间的民间借贷合同被人民法院确认为无效，根据担保的从属性，丙与乙之间的保证合同也为无效。丙对乙不再承担保证责任，但可能存在缔约过失责任，赔偿责任的大小根据《民法典担保制度解释》第 17 条确定，即在主合同无效的情况下，担保人无过错的则不承担赔偿责任，担保人有过错的其承担的责任范围不应超过主债务人不能清偿部分的 1/3，即丙承担不超过 33.33 万元。而丁所涉的债务加入合同的效力不受甲、乙之间民间借贷合同效力的影响，债务加入合同本身如无《民法典》关于合同无效事由的则应为有效。甲、乙因民间借贷合同无效，双方负有根据《民法典》第 157 条规定相互返还财产、赔偿损失的义务，甲应向乙返还 100 万元，丁和甲对此 100 万元承担连带责任。

2. 是否享有保证期间的保护对当事人权利义务的影响

保证期间是确定保证人承担保证责任的期间，一般保证的债权人未在保证期间内对债务人提起诉讼或者申请仲裁的，保证人不再承担保证责任。连带责任保证的债权人未在保证期间请求保证人承担保证责任的，保证人不再承担保证责任。保证期间制度是保证人专门享有的，而第三人加入债务后，其不享有保证期间制度保护的红利。[①]

3. 有无追偿权对当事人权利义务的影响

(1)向债务人追偿的问题。

根据《民法典》第700条规定,保证人承担保证责任后,除当事人另有约定外,有权在其承担保证责任的范围内向债务人追偿,享有债权人对债务人的权利。可见,保证人承担保证责任后,其追偿权是法定的。债务加入人履行债务后,加入人与原债务人对追偿有约定的按约定,在未有明确约定的情况下,是否对债务人享有追偿权,实践中的做法不一。在(2019)最高法民终1451号案中,最高人民法院认为债务加入人承担赔偿责任后可以向债务人追偿;但更多案件的裁判结果显示,在无明确约定的情况下,债务加入人对原债务人不享有追偿权。[②] 笔者认为,当事人之间若无追偿约定,债务加入人履行债务后对原债务人的追偿请求不应获得支持。理由如下。

①支持追偿请求会诱使第三人违反公序良俗。

根据《民法典》第552条的规定,第三人可直接向债权人表示加入债务并履行债务。如果允许加入人向原债务人追偿,则会诱使第三人为了自己的利益甚至为了故意损害债务人自愿加入债务并替债务人履行债务,然后向原债务人追偿,取得对债务人的债权。例如,甲欲取得乙的祖宅,多次发出要约乙均以家训"再穷再苦,不卖祖宅"为由拒绝。乙欠丙300万元,债务届期乙除祖宅之外的其他财产两年之后才能变现,丙念及与乙之间的亲情同意待周转开后再行给付。甲闻此事,邀乙、丙小酌,酒酣耳热之际提出愿意与乙一起偿还乙欠丙的300万元,并转账给丙300万元,丙欣然接受。后,甲提起诉讼向乙追偿该300万元,同时申请保全乙的祖宅待胜诉后强制执行。此例中,如果允许债务加入人甲履行债务后向原债务人乙追偿,并有违公序良俗并涉嫌滥用权利。

②支持追偿请求存在违反意思自治原则的风险。

在缺乏法律明确规定的情况下,A主体课债务与B主体应取得B的同意,否则违反意思自治原则。也即第三人欲取得对债务人的追偿权,应根据意思自

① 参见最高人民法院民事审判第二庭:《最高人民法院民法典担保制度司法解释理解与适用》,人民法院出版社2021年版,第178页。

② 参见程啸、高圣平、谢鸿飞:《最高人民法院新担保司法解释理解与适用》,法律出版社2021年版,第80页。

治原则取得债务人的同意，在债务人未同意追偿的情况下，加入人即使代替债务人履行了债务也不能享有追偿权。

③加入人向债务人追偿缺乏请求权基础。

加入人在其愿意承担的债务范围内和债务人承担“连带债务”，《民法典》第519条规定了连带债务人内部的追偿权，故须考察加入人能否据此对原债务人享有追偿权。权利系建立在义务基础上的，追偿权亦应建立在一定义务的基础上。这里须考察此处追偿权的义务基础。根据发生的原因不同，债分为意定之债和法定之债。在无约定追偿权的情况下不存在意定之债，故仅须对加入人履行债务后对原债务人是否存在法定之债进行考察。法定之债包括侵权行为之债、无因管理之债、不当得利之债、缔约过失之债等。加入人向债务人的追偿显然不构成侵权行为之债和缔约过失之债，故仅须考察是否符合无因管理之债、不当得利之债。

第一，考察加入人履行债务后能否依据《民法典》第519条的规定向债务人追偿。

《民法典》第519条第2款中规定了“实际承担债务超过自己份额的连带债务人，有权就超出部分在其他连带债务人未履行的份额范围内向其追偿，并相应地享有债权人的权利”，加入人履行债务后能否据此向债务人追偿呢？这要看加入人履行的债务是否超出自己的份额。《民法典》第552条规定，第三人加入债务的，“债权人可以请求第三人在其愿意承担的债务范围内和债务人承担连带责任”，表明加入人的义务仅限于“其愿意承担的债务范围”内，所以加入人履行的债务并未超出其自己的份额，也就不存在依据《民法典》第519条的规定向债务人追偿的前提条件。

第二，考察加入人与债务人共同负担的债务是否属于不真正连带债务。

在多数情况下，不真正连带债务有终局责任人，已经履行全部债务的债务人，有权向终极责任人追偿，如《民法典》第1203条规定：“因产品存在缺陷造成他人损害的，被侵权人可以向产品的生产者请求赔偿，也可以向产品的销售者请求赔偿。产品缺陷由生产者造成的，销售者赔偿后，有权向生产者追偿。因销售者的过错使产品存在缺陷的，生产者赔偿后，有权向销售者追偿。”《民法典》第552条中的“连带债务”中的债务具有同一层次或者同一位阶。崔建远教授认为：“所谓同一层次，最常见的情形是，多个人造成损害的情形，如共同侵权行为致受害人损失,各个侵权行为人所负损害赔偿债务处于同一层次。再如多个承揽人完成的工作物存在瑕疵,他们一同对该瑕疵负责损害赔偿的债务也处于同一层次。如果各项义务在级别或位阶上存在不同,如一个债务人作为损害引起人负责任,另一个债务人作为抚养义务人或保险人负责任,那么,这种同一级别性或同一位阶性,是根本不存在的。不具有同一位阶的数个债务呈连带关系的,均属不真正连带债务。”在具备连带债务的一般要件,但不符合义务同一层次要求的情况下,学说上称其为不真正连带债务。而加入人承担的债务是原债务,故债务加入人的债务不宜认定为不真正连带债务,原债务人不宜认定为“终局责任人”,加入人履行债务后不具有向债务人追偿的权利。

第三,考察是否符合无因管理之债。

在没有约定追偿权的情形下,如果第三人是为了获得追偿权而加入债务的,不符合“为本人利益”而管理事务的无因管理之债的条件。另外,《民法典》第 979 条第 2 款规定了“管理事务不符合受益人真实意思的,管理人不享有前款规定的权利”,即在未约定追偿权的情况下加入人履行债务后向债务人追偿的,则是“不符合受益人真实意思”,也就不享有“前款规定的”追偿权。再者,第三人加入债务后就成为债务人,其履行债务是履行自己的债务,不存在“无因”的因素。因此,加入人履行债务后,加入人与债务人之间不存在无因管理之债。

第四,考察是否符合不当得利之债。

在债务加入关系成立之前,第三人对债权人是没有给付义务的,其加入债务关系后履行债务,使债务人受到利益(权益应减少而未减少)成为得利人。此时,可否根据《民法典》第 985 条请求债务人返还不当得利呢?债务加入是以债务加入协议的成立为前提,债务加入法律关系成立后,加入人与债权人之间成立债权债务关系,加入人履行债务的基础是债务加入协议,同样,债务消灭也是因为加入人依照债务加入协议履行了债务,原债务人得利也是基于此,故原债务人得利“有法律根据”,加入人损失也“有法律根据”,不符合不当得利的构成要件。总之,加入人履行债务后,加入人与原债务人之间不存在不当得利之债。

小结:债务加入人履行债务后,在未有明确约定追偿权的情况下,对原债务人不享有追偿权。在未约定追偿权的情况下,加入人向原债务人追偿的,存在违反意思自治、诱使第三人违反公序良俗的风险,也缺乏请求权基础。

(2)向担保人追偿的问题。

关于担保人承担担保责任后能否向其他担保人追偿的问题,《民法典担保制度解释》第13条规定:"同一债务有两个以上第三人提供担保,担保人之间约定相互追偿及分担份额,承担了担保责任的担保人请求其他担保人按照约定分担份额的,人民法院应予支持;担保人之间约定承担连带共同担保,或者约定相互追偿但是未约定分担份额的,各担保人按照比例分担向债务人不能追偿的部分。同一债务有两个以上第三人提供担保,担保人之间未对相互追偿作出约定且未约定承担连带共同担保,但是各担保人在同一份合同书上签字、盖章或者按指印,承担了担保责任的担保人请求其他担保人按照比例分担向债务人不能追偿部分的,人民法院应予支持。除前两款规定的情形外,承担了担保责任的担保人请求其他担保人分担向债务人不能追偿部分的,人民法院不予支持。"可见,担保人之间①约定相互追偿、②约定承担连带共同担保,以及③各担保人在同一份合同书上签字、盖章或者按指印的,承担了担保责任的担保人,对向债务人不能追偿的部分,可以要求其他担保人分担。

债务加入人在向债权人承担了债务偿还责任后,能否向债权人的保证人追偿?在最高人民法院(2021)最高法民申1642号追偿权纠纷再审案中,成都银行西安分行认为,其作为债务加入人代替原债务人偿还债务后,即取得了债权人地位,主债权的变更不免除保证人的保证责任,保证人仍应对该债务负担连带清偿责任,债务加入人可向保证人追偿。但是,最高人民法院经审查认为,关于成都银行西安分行是否有权向保证人杨某恒、杨某晓追偿的问题。首先,在债务加入法律关系中,债权人可以请求第三人在其愿意承担的债务范围内和债务人承担连带债务。具体到本案,因荟鑫源公司怠于履行债务,马某卫向人民法院提起诉讼,要求成都银行西安分行在其愿意承担的债务范围内承担连带债务,成都银行西安分行亦根据人民法院生效判决向马某卫支付了相应款项。至此,案涉债权债务关系是马某卫(债权人)向荟鑫源公司(债务人)借款(杨某恒、杨某晓以全部财产为上述债权提供连带责任保证)这一债权债务关系,则基于成都银行西安分行的清偿而归于消灭。此外,保证合同属于从合同,从合同因主合同的无效或消灭而相应地无效或消灭。上述债权债务关系基于成都银行西安分行的清偿归于消灭,杨某恒、杨某晓提供的保证担保亦随着案涉债权债务关系的消灭而归于消灭。其次,根据法律规定,在债务加入法律关系中,债务加入人承担连带债务后,不构成债权转移,其与债务人之间的关系,按照其与债务人之间法律关系的性质处理,法律未规定债务加入人承担连带债务后可以向债务人的保证人追偿。故成都银行西安分行无权向杨某恒、杨某晓追偿,成都银行西安分行作为债务加入人在向债权人马某卫清偿债务后,不能取得对债权人马某卫的保证人杨某恒、杨某晓的追偿权。

(三)"举轻以明重"的解释方法将二者联系起来

通过前文的对比可以发现,债务加入人承担的责任重于连带责任保证人和一般保证人。根据"举轻以明重"的解释方法,既然公司为他人提供担保都要按照《公司法》关于公司对外担保决议程序的规定须经股东会或者董事会决议,否则法定代表人就无权代表公司对外提供担保,那么,法定代表人以公司名义加入债务,为了保护公司的利益,当然也应当遵守《公司法》关于公司对外担保决议程序的规定。因此,《民法典担保制度解释》第12条规定,法定代表人以公司名义加入债务的,人民法院在认定该行为的效力时,可以参照关于公司为他人提供担保的有关规则处理。

三、债务加入协议无效时的赔偿责任

债务加入协议因法定代表人超越权限被确认无效时,债权人请求加入人公司承担赔偿责任的,是否仍参照关于公司为他人提供担保的有关规则处理?

在(2019)最高法民终1451号案中,最高人民法院认为,《会议纪要》系昆丰集团公司时任法定代表人刘某彦以昆丰集团公司名义向瓮福农资公司表示承担兴隆公司的债务,该行为在性质上属于债务加入。该债务加入相比为他人提供担保,可能会对昆丰集团公司及其股东的权益造成更为不利的影响,故该债务加入的意思表示同样需要参照《公司法》规定的精神,按照该公司章程的规定,由公司股东会或者董事会决议。刘某彦以昆丰集团公司法定代表人名义作出上述债务加入的意思表示,属于越权代表;基于上述法律规定,瓮福农资公司知道或应当知道刘某彦在《会议纪要》上签字确认加入债务系超越代表权限,故该《会议纪要》亦应认定为无效。

刘某彦以昆丰集团公司法定代表人名义签订《债务确认书》《会议纪要》的行为属职务行为,昆丰集团公司应对刘某彦职务行为的后果承担责任,昆丰集团公司对《债务确认书》《会议纪要》关于连带责任约定无效具有过错,应承担相应责任。对于刘某彦签订《债务确认书》《会议纪要》的权限,瓮福农资公司未尽谨慎审查义务,其亦具有过错,同样应承担相应责任。根据《担保法司法解释》第7条规定:"主合同有效而担保合同无效,债权人无过错的,担保人与债务人对主合同债权人的经济损失,承担连带赔偿责任;债权人、担保人有过错的,担保人承担民事责任的部分,不应超过债务人不能清偿部分的二分之一。"本案中,昆丰集团公司与瓮福农资公司的上述过错程度大致相当,故法院酌定对债务人兴隆公司不能清偿的部分,昆丰集团公司承担50%的赔偿责任。昆丰集团公司向瓮福农资公司承担赔偿责任后,可以向债务人兴隆公司追偿。

评析:第一,裁判依据的问题。

《民法典担保制度解释》第12条规定的仅是法定代表人以公司名义加入债务的,"人民法院在认定该行为的效力时",可以参照关于公司为他人提供担保的有关规定,并未规定债权人请求加入人公司承担债务加入协议无效后的赔偿责任时可以参照关于公司为他人提供担保的有关规定。所以本案裁判中人民法院参照适用担保的有关规定认定债务加入人的赔偿责任,依据不足。本案应该适用缔约过失责任条款认定债务加入人公司的赔偿责任大小。

第二,债务加入人承担赔偿责任后是否享有追偿权的问题。

法院认为,债务加入人昆丰集团公司向瓮福农资公司承担赔偿责任后,可以向债务人兴隆公司追偿。根据前文的论述,在债务加入协议有效的情况下,未明确约定追偿权的,债务加入人履行债务后对债务人不享有追偿权。根据"举重以明轻"的解释规则,在加入协议无效的情况下,未明确约定追偿权的,债务加入人承担了赔偿责任后对债务人更不应该享有追偿权。法院的此点裁判既无依据,也缺乏法理。

四、公司分支机构、上市公司加入债务的特殊规定

(一)公司分支机构加入债务的特殊规定

依照《民法典担保制度解释》第11条的规定,公司分支机构对外提供担保须经公司股东会或者董事会决议,否则担保合同对公司不发生效力,根据"举轻以明重"的解释方法,公司分支机构对外加入债务更须经公司股东会或者董事

会决议,否则该债务加入行为对公司及其分支机构不发生效力。总之,公司分支机构对外加入债务,应适用《民法典担保制度解释》第 11 条关于公司的分支机构对外提供担保的规定;作为债权人,在接受公司分支机构的债务加入时,亦应依此进行审查相应授权,这是判断债权人是否善意的依据。

在(2019)最高法民再 236 号民间借贷纠纷再审案中,最高人民法院认为,苏某荣作为兰林阁昆明分公司负责人,若要以分公司名义加入债务,自应得到兰林阁公司的授权。故苏某荣实施的案涉行为显然构成越权,债务加入应为无效。基于债务加入可准用担保规则的处理原则,根据各方当事人对于债务加入行为无效的过错情况,对兰林阁昆明分公司是否应承担相应的民事责任予以认定。作为出借人的杨某杰对兰林阁昆明分公司及其负责人苏某荣是否具有加入杨某杰与杨某文之间债务的权限未尽到合理的审查注意义务,对该债务加入行为无效显然存在过错。根据杨某文的自述及苏某荣的陈述,作为借款人的杨某文不仅明知苏某荣无权以兰林阁昆明分公司名义承担债务,而且 2015 年 12 月 31 日的两张借条上兰林阁昆明分公司的印章还是杨某文与苏某荣在商议后私刻加盖,杨某文对此亦具有明显过错。就兰林阁昆明分公司而言,如前所述,基于苏某荣时任兰林阁昆明分公司负责人的职务身份,苏某荣出具借条行为的法律后果应由兰林阁昆明分公司承担,而兰林阁昆明分公司乃至兰林阁公司自身的经营管理不规范显然亦是导致苏某荣越权出具借条并进而使得债务加入无效的重要因素。因此,本案各方当事人均存在一定过错,基于上述,法院认为,兰林阁昆明分公司应当对未偿还借款本金及利息的 1/3 承担民事责任。

评析:“2015 年 12 月 31 日的两张借条上兰林阁昆明分公司的印章还是杨某文与苏某荣在商议后私刻加盖”,是否表明杨某文与苏某荣恶意串通损害他人合法权利?笔者认为应构成恶意串通,两张借条所涉及的债务加入行为应被认定为无效,兰林阁昆明分公司乃至兰林阁公司无过错,不承担任何责任。

(二)上市公司债务加入的特殊规定

与公司分支机构加入债务一样,上市公司加入债务的,人民法院在认定该行为的效力时,可以参照《民法典担保制度解释》关于公司为他人提供担保的有关规则处理。债权人在接受上市公司加入债务时,应依照《民法典担保制度解释》第 9 条关于境内上市公司对外提供担保的规定审查加入债务事项是否经公司机关决议和公开披露，且着重审查是否公开披露。上市公司对外提供担保、加入债务，正常情况下应先由公司机关决议通过，然后进行信息披露，相对人根据信息披露的内容与上市公司签订担保协议、债务加入协议。

五、债务加入参照适用担保规则的范围

（一）担保主体资格限制方面的参照适用

《民法典担保制度解释》第12条规定，法定代表人以公司名义加入债务的，人民法院在认定该行为的效力时，可以参照本解释关于公司为他人提供担保的有关规则处理。具体而言，法定代表人以公司名义加入债务时，应当根据《民法典担保制度解释》第7~11条的规定认定该行为的效力。除此之外的担保规则，比如《民法典》《民法典担保制度解释》等中关于担保主体资格的限制，是否参照适用于债务加入？有学者主张，《民法典》第683条关于保证人主体资格的限制，应类推适用于债务加入。[①] 理由是机关法人等非以营利为目的的法人以及以公益为目的的非营利法人、非法人组织并不是市场上的主体，不适合作为保证人，而第三人加入债务，客观上也发挥着担保的作用。如不加入参照适用，将会为当事人变相利用债务加入而规避保证人的资格限制提供机会。对此，笔者认为，上述观点十分正确，因为个别地方政府在财政紧张时很可能会以债务加入的形式规避法律关于担保主体的限制；同时根据“举轻以明重”的解释方法，上述观点是符合法理的。

《民法典担保制度解释》第1条中明确规定，所有权保留买卖、融资租赁、保理等涉及担保功能发生的纠纷，适用本解释的有关规定。这里的“等”字应作扩大解释，凡涉及担保功能发生的纠纷都适用《民法典担保制度解释》。债务加入具有担保的功能，故《民法典》《民法典担保制度解释》等中关于担保主体资格的限制应参照适用于债务加入。

（二）《民法典》有关连带债务规则的直接适用

债务加入人在其愿意承担的债务范围内和债务人承担连带债务，其享有

① 参见刘保玉、梁远高：《民法典中债务加入与保证的区分及其规则适用》，载《山东大学学报（哲学社会科学版）》2021年第4期。

《民法典》第553条规定的“新债务人可以主张原债务人对债权人的抗辩”。债务加入人与连带责任保证人，都属于连带债务人，因此，二者可适用《民法典》中关于连带债务人的一般规定，比如《民法典》第520条第2款规定“部分连带债务人的债务被债权人免除的，在该连带债务人应当承担的份额范围内，其他债务人对债权人的债务消灭”，也适用于债务加入人。

（三）债务转移对担保人效力的参照适用

第三人加入债务后，债权人未经债务加入人的书面同意，允许债务人转移全部或者部分债务，债务加入人对未经其同意转移的债务是否不再承担责任？

《民法典》第391条和第697条第1款均规定了第三人提供担保，未经担保人书面同意，债权人允许债务人转移全部或者部分债务的，担保人不再承担相应的担保责任。这一规定的立法精神是为了平衡债权人、债务人和担保人的利益，防止债务人擅自转让债务而给担保人带来追偿的风险。[①] 那么，债务加入人是否应适用同样的规则？对此，有观点认为，应当区分债务加入人对债务人有无追偿权而分别对待：若债务加入人与债务人约定了追偿权，债权人未经债务加入人书面同意而允许债务人转移债务的，这一行为对债务加入人的追偿利益有影响，故债务加入人有权参照上述规定而主张不再承担相应责任；若二者未约定追偿权，则债权人允许债务人转移债务的行为对债务加入人的利益并无影响，故债务加入人不得以此抗辩，仍应承担相应的责任。[②] 对此，笔者有不同观点，无论债务加入人有无追偿权，债权人未经债务加入人书面同意而允许债务人转移债务，都会影响债务加入人的利益，因为，如上所述，债务加入人属于连带债务人，可适用《民法典》关于连带债务人的一般规定，比如《民法典》第520条规定，部分连带债务人履行、抵销债务或者提存标的物的，其他债务人对债权人的债务在相应范围内消灭。所以，债务人的履行能力对债务加入人的利益是有直接影响的。可见，债务加入人应适用担保人同样的规则，即第三人加入债务后，债权人未经债务加入人书面同意，允许债务人转移全部或者部分债务，债务加入人对未经其同意转移的债务不再承担责任。

---

① 参见黄薇主编：《中华人民共和国民法典释义》，法律出版社2020年版，第697、1321页。

② 参见刘保玉、梁远高：《民法典中债务加入与保证的区分及其规则适用》，载《山东大学学报（哲学社会科学版）》2021年第4期。

第二节　债务加入的识别

【案情[①]】

原告：南通市世新房地产开发有限公司（以下简称世新公司）。

被告：中国建设银行股份有限公司如东支行（以下简称建行如东支行）。

2007 年 11 月 30 日，被告建行如东支行向原告世新公司出具《承诺书》，内容为："红蚁王公司为我行优质客户，目前进入生产经营旺季，流动资金较为紧张，现由我行出面向贵公司办理委托借款人民币壹仟万元，期限 2007 年 11 月 30 日至 2008 年 2 月 29 日，月利率 0.84%。我行承诺借款本息到期由我行负责全部回收，若因到期无法归还而造成的一切责任由我行承担。"同日，原告依据上述《承诺书》与红蚁王公司签订了《借款协议书》，约定的借款内容同上，原告于当日通过自己的银行账户将 1000 万元转账交付给红蚁王公司，红蚁王公司向原告出具《收据》认可收到借款 1000 万元。

借款到期后，原告先后多次向红蚁王公司催要，也多次以口头、书面及委托律师发函等方式向建行如东支行致函，要求其督促红蚁王公司实施还款或者建行如东支行自己履行还款的承诺。红蚁王公司于 2008 年 6 月 5 日还款 200 万元，至 2016 年 5 月 19 日尚有人民币 800 万元及利息 691.32 万元已经无力归还。原告认为，依据《承诺书》建行如东支行应对红蚁王公司未偿还的借款本息负有偿还责任。为此，世新公司提起诉讼，请求建行如东支行承担上述债务。

【审理】

如东县人民法院经审理认为，双方争议的焦点是建行如东支行出具给原告的《承诺书》是否属于债务加入。债务加入是指第三人与债权人、债务人达成三方协议，或第三人与债权人达成双方协议，或第三人向债权人单方承诺由第三人履行债务人的债务，但同时不免除债务人履行义务的债务承担方式。本案中，建行如东支行出具给原告的承诺书，符合第三种由第三人单方承诺的债务加入情形。如东法院依照《民法通则》第 84 条、第 90 条、第 108 条等规定，判决：被告建行如东支行于本判决生效后 10 日内偿还原告世新公司借款本金人

---

① 一审案号（2016）苏 0623 民初 2417 号，二审案号（2016）苏 06 民终 3802 号。

民币800万元，并支付借款利息5645950元（计算至2016年4月30日，2016年5月1日起至实际还清之日止仍按月利率8.4‰继续计算）。

一审宣判后，建行如东支行不服，上诉至南通市中级人民法院。

南通市中级人民法院经审理认为，建行如东支行出具承诺书的意思表示系为红蚁王公司向世新公司借款提供保证而非债务加入。从案涉承诺书所载“我行承诺借款本息到期由我行负责全部回收，若因到期无法归还而造成的一切责任由我行承担”的文义理解，建行如东支行承担责任的前提是红蚁王公司到期无法归还本息，更符合一般保证的法律特征。结合承诺书出具的背景，应认定建行如东支行在出具承诺书时的本意系为委托贷款承担保证责任。但因最终系由世新公司与红蚁王公司直接签订借款合同，故而三方委托贷款关系未能形成。世新公司改变原来委托贷款为其直接借款给红蚁王公司的情况下，原告未有证据证明建行如东支行仍然愿意根据承诺书承担责任，故建行如东支行对世新公司擅自改变借款方式后不应承担责任。同时案涉借款的期限为2007年11月30日至2008年2月29日，而承诺书中并未约定建行如东支行的保证期间，故案涉保证期间应为自2008年3月1日起的6个月。原告向担保人主张权利的时间早已超出了保证期间，建行如东支行不再承担保证责任。南通市中级人民法院依照《担保法》第17条、第24条、第25条等规定，判决：（1）撤销如东县人民法院（2016）苏0623民初2417号民事判决；（2）驳回世新公司的诉讼请求。

【评析】

债务加入与保证在形式上具有相似性，在实践中往往难以区分。本案审理过程中，双方当事人争议的焦点为建行如东支行向原告世新公司出具的《承诺书》是否属于债务加入，即“我行承诺借款本息到期由我行负责全部回收，若因到期无法归还而造成的一切责任由我行承担”能否认定为是债务加入的意思表示。建行如东支行的这句承诺究竟是保证还是债务加入，直接关系到当事人的切身利益：若是债务加入，建行如东支行则承担偿还债务的责任；若是保证，因借款合同双方擅自改变借款方式而使建行如东支行不承担保证责任，[①]即使承担保证责任也因保证期间的经过而免责。一审案件承办法官将案件提交法官

---

① 承诺中约定是建行如东支行对“委托贷款”提供保证，但借款双方当事人擅自改变借款方式，使“委托贷款”没发生，即主债务不存在。因保证合同具有从属性，主债务不存在，故保证债务也不存在。

会议讨论,与会法官亦是观点不一。

笔者查阅了实践中的案例,当事人就为债务履行提供增信措施的相关表述五花八门,如“为保证债务的清偿,第三人加入该债务”“债务人不还,由第三人承担(还、负责、代付)”“第三人与债务人一起保证债权的实现”……如此表述究竟是保证还是债务加入,在认定上是个难点。案例裁判结果显示,将某一增信措施认定为债务加入还是保证,对当事人的权益直接产生影响,所以识别二者非常有意义。

《民法典担保制度解释》第36条提供了债务加入与保证的识别思路。其第2款、第3款规定,第三人向债权人提供的承诺文件,具有加入债务或者与债务人共同承担债务等意思表示的,人民法院应当认定为《民法典》第552条规定的债务加入。前两款中第三人提供的承诺文件难以确定是保证还是债务加入的,人民法院应当将其认定为保证。

但实践中的表述纷繁复杂,上述区分仍需细化。对两者的识别实质上是对当事人之意思表示的解释。《民法典》第142条第1款规定,有相对人的意思表示的解释,应当按照所使用的词句,结合相关条款、行为的性质和目的、习惯以及诚信原则,确定意思表示的含义。

结合《民法典担保制度解释》第36条和《民法典》第142条规定,债务加入与保证的具体识别思路正如(2019)最高法民再108号案中最高人民法院认为的“应以文义解释为基础,结合体系解释、目的解释、习惯解释和诚信原则等综合分析,探究第三人缔约是否具有与债务人共同承担债务的意思表示,以确定第三人真正缔约目的”。

一、优先适用文义解释

文义解释,指通过对所使用的文字、词句的含义的解释,探求当事人的真实意思。意思表示由语言文字构成,欲确定意思表示的含义,必须先了解和确定所用词句的含义。文义解释是适用其他解释方法的前提,即只有在适用文义解释方法无法确定表意人的真实意思的,才能选择适用其他解释方法。

(一)看当事人是否使用有关“保证”术语的表述

(1)协议中出现“保证”“保证人”等文字表述的,一般应按保证认定,不宜按债务加入认定。如在(2019)最高法民申5573号案中,最高人民法院认为,因《补充协议》中明确约定邹城投资公司同意为华泰金源公司的案涉债务承担连带责任担保,兴盛恒泰公司主张邹城投资公司具有债务加入的意思表示,缺乏充分的事实依据。

(2)在把握措辞文义时,不能仅拘泥于某些措辞的字面意思,而应结合语境考察当事人的真意。例如,第三人承诺"加入……债务,以保证……债务的清偿",或"为保证……债务的清偿,第三人加入该债务……"之类的表述,其中"保证"应当理解为"保障",而非担保意义上的保证。[①]

(3)协议使用的文字、词句,如能够明确推知具有提供保证意思的,应按保证对待。例如,当事人在承诺文件中约定"债务人到期不归还(偿还、清偿、还钱),则由……承担(负责、偿还、还款、代付)",是常见的一般保证的不规范表述,其含义与债务加入有明显的差异。[②] 如文首所举案例,南通市中级人民法院经审理认为,案涉承诺书所载"我行承诺借款本息到期由我行负责全部回收,若因到期无法归还而造成的一切责任由我行承担"的文义理解,建行如东支行承担责任的前提是红蚁王公司到期无法归还本息,更符合一般保证的法律特征。结合承诺书出具的背景,应认定建行如东支行在出具承诺书时的本意系为委托贷款承担保证责任。

(4)措辞中有保证期间的约定,则为保证。因为保证期间是保证特有的制度,其他制度包括抵押制度都没有,债务加入制度也没有。

(5)措辞中有履行顺位的约定,则为保证。保证合同的本质特征为从属性、补充性,因此,增信承诺要被认定为保证也必须具备从属性、补充性。具体而言,该承诺应以主债务的存在为前提,且应包含有"若债务人不履行或不能完全履行债务,第三人才对未履行部分承担相应责任"的意思表示。而债务加入的本质特征在于独立性、并存性,故构成债务加入的增信承诺应当包含有"无论债务人是否及时完全履行债务,第三人均与其对债务承担连带责任"的意思表示。换言之,履行顺位之约定可以排除债务加入,不以债务人届期未履行作为第三

---

① 参见刘保玉、梁高远:《民法典中债务加入与保证的区分及其规则适用》,载《山东大学学报(哲学社会科学版)》2021年第4期。

② 参见刘保玉、梁高远:《民法典中债务加入与保证的区分及其规则适用》,载《山东大学学报(哲学社会科学版)》2021年第4期。

人履行债务条件的可以排除保证。[①] 例如,某案中第三人在《责任人确认书》中载明“本人对此笔借款承担第一责任。如借款发生不良,由本人负责赔偿”,其中“第一责任”的表述并不能得出加入债务的结论,而是保证人对其承担连带责任保证的履行顺位的进一步确认。

（二）看当事人是否使用有关“债务加入”术语的表述

（1）合同中如果出现“债务加入人、作为共同借款（债务）人、加入债务”等表述,一般认定为债务加入。如果出借人将款项直接交付给借款人,且第三人未使用的,第三人表示为“共同借款（债务）人”的,应认定为债务加入。

（2）合同中如果出现“连带清偿”“共同偿还”表述的,一般应按债务加入认定。在（2016）最高法民再322号案中,第三人向债权人声明对原债权承担“连带偿还责任”,对此,最高人民法院认为该声明的性质应属于债务加入。[②]

（3）如果根据措辞仍不能准确判定时,可以将第三人加入的债务与原债务有无主从关系作为辅助判断条件,若无,则可以确认为债务加入。通常情况下,若协议中明确约定了付款金额、付款时间等信息,则可以确认该债务具有独立性,系债务加入。[③]

债务加入人承担的一定是连带债务,且债务数额通常是固定的;而措辞中如果有按份责任约定的则不是债务加入,如果第三人承担的是“或有债务”则一般也非债务加入。

（4）考察债务的履行对第三人是否具有特殊利益关系。这种特殊利益关系可以是经济利益关系,也可以是亲情利益关系等。比如,父母表示愿意为成年子女履行债务,母公司表示愿意为子公司履行义务,在意思表示不清晰时将其解释为债务加入更为合理。之所以作出上述解释,主要是因为在债务加入中第三人对债务的履行通常具有直接的利益关系;而保证则一般是利他行为,对债务人能否履行债务保证人考虑的仅是保证人要负担多少责任,没有其他的情感

---

① 参见高圣平:《担保法前沿问题与判解研究（第五卷）——最高人民法院新担保制度司法解释条文释评》,人民法院出版社2021年版,第253页。

② 参见王利明:《论“存疑推定为保证”——以债务加入与保证的区分为中心》,载《华东政法大学学报》2021年第3期。

③ 参见高圣平:《担保法前沿问题与判解研究（第五卷）——最高人民法院新担保制度司法解释条文释评》,人民法院出版社2021年版,第253页。

或者直接利益。

（5）一般而言，如果当事人出具"给予流动性支持，差额补足"等书面增信承诺的，要结合合同条款的具体内容进行判断，具有提供担保的意思表示的，可以认定为保证责任，至于是一般保证还是连带保证，可按《民法典》第686条第2款的规定处理，即约定不明的，按照一般保证承担保证责任。当然，第三人在承诺文件中作出债务加入或共同承担债务意思表示的，可按《民法典》第552条关于债务加入的规定处理。

二、整体解释的适用

整体解释，指将意思表示的各个条款和构成部分作为统一整体作相互解释，以确定各个条款的正确意思。采用整体解释方法不仅在于理解各个部分的正确意思，更为关键的是在于不使各个部分的意思表示形成矛盾和冲突而影响当事人实现为意思表示的目的。例如，某案当事人之间签订的《五方协议》中既明确了中天宏业公司承担的是连带责任保证，又约定"若截至2012年2月11日，股东贷款中有任何应付未付余额尚未被偿付，中天宏业……应当就该等余额的偿付承担连带责任"的内容。法院认为，协议中虽然提及"承担连带责任"，但该用语在无其他特别说明或约定的情况下，应作为"连带责任保证"来理解，如此，更符合合同文本前后用语含义的一致性与延续性，与当事人签约时的真实意思更贴切。[①]

三、目的解释的适用

目的解释，指如果意思表示使用文句有不同意义时，或难以确定其意思时，应采取最适合于意思表示目的的解释。目的是行为人意欲追求的私法效果，是当事人真意的核心。当事人表现出的行为难以确定意思时，可采用目的解释进行判断。例如，第三人向债权人承诺"他不还，来找我"，是指第三人担保债务人清偿债务，担保债权的实现。

---

① 参见高圣平：《担保法前沿问题与判解研究（第五卷）——最高人民法院新担保制度司法解释条文释评》，人民法院出版社2021年版，第253页。

四、存疑时推定为保证

债务加入与保证在意思表示层面具有相似性，对第三人的某一增信措施究竟是债务加入还是保证，有时难以认定。例如，第三人在借据上表示“采取措施使出借人不蒙受损失”“保证出借人不蒙受经济损失”；第三人表示“愿意为债务人履行义务”“愿意帮助债务人还款”等。最高人民法院在（2005）民二终字第200号案中确立了“存疑时推定为债务加入”的裁判规则，认为：“判断一个行为究竟是保证，还是并存的债务承担，应根据具体情况确定。如承担人承担债务的意思表示中有较为明显的保证含义，可以认定为保证；如果没有，则应当从保护债权人利益的立法目的出发，认定为并存的债务承担。”然而实践证明，此种观点加重了第三人的负担，不利于平衡各方利益，也不符合当事人的真实意思表示。[①] 在（2017）最高法民终655号案中，最高人民法院转变立场，确立了“债务加入的意思不得进行推定”的立场，认为：“债务加入作为债务移转的一种形式，需要债务加入人作出明确的意思表示。”

当事人的意思表示，在债务加入与保证之间似是而非时，如果通过意思表示的解释规则仍不能作出“令人足以信服的解释”的，应当结合《民法典》的整体立法精神进行综合判断。从《民法典》第686条的规定看，与《担保法》相比，《民法典》在立法倾向上已发生了变化，即已由注重对债权人的保护向平衡债权人和担保人的利益转变，背后的原因是担保合同是单务合同，担保人在没有获得对价的情况下负担很大的风险。同理，第三人的意思表示难以确定是债务加入还是保证的，如推定为保证，则第三人在保证期间、追偿权等方面享有利益，能够较好地平衡当事人之间的利益。若存疑之际推定为债务加入，那么关于保证人利益保护的特殊规则几乎没有适用空间，在利益衡量上有失允当。

从债务人承担责任的轻重来说，债务加入的责任一般要重于连带保证责任，当然更重于一般保证责任，因此，债务加入、连带责任保证、一般责任保证三者之间，在无法确定第三人真实意思表示的情况下，应向责任较轻的方向进行推定。所以《民法典担保制度解释》第36条第3款规定：“前两款中第三人提供

---

① 参见王利明：《论“存疑推定为保证”——以债务加入与保证的区分为中心》，载《华东政法大学学报》2021年第3期。

的承诺文件难以确定是保证还是债务加入的,人民法院应当将其认定为保证。”

另外,债务加入与保证可能并存,此时裁判者应尊重当事人的意思自治,裁判者释明利害关系后由当事人自主选择诉讼请求的基础。如在最高人民法院(2019)最高法民申 5314 号案中,第三人四冶公司出具的《承诺函》约定了“……四冶公司承担共同还款责任及连带担保责任”,对此法院认为,债权人有权选择四冶公司承担共同还款责任或者连带保证责任。

五、债务加入与第三人代为履行的不同

在第三人代为清偿的情形下,第三人并非债务人,其只是与债务的履行具有利害关系,因此债权人不可请求第三人履行债务。例如,甲将房出租给乙,租赁合同约定乙欠付两个月租金甲即享有单方解除合同的权利。乙将该房合法转租给丙。现乙拖欠一个月的租金,且第二个月的租金很可能不交,丙怕甲解除甲、乙之间的租赁合同从而影响到乙、丙之间的租赁合同,于是代乙履行了支付租金。此例中,在没有约定的情况下,根据合同的相对性,甲无权请求丙给付乙欠付的租金,但当丙主动代乙履行时甲有权接受,也应当接受并产生债消灭的后果。

第三人代为清偿后,发生法定的债权转让。如上例中,丙代乙支付租金 5 万元后,甲对乙享有的 5 万元债权自动移转与丙,丙对乙享有追偿权。但在债务加入中,主流观点认为债务加入人不享有法定追偿权。

小结:债务加入与保证都是扩大债权受偿能力的增信措施,将某一增信措施认定为债务加入还是保证,直接影响到当事人的利益。识别债务加入与保证应优先适用文义解释探究当事人的内心真意,按照所使用的词句,结合相关条款、行为的性质和目的、习惯以及诚信原则,确定意思表示的含义,辅之以履行顺位、保证期间、债务主从关系等进行认定;通过意思表示的解释方法仍不能确定的,应推定为保证而非债务加入。

第三节　参照适用公司为他人担保规则的其他行为

法定代表人擅自以公司资产抵债,用于清偿他人债务,人民法院在认定该行为的效力时,可以参照《民法典担保制度解释》关于公司为他人提供担保的有

关规则处理。

在最高人民法院(2012)民提字第208号案中,林某松系原告绣丰公司的法定代表人,被告孙某生系被告机电公司、被告一得公司的法定代表人。

2007年11月至2008年6月,绣丰公司、林某松与一得公司、孙某生之间发生多次借款交易。为偿还借款,孙某生以机电公司名义与原告绣丰公司签订房地产转让协议,约定机电公司将其名下的房产转让给绣丰公司,转让价2740万元,转让价款与林某松出借给孙某生、一得公司的借款本息相折抵。被告一得公司、孙某生为前述房产转让协议提供担保,约定担保人自愿对机电公司在本协议项下的房产过户义务提供连带责任担保,且担保行为不受绣丰公司与机电公司之间协议效力的影响。绣丰公司法定代表人林某松在协议上签名并加盖公司印章,孙某生与一得公司分别在担保人栏签名、加盖公司印章,协议中甲方处盖有机电公司印章。诉讼中机电公司认为该印章为伪造,并申请鉴定。经鉴定,该印章与机电公司提供样本中的印章不是同一枚印章。

后因该房地产转让协议未履行,2009年2月6日,原告绣丰公司以机电公司、孙某生、一得公司为被告提起诉讼,要求继续履行上述房地产转让协议,交付房地产并办理过户手续,支付违约金。

该案一审判决后,历经宁波中院二审、浙江高院提审、最高院提审,最高院于2013年4月28日作出终审判决。

最高人民法院认为,(1)关于房地产转让协议的性质。该协议的主要内容是机电公司向绣丰公司出让三套房产,机电公司以应得价款折抵孙某生及其关联企业一得公司的债务,协议还约定了回购条款,如2008年8月底前孙某生还清债务则房产无须过户,故协议性质为以房抵债合同。根据《合同法》第99条和第100条的规定,抵销的前提条件是当事人互负债务。从本案借款的形成过程来看,原始借条是由孙某生以其个人名义出具的,款项未汇入机电公司,故绣丰公司和机电公司之间不存在借贷合意。[①] 绣丰公司法定代表人林某松在接受慈溪市公安局调查时也明确认可款项是出借给孙某生的。绣丰公司主张机电公司为共同借款人的理由不能成立,法院不予支持。由于机电公司和绣丰公司

---

① 借条上,出借人为绣丰公司,借款人为孙某生,所借款项没有汇入机电公司,这些证据不能证明机电公司与绣丰公司之间存在民间借贷关系。

没有互负债务,不能产生债权债务抵销的后果,因此房地产转让协议约定折抵的实质是由机电公司通过以房抵债的方式为孙某生及一得公司清偿债务,而非房产买卖。

(2)关于孙某生以机电公司名义签订协议的效力。《公司法》规定,董事、监事、高级管理人员应当遵守法律、行政法规和公司章程,对公司负有忠实义务。董事、监事、高级管理人员不得侵占公司的财产。法定代表人不得利用职权,以公司财产为其个人偿还债务,是《公司法》规定的忠实义务的基本要求,无论公司章程是否作出特别规定。本案孙某生私刻公章,以机电公司财产偿还其个人及个人控制的一得公司的债务,属于违反法定忠实义务的无权代表行为。

关于孙某生无权代表行为的对外效力。我国《合同法》第 50 条规定:"法人或者其他组织的法定代表人、负责人超越权限订立的合同,除相对人知道或者应当知道其超越权限的以外,该代表行为有效。"相对人是否知道或者应当知道法定代表人越权,应当结合法律规定、交易的性质和金额以及具体交易情境予以综合判定。

假定孙某生作为法定代表人以机电公司名义转让房产,绣丰公司向机电公司支付相应转让款,此属于公司正常的经营活动,即使机电公司内部章程对孙某生的代表权有限制性规定,也不具有对抗外部相对人的效力。然而本案所涉的协议条款使机电公司只承担巨额债务而不能获得任何对价,不属于公司正常的经营活动,且孙某生同时代表公司和个人签约,行为后果是将公司利益转移给个人,具有明显的超越代表权的外观。

《公司法》规定,公司为公司股东或者实际控制人提供担保的,应当经股东会决议。该规定说明公司法对关联担保这种无对价的特殊交易,对代表权作了限制性规定,必须经股东会同意。为股东及法定代表人清偿债务的性质较关联担保更为严重,公司直接对外承担债务而不能取得经营利益,如未经股东会同意,将构成侵占公司财产的行为。绣丰公司知晓机电公司由几名股东组成,并专门聘请律师草拟协议,在孙某生不能提供股东会同意证明的情形下,绣丰公司根据协议内容理应知道孙某生的行为不是为机电公司经营活动所从事的职务行为,而是违反公司法强制性规定的侵占公司财产行为。绣丰公司以协议和委托书加盖了机电公司公章为由主张善意信赖孙某生代表权的理由不能成立。

综合考虑本案的交易过程和事实,绣丰公司应当知道孙某生的签约超越代表权限,绣丰公司不属于《合同法》第 50 条保护的善意相对人,浙江高院认定孙某生的代表行为无效、房地产转让协议不能约束机电公司并无不当。机电公司对本案协议的签订并不知情,对孙某生私刻公章的行为也不具有管理上的失职,绣丰公司要求机电公司依据房地产转让协议承担责任的诉请于法无据,法院不予支持。

评析:法定代表人孙某生用公司的房产抵偿孙某生个人的债务,最高人民法院认为用公司财产为法定代表人清偿个人债务的性质较关联担保更为严重,公司直接对外承担债务而不能取得经营利益,未经股东会同意构成侵占公司财产的行为,最终法定代表人代表公司签订的以房抵债协议被确认为无效。针对以房抵债协议被确认为无效给相对人造成了损失,最高人民法院认为,机电公司对本案协议的签订并不知情,对孙某生私刻公章的行为也不具有管理上的失职,绣丰公司要求机电公司依据房地产转让协议承担责任的诉请于法无据,不予支持。

第十二章　完善公司对外担保制度须具有的法律思维

公司是典型的商主体，公司对外担保纠纷属于商事纠纷，无论是立法层面、司法解释层面还是适用法律解决具体纠纷层面，相关主体都应具有商事法律思维。思维是行动的先导，思维不同思考路径就不同，行动也不同，思维差之毫厘，结果就会谬以千里。关于公司对外担保规则的争论，根源在于思维不同，甚至是价值观的不同。《民法典》与《公司法》的关系，是一般法与特别法的关系。相对于非商事民事法律关系，商事法律关系有自己的特点，在分析、审理公司纠纷案件时，应具有商法独特的思维。

第一节　尊重商主体以营利为目的的法律思维

《民法典》第 76 条规定："以取得利润并分配给股东等出资人为目的成立的法人，为营利法人。营利法人包括有限责任公司、股份有限公司和其他企业法人等。"出资人设立营利法人的根本目的是获得利润（利润是指资本的增值），所以营利法人不但以取得利润为成立目的，还应以将取得的利润分配给出资人为成立目的。公司是典型的营利法人，公司以营利为目的，股东设立公司的目的是获得利润。

一、长久以来商人的营利性追求未得到充分尊重

子曰："君子喻于义，小人喻于利。"孔子的这句话，因为没有交代语境，使后

人以为君子追求的只是义，小人追求的只是利，造成知识阶层耻于谈利，喜空谈仁义道德。加之几千年的国策是“重农抑商”，[①]造成商业文明的缺失，商人没有获得足够的社会地位，在官民的夹缝中生存，即便今天传统社会对商人的营利性也颇为不齿，现在的立法、司法中也不能全部公正地对待商人的营利性诉求，对商人的营利诉求难以持平衡之心、公平之心。比如为数颇多的判决认定餐饮业店堂告示“禁止自带酒水”为霸王条款，禁止消费者自带酒水的规定是不合法的。这类裁判就忽视了商人的营利性诉求，只要餐饮服务提供者保障了消费者的知情权、在成立餐饮服务合同之前明确提示消费者“禁止自带酒水”，该类告示就不应认定为霸王条款。“商事关系的本质乃是资本的营利活动。在理论假设上，商主体是具备相应知识、经验、资质的理性‘经济人’，其以利润的最大化为行为的出发点和归宿。‘对于商事活动的逐利性，不应当怀有敌意。商事活动的逐利性在激励个体财富增长的同时，也增进了社会财富，是推动社会进步的源动力之一。商事审判应当旗帜鲜明地依法保护和鼓励商主体通过正当竞争手段和合法投资途径去获取经济利益。’”[②]

二、对商人的营利性认识不足

商事主体不同于民事主体，商事主体是理性经济人，以追求利润最大化为行为目的，即使是无偿行为，其背后也是出于经营目的，比如商家免费试用产品，这只是营销手段，不能因为是免费的，试用阶段出现质量问题商家就不用承担产品责任了。如果不正视商业的营利性，用民法思维裁判商事案件，裁判的结果就不能让人接受。在李某英诉上海大润发超市存包损害赔偿案中，原告李某英到被告大润发超市购物时，将携带的内有 5310 元钱款的皮包等物品放入寄存柜，后寄存的包丢失。法院认为大润发超市给消费者提供自助寄存柜是无偿的，双方之间是借用关系而非保管关系，原告不能证明其所称物品的遗失是自助寄存柜本身存在的质量问题造成的，更不能证明其所称物品的遗失是大润

---

① 古代中国之所以“重农抑商”，是因为农耕社会以土地为基本生产资料，土地可以“拴住”广大农民；一人犯法全家遭殃，连坐制有利于统治，一片土地固定一个家族，“重农”便于实行连坐制；务农的利益远小于经商的利益，农民整日辛苦劳作却食不果腹，农耕能够弱民；商人不事生产，使劳动力总量减少，不利于社会财富总量的增加；同时商业能快速聚集财富，巨额财富的力量必然会遭到朝廷的忌惮；对外贸易中中国出口的一般是粮食等农作物，粮食却是古代最重要的物资。

② 江必新：《商事审判与非商事民事审判之比较研究》，载《法律适用》2019 年第 15 期。

发超市在提供寄存服务中的故意或重大过失行为造成。因此，李某英要求大润发超市承担其所称物品遗失的赔偿责任，缺乏事实根据和法律依据，难以支持。综上，上海市第二中级人民法院于2002年10月10日判决：对原告李某英的诉讼请求，不予支持。本案中法官未考虑到商人的营利性，超市提供储物柜是免费的，但目的是方便顾客购物或者区分顾客携带之物与超市货物，提供储物柜是超市营业的一部分，无论收费与否都是有偿的。无偿性的认定对案件的裁判结果有重大影响——无偿保管人没有故意或者重大过失的，不承担赔偿责任。本案的法律关系应为保管合同关系，《民法典》第888条第2款规定："寄存人到保管人处从事购物、就餐、住宿等活动，将物品存放在指定场所的，视为保管，但是当事人另有约定或者另有交易习惯的除外。"本案应为有偿的保管关系，对消费者的存储物丢失商场存在重大过失，大润发超市应赔偿李某英的损失。至于损失额的大小则由李某英举证。

三、法律应尊重商人的营利性追求

商人只有营利才能存活，才有能力承担社会责任，靠捐助、财政资助而活的不是纯粹的商主体。商法最主要的使命就是保障与促进营利，拉德布鲁赫在《法学导论》中认为："商法是基于个人主义的私法本质，为那些精于识别自己的利益并且毫无顾忌地追求自身利益的极端自私和聪明的人而设计的。商法规范的主体，是以个人主义的典型商人为形象，根据商人纯粹追逐利润和自私自利的特性而刻画的。""没有任何领域比商法更能使人清楚地观察到经济事实是如何转化为法律关系的，与其他任何法律领域相比较，商法更能表现出法律与利益之间的较量以及利益对法律的影响。"商法尊重商人的营利性追求的例证是商事活动的有偿推定——商事交易者，即使未约定交易行为的有偿性质，仍推定为有偿性质；反之，则是违反商法基本原则与理念的。例如，《德国商法典》第354条第1款规定：在从事自己的商事营利事业时，为他人处理事务或提供劳务之人，即使无约定，仍可以按照在该地点为通常的率值，为此请求佣金，并在涉及保管时，请求仓储费用。我国《民法典》第680条第3款规定："借款合同对支付利息约定不明确，当事人不能达成补充协议的，按照当地或者当事人的交易方式、交易习惯、市场利率等因素确定利息；自然人之间借款的，视为没有利息。"

市场经济是竞争经济，部分商事主体凭借自身在质量、管理、服务、创新等方面的长处而逐步占据市场优势地位，成为商业赢家，获得更多利润。而另一部分商事主体可能获利较少，甚至在市场上苦苦挣扎，处于弱势地位。表面上看不同商主体之间存在“不公平”，但这恰恰是市场竞争的规律所在，有利于激发更多经营者不断提升经营水平，进而提升整体经济质量。占据市场支配地位的经营者，只要未滥用支配地位，市场仍处于良性竞争状态，则对其所拥有的竞争优势应当予以尊重和保护。换言之，商事领域的公平主要体现在机会公平和平等保护方面，对强者不能持有天然的“敌视”态度。在非商事民事领域，要更加注重对弱者权益的倾斜性保护，此时对公平的理解具有很强的社会伦理属性，部分情况下甚至体现为平均主义，而不宜仅仅局限于机会公平和平等保护方面。

四、用营利性思维看待公司对外担保

（一）营利性思维对公司对外担保理念的影响

公司对外担保是单务、无偿的民事法律行为，与营利性法人的本质不符，所以单从营利性角度来看公司对外担保应该是被禁止的。

（二）营利性思维对担保决议的影响

用营利性思维看待公司对外担保，公司对外担保是其营业的组成部分时，则对外担保符合公司的营利性，可以豁免决议程序。例如，金融机构开立保函或者担保公司提供担保，以及公司为其全资子公司开展经营活动提供担保，此时公司以其未依照公司法关于公司对外担保的规定作出决议为由主张不承担担保责任的，人民法院不予支持。

公司对外担保不符合公司营利性追求时，多数股东或者多数董事在决议中投赞成票，导致公司对外承担担保责任或者赔偿责任给公司造成损失，此时需要调查投赞成票的股东或者董事是否存在滥用权利的情形。对外担保给公司造成损失的，公司请求在决议中投赞成票的股东或者董事承担赔偿责任的，该类股东或者董事仅以该对外担保已经履行了信息披露、经股东会或者董事会同意为由抗辩的，人民法院不应予以支持。在决议中投赞成票的股东或者董事想要免责,该类股东、董事须书面报告交易理由、公司所获利益、交易的市场条件等证明未违反信义义务。

(三)营利性思维对公司承担赔偿责任的影响

公司对外担保虽是单务的、无偿的,没有直接的利益,但或多或少都有间接利益,但公司法定代表人在公司毫不知情的情况下用公司财产为法定代表人的债务提供担保,此时可以说对公司毫无利益可言,完全违背了公司营利性本质,要求公司承担担保合同不发生效力后的赔偿责任是很牵强的。所以在认定担保合同对公司不发生效力后的赔偿责任时,有必要考虑被担保的债务人的特殊性。如果法定代表人以权谋私,违反了忠实义务,代表资格应该受到挑战,不能笼统地、机械地仍将法定代表人的越权行为视为公司的行为。

(四)营利性思维注重搜集交易相对人的信息

公司作为典型的商主体,本质上以营利为目的和以营业为常态。公司开门营业,只要能获利就可以与任何人进行交易,甚至通过网络交易平台与陌生人交易。为了促进交易、防范风险,商事交易过程中对商主体的信息披露有着很高的要求,双方都注重收集对方在诚实守信、履约能力等方面的信息。公司对外担保一般发生在商事交易关系中,公司在对担保事项作决议时决议机构成员应尽到勤勉义务,搜集债务人履约能力等方面的信息。未尽到勤勉义务,或者明知债务人不具有履约能力仍赞成公司对外担保,给公司造成损失的,有过错的决议成员应承担赔偿责任。

法定代表人背着公司以公司名义与相对人订立担保合同,此时公司对担保事项完全不知情,遑论收集债务人、相对人在诚实守信、履约能力等方面的信息,更遑论该担保行为符合公司的营利目的。所以,此种情形下仍对公司课以赔偿责任,显得理由很牵强。

(五)营利性思维对交易规则的影响

商行为内容复杂且专业性、技术性强,商主体趋利避害的特性使对交易规则的需求更加迫切,只要交易规则明确就能对交易行为的后果有明确的预期。《公司法》对公司对外担保予以明确规范,对这种交易规则规定得明明白白,任何人都应该遵守，相对人在接受公司担保时有义务审查该担保是否为公司的真实意思。但是，当前《公司法》及司法解释等有关公司对外担保规则的设置过于笼统，只是从立法目的上防范法定代表人超越权限代表公司对外提供担保，在具体措施上法律供给不足，甚至还出现"开闸放水"的现象，比如《民法典担保制度解释》第 8 条第 1 款第 3 项的规定。域外公司法实践中公司对外担保未引发值得关注的问题，在具体的防范措施上法律供给得力是其中的原因之一，比如在英国，登记与公示是公司对外提供担保的必经程序。2006 年《英国公司法》第 860 条第 1 款规定："设立本条所适用之抵押的公司，必须在允许登记期间结束之前，为了登记而向登记官提交抵押的规定详情，连同设立或证明抵押之文件。"第 892 条第 2 款还规定："文件和登记册必须被置备于下列地点，以供查阅—(A)公司登记住所，或者(B)第 1136 条之下的规章所指定的地点。"

第二节　团体法思维不可或缺

公司法是组织法与行为法的结合，但诚如学者所言："公司法，大部分由关于作为团体的公司组织及以此为中心的法律关系的规定构成，"①因此，公司法在基本属性上应为组织法或团体法。既然公司法的本质属性为团体法，则在解决公司纠纷中团体法思维是不可或缺的。长期以来公司纠纷案件的裁判中出现了依赖行为法而弃公司法、视公司法为行为法的现象，所以回归公司法的组织性或者团体性，以团体法思维剖析公司法规范和公司纠纷案件十分必要。

团体是一个古已有之的概念，早在古罗马时期乌尔比安就提出了"团体成员的变更不影响团体的存在"的观点，为团体人格理论的确立奠定了基础。斯托加提出"团体是为特定社会经济目的而集合在一起的人的集合……团体有区别于其成员的独立人格和财产，成员为了团体目的而实施的行为，其法律后果归结于团体"。随着团体作为独立主体进入经济社会，民法赋予了团体民事主体地位，如此，在民法中形成了与"个人法"相对应的"团体法"。"从既往规范自然人的法律规范中寻找相类似的规范以资适用于团体组织是各国民法的通常路径。"但团体法有自己的独特特征。所以在理解团体法或者分析团体法纠

① 李长兵：《论团体法思维在〈公司法〉修改中的运用》，载《甘肃社会科学》2022 年第 6 期。

纷时需要团体法思维。

一、团体自治思维

团体法主要规范团体内部法律关系，既规范团体的设立、组织和运行，又规范团体与成员、成员与成员的相互关系，还规范团体机关的职权等。自团体这一法律现象形成以来，团体自治观念就成为指引团体法律规则制定、协调团体内外部关系的基本理念。自治性思维一方面意味着团体作为私法主体具有独立人格，得依自主意思设定团体内部法律关系及权利义务运行机制，以自己的名义对外实施法律行为，承担法律责任，法律应赋予团体在决定内部事务和对外交往中充分的自主决定权；另一方面，团体内部成员拥有不受他人干预、自发构建团体法秩序的自由，包括设立、变更和解散团体、制定团体章程、成立团体机关、决定团体事务的自由等。自治意味着由团体的成员制定团体章程，最大限度地按照自己的意愿对团体内部事项作出安排。

（一）团体意志形成的特殊性

团体意志的形成不同于自然人。自然人意志形成的动机是复杂的，有时并不是以自己利益最大化为行动目的，比如雨天看见瓜农卖瓜，出于怜悯之心买了瓜农的瓜；而团体意志的形成要以团体利益最大化，如果在形成团体意志的过程中某个成员违背团体利益而表决，很可能以滥用权利被追责，如公司股东滥用股东权利造成公司、股东、公司债权人损害的会被追究赔偿责任；董事、监事、高级管理人员违反对公司负有的忠实义务、勤勉义务应承担相应责任。自然人意志由其自己决定，也无须通过书面等形成固定下来，外界一般只能通过其外在的表示行为推测其内心意思；而团体意志须按照法律、公司章程规定的会议召集程序、表决方式形成，团体意志的形成往往遵循“多数决”规则并通过会议记录以书面形式固定下来，比如《公司法》规定，除非另有规定外，召开股东会会议应当于会议召开 15 日前通知全体股东，由股东按照出资比例行使表决权，股东会应当对所议事项的决定作成会议记录，出席会议的股东应当在会议记录上签名。

（二）商事审判中要尊重商事主体的自治性

"并非所有的民事主体都能成为商主体，只有具备法定条件的被法律允许从事商事活动并办理了相关核准或登记手续的民事主体，才能成为商主体，但商主体并不排除自然人。我国的商主体包括商个人、商法人和商事合伙三种。"[①]从法律规定的商主体的成立条件来看，商主体自成立之日起就具有完全民事行为能力，有充分的自治能力。意思自治是私法的基本原则，在不违反强行法的前提下司法权对商人意思自治的介入要秉持审慎和克制的态度，这主要是基于以下两个方面考虑。一方面，法律对商主体的假设自然推定他们对自身参与的商事行为有专业、成熟的判断能力，同时也应当具有更高的风险预估和承受能力，商主体的决策可以视作是在衡量风险与收益的基础上作出的最优选择，司法权力应当减少出于"父爱主义"的关怀而作出不必要的干预；另一方面，商行为本身具有很强的专业性和规范性，各商事领域均存在较为详细的成文法规范，绝大多数裁判者就某一商事领域的理解与认识属于"纸上得来"，并非行家里手，司法也就没有必要也没有能力对其进行过多介入和干预。在确定商行为不违反法律强制性规定的情况下，商事审判应谨慎介入市场主体的自治领域，充分尊重当事人对合同的自由权利和公司的自治权利等，不轻率地以司法判断取代商业判断。[②]

（三）树立尊重商主体意思自治和维护商业正义并重的理念

意思自治是私法的核心与精髓，而商法是私法进阶到商品经济时代的产物，作为调整商主体这个最富自由精神群体的法律，尊重意思自治是其必然要求。以理性"经济人"的假设为出发点，每个商主体都会根据自身利益最大化的需要作出相应的判断和决定，而商主体通过自由交易和合理配置有限的资源，在实现个体利益的同时亦能促进实现社会整体利益的最大化。尊重意思自治理念贯穿整个商法体系，亦应成为商事审判所需始终坚持的重要理念。另外，商主体具有天生利己的狭隘性与利润追求的盲目性，商业社会的发展如依赖绝

① 江必新：《商事审判与非商事民事审判之比较研究》，载《法律适用》2019年第15期。

② 参见江必新：《商事审判与非商事民事审判之比较研究》，载《法律适用》2019年第15期。

对的个体自治将难免导致市场失灵,由此产生公权介入的必要性和合理性。公权介入的时机在于商事关系中自治机制失控或不足以避免滥权行为发生之时,公权介入的目的在于纠偏失控的自治机制,矫正和维护商业正义。具体到商事审判而言,在商事关系中出现违反法律强制性规定的情形时,如《合同法》中合同无效情形、《担保法》中担保无效情形、《公司法》中股东会决议无效情形、《企业破产法》中个别清偿行为等,应依法认定相应的行为无效。在出现违反诚实信用原则的情形时,应依法判决商主体承担相应不利后果,如合同当事人存在欺诈、胁迫、乘人之危等情形时,应依法支持另一方当事人撤销合同的请求;出卖人明知或应知提供的货物质量不符合约定,其质量瑕疵担保责任不因质量异议期届满而免除;主合同当事人存在串通骗取保证行为或者采取欺诈、胁迫等手段获取他人保证时,保证人可免除保证责任;等等。在出现损害社会公共利益或他人合法权益、违反公序良俗的情形时,如危害国家安全、违反社会公共利益、不正当竞争等,应依法认定为无效或对相应权利不予保护。①

最高人民法院认为:"要深化商事审判理念,正确理解和认识商事审判与传统民事审判在理念上、价值追求上的差异。在商事审判中,要注重保护当事人的缔约机会公平、形式公平,强调意思自治、风险自担;通过维护资本的动态安全,来促进资本的高效流转;在司法的干预上,商事审判要有所为、有所不为,法官应尽量减少以事后的、非专业的判断,代替市场主体缔约时的、专业的商业判断;要注重判决与调解在商事审判中的不同功能,对于事实清楚,责任明确,违法失信者试图以调解方式逃避和减轻责任的商事案件,要依法及时判决,严格追究违法失信者的法律责任,充分保障诚实守信方的合法权益。"

(四)裁判中要区分对外担保是公司的意思还是法定代表人个人的意思

就公司对外担保而言,公司股东可通过公司章程约定是否允许公司对外担保、对外提供非关联担保的决议机关是董事会还是股东会、对外担保的总额或者单项担保的数额等,这些都属于公司自治事项。当公司章程不允许为他人提供担保,法定代表人或者其他人员不得以公司名义对外提供担保,即便经过董事会决议同意,或者即便有一般多数决同意的股东会决议;当公司章程允许为

---

① 参见江必新:《商事审判与非商事民事审判之比较研究》,载《法律适用》2019年第15期。

他人提供担保,法定代表人或者其他人员也不得在公司不知情的情况下擅自以公司名义对外提供担保,否则都是违背意思自治原则。所以公司对外担保,先有公司同意为他人提供担保的意思,然后法定代表人或者其他人员才能代表或者代理公司对相对人实施担保行为。公司意思的表现形式是公司股东会或者董事会的决议,公司意思的形成机关与公司意思的表达机关并非同一主体,这就使在法定代表人代表公司对外提供担保时需要甄别其表达的意思是否为公司的真实意思,所以相对人需要审查公司股东会决议或者董事会决议的有无和真假。

对外提供担保,如果是公司的意思,由公司承担担保行为的后果没有超出公司的预期;反之,如果对外担保不是公司的意思,而是法定代表人等背着公司秘密为之,由公司承担担保行为对公司不发生效力后的赔偿责任则超出了公司的预期,这种风险公司是难以把控的,因为公司是组织且被大股东、法定代表人等控制,这种制度的安排也易诱发道德风险——诱使大股东、法定代表人等越权担保。

二、区分性思维

团体作为民事主体从事民事法律行为,即形成相互区分的团体内部法律关系与外部法律关系。团体机关的设置、团体决议的法律效力认定、团体成员权利之维护等,均属于团体内部法律关系,应当适用团体法规则及行为法规则处理。团体外部法律关系则主要指团体与第三人之间发生的各种法律关系,此种法律关系若为平等主体之间的私法关系,则应当适用契约法、侵权法等行为法规则处理。由此观之,在团体法语境下,应当明确区分团体内部法律关系和外部法律关系,各自适用不同的法律规范。这一团体法独特的法律适用规则体现在法律思维中,形成了区分性思维。以团体决议效力为例,区分性思维要求团体决议的法律效力以团体法规则及民事法律行为效力的评价规范予以认定,决议的效力与公司根据该决议对外行为的效力无涉;反之,团体机关对外代表团体之行为效力认定,也不应以团体内部决议是否有效作为认定基础,除非第三人事先明知团体决议存有瑕疵,故《公司法》第28条第2款规定:“股东会、董事会决议被人民法院宣告无效、撤销或者确认不成立的,公司根据该决议与善意相对人形成的民事法律关系不受影响。”

就公司对外担保而言,区分性思维体现在存在公司决议的情况下。如果公司作出了对外担保的决议,只是由于决议不适格、决议存在瑕疵,相对人尽到合理审查义务未能发现,表明其善意,公司根据该决议与善意相对人形成的民事法律关系不受影响。反之,相对人因未尽到合理审查义务未能发现决议瑕疵,表明其非善意,公司根据该决议与非善意相对人形成的民事法律关系受到影响——担保合同对公司不发生效力,相对人请求公司承担赔偿责任的,参照适用《民法典担保制度解释》第 17 条有关担保合同无效的规定。

如果不存在公司决议,公司的法定代表人违反《公司法》关于公司对外担保决议程序的规定,超越权限代表公司与相对人订立担保合同,此时外部行为能否影响内部关系呢——越权代表是否表明公司没有管好自己的人和公章而具有过错?如果把越权代表归咎于公司,公司没有管好自己的人和公章而具有过错,则公司承担担保合同对其不发生效力后的赔偿责任。反之,如果认为越权代表因欠缺公司的意思表示、公司只是被大股东、法定代表人操控的组织,从而公司无过错,则公司不承担担保合同对其不发生效力后的赔偿责任。

所以越权代表情况下有没有区分思维适用的余地是值得思考的,因为这直接关乎担保合同对公司不发生效力后公司是否承担赔偿责任的问题。

三、利益平衡思维

个体成员在自愿平等的基础上组成团体参与社会生活,意在克服个人力量和行动之不足,通过组织化的形式扩大个人的活动场域。团体对外实施法律行为往往牵涉外部第三人的利益保护,意味着法律规则的设计不仅要合理区分团体内、外部法律关系,更要充分考虑内、外部不同主体之间的利益衡量问题。概言之,团体法既要处理好团体内部不同机关、成员利益的协调,同时要系统协调团体内、外部当事各方的利益保护。

“民商事纠纷本质上是利益冲突。公司内部法律关系的利益冲突主要体现在:(1)股东与公司之间的利益冲突。原则上股东利益与公司利益是一致的。公司盈利,股东分享红利;公司亏损,股东利益受损。但二者利益并非完全一致。在某些情形下,股东利益又可能与公司利益不一致,如大股东就可能利用控股地位,掏空公司而中饱私囊。(2)股东与股东之间的利益冲突。股东与股东之间的利益冲突是难免的。特别在我国,大股东与中小股东之间的利益冲突尤为常见,大股东有时会利用其在公司的控股地位或者表决权重、信息占有等方面的优势来压榨和损害中小股东利益。(3)公司与经营者之间的利益冲突。一般而言,公司董事对公司经营活动应尽到忠实、勤勉义务,理应为公司的最大利益服务。但董事同样具有人性的弱点,在工作中就会产生机会主义,会利用其在公司中的特殊地位谋取个人利益。[①] 正是基于此,《公司法》第15条就公司对外担保程序作出了较为严格的规定。公司外部法律关系层面的利益冲突主要是公司和交易相对人之间的利益冲突。实践中公司对外担保之所以存在类案不同判,一个重要因素就在于利益保护的视角不同。有的立足于保护相对人利益,倾向认定担保合同有效或者公司至少承担赔偿责任;有的则着眼于保护公司及其中小股东的利益,倾向于认定担保合同对公司不发生效力且不承担赔偿责任。一直以来,'债权人保护至上'原则被奉为圭臬,一定程度上影响了公司及股东利益的保护,引发了学界较多的质疑声,以至于有学者提出《公司法》本身承担着维护公司和股东利益的职能,如果过分强调对公司相对人利益的保护,难免导致法律功能及法律解释的错位。[②] 如果公司法规范或者解释不能合理顾及公司与债权人之间的利益平衡,根本伤及公司或股东利益,必然诱使投资者远离公司制度,公司于企业形态上的进步性就将淹没于某种情感宣泄中。[③] 这都意味着在商事纠纷中要贯彻落实好利益平衡理念。

贯彻落实利益平衡理念,要解决好对公司债权人的整体保护问题。具体到司法实践中,不能仅仅强调保护接受公司对外担保的债权人(相对人)的利益,而忽视公司其他债权人的合法利益。因为,作为市场交易的重要主体,公司的存在和发展必须以与其他市场主体发生债权债务关系为前提和基础,这就意味着公司必然会存在众多的债权人和债务人,尤其是公司的债权人往往存在有担保和无担保的区分,其在债权受偿上的差异性是相当明显的。担保的无偿性特点决定了担保权人在获得债务清偿时一般无须支付相应对价,而公司其他债权人的债权成立是基于对待给付义务的履行,且债务人违约时,担保债权人比无担保债权人拥有更多的选择权,'会导致无法补偿的风险落到最不知情、调整贷款条款的能力最差、在借款公司破产时得到的保护最弱、并且最没有能力承担

---

① 参见梁上上:《公司担保合同的相对人审查义务》,载《法学》2013年第3期。

② 参见叶林:《公司法研究》,中国人民大学出版社2008年版,第150页。

③ 参见王毓莹:《公司法规范变革的六大重要视角》,载《中国法律评论》2020年第3期。

财务困境的债权人头上’。[①] 如果任由法定代表人设定担保，在公司承担担保责任后，很可能无力清偿公司的其他债务，这种结局无疑对公司其他无担保的债权人有失公平。即使抛开公平与否的价值判断这些形而上的裁判标准，单纯从利益衡量的角度出发，也不能推导出担保债权人的利益会大于公司诸多利益相关者的利益总和的结论。[②] 在公司对外提供担保问题上，内部限制说所倡导的一味保护交易安全实际上忽视了对公司利益的保护，使公司其他债权人和公司股东利益在法律上得不到平等保护，最终可能会在更大范围内损害交易安全。正如学者所担忧的，如果法律轻易接受债权人的担保偏好，从而会发生以下情形：担保权人可以介入卷走一切，而什么都没有给无担保的债权人留下，特别是那些未获薪酬支付的员工。在英国，此类担忧已经引起了立法机关的关注，英国公司立法引入强制性披露要求予以干预，据此绝大多数的担保形态必须进行登记才能获得法律效力。向来推崇市场机制的英国对公司担保的保守立场，当值我国借鉴。[③]

贯彻落实利益平衡理念，要解决好对公司及股东与相对人之间的均衡保护问题。在商事交易中，虽然作为债权人的相对人的利益需要得到关注，但公司和股东的利益保护同样不容弱化和忽略。一直以来，在打着维护交易安全、保护善意第三人维护信赖利益等口号下，交易相对人在利益保护的天平中成为被倾斜保护的一方，但其背后带来的是对公司及股东利益的戕害。以至于有学者对当前采取‘善恶二分制’规则以保护善意相对人为基点的制度设计提出质疑，认为忽视和损害了应受优位保护的公司组织及相关利益主体的利益。[④]《公司法》第 16 条本身就是为了保护公司和股东利益，如果无视该条款设立的初衷，就无法阻止公司实际控制人或大股东利用公司担保损害公司及其他股东的利益。尤其在当前积极营造法治化营商环境的时代背景下，股东是公司的投资者，是公司直接融资的主要对象，依法维护股东权利更是保护营商环境的重要内容。公司要实现财富的增长，必须要有充足的资本来源。沿着这一思路，如

---

① ［英］艾利斯 · 费伦：《担保债权的经济优势及担保利益之确定——以英国普通法为视角》，罗培新译，载《江淮论坛》2012 年第 2 期。

② 参见吴飞飞：《公司担保案件司法裁判路径的偏失与矫正》，载《当代法学》2015 年第 2 期。

③ 参见罗培新：《论商事裁判的代理成本分析进路》，载《法学》2015 年第 5 期。

④ 参见李建伟：《公司决议的外部效力研究——〈民法典〉第 85 条法教义学分析》，载《法学评论》2020 年第 4 期。

果不能很好地维护股东的合法权益，公司不能为股东谋取合法收益，股东投资热情必将减退。《最高人民法院关于适用〈中华人民共和国公司法〉若干问题的规定（四）》聚焦股东权利保护，就是让千千万万的投资人看到，他们投资形成的股东权利是有司法保障的。[①] 这些都要求法官在处理公司对外担保等纠纷时，要有意识地融入价值判断和利益衡量，避免将单一利益绝对化，均衡保护好相对人和公司及股东等各方利益，在保护好相对人合法权益的同时，充分激发好股东的投资积极性，尤其要妥善处理好担保合同不发生效力后作为担保人的公司与作为债权人的相对人的利益平衡保护问题。如前所述，担保合同不发生效力，相对人非善意的，有观点认为此时相对人的行为属于自甘冒险的行为，法律没有必要对其予以特殊保护；《民法典担保制度司法解释》第 7 条第 1 款第 2 项和第 17 条的规定有过度保护相对人之嫌，不值得赞同。[②]

贯彻落实利益平衡理念，要秉持对中小股东利益的优先保护问题。经济利益是个整体，单纯地限制或者扩张某一方的利益诉求都可能导致整个利益体系的失衡，引发社会不公；相反，如同经济学领域的‘木桶原理’一样，对木桶中最短的木板予以加固，对利益体系中最值得关注的群体给予适当优先保护，则能最大限度地实现各方利益的平衡，最大程度上增加利益总量。在公司法领域，中小股东利益保护是一直在着力解决且迫切需要解决的课题。2021 年年底，公布的有关《公司法》修订草案的说明中就指出，现行公司法律制度存在一些与改革和发展不适应、不协调的问题，其中就包括中小投资者和债权人保护需要加强等。根据中国证券投资者保护基金有限责任公司联合沪深交易所、中国证券登记结算有限责任公司、中证资本市场运行统计监测中心、中证中小投资者服务中心等于 2018 年 9~10 月共同开展的首次‘全国股票市场投资者状况调查’的成果显示：截至 2018 年 8 月 31 日，全国股票投资者数量达 1.42 亿，其中自然人投资者占比 99.77%。从基本属性与资产配置情况来看，近八成受调查投资者收入主要来源于工资、劳务报酬，超九成的年度税后收入在 50 万元以下，二

① 参见杜万华主编、最高人民法院民事审判第二庭编著：《最高人民法院公司法司法解释（四）理解与适用》，人民法院出版社 2017 年版，第 2 页。

② 参见迟颖：《法定代表人越权行为的效力与责任承担——〈民法典〉第 61 条第 2、3 款解释论》，载《清华法学》2021 年第 4 期。

成固定样本和三成随机样本投资者背有房贷、消费贷等债务。① 由此可见，在股票证券市场中，我国股权结构主要以中小股东为主体，中小股东的利益保护亟待受到关注。而以往的司法实践中，中小股东的利益不仅受到来自外部相对人利益保护绝对化的伤害，还受到大股东滥用控股地位及信息优势等的剥夺，成为最需要给予利益关注的群体之一。特别在公司对外担保中，对外担保意志的形成更多的是大股东通过资本多数决实现的结果，在一定意义上剥夺了话语权相对弱小的中小股东的利益；同时，公司担保的设定又稀释了公司对其他债权人的偿债担保，间接地影响了中小股东的财产权益。在这种情况下，通过对中小股东利益适当倾斜保护的方式，不仅是对实现原有的利益保护策略必要的矫正，还可从实质层面实现交易相对人、公司、公司其他债权人、控股股东以及公司中小股东之间利益的真正平衡。"②

四、树立商主体维持理念

商主体维持理念是商法领域的重要理念之一，商法的各项制度都应当努力维持商事企业的存续和发展。我国的《公司法》、《合伙企业法》、《个人独资企业法》和《企业破产法》都在很大程度上体现了避免作为商主体的企业破产与解散的精神，如《企业破产法》中的和解与整顿制度等。商主体维持原则的目的在于让能够良好发展的企业持续发展，并尽量维护社团法律关系的稳定。按照商主体维持理念，公司法的第一任务是维持公司主体存在，不鼓励股东退股，不鼓励公司减资，也不鼓励公司对外担保。

用商主体维持理念看待公司的对外担保，从内外两个方面着手。公司内部应建立健全规章制度，管好自己的公章，管好自己的人。公章由专人保管，由法定代表人、董事、高级管理人员等执行事务人员以外的人员保管；笔者做执法法官时向某公司发放执行款，该公司派三个人来法院，一个是代表公司领取执行款的人，一个是公章保管人，一个是批准用印的人，且加盖公章的材料必须留有复印件备案，该公司的做法值得借鉴；用章制度应明确规定，公司对外担保合同

---

① 《首次全国股民状况调查：自然人超 99.7%近八成收入来自工资》，载央广网 2019 年 3 月 31 日，https://baijiahao.baidu.com/s?id=1629516602714345647&wt=spider&for=pc。

② 陈树森：《公司对外担保　实践·规则·理念》，法律出版社 2023 年版，第 313~314 页。双引号中的内容为直接引用原文。

必须附有适格的股东会决议或者董事会决议才予用章。从立法层面来说,可将上市公司对外担保强制性披露制度普及全部公司,无论上市公司还是非上市公司,对外担保都不应该偷偷摸摸地进行,以立法的形式引入对外担保信息的强制披露制度。英国公司法规定了公司对外担保强制性披露制度,绝大多数的担保必须进行登记才能获得法律效力,这种做法既能避免越权担保的发生,保护公司利益免受侵害,也能避免债权人接受有瑕疵的担保,值得我国借鉴。

第十三章　关于公司对外担保规范的境外考察[①]

第一节　英国公司法关于公司对外担保的规定

针对公司对外担保，英国公司法没有直接规定，而是隐含在公司超越经营范围、董事越权和公司向董事提供贷款等相关法律规定及判例法之间。

一、英国公司法关于公司超越经营范围的态度

非金融类公司的经营范围一般不包括为他人提供担保，为他人提供担保是超越经营范围的事项，所以有必要探究英国公司法关于公司超越经营范围的态度。

针对公司超越经营范围的行为效力问题，英国公司法经历了从以保护债务人公司为基础的“推定知悉”规则，逐步转变为以保护债权人为基础的“内部管理”规则，甚至出现了限缩交易相对人恶意认定的强保护规则的发展历程。

早在1857年，英国公司法就通过“欧内斯特案”确立了“推定知悉”规则，即公司章程一旦公开就意味着向第三人发出了通知，进而推定第三人应当知道并理解其中的内容，所以章程中有关公司的义务范围（目的条款）等所有内容均可对抗第三人。之所以产生这种规则，在于早期的观点认为公司只是股东为了实

---

① 陈树森：《公司对外担保　实践·规则·理念》，法律出版社2023年版，第83～108页。本部分的内容在直接引用的基础上略有删改，其中域外有关公司对外担保的规定对我国的启示部分系本书原创。

现其有限的宗旨设立的,为了保护股东,公司不能违背股东的意愿而超越公司章程行事,一旦超越则行为无效。与“推定知悉”规则相配套的则是英国公司法所确立的“越权无效”原则。这一原则是1875年英国上议院在审理“黎希案”时确立的。“越权无效”原则的大致内容为:依据1862年《英国公司法》设立的公司,仅可在大纲规定的目标条款内实施交易;凡超越目标条款的交易,无论相对人是善意还是恶意,自始无效;即使全体股东一致追认,也不能例外。超越章程规定的目的范围签订的合同,由于公司缺乏缔约能力,所以即使全体股东一致追认,合同对公司亦不产生约束力。

“越权无效”原则的确立,原本是为了防止公司财产基于设立目的以外的活动而招致不当减少,进而保护公司股东及债权人的利益。其实施过程中却产生了与初衷相背离的效果:一方面,这一原则成为禁锢公司自由经营的枷锁。受制于设立目的,公司不能灵活地捕捉其他商业机会,影响了公司的发展与成长;另一方面,它助长了毁约和失信行为。“越权无效”原则在“推定知悉”规则的加持下,对交易相对人而言,无疑是一个陷阱:与公司缔结合同的当事人会因未曾阅读公司大纲,或者虽然阅读了但可能未理解它,而遭受不测损害。[①] 这严重影响了商事交易的安全和便捷。因此,自确立以来,“越权无效”原则就不断地受到商界和法律界的抵制和批判。[②] 即使在奉行“推定知悉”规则的时期,英国判例法也未完全遵循该规则,而是参照“代理法”对该规则进行修正,为此判例法区分了“默示的授权”和“显而易见的授权”两大类,在很大程度上修正了“推定知悉”规则。[③] 例如,在Hely-Hetchinson v. Brayhead Ltd.一案中,Richards是Brayhead公司的董事长,他代表公司签署了一份融资协议,但是公司董事会并未通过相关决议授权该行为,从而拒绝承认该契约对公司具有约束力。丹宁勋爵认为,公司授权分为明示授权和默示授权,默示授权取决于案件的具体情况,可以从代理人的职位和各方的客观行为等推定。本案中,Richards是公司董事长,董事长一职的权力通常只限于主持董事会会议,而不能代表公司订立契约,除非获得董事会的授权。但从各方的行为模式和其他相关案件情况来看,Rich-

① 参见朱广新:《法定代表人的越权代表行为》,载《中外法学》2012年第3期。

② 参见孙英:《公司章程效力研究》,法律出版社2013年版,第172页。

③ 参见吴越:《法定代表人越权担保行为效力再审——以民法总则第61条第三款为分析基点》,载《政法论坛》2017年第5期。

ards 仍然拥有默示的实际授权。长期以来,Richards 一直管理公司的融资事务,并行使最终的决策权,然后向董事会报告。因此虽然他名义上只是董事长,但也是事实上的管理董事,董事会一直默认该事实。最终丹宁勋爵判决融资契约对公司有效。①

在修正"推定知悉"规则及"越权无效"原则对公司经营发展带来的桎梏方面,影响深远的当属英国皇家银行诉图尔宽德案。在该案中,银行董事根据已作登记的财产授予契约,依据公司股东会决议向第三人图尔宽德发行公债。然而银行提出诉讼请求,声称董事会这一行为没有获得公司股东会所通过决议的批准,因此应当认定无效。杰维法官并不赞同这一诉求。他认为,即使董事会在决定发行公债时,事实上没有得到股东会的批准,但该行为也应视为有效。因为对于交易第三人而言,他有权依赖于外部文件的表征,而相信董事会获得此种授权。根据这一判例,英国普通法确立了公司"内部管理"规则,又称为"图尔宽德"规则,即与公司进行交易的第三人,被假定为在从事交易前已经查阅或知悉公司登记的公共文件,并且他们确信他们与公司所从事的交易没有冲突。除此之外,他们无须付出更多的代价,以探听公司是否仍有其他内部规定。如果他们所查阅的公司公共文件已然明确董事会的授权内容,并且依据这些授权与代表公司的董事进行交易,即使公司内部对这些授权附有其他条件或者程序方面的限制,交易第三人也无须查找这些内部文件或程序限制。"图尔宽德"规则的确立,一方面为交易第三人提供了稳定剂和安心丸,不必对公司内部的管理规则忧心忡忡,有所顾虑;另一方面也对商业便捷效率给予了较大的鼓励,促使第三人在与公司进行交易时,不必花费太多时间和精力探寻公司内部文件,而只须依据公开文件便可决定。这无疑可以节省大量时间,提高商业效率。②因此,即使在英国奉行"推定知悉"规则的时期,鉴于"推定知悉"加重了交易相对人的注意义务和举证责任,严重损害了交易安全,因此也不得不用"图尔宽德"规则进行修正,以维护交易安全。换言之,"推定知悉"规则一直不能贯穿始

---

① 参见黄辉:《现代公司法比较研究——国际经验及对中国的启示》(第 2 版),清华大学出版社 2020 年版,第 135 页。

② 参见林少伟:《英国现代公司法》,中国法制出版社 2015 年版,第 455 页。

终。[①] 同时,为了减少“越权无效”原则所带来的弊端,1968 年欧洲共同体《第一公司法》指令要求各成员国废除越权制度。1972 年《欧洲共同体法》第 9 条贯彻了指令的要求。该条第 1 款规定,公司应承受其机关实施的行为,即使这些行为不在公司的目标之内,除非此种行为超越了法律授予或法律允许授予公司机关的权力。这些都对《英国公司法》上“越权无效”原则带来了重大影响,进而也影响了与之相关的公司对外担保行为的效力判断。

二、2006 年《英国公司法》关于董事越权行为的规定

根据 2006 年《英国公司法》第 40 条规定,无论公司宪章对董事权力作出何种限制,只要与公司交易的人出于善意,该交易对公司即产生约束力。换言之,与没有授权或者超出授权范围的董事进行交易的第三人须持善意之心;如其恶意,则不符合此条款,交易对公司不产生约束力。

根据 2006 年《英国公司法》第 40 条第(2)节的规定,首先,第三人无须查询董事的授权限制。这实际上削弱甚至推翻了普通法上的“推定知悉”规则。在普通法中,根据“推定知悉”规则,法院可以推定第三人知晓该限制。在以往的交易中为了保护自身利益,第三人须花费时间和精力进行事先调查,以防止对方超出权限而导致自身利益受损,而今则无必要。其次,在善意认定方面,采取了事先推定第三人为善意的立场,除非有相反证据证明其怀有恶意。这实际上转移了证明责任,将证明第三人为恶意的负担转移给公司。[②] 最后,也是最令人惊讶的是,即使第三人知道对方超越公司宪章授予的权限,也不能仅仅以此证明其恶意行事。这实际上否定了“知情=恶意”的传统司法,也增加了公司证明第三人恶意的难度。至于如何证明第三人怀有恶意,鉴于第三人仅仅知情不足以证明其恶意行事,除此之外,尚需其他条件方能证明其怀有恶意。对此普通法认为,如第三人与董事相互串通或者共谋图取私利,则为恶意;如第三人知悉对方已超出权限,且行为有不当目的,但仍与之交易,也构成恶意。

2006 年《英国公司法》的修正,意味着英国过去判例法中曾经奉行的“推定

---

① 参见吴越:《法定代表人越权担保行为效力再审——以民法总则第 61 条第三款为分析基点》,载《政法论坛》2017 年第 5 期。

② 这里是公司宪章对董事权力所作的限制,属于意定限制,因而对相对人的善意采取“推定主义”。如果是法律对董事权力的限制,属于法定限制,相对人的善意采取“自证主义”,由自己证明。

知悉”规则已经被抛弃。一方面是由于市场经济发展到一定层次以后交易规则的自身演变所致;另一方面则因为其相关的配套措施在很大程度上填补了“推定知悉”规则退出后所留下的制度空当。比如在英国,登记与公示是公司对外提供担保的必经程序。2006 年《英国公司法》第 860 条第 1 款规定:“设立本条所适用之抵押的公司,必须在允许登记期间结束之前,为了登记而向登记官提交抵押的规定详情,连同设立或证明抵押之文件。”第 892 条第 2 款还规定:“文件和登记册必须被置备于下列地点,以供查阅—(A)公司登记住所,或者(B)第 1136 条之下的规章所指定的地点。”[①]换言之,正是由于登记或者公示配套系统的发达,填充了“推定知悉”规则最初不合理或者不符合商业交易发展的内容,为 2006 年《英国公司法》有关第三人保护规则得到较好的贯彻落实提供了有力支撑。当然,当董事没有授权或者超出授权范围与他人交易时,就已违背了《公司法》关于董事须在权力内行事的义务,他须承担因违反此义务而产生的责任。如 2006 年《英国公司法》第 40 条第(5)节就进一步确认第 40 条不影响董事或任何其他人由于董事超越权力而产生的任何责任。第 41 条第(3)节对董事可能承担的责任作了进一步规定,即董事须向公司缴纳其直接或者间接从该交易中取得的任何收益,且向公司补偿因该交易而造成的任何损失或者损害。

三、2006 年《英国公司法》关于公司贷款、准贷款等规定

2006 年《英国公司法》中关于公司担保较为接近的规定属于“贷款、准贷款和信用交易”的内容。如第 197 条(对董事的贷款:成员批准之要求)就规定:(1)公司不得对公司或其控股公司的董事提供贷款,或者提供与任何人对该董事的贷款相关联的保证或担保,除非交易已经被公司成员的决议批准。(2)如果董事是公司之控股公司的董事,交易必须同时已经被控股公司成员的决议批准。依据第 213 条(贷款等:违反的民事后果)规定,公司违反第 197 条、第 198 条、第 200 条、第 201 条或第 203 条而签订交易或安排时,原则上公司有权申请撤销上述交易或者安排。而且,无论交易或安排是否已经被撤销,对此负有责任的公司董事或与董事相关联的人均负有将其直接或间接从交易或安排中获取的任何收入归还公司,并就公司因此所受的任何损失或者损害承担共同连带

① 《英国 2006 年公司法》(2012 年修订译本),葛伟军译,法律出版社 2012 年版,第 540~558 页。

民事责任。[①] 从该条文字表述来看,2006 年《英国公司法》对公司向董事贷款提供的保证和担保原则上是禁止的,除非已经"公司成员的决议批准",甚至必要时还需要经"被控股公司成员的决议批准"。但法律规定并不仅限于此,2006 年《英国公司法》又在第 204 条、第 205 条、第 206 条、第 207 条、第 208 条、第 209 条等设置了"公司业务开支""诉讼答辩等开支""与监管行动或调查相关联的开支""小型和商业交易""集团内部交易""贷款公司"等诸多例外情形。根据 2006 年《英国公司法》,在这些例外情形下的担保行为,通常并不要求第 197 条、第 198 条或第 200 条之下的批准。例如,根据第 207 条的规定,公司提供贷款或准贷款,或者提供与贷款或准贷款相关联的保证或担保,如果交易的价值以及任何其他相关交易或安排的价值的总额,不超过 10000 英镑,则不要求获得第 197 条、第 198 条或第 200 条所规定的相关批准。

由此可以看出,总体上 2006 年《英国公司法》是允许公司对外提供担保的,只是在某些具体担保类型方面,出于资本维持和防范利益冲突的考量,才对特定类型的公司担保予以限制或者禁止。[②]

四、英国公司法有关公司对外担保的规定给我们的启示

在公司对外担保方面,我国的公司法与英国的公司法的不同点,主要是没有像英国公司法那样规定登记与公示是公司对外提供担保的必经程序。在英国,公司提供抵押,必须为了登记而向登记官提交抵押的详情、设立或证明抵押之文件,且文件和登记册必须被置备于公司登记住所、规章所指定的地点以供查阅。正是由于登记或者公示配套系统,以及关于董事超越权力承担赔偿责任的规定,故在英国没有像我国那样出现公司"越权担保""滥保"的常见现象。我国当前仅要求上市公司公开披露有关担保的信息,对非上市公司未作要求,可以断定,上市公司"越权担保""滥保"的现象将会大幅减少,而非上市公司改变不会明显。

在生产作业中,程序的合理能够保障顺利作业,能够防范事故的发生。在

① 参见《英国 2006 年公司法》(2012 年修订译本),葛伟军译,法律出版社 2012 年版,第 118~119 页。

② 参见周伦军:《公司担保的法律解释论》,载最高人民法院民事审判第二庭编《商事审判指导》2012 年第 4 辑(总第 32 辑),人民法院出版社 2013 年版,第 33 页。

事故发生后,调查组往往将调查工作流程的设置是否合理、当事人是否按照工作流程作业。是否按照程序作业作为事故调查的切入点,也是作为认定当事人过错有无、大小的基础。公司法是组织法,规定公司这个组织的运行程序,如股东会、董事会的召集、通知、表决等程序。为了保障公司对外担保是公司的真实意思表示,不损害公司利益、中小股东利益和公司债权人利益,英国公司法的登记与公示程序值得我们学习、借鉴。在我国,控制股东、法定代表人、董事、经理等背着公司进行"越权担保"及"滥保"的现象持续数十年了,而且还将会持续,学理上的争论也从未间断。当前我们应该采取措施在程序上让中小股东、公司债权人参与进来,保障中小股东、公司债权人对公司对外担保的知情权、参与权、异议权,如此,才能实质上有效地规制越权担保。

另一个不同点是,英国公司法规定公司违反"为董事贷款提供担保的批准之要求"而进行交易或安排时,原则上公司有权申请撤销该交易或者安排。我国法律中没有类似规定。公司的撤销权能够最大化保护公司利益,比如 A 公司向银行贷款,B 公司董事未经 B 公司股东会或者董事会决议授权以 B 公司名义为上述贷款提供担保。担保合同签订后、贷款发放前 B 公司发现越权担保的,可以立即行使撤销权将该担保合同撤销,甚至贷款已经发放,B 公司可以在行使撤销权的同时申请冻结 A 公司取得的还未来得及花掉的贷款,待撤销担保合同后将贷款返还给银行。

第二节　美国公司法有关公司对外担保的规定

一、美国立法对公司对外担保的态度

美国没有统一的公司法,而是由各州独立制定公司法。公司的成立与内部事务的管理主要依据注册地州法律。美国律师协会制定的《标准公司法》,供各州立法者修改公司法时进行参考。从各州公司法的立法规定来看,基本都秉持了对公司对外担保较为宽松的态度,普遍赋予公司对外担保的权利能力,大多规定公司可以为其关联公司的利益对外提供担保。《美国标准公司法》第 3.02 节规定,"除非公司章程另有规定,所有公司以其公司名义永久存续,并有权像自然人一样进行所有必要和便于执行其业务和事务的事宜"。其中,第 5 项允

许公司以其全部或者部分财产设定抵押或者质押，第 7 项则允许公司为公司义务提供保证。当然，根据该法第 8 章第 6 节有关董事利益冲突交易行为的法律规制，如果子公司董事在母公司强大压力下以子公司财产对母公司提供了担保，就有可能构成利益冲突交易，就要接受相关法律规则的制约。如果公司为其股东提供担保的行为对公司是公平的，不损害公司的利益，遵循了信息披露的要求，则可以得到法律确认。《美国标准公司法》虽然不是可以直接适用的法律，但往往为各州的立法所借鉴。

在美国各州中，特拉华州素以"公司天堂"闻名于世。该州虽然面积小，但其在公司设立竞争中的优势引人注目。截至 2014 年年底，美国超过半数的上市公司和 65.6%的 500 强公司都在特拉华州注册。① 其中，特拉华州公司法起到了至关重要的作用。《特拉华州普通公司法》就对公司对外提供担保持开放态度。该法第 143 条【向雇员和高级职员贷款；为雇员和高级职员的债务担保】规定，董事会认为，如果向公司或者子公司的高级职员或者其他雇员（包括担任公司或者子公司董事的高级职员或者雇员）提供贷款，为其债务提供担保，或者以其他形式提供帮助，则可以合理地期待将为公司带来利益的，公司可以提供此类贷款、担保或者帮助。贷款、担保或者其他形式的帮助既可以计利息，也可以不计利息；既可以无担保，也可以要求以董事会批准的方式提供担保，包括（但不限于）以公司的股份质押。本条的任何内容不得视为否认或者限制公司在普通法或者其他制定法中的担保能力。② 由此可见，在特拉华州公司法中，只要董事会能够"合理地期待为公司带来利益"，公司就可以为其职员或者雇员提供贷款或者担保。这无疑是对公司对外担保最鲜明的支持态度。

除此之外，《纽约州公司法》第 202 条规定，如果对公司有利，公司有权为其他公司或个人的债务提供担保。美国一些州公司法还创造了所谓"安全港条款"，以确保在一定条件下公司担保行为的有效性。这些"安全港条款"规定，即使不是以"促进公司为目的"所提供的担保，但如果得到一定数量以上的股东同意，则担保仍属于有效。如纽约州和新泽西州要求持有 2/3 以上股权的股东批准，而罗得岛州规定必须超过 50%股权的股东批准。美国得克萨斯州的法律则

① 参见杨成良：《州际竞争与美国公司法的发展》，载《比较法研究》2017 年第 1 期。

② 参见《特拉华州普通公司法》（最新全译本），徐文彬等译，中国法制出版社 2010 年版，第 44 页。

明确允许保证公司的董事会可以保证母公司、子公司或者关系企业的债务，只要这些公司彼此之间以百分之百股权持有关系相互牵连即为已足，而无论系争保证是否为保证公司带来直接或者间接的利益。[①] 这些立法情况，都对原有的未经全体股东一致同意不得将公司资产无偿赠与他人的古老公司法原则进行了修正。

二、美国司法对公司对外担保的态度

在司法领域，美国法院通过判例对公司担保合同确立了一系列规则，总体上呈现从严格管制到趋于宽松的发展态势。对公司担保行为的有效性，美国法院采取利益标准加以判断，即衡量公司利益是否因担保行为而有所促进。[②] 存在"利益"的，则系争担保行为有效，否则即为无效。早期的判例要求债权人须证明公司担保对公司具有直接利益，即公司为他人担保时必须对自己有直接的好处。但这种对"直接好处"的理解与解读，相对比较宽松。比如，在 Woods Lumber. v. Moore，191P. 905，907（Cal. 1920）一案中，一家服装公司为一家电影戏剧公司所欠木材公司的债务提供了担保。法院认为，担保对服装公司的生意有直接的好处，因为一旦电影戏剧公司使用木材搭建舞台，服装公司就可以向电影戏剧公司提供戏装。这一推理将三个几乎风马牛不相及，至少也是关系十分遥远的行业——服装、木材、电影戏剧牵扯在一起，认为服装公司为电影戏剧公司担保对自己有好处。可见，美国法院对公司担保的限制是较为宽松的，因为公司对外提供担保是公司自己的商业决策，公司知道该怎么处置自己的资产。公司在对自己没有好处的情况下是不会为他人提供担保的。[③]

在后来的发展中，有关公司利益的解释有所扩大，间接利益也包含其中，例如，美国明尼苏达州法律表明，同一集团内"资金转移"被视为对集团内的每一分子公司皆属有利；华盛顿州法律亦规定，公司得对其股东以及任何关联企业的债务进行保证，但其前提条件为"此一保证行为得合理被期待对保证公司直

---

① 参见刘连煜：《论公司保证之有效性》，载刘连煜：《公司法理论与判决研究》，法律出版社 2002 年版，第 182 页。

② 参见周伦军：《公司担保的法律解释论》，载最高人民法院民事审判第二庭编：《商事审判指导》2012 年第 4 辑（总第 32 辑），人民法院出版社 2013 年版，第 32 页。

③ 参见朱锦清：《公司法学》（上），清华大学出版社 2017 年版，第 252 页。

接地或间接地具有利益”。[①] 在公司担保对公司仅有间接利益或者隐性利益方面,美国司法实践中又逐渐发展出“合理营业判断”“为促进公司之目的”等宽松认定公司利益的方法。[②] 一些案例更进一步发展出判断“利益”是否存在的标准,即在公司董事们的营业判断下,以系争保证行为是否可被视为该公司业务经营所必需的或者附随的而定。[③] 这一判断标准被为数颇多的法院采纳。这些因素都表明,在公司对外提供担保问题上,美国司法实践基本上持开放和宽容的态度,更多地将其作为公司商业决策的一部分内容予以对待。比如,就集团内部企业之间的保证而言,针对“向下游之保证”,即母公司对子公司的债务加以保证的,美国多数法院认为,母公司保证子公司的债务,应属于母公司保护或者提升其在子公司的股权利益,该保证行为显然归属“乃为母公司利益而为,而非为他人之利益而为”,其合法有效性得到广泛承认。针对“向上游之保证”,即子公司对母公司的债务加以保证的,美国法院均支持其有效性,其理由往往强调当事公司彼此“在结构与功能上的密切结合”“在业务上的紧密相连”以及两公司在“董事与重要职员上的共通性”等。在美国法院看来,当母公司的信用加强后,子公司的利益即可随之获得提升。针对“横向之保证”,即属同一集团的子公司之间的保证情形,从美国案例分析,即使子公司存有少数股东的问题,只要系争关系企业、姊妹公司业务互有牵连,判例皆从公司法角度承认“横向之保证”的法律效力。[④] 总之,根据美国法院的判例,只要各分子公司之间存在经济上的结合关系,则集团企业内的保证,就符合“利益”的要件,属于有效保证行为。

三、美国有关公司对外担保的做法给我们的启示

无论是立法层面还是司法层面,美国都强调以对公司利益是否有促进为标

---

① 刘连煜:《论公司保证之有效性》,载刘连煜:《公司法理论与判决研究》,法律出版社 2002 年版,第 181 页。

② 参见朱谦:《论我国公司对外担保立法存在的问题及其完善》,载梁慧星主编:《民商法论丛》(第 23 卷),金桥文化出版(香港)有限公司 2002 年版,第 158~159 页。

③ 参见刘连煜:《论公司保证之有效性》,载刘连煜:《公司法理论与判决研究》,法律出版社 2002 年版,第 183 页。

④ 参见刘连煜:《论公司保证之有效性》,载刘连煜:《公司法理论与判决研究》,法律出版社 2002 年版,第 185~193 页。

准判断公司对外担保行为的有效性,存在利益的则系争担保行为有效,否则即为无效。如果英国公司法给我国的启示是程序性的,那么美国公司法给我国的启示则是实质性的,即公司对外提供担保必须对公司是有利的。英国公司法虽然没有明确要求公司对外担保必须符合公司的利益,但其程序性要求能够保障公司对外担保是公司的真实意思表示,其客观性规定更易操作、执行,能够减少裁判者的自由裁量工作。我国公司对外担保的实践中,那种法定代表人背着公司股东会、董事会等以公司名义为法定代表人或者其关联关系人的债务提供担保,显然对公司是没有任何利益的。

规范公司行为,保护公司、股东和债权人的合法利益,是公司法的立法目的。公司作为营利性企业,利益最大化是其宗旨,“规范公司行为,保护公司合法利益”应蕴含于每一个公司法规范中,公司对外担保的规范更应如此,因为公司对外提供担保具有单务性、无偿性。“符合公司的利益”是公司对外担保规范的灵魂,也是裁判者的裁判标准。立法层面和司法层面缺少“符合公司的利益”的要求,公司对外担保规范就缺少“灵魂”。司法层面的问题最终也是立法层面的问题,若立法语言、态度过于模糊将给裁判者如此裁判的机会。司法层面的态度又会怂恿非法担保的肆意发生。

第三节　我国台湾地区“公司法”的公司对外担保

一、“原则禁止、例外允许”的模式

我国台湾地区“公司法”第 16 条(公司为保证人之限制)规定:“公司除依其他法律或公司章程规定得为保证者外,不得为任何保证人。公司负责人违反前项规定时,应自负保证责任,如公司受有损害时,亦应负赔偿责任。”对这一规定,可以从三个层面进行解读:一是公司原则上不得为保证行为。我国台湾地区“公司法”第 16 条第 1 项之规定,旨在避免公司负责人擅用公司名义为他人作保,以稳定公司财务。因此公司不得为票据之保证人、民法之保证人、纳税之保证人,亦不可承受他人之保证契约。二是公司在特殊情形下可以为他人提供保证,即公司在依其他“法律”或者公司章程规定的情况下,可例外为保证人。因此实务中,一般公司之章程往往有此“标准条款”,规定公司得对外保证,且其

行使上亦无任何限制。[①] 三是违反了保证规定的效力。根据我国台湾地区“公司法”第 16 条第 2 款的规定,公司负责人违反保证限制时,应自负保证责任,如公司受有损害时,亦应负赔偿责任;换言之,公司无须负保证责任,亦不必与公司负责人负连带赔偿之责。[②]

我国台湾地区“公司法”第 16 条之所以就公司对外担保问题采取“原则禁止、例外允许”的模式,在于借助严格的规定达到维持公司资本的目的,避免因保证行为而危及公司财务,直接保护公司的利益,亦间接维护公司股东及债权人之权益。[③] 然而,有学者认为,此种规范方法是否能够达到原本所预期的规范目的,实不无疑问。尤其第 16 条准许公司以章程规定对外保证,但对于行使此项保证权能并没有任何设防,因此胡乱保证之情事难以完全避免。经济生活中公司基于发展的需要,相互融资或者担保现象屡见不鲜,使“公司法”第 16 条第 1 项的规定形同虚设。[④] 为解决公司保证规定所产生的问题,我国台湾地区有关部门曾拟议就“公司法”第 16 条加以修正,建议仍准许公司为保证,但须就个案取得股东同意或经股东会决议,以保障公司股东及债权人之利益。[⑤]

在公司对外担保的司法实务中,我国台湾地区司法机构解释第 59 号认为,公司除依其他“法律”或者公司章程规定以保证为业务者,不得为任何保证人。公司负责人如违反该条规定,以公司名义作出保证,既不能认为公司之行为,对公司自不发生效力。相关判例也大致遵循了这一思路。如 1959 年台上字第 1919 号判例认为,被上诉人公司非以保证为业务,其负责人违反“公司法”的规定以公司名义为保证,依台湾地区司法机构解释第 59 号,其保证行为对公司不生效力,则上诉人除因该负责人无权代理所为之法律行为而受有损害时,得依第 110 条之规定请求赔偿外,并无仍依原契约主张,应由被上诉人负其保证责任之余地。[⑥] 又如,1980 年台上字第 1676 号判例认为,公司除依其他“法律”或

---

① 参见刘连煜:《论公司保证之有效性》,载刘连煜:《公司法理论与判决研究》,法律出版社 2002 年版,第 177 页。

② 参见王文字:《公司法论》,台北,元照出版有限公司 2016 年版,第 125~126 页。

③ 参见周伦军:《公司担保的法律解释论》,载最高人民法院民事审判第二庭编:《商事审判指导》2012 年第 4 辑(总第 32 辑),人民法院出版社 2013 年版,第 42 页。

④ 参见李建伟:《关联交易的法律规制》,法律出版社 2007 年版,第 171 页。

⑤ 参见刘连煜:《论公司保证之有效性》,载刘连煜:《公司法理论与判决研究》,法律出版社 2002 年版,第 178 页。

⑥ 参见王泽鉴:《民法学说与判例研究》(重排合订本),北京大学出版社 2015 年版,第 278 页。

公司章程规定,以保证为业务者外,不得为任何保证人,为“公司法”第 16 条第 1 项所规定。本案被上诉人公司系以某报之出版发行等为业务,而非以保证为业务,自有上述禁止规定之适用。且所谓不得为任何保证人,非仅指公司本身与他人订立保证契约为保证人,即承受他人之保证契约,而为保证人之情形,亦包括在内。1985 年台上字第 703 号判例认为,“公司法”第 16 条第 1 项规定公司除依其他“法律”或公司章程规定以保证为业务者,不得为任何保证人,旨在稳定公司财务,用以杜绝公司负责人以公司名义为他人作保而生流弊,倘公司提供财产为他人设定担保物权,就公司财务之影响而言,与为他人保证人之情形无殊,仍应在上述规定禁止之列。[①] 依据我国台湾地区“公司法”第 16 条就公司保证权利能力所作之限制,加之台湾地区司法机构解释第 59 号之解释,第三人在接受公司对外担保之前,有必要审查公司是否具有对外担保能力,起码要审查公司章程中是否有“公司得对外保证”的记载。尽管这使我国台湾地区就公司对外担保能力上所持有态度似乎过于保守,但无论是有意还是无意,也在客观上使越权对外担保在我国台湾地区不致成为一个严重的问题。[②] 更值得注意的是,我国台湾地区在针对代表人未经股东会批准即“让与全部或主要部分之营业或财产”的越权代表效力上,大多按照“无权限之行为”处理,而非直接认定合同无效,如 2009 年台上字第 1981 号判决认为,非经公司股东会之特别会议,对公司不生效力。尽管少数判决认为“公司未经股东会上开特别决议通过即为主要财产之处分,系属无效行为”,[③]但“司法院大法官解释”第 59 号与相关判例均认为,公司负责人违反“公司法”规定以公司名义为保证,对公司不生效力[④]——代表行为不能归属于公司,根本没有必要也不应该对担保合同有效无效进行判断。[⑤] 考虑到对外担保属于公司的非常规交易,亦属于对公司财产的处分,这种司法裁判倾向对公司代表人越权提供担保的处理具有一定的参考

---

① 参见王泽鉴:《民法总则》(增订版),中国政法大学出版社 2001 年版,第 279 页。

② 参见何欢:《再议代表人越权对外担保的法律效力——基于公司担保法律规则的体系化解读》,载《交大法学》2015 年第 2 期。

③ 参见何欢:《再议代表人越权对外担保的法律效力——基于公司担保法律规则的体系化解读》,载《交大法学》2015 年第 2 期。

④ 参见王泽鉴:《民法学说与判例研究》(重排合订本),北京大学出版社 2015 年版,第 278 页。

⑤ 参见何欢:《再议代表人越权对外担保的法律效力——基于公司担保法律规则的体系化解读》,载《交大法学》2015 年第 2 期。

价值。

二、我国台湾地区“公司法”有关公司对外担保的规定给我们的启示

我国台湾地区“公司法”有关公司对外担保的立法理念是“原则禁止、例外允许”,在“公司法”上作原则上的禁止,但其他“法律”或者公司章程另有规定者除外。原则上禁止公司对外担保是有道理的。笔者作为执行法官在办理执行案件过程中发现,公司作为被执行人的,如果其无力偿还巨额债务,几乎都涉及对外担保的问题,包括被执行人公司为他人提供担保,也包括他人为被执行人公司的债务提供担保,还包括多个被执行人公司互相担保且都无力偿还债务的情形。在办理执行案件过程中,笔者还发现,有些家族公司本来经营得很好,每年都有上百万元甚至近千万元的利润,公司的“家长”为了将企业做大做强,便举债扩张。资金链一旦断裂,债主上门逼债,企业资产被拍卖还债,甚至企业主为躲债流落他乡。在公司举债扩张的过程中,担保一般是必不可少的,如果不提供担保可能就借不到钱,借不到钱企业就不会负债,企业就会“细水长流”下去。担保制度对经济的发展有极大的好处,能够为微观个体解决融资的问题,但是微观个体须谨慎举债扩张。所以,“原则禁止、例外允许”的理念可以借鉴。

在越权对外担保的法律后果上,我国台湾地区“公司法”第16条规定,公司负责人违反前项规定应自负保证责任,如公司受有损害亦应负赔偿责任。该规定将越权担保按照无权代理规则处理。而我们采取的是“越权代表”规则+损害赔偿责任的模式——即使公司不承担担保责任,也要承担损害赔偿责任,这种模式在一定程度上“怂恿”了越权担保。所以,刘俊海教授、高圣平教授等资深专家学者坚定地主张,在越权担保的法律后果上应依照无权代理规则处理。笔者也支持这种观点。